ベヴァリッジの経済思想

ケインズたちとの交流

小峯 敦
Komine Atsushi

Beveridge

昭和堂

「……どんなに彼が経済思想で大きな変化をもたらしたのか……。
……自分の、いや他のどの世代をとっても、
独自で創造的で想像力あふれる精神を持つ者として、
メイナード・ケインズは歴史で揺るぎない位置にある。」

BP 9a-52『メイナード・ケインズの思い出』（追悼メモ）、ベヴァリッジ

「あなたの覚書を読んで、その全般的な計画に対し
私がひどく感激したことを伝えておく。
それは非常に重要かつ雄大な建設的計画である、と私は思う。
しかもそれが十分に資金の融通面から可能だと分かり、安心した。」

CW vol. 27:204『ベヴァリッジ報告』の原案を読んだケインズ

はしがき

　本書は経済学（者）との交流の観点から、福祉国家の父であるウィリアム・ベヴァリッジの経済思想を考察した著作である。
　世の中には「ケインズ主義」であるとか、「ベヴァリッジ体制」であるとか、傑出した２人の経済思想家の名を冠した言説が飛び交っている。しかし本書が描きたかったのは、こうした言説から通常醸し出されるステレオタイプの思考法ではなく、彼ら自身の言葉に支えられた「生の声」であった。実際、ベヴァリッジやケインズ等は大規模な戦争と戦争の狭間にあって、個人的自由をいかに守り、同時に経済的効率性や社会的正義を達成するかについて、ギリギリの呻吟を続けていたのである。彼らは深遠な理想をリリシズムの面からも胸に秘めつつ、圧倒的なリアリズムでもって現実の困難性に立ち向かった。本書は彼らの知的な営みや交わり、そして苦悩を現代の視点から甦らせる試みである。

　私はもともとケンブリッジ学派の貨幣理論を研究の出発点とし、次第にケインズと交流のあった同時代人の経済思想を研究するようになった。その過程で戦間期の経済政策論争を丹念に調べる機会に恵まれた。産業の合理化、金本位制復帰、公共事業の効果など、1920年代から30年代にかけて多くの経済学者が喫緊の問題として取り組んだのであった。やがて1940年代になると、戦争目的を明確にするためにも、戦後に期待しうる「社会保障と完全雇用の完備する体制」が詳しく議論されたことを知った。ヘンダーソンというケインズの元同僚がベヴァリッジ型の福祉体制を激しく非難し、ケインズが反論する論争もあった。その結果、ベヴァリッジと専門的経済学者（例え

ばピグー、ロビンズ、ハロッドなど）は多くの場面で密接な交流している事態が明らかになった。

　他方、効率と公平の両立というテーマには持続的な関心があり、ちょうど「経済思想」という科目を開講するにあたり、福祉国家の成立史も視野に入った。そこではイギリスを中心に、救貧法がどのように福祉国家に変遷していくかを調べることができた。その成果は『経済思想—福祉国家の成立史—』（日本教育訓練センター、2002）や『福祉国家の経済思想』（ナカニシヤ出版、2006）に結実している。本書はこのような経緯で形成されたので、通常の社会政策や社会福祉、あるいは経済学史そのものとは微妙に論点も異なりつつ、しかも何らかの接点があるように構成されている。

　福祉の原点に立ち返りたい人、経済と福祉の関係を知りたい人、経済学者の意外な活動を見極めたい人、イギリスの歴史に興味がある人、経済政策論争に関心がある人などに、本書を手にとってもらえれば望外の幸せである。

謝　辞

　本書は様々な有形・無形の支援によって完成した。関わったすべての人に最大限の感謝を捧げたい。

〈指導教官〉
　大学院時代に美濃口武雄先生（一橋大学名誉教授）の指導を仰いだ。S. Dow、P. Bridel、A. Asimakopulos、F. C. Carvalho、G. K. Shaw、P. Davidson、J. Hicks 等の著作を輪読しながら、研究生活の基礎を固めることができた。特に先生の御持論である「経済学史の総合的把握」については、理論・政策・思想の三位一体という形で、研究のみならず大学の講義でも自分の座右としている。また、大学院時代は特にケンブリッジ学派の貨幣理論を研究していたが、ケインズのみならずマーシャルからの伝統を意識するように、と明確な助言をされた。そのお陰で修士論文『ケンブリッジの貨幣理論—ケインズの貨幣的生産理論—』、および博士課程単位修得論文『ホートレーからケインズへ—貨幣経済における商人 vs 企業者—』が完成した。先生の学恩にまず深謝したい。
　大学院では西澤保先生（一橋大学経済研究所・教授）のサブゼミにも参加した。そこで P. Clarke、R. Middleton、G. C. Peden 等の著作を輪読した。新しい研究領域である「経済政策思想史」に目を開くことができた。同時に、先生のゼミ・研究会は国際的な雰囲気に溢れていた。初めて渡英し、学会参加・資料収集を行ったのも、その一環である。大型の研究会はそれ自体で大きな刺激である。また、上記3人のみならず、多くの外国人研究者と知り合いになったのも、先生のお陰である。

最後に学部時代の指導教官である故荒憲治郎先生（一橋大学名誉教授）に感佩したい。先生のゼミで初めてケインズ『一般理論』を精読した。退官間近であった先生は細かい技術的な指導はほとんどなされなかったが、より深層で学問に対する真摯な態度を体現されていた。初めて専門書の一章を担当し、先生に進呈した時、自筆の葉書で「類書にない独自な視点です」と褒めて頂いた。ようやく学問の徒として身を立てることができるかと実感した出来事であった。また御専門の新古典派成長論とは別に、現実的接近方法としてケインズ経済学の可能性を折に触れてお話下さった。御生前に本書を捧げられなかったのが返す返すも残念である。

本書は3人の先生方から引き継いだ部分が多くあるのではないかと思う。

〈研究会など〉

経済学史学会、日本金融学会では全国大会で発表する機会があった。前者の関東部会・東北部会・関西部会でも大きな便益を受けた。自発的な研究会としては、経済理論史研究会（東京）、経済思想研究会（東北）、近代経済学史研究会（大阪）、京阪経済研究会（関西）の4つの組織者および討論者に特に感謝したい。また海外ではオーストラリア（HETSA）・アメリカ（HES）・イギリス（HET, UK）・ヨーロッパ（ESHET）での発表および討論に助けられた。

特に本書および前段階の論文に対して、批評を寄せられた先生方を順不同で記しておきたい。池尾愛子氏（早稲田大学）、藤井賢治氏（青山学院大学）、下平裕之氏（山形大学）、内藤敦之氏（日本学術振興会特別研究員）は美濃口ゼミの出身者として、常に討論し、時に資料収集を助けてもらった。井上琢智氏（関西学院大学）、近藤真司氏（大阪府立大学）、堂目卓生氏（大阪大学）、新村聡氏（岡山大学）、西岡幹雄氏（同志社大学）、藤本正富氏（大阪学院大学）、本郷亮氏（弘前学院大学）、山崎好裕氏（福岡大学）、渡會勝義氏（早稲田大学）は本書のある章に対して直接コメントされた。永嶋信二郎氏（聖カタリナ大学）は全体に眼を通して頂いた。特に研究領域が重なる江里口拓氏（愛知県立大学）には無理なお願いをしたにも関わらず、有益な批評を寄せられた。外国ではA. Booth氏（University of Exeter）、M. C. Marcuzzo氏（University of

謝辞 v

Rome, La Sapienza)、E. Sanfilippo 氏（同左）、R. E. Backhouse 氏（University of Birmingham）にある章の英語版をコメントして頂いた。さらに D. Besomi 氏（独立研究者）はハロッド文書の閲覧に便宜を図って頂き、D. Moggridge 氏（University of Toronto）は見ず知らずの外国人の論文に手紙で回答された。またピサ大学で T. Raffaelli 氏（University of Pisa）と討論したことは有益だった。これらの論評によって草稿は確実に改善した。なお残る不十分さは著者のみの責任である。

　研究会などで励ましの言葉をかけられた先生方にも拝謝したい。根井雅弘氏（京都大学）は本書の何章かを読み、本書の完成を激励して頂いた。平井俊顕氏（上智大学）・深貝保則氏（横浜国立大学）・姫野順一氏（長崎大学）は研究会などで常に精力的に活動され、さらにこの研究についても多くの示唆を与えて下さった。池田幸弘氏（慶應義塾大学）は本に纏めることを直接示唆された。さらに研究業績で常に先をいく鍋島直樹氏（名古屋大学）、若田部昌澄氏（早稲田大学）、中山智香子氏（東京外国語大学）には、同年代として大きな刺激（というより焦り）を受けた。名前を挙げられなかった多くの人にも、様々な機会で研究推進の糧を頂いた。共に謝意を示したい。

〈在外研究〉

　2001 年 9 月から 1 年間、在外研究期間として英国エクセター大学に滞在した。ブース博士 Dr Alan Booth は受け入れを尽力されただけでなく、戦間期イギリスの経済政策思想について、しばしば討論の時間を割いてもらった。さらに、慣れない海外生活の全般についても助けて頂いた。この 1 年間は非常に充実していた時で、しばしばロンドン他に赴き、LSE・公文書館・大英図書館の資料を漁る日々であった。この在外研究を可能にしてくれたエクセター大学および前勤務校の新潟産業大学に特に感謝したい。また推薦書の不躾なお願いにも応じて下さった根岸隆氏（日本学士院）に、本書の完成を報告したい。

〈図書館〉

　未公開文書について、ベヴァリッジ文書・ロビンズ文書・パスフィールド文書についてはLSE図書館古文書部門、ケインズ文書についてはケンブリッジ大学キングズカレッジ、政府文書についてはイギリス公文書館、いくつかの新聞や雑誌については大英図書館・大英図書館新聞館、特殊な博士論文・修士論文についてはオックスフォード大学ボードリアン図書館などに、閲覧の便宜を得た。そのうち、いくつかの文書については、引用が許可されている。

　本書のような研究では図書館での資料収集が不可欠である。以下、順不同でお世話になった次の大学付属図書館の施設および司書に万謝したい。新潟産業大学、龍谷大学、一橋大学、一橋大学経済研究所、東京大学経済学部、京都大学経済学部、京都大学法学部、神戸大学、新潟大学、長岡技術科学大学、同志社大学、淑徳大学、千葉商科大学、早稲田大学、日本大学、東京経済大学。

〈補助金〉

　次の外部資金は直接、研究の推進に役立った。記して感謝したい。

（1）龍谷大学社会科学研究所プロジェクト（個人研究）、「ベヴァリッジの経済思想：デジタルアーカイブの手法から」（研究代表者：小峯敦）、2006年度。
（2）日本学術振興会・科学研究費「ベヴァリッジ経済思想の統一的把握：初期と後期をつなぐ経済参謀論」（研究代表者：小峯敦）、基盤研究（c）-2、課題番号17530158、2005-2007年度。
（3）同上「ケンブリッジ学派に関する経済学史的視座からの批判的評価」（研究分担者、研究代表者：西澤保）、基盤研究（A）、課題番号17203015、2005-2008年度。
（4）同上「ベヴァリッジの経済思想—失業論と社会保障論の統合—」（研究代表者：小峯敦）、基盤研究（c）-2、課題番号15530132、2003-2004年度。
（5）全国銀行学術研究振興財団「貨幣・金融思想史研究の新地平—制度・知識・活動との関連で—」（共同研究者、代表：深貝保則、東京都立大学

教授)、2000年度。
(6) 新潟産業大学・数理経済学研究会（共同研究者）、1996-1998 年度。

〈出版〉
　最後に、昭和堂の村井美恵子氏は本書を一字一句精査され、表現と内容の改善に大きく貢献された。出版社を紹介して頂いた津田内匠先生（一橋大学名誉教授）にも感謝申し上げたい。本書自体は 2006 年度龍谷大学出版助成によって刊行される。経済学史の分野では補助金の獲得が難しい折、勤務先である龍谷大学、および日本学術振興会には改めて謝意を示したい。

　2007 年 1 月　深草学舎にて

　　　　　　　　　　　　　　　　　　　　　　　　　　小　峯　　敦

〈追記〉
　増刷を機に、いくつかの誤記を訂正した。(2008 年 4 月)
　三刷を機に、なお残っていた誤記を訂正した。(2013 年 1 月)

目　次

はしがき ……………………………………………………………… i
謝辞 ………………………………………………………………… iii
凡例 ………………………………………………………………… xv

序章　本書の課題と方法 ……………………………………… 1

　　第1節　目　的 ……………………………………………… 1
　　第2節　研究史 ……………………………………………… 2
　　第3節　視角・方法 ………………………………………… 9
　　第4節　基本用語の解説 …………………………………… 12
　　第5節　本書の構成 ………………………………………… 16

第Ⅰ部　初期の思想

第1章　略伝
　　　　　――転職から天職へ―― ……………………………… 21

はじめに ……………………………………………………………… 21
　　第1節　青少年時代　1879-1903 ………………………… 22
　　第2節　隣保館と日刊紙の時代　1903-1908 …………… 23
　　第3節　官吏時代　1908-1919 …………………………… 32
　　第4節　LSE時代　1919-1937 …………………………… 38
　　第5節　オックスフォード時代と失職　1937-1945 …… 43
　　第6節　晩年　1945-1963 ………………………………… 47
おわりに ……………………………………………………………… 51

第 2 章 『失業』(1909) の背景
　　　　──先駆的思想の類型── …………………………56

　　はじめに …………………………………………………56
　　第 1 節　立法改革の源泉 ………………………………57
　　第 2 節　社会改良家の群像 ……………………………61
　　第 3 節　ベンサムの社会改良 …………………………64
　　第 4 節　ジェヴォンズと国家の役割 …………………70
　　第 5 節　マーシャルの貧困と経済倫理 ………………74
　　第 6 節　新しい官僚：ラウェリン‐スミス ……………77
　　おわりに …………………………………………………82

第 3 章 『失業』(1909) の形成過程
　　　　──三段階発展── ……………………………………83

　　はじめに …………………………………………………83
　　第 1 節　期間 A …………………………………………84
　　第 2 節　期間 B …………………………………………90
　　第 3 節　期間 C ………………………………………… 103
　　おわりに ………………………………………………… 112

第 4 章 1909 年の『失業』
　　　　──独自性と限界── ………………………………… 114

　　はじめに ………………………………………………… 114
　　第 1 節　出版事情 ……………………………………… 116
　　第 2 節　個人貧から社会貧へ ………………………… 118
　　第 3 節　3 つの失業原因 ……………………………… 119
　　第 4 節　3 つの救済策 ………………………………… 125
　　第 5 節　影響と評価 …………………………………… 132
　　おわりに ………………………………………………… 141

第5章 ピグー失業論との対比
――傷ついた鷹―― ……………………………………………… 145
はじめに ……………………………………………………………… 145
第1節 ピグーの失業と最低賃金 ………………………………… 147
第2節 『失業』(1913)の分析 …………………………………… 154
第3節 両者の発想の差 …………………………………………… 158
おわりに ……………………………………………………………… 160

第Ⅱ部 中期の思想

第6章 経済学の理想および現実
――独立か連携か―― ……………………………………………… 165
はじめに ……………………………………………………………… 165
第1節 経済学の三重の目標 ……………………………………… 167
第2節 LSEの拡大人事 …………………………………………… 171
第3節 経済学教師協会 …………………………………………… 180
第4節 ロビンズとの対抗合戦 …………………………………… 183
第5節 ケインズへの反発 ………………………………………… 187
第6節 ジェヴォンズ・マーシャルとの遠さ …………………… 189
おわりに ……………………………………………………………… 193

第7章 人口論・優生学・家族手当
――ケインズとの第一論争―― …………………………………… 196
はじめに ……………………………………………………………… 196
第1節 両者の人口論争 …………………………………………… 197
第2節 初期思想としての優生学 ………………………………… 203
第3節 媒介としての家族手当 …………………………………… 209
おわりに ……………………………………………………………… 221

第8章　1920年代から30年代の経済論
　　　　　──雑多な折衷か、複眼的思考か── …… 224

　はじめに ……………………………………………… 224
　第1節　経済史への傾倒 ……………………………… 225
　第2節　その後の人口問題 …………………………… 229
　第3節　失業保険 ……………………………………… 231
　第4節　ストライキおよび関税 ……………………… 234
　第5節　失業の理論 …………………………………… 238
　おわりに ……………………………………………… 250

第9章　ハロッドとの交錯
　　　　　──経済学の方法と政策への応用── …… 253

　はじめに ……………………………………………… 253
　第1節　1932年の混迷 ………………………………… 254
　第2節　新旧の書評者 ………………………………… 256
　第3節　社会科学の方法 ……………………………… 260
　第4節　政治と経済的知 ……………………………… 266
　おわりに ……………………………………………… 271

第10章　経済参謀論
　　　　　──序曲・提言・流布・変容── ………… 273

　はじめに ……………………………………………… 273
　第1節　ホールデンの序曲 …………………………… 275
　第2節　「経済参謀」の提言 ………………………… 280
　第3節　「経済参謀」の流布 ………………………… 283
　第4節　「経済参謀」の変容 ………………………… 290
　おわりに ……………………………………………… 298

第Ⅲ部　後期の思想

第 11 章　社会保障と完全雇用
　　　　　──ケインズとの協働── ………………………………… 303

　　はじめに ……………………………………………………… 303
　　第 1 節　1938 年からの交流 ………………………………… 304
　　第 2 節　『ベヴァリッジ報告』 ……………………………… 310
　　第 3 節　『自由社会における完全雇用』 …………………… 318
　　第 4 節　自由社会・社会保障・完全雇用 ………………… 329
　　おわりに ……………………………………………………… 332

第 12 章　経済参謀論（続）
　　　　　──経済助言官から包括的設計家へ── …………… 334

　　はじめに ……………………………………………………… 334
　　第 1 節　「経済参謀」の実現 ………………………………… 334
　　第 2 節　「経済参謀」の完成 ………………………………… 338
　　第 3 節　ラスキの根元的批判 ……………………………… 345
　　おわりに ……………………………………………………… 348

第 13 章　自由主義の三様
　　　　　──ヘンダーソン・ケインズとの対比── …………… 350

　　はじめに ……………………………………………………… 350
　　第 1 節　前史（1929 年前後） ……………………………… 351
　　第 2 節　3 つの論考 ………………………………………… 352
　　第 3 節　対立・同調する自由主義 ………………………… 359
　　おわりに ……………………………………………………… 371

第14章　LSE の連邦主義
──ロビンズとの協働── ………………………………… 374

　はじめに …………………………………………………… 374
　第1節　ロビンズの連邦主義 ……………………………… 376
　第2節　ベヴァリッジの連邦主義 ………………………… 381
　第3節　両者の比較 ………………………………………… 385
　おわりに …………………………………………………… 392

第15章　福祉社会の構想
──三部作の統合── ……………………………………… 393

　はじめに …………………………………………………… 393
　第1節　『自発的活動』 ……………………………………… 393
　第2節　三部作と福祉社会 ………………………………… 398
　おわりに …………………………………………………… 402

終章　ベヴァリッジの経済思想
──福祉社会の可能性── ………………………………… 403

　はじめに …………………………………………………… 403
　第1節　経済思想の三段階 ………………………………… 403
　第2節　経済学への貢献 …………………………………… 406
　第3節　経済思想の独自性 ………………………………… 411
　おわりに …………………………………………………… 422

　参考文献 …………………………………………………… 424
　索引 ………………………………………………………… 449

凡　例

- Harris（1997: 55-56）とある場合、巻末の参考文献表にある Harris（1997）の 55 ページから 56 ページを参照したことを意味する。
- 第 4 章のみ、例外的な典拠の付け方になっている。
- 初版や初出を明示したい場合は、例えば Schumpeter（1954/1994）と表記する。この場合は初版が 1954 年で、参照したのは 1994 年版である。
- Beveridge（1923/24）は一連の論文が、この両年度にまたがって出版されたことを示す。
- Beveridge（1955）はアメリカ版である（イギリス版は 1953 年出版）。
- ピグー全集の場合のみ、本来は Pigou（1913/1999）などと書くべきであるが、煩雑なので Pigou（1913）などとした（ページ数はどちらの版も同じ）。
- 訳本がある場合でも、原則として訳は変えてある。訳者の寛容を請いたい。
- 同じ節で連続して同一文献を参照する時のみ、*ibid.* を用いる（*Op cit.* や *Loc cit.* は用いない）。
- 未公開文書の略語は参考文献表の冒頭にある。特に政府未公開文書は PRO: The National Archives（formerly Public Record Office）, Kew, London. である。
- ベヴァリッジ文書の一部はマイクロフィルム化されている。そちらを参照した場合は、BP, Reel 2, Item 12 のように、リール巻数を添える。ケインズ文書の場合は、KP, Reel 36. W/2/12-15 のように表記する。
- ケインズ全集は CW と略記する。19 巻の場合は、CW（vol. 19: 212）などとなる。全集版の訳本には原文ページもある。
- 原典の引用は原則として、次のように日本語表記している。

原文がイタリック → 日本語では 傍点
原文で ' ' → 日本語では 〈　〉
原文の省略 → 日本語では …
原文に挿入 → 日本語では ［　］
原文で改行 → 日本語では ／

序章　本書の課題と方法[*]

第1節　目　的

　ブレア内閣の閣僚であったフランク・フィールドは1998年に、本書の主人公であるウィリアム・ベヴァリッジを「傑出した公務員、重要な社会調査家・分析家、そして高位の統計家 a statistician of rank」と讃えた[1]。ハロルド・ウィルソン首相はかつてベヴァリッジの助手だったが、1966年に彼を「今世紀で最も偉大な行政上の天才」であり、「人類の歴史で最も偉大な社会改良家の1人」と位置づけた[2]。いずれも『ベヴァリッジ報告』(1942) という一点だけで彼を評価するのではなく、もっと幅広い活動を見据えての判断であろう[3]。

　本書が徐々に明らかにしていくように、ベヴァリッジは公的生活を失業問題の専門家として始め、ケインズ・ピグー・ロビンズなど当代一流の経済学者との深い交流を経て、理想の経済学をLSEおよびオックスフォード大学において実現しようと腐心した。そして、中世における小麦価格・賃金の膨大なデータを収集し、景気循環の法則を生涯賭けて追究した。王立経済学会

---

[*] 京阪経済研究会 (2006.9.18、於：龍谷大学) および経済思想研究会 (2006.10.1、於：東北大学) における多くのコメントに感謝する。
[1] Field (1998: 566)。Frank Field は福祉改革大臣 (1997-1998)。
[2] Wilson (1966: 7)。ただし「最悪の行政官であるのはほぼ確実」とも評した。これはベヴァリッジの性格が「不可解」で、時に冷たく感じさせるという側面を指しているのだろう。*The Economist*, "In Sir William's Shadow", 26 May 1998 も参照。
[3] Bridgen (2006: 1) は『ベヴァリッジ報告』がヨリ平等再分配的で財政的に柔軟であった点を指摘し、ここ20年のベヴァリッジへの低評価を覆している。

および王立統計学会の会長に推挙されるなど、ベヴァリッジは同時代の専門家にこの分野での才能を認められていた。つまりベヴァリッジは福祉国家のグランドデザインを描く前に——あるいは、描く際に——、経済学的思考を十分に身につけ、発揮し、認知されていたのである。従来の研究は社会保障論や福祉国家論に拘泥するあまり、ベヴァリッジのこの側面を無視・軽視する傾向にあった。

　そこで本書は次の3点を明らかにしたい。第1に主の目的として、ベヴァリッジが経済学の歴史の中で重要な位置を占めること。第2に従の目的として、彼の理念や価値観が社会思想や政治思想からとりあえず分離され、考慮すべき経済思想の中で位置づけられること。第3に補完の目的として、現代の福祉国家（社会）論へ若干の示唆、この3点である。換言すれば、次のような否定命題を最終的に、丁寧に論駁することになる。

1. ベヴァリッジの失業論は独自でないし、経済学にも貢献がない（経済学での標準的な見解）。
2. ベヴァリッジに一貫した（考察するに足る独自の）経済思想はない（社会思想、政治思想での標準的な見解）。
3. ケインズ - ベヴァリッジ的福祉国家は時代遅れであり、再考する必要はない（現代福祉国家論の標準的な見解）。

この目的を明瞭にし、正当化するために、以下でまず研究史と分析視角を示す。そして本書に頻出する基本用語を説明した後、本書全体の構成を明らかにする。

第2節　研究史

　ベヴァリッジ研究の現況を明らかにするために、経済学、社会政策・政治思想、福祉国家論という3つの領域で、研究動向を駆け足で記述しておこう。

2-1　経済学

　まずベヴァリッジの著作自体が現在、経済学の言説の中でどのように認知されているかを若干、調べておこう。経済学史一般の教科書、失業論の専門書それぞれを考慮する。

　まず主要な経済学史の教科書では、Roll（1954）、Stigler（1965）、Deane（1978）、Creedy（1990）、Screpaniti & Zamagni（1993/1995）、Ekelund & Hébert（1975/1997）、Landreth & Colander（1976/2002）、Medema & Samuels（2003）のように、ベヴァリッジの名前自体が出てこない。その中で Hutchison（1953: 415）と Schumpeter（1954/1994: 944）は彼に言及している。ただし前者は行政的困難性に着目した失業論とし、後者は摩擦的失業の詳述と見なした。世界的な教科書である Blaug（1962/1978）は3版までその名前を含めなかった。ただし Harris（1977）の影響により、経済思想家としてベヴァリッジが注目されたのは事実で、Blaug（1962/1996: 662）の5版では、公共事業の文脈のみで『失業』に触れている。Backhouse（1985: 247-248）は救貧法委員会報告書と同様に、何十年も考慮される失業対策が1909年に発明されたと評価した。Harris（1977）を契機として変化は見えるが、経済学の歴史でベヴァリッジが言及されることはほとんどない。

　失業論の文脈では言及されることも増えてくるが、古い失業論と片づけられることも多い。Winch（1969: 55）は最も早くから詳細にベヴァリッジの失業論を検討したが、「総需要の失敗から失業を説明しうるという考えを、ベヴァリッジは端から拒否した」と判定した。Garraty（1978: 136）は歴史的文脈から失業論の言説を辿った労作だが、「ベヴァリッジは失業の経済学に

4　サミュエルソン『経済学』の初版では、社会保障制度の経済的な利点と、景気循環における資本財の重要性の点でベヴァリッジに言及された（Samuelson 1948: 222, 400）。4版では後者だけになった（Samuelson 1958: 257）。11版では完全雇用と価格安定が両立しにくいという文脈でベヴァリッジの名が出ていた（Samuelson 1985: 770）。6版（1964）、12版（1985）、14版（1992）、15版（1995）、18版（2005）では言及されていない。

5　労働運動の見地から失業問題を検討した Brown（1971a: 15, 68）は、多くの場面でベヴァリッジの活動に言及している。Garside（1990: 32, 300）は戦間期の失業と政策について詳細な研究を果たしたが、ベヴァリッジに数カ所、断片的に言及している。他方、Phillips & Whiteside（1985: 80-81）は臨時雇用に焦点を当てた研究なので、ベヴァリッジの失業論を非常に高く評価している。

関して、何も独自なことを言っていない」と判断した。社会改革の政治的信念を明らかにした Freeden（1978: 211）は「産業の再組織問題としての失業に対するベヴァリッジの態度は、新しくない」とした。Casson（1983: 25）は理論的な見地から『一般理論』以前の失業論を精査したが、「ベヴァリッジ自身の失業に関する考えは特に独自ではなかった」と判定した。雇用政策の出現を主題にした Tomlinson（1987: 6）は失業を減らす国民経済の概念が薄いと、ベヴァリッジの失業論を批判した。

　1980 年代以降、理論だけでなく、政策思想に関する研究が盛んになってきた。Harris（1977）の総合的なベヴァリッジ研究と相まって、この傾向は今日まで続いている。この文脈では初期の失業論のみならず、後期の完全雇用論を含めて議論されるようになってきた。Booth & Pack（1985: ch. 7）はウェッブとの対比から、経済の計画化の文脈でベヴァリッジに光を当てた。Lowe（1986）は労働省の役割という主題で、ベヴァリッジにも若干言及している。Budd（1996）、Corry（1996）、Harris（1996）は『失業と経済学者』と題する編著で、ベヴァリッジの思考と政策形成を取り上げた。Middleton（1998）は『詐欺師か救世主か』と題して、経済学者の政策形成での役割を批判的に振り返り、ベヴァリッジにも若干触れた。

　純粋な経済理論の分野ではいささか奇妙な事態になっている。遅くとも 1980 年代には、ベヴァリッジ曲線あるいは U-V 分析（失業率と欠員率の逆相関）が理論の道具として完全に認知された。1990 年代以降、この概念を用いた論文はますます量産されている。[6] 縦軸に満たされない欠員率を、横軸に失業率をとり（逆の場合もあり）、原点に向かって凸の滑らかな曲線が描かれる。この曲線が 45 度線と交わる点が（摩擦的・構造的失業を含む）完全雇用である。景気循環の過程では、この曲線に沿って失業率が変動する。景気が変動しなくても摩擦的・構造的な要因が変化すると、曲線自体が右上あるいは左下にシフトする。Blanchard et al.（1989）が題名で用いて以来、その

---

[6] 代表的な論文検索サイトの http://www.jstor.org/ で Beveridge Curve を検索したところ 140 論文、http://econpapers.repec.org/ では 74 論文あった（重複あり）。1990 年代以降は特に増え、2000 年以降も着実に伸びている。

名前が完全に定着したと推測される。しかもこの論文ではフィリップス曲線よりも上位の重要な概念として、ベヴァリッジ曲線を挙げていた。この名称は Green (1980: 345) が「非自発的失業と欠員の共存」を意味するものと明示している。欠員率と失業率の関係自体は Phelps (1968) や Hansen (1970) が扱っているので、目新しくない。フィリップス曲線 (1958) と共に考慮されてきたという判断もある (Blanchard et al. 1989: 1)。奇妙なのはいつ・誰がこの名称を発明したのか、ベヴァリッジのどこに依拠させたのかが曖昧な点である。Green (1980: 345) は Beveridge (1930a) に遡れるとし、玄田・近藤 (2006: 19) は Beveridge (1944/1945) に起源があると書いているように読める。理論的な重要性にも関わらず、その起源がはっきりしないまま、名称だけが先行している感がある。第11章第3節で、この点もできる限り明瞭にしたい。

総じて、経済学の枠組みからなる先行研究では、ベヴァリッジは無視されるか、独自性のない研究と見なされるか、冠の名称のみを用いられるという状態であった。

2-2 社会政策・政治思想

これまで『ベヴァリッジ報告』または福祉国家の研究が圧倒的であり、その関連に限ってベヴァリッジの思想に触れたものがほとんどであった。ベヴァリッジその人に焦点を当てた研究は、意外なほど少ない。経済的自由放任主義と社会主義の両陣営にとって、福祉国家そのものが両義的である。それは資本主義を前提としながら、ある程度の政府介入を認める立場である。例えば近年でも Barnett (1986) がベヴァリッジをイギリス衰退の元凶と糾弾しているし、逆に Cutler et al. (1986) はベヴァリッジの計画がそもそも中途半端で、もっと国家介入の方向に動くべきだったと批判した。Freeden (1978: 210) はもう少し慎重だが、ベヴァリッジを新しい自由主義者の代表者としながらも、再分配の観点が脱落しているために、ホブソン・ホブハウスよりは不徹底な立場とした。

ベヴァリッジの一部分だけを取り上げている研究は、Meacham (1987:

ch. 7) および Briggs & Macartney (1984: ch. 3) のトインビーホール時代、Dahrendorf (1995: part 2) の LSE 時代、および Hills *et al.* (1994) の記念シンポジウム論考集である。日本では、地主 (1995) (初出は 1968) による簡単な伝記紹介がある[7]。ウェッブとの集産主義の比較は、Booth & Pack (1985: ch. 7) にある。ケインズとの比較は Cutler *et al.* (1986) と Dimand (1999) にある。前者は自由主義的集産主義の不適切さという論点であり、後者は失業論を巡る理論的な展開である。また平井 (2003: 補章 3) は、社会保障論の策定過程における両者のケインズ全集に基づく最新研究である。大沢 (1986) は、救貧法と福祉国家の連結・断絶を本格的に研究したが、問題の所在の部分でベヴァリッジ報告に触れ、現代の立場から「給付の妥当性」の原則を批判した。毛利 (1990) は福祉国家研究の決定版であり、ベヴァリッジ報告および完全雇用の政策過程を厳密に描いた基本的文献である。当事者の意図と各利益団体のダイナミズムという政治思想の手法が使われた。

その中で Harris (1977) は、最初の包括的な研究 (初の伝記) であった。その目的はベヴァリッジの社会哲学に潜在する前提は何かと問い、今までの一面的評価 (自由主義的な集産主義) を払拭することであった。その結論において、政策に対する見方は大きく変化したが、一貫した信条があるとみなした。それは官僚に対する信頼と、先験的に確信した理論を強化する手段として実証データを重視する態度である。この研究は豊富な一次資料に裏付けられ、多様なベヴァリッジ像の構築に成功した[8]。

しかし Williams & Williams (1987) は Harris (1977) を、次のようにほとんど全面否定した。Harris (1977) は集産主義を定義せずに、また集産主義と個人主義の二者択一で理解しようとした。本来は自由主義的な集産主義と、社会主義的なそれがあるはずである。ベヴァリッジは前者に属するので、後者を基準としていた Freeden (1978) や Barnett (1986) の見解は誤りである。さらにベヴァリッジ自身の分析も疑わしい。それは誤った原則に基づ

---

[7] 一部分のみではあるが、ベヴァリッジの社会観を取り上げた山田 (1983) の先駆性には注目したい。
[8] この段落は Harris (1977: 2-4, 471-473) による。

いた社会保障の構築であり、多くの不幸な現実的結果を招いた。Williams & Williams (1987) は社会主義に親和的な立場からの批判である。既存の文献に対する批判は鋭いが、同じ批判が自らに帰ってくる可能性がある。なぜなら先行研究を批判する時は戦後の現実政策からベヴァリッジを断罪してはならないとしながら、いざ最後の評定の場面では、現実にベヴァリッジの試みが挫折している例を多く挙げた。また政治的立場が明らかすぎる。

20年後の増補新版であるHarris (1997) は、上記の批判も考慮した。遺言人の桎梏から自由になり、個人生活に光を当てると宣言されたが、その結論も大幅に補足された。ベヴァリッジの社会哲学に関して、さらに豊穣な議論が展開された。その背後の思想には2つの軸がある。1つは官僚指向の市民的理想主義である。これは能動的市民による自己統制型の国家モデルである。もう1つは実証主義である。科学を社会問題の解決手段として活用することである。様々な論題はこの2つの調和・葛藤によって説明された。結論として、ベヴァリッジは能力ある市民が共通した文化の中で倹約と自発的活動に勤しむ社会を想定し、このような特性を推進する媒体として社会福祉を考えたとした。彼は資本主義者でも社会主義者でも、自由主義者でもなく、古典的な共和主義者に接近したのである。この研究はさらに多くの未公開資料に支えられ、全期間を精査し、ベヴァリッジの社会哲学における多様性と結束性を同時に描いた最新かつ最善の研究である。近年の能動的市民や徳性を扱う市民的共和主義の研究動向も反映している。総合的なベヴァリッジ研究はHarris (1997) 以外では、試みすらない状況である。

2-3 福祉国家論

最後に付随的だが、福祉国家論の変遷も略述しておこう。ベヴァリッジへの評価と不可避的に結びつくからである。ベヴァリッジとケインズが基礎付けた福祉国家の理論が、出発点としてある。

---

9 ここまではWilliams & Williams (1987: 1-10, 168-175) による。
10 ここまではHarris (1997: 2-4, 480-498) による。
11 詳しくは小峯編 (2006: 序章) を見よ。

まず第1期では福祉国家の必然性が語られ、理念としても擁護された。前者を代表するWilensky（1975）によると、福祉国家は産業社会が要請した必然的な結果である。福祉国家の指標は社会保障関連への対GDP比率で現れ、経済成長・高齢化・社会保障制度の充実という因果関係で、すべての国が福祉国家に収斂するとされた。またMarshall(1950/1992)やTitmuss(1962)によって、福祉国家は市民権の発展形態から基礎付けられ、あるいは利他的な道徳に導かれた社会政策によって実現されると論じられた。いずれも社会科学と社会哲学を結びつけた。意図せざる計画化の進行を論じたMyrdal（1960）を含めて、この時期までは、財政（制度）の観点から、そして背後にある人々の意識の観点から、福祉国家を基礎付け擁護する論調が支配的だった。[12]

しかし第2期では福祉国家の危機が語られた。1970年代から80年代にかけてである。資本主義における経済介入という混合体制は、それぞれの極から不満を招いた。まず経済効率を重視する立場から様々な批判が噴出した。資本や労働に対する誘因を損ねること、新たな既得権益が発生すること、中央集権的で選択の自由が侵されること、などである。代表的な見解はFriedman & Friedman（1980）による経済的自由主義の復権である。足立（1990: 84）は最低限度の保障水準が無定見に拡大したこと、完全雇用政策がインフレをもたらしたことをベヴァリッジ体制の根本的不備としている。同時に、むしろ労働者と使用者の民主的集団交渉を強化して、コーポラティズム型の福祉国家を提唱する動きも見られた。Mishra（1984）が代表例である。ベヴァリッジ-ケインズ連合を完全否定するCutler et al.（1986）もこの傾向で理解できる。このように福祉国家の危機は分裂する対応を呼んだ。

第3期では福祉国家の主流としての多元化理解と、傍流としての統一化理解が起こった。多元化の始祖はEsping-Andersen（1990）であり、その中では3つの指標（脱商品化・脱家族化・階層化）から福祉国家の体制regimeが3つに分類された。[13] 各々の発展形態が異なるという多元化であり、福祉の

12　Crosland（1957）は社会主義の立場からも福祉国家を擁護した。
13　自由主義的・保守主義的・社会民主主義的の3つ。社会的権利の範囲、完全雇用への

供給源も国家のみならず、市場・自発的団体にも広げられることになった。「福祉国家から福祉社会へ」という標語も膾炙された。また等閑視されがちであった性・人種という少数者の視点から、福祉の多元化理論を構築する動きも強まった[14]。ごく近年は Spicker (2000)、塩野谷 (2002)、塩野谷・鈴村・後藤 (2004) に代表されるように、多元化よりも福祉の一般理論を再確立しようとする動きもある。特に日本では公共空間における徳目の強化（正義論）という観点から、資本主義・民主主義・社会保障の鼎立を求める立場も明らかになった。

第1期でベヴァリッジの思想は大いに評価されたが、第2期では徹底的に批判され、第3期では忘却されているように見える。本書では第2期の批判（経済的非効率と個人的自由の侵犯）にベヴァリッジが予めどのような配慮を見せていたか、そして第3期の傾向から彼を再評価することは可能か、この2つの論点も内包させる。

第3節　視角・方法

以上の研究動向を踏まえ、本書の分析視角と方法を明らかにしたい。

本書は経済学史の研究書である。ここでの経済学史という用語は、経済理論史（学説史）と経済思想史を両方含む。従来の慣例では前者は主観から離れた客観性を持つとされてきたが[15]、本書の立場はむしろ理論・政策・思想が渾然一体化しているという認識である[16]。ただし理論と思想に一応の峻別を暫定的につけ、経済理論を歴史的に再構成した後、その背後にある思想や社会状況をも考慮するというスタイルになる。

Skidelsky (1992/1994: 539-540) を援用し、ここで経済理論が生まれ出る過程を次の三層に分けよう。まず「洞察力」vision である。これはその経済学者が何を重要と判定するかという世界観・価値観から導かれ、明確な

指向という軸から、4つの局を分類する方式もある（Pierson 1991: 186、訳346）。権力資源論（政策を左右できる動員の分析）の一環である。
14　理論と実証を兼ねた集大成として Pierson (1991) がある。
15　Schumpeter (1954/1994) と Blaug (1962/1996) がその代表例である。
16　Stark (1944) や Roll (1954) は社会認識との関連で、経済学の歴史を考察している。

定義というよりも曖昧な示唆・暗喩・仄めかしで与えられる。次に「理論化」theorising である。これは茫洋とした洞察力を概念化する作業である。いくつかの概念を名付け、その間の関係を確定する。最後が「モデル化」modeling である。これはそのモデル——通常は数式——で用いる変数・概念以外を排除することで、変数の厳密な関係を確定することである。本書ではベヴァリッジやピグー・ケインズの失業論も扱うので、洞察力と理論化の部分を主に考察する。社会保障の部分でもできる限り理論化も意識する。どちらでもモデル化の作業はほとんど行わない。[18]

本書は「経済政策思想史」という経済学史の一領域も意識している。この分野は政策決定に影響を及ぼした一要因として、経済学者・官僚（および政治家・世論）における経済思想を重視する。そして彼らの問題意識を変化する経済状況の中で明らかにし、その他の要因との葛藤関係で導かれた政策決定と比較する前提作業にしたい。[19] この研究分野は必然的に「経済学者の政策助言」「政治家・官僚の対抗的な経済政策の思想」「官庁エコノミスト」という論題を生み、Chester (1951)、Daalder (1963)、Howson & Winch (1977)、Coats (1981)、Peden (1988)、Booth (1989)、Furner & Supple (1990)、Coats (1993)、Middleton (1998)、Augello & Guidi (2005) など数多くの研究が蓄積している。本書は特に「政策に応用される経済的知」という観点を意識する。ベヴァリッジの失業論や社会保険論は、政策論と最も緊密に結びついていたからである。

本書の独自な視角は、ベヴァリッジの公的活動を経済思想の観点から再考する点にある。本論で展開するように、彼はピグー・ケインズ・ロビンズを

---

17 喩えるならば、欧州の没落、投資機会の欠如、投資の社会化などが「洞察力」であり、これらを「理論化」したものが有効需要の原理、資本の限界効率であり、その理論を「モデル化」したものが（例えば）IS-LM 分析である。理論からモデルの道筋は多数なので、そのモデルが当初の洞察力を反映しているとは限らない。

18 この三層はシュンペーターの「世界観」vision/「分析装置」rules of procedure の二分法のうち、後者を理論化とモデル化に細分化させたものである。

19 そのため実際の利害調整の過程、およびその後の政策影響力については、脇に退く。それは経済史や政治思想との分業になるだろう。詳しくは三和（2003: 184）を参照。経済政策思想史については西沢ほか（1999: iii）を見よ。

始め数多くの経済学者と交流し、理想の経済学を設定した上でその実現（制度化）に生涯を賭けた。端的な例を挙げれば、彼の物価史・賃金史へのこだわりは、社会保障論よりもはるかに持続的で論文量産的であった[20]。これまでの研究は彼の経済思想の観点をほとんど無視するか、社会思想の小さな挿話としてしか扱ってこなかった。本書はその主従関係をいったん逆転させ、経済思想を前面に出した論述を展開する。その上で、その経済思想を再び社会政策・政治思想あるいは社会哲学の領域に埋め込むことも示唆する。その効果的な手段として、ベヴァリッジが関わった様々な専門的経済学者との個人的・理論的交流を解析したい。さらにベヴァリッジ自身の経済思想の重要性を指摘するだけでなく、それを考察することによって付随的に、他の経済学者のこれまで知られていなかった側面も発掘することを目指す。特にケインズとベヴァリッジの心情と理論を考慮して、「福祉国家の合意」のコアがいかに形成されたかも考察する[21]。

　分析の方法としては、通常の経済学史の研究に則る。すなわち原典による引証および再構成である。さらにベヴァリッジや関係者の世界観を浮き彫りにするため、本書では論文や本の叙述のみならず、未公開の書簡、草稿、メモ、政府文書（古文書館や公文書館）も積極的に活用する。その理由は私的な文通にこそ、共同空間での仕事と生活の流儀、および個人の動機・価値観・習慣が顕在化するからである[22]。さらに世論の動向を知るために、時々 *The Times*、*The Economist* その他の新聞・雑誌からの記事もはさむ。こうしたアーカイブとしては、LSEのベヴァリッジ文書、イギリス公文書館、大英図書館を大いに利用した。また付随的に、パスフィールド文書、ロビンズ文書、ケインズ文書、ヘンダーソン文書、ホートレー文書も閲覧した。

　本書はベヴァリッジの全期間の公的な仕事を、経済思想の観点から精査す

20　Beveridge (1960a: 103) はおそらく最後の論文だが、統計学の専門雑誌に「大学教育」「自由社会における完全雇用」「物価史・賃金史」の3つを論じた。
21　これ自体が大きな問題であるが、深入りしない。合意の存在を当然視する Addison (1975: 14) に対して、多くの批判が集まった。それでも合意の意義を見出す近年の論者に Lowe (1990: 153)、限定された合意の形成に果たしたナフィールド会議の意義については Ritschel (1995: 273) を見よ。
22　Marcuzzo & Rosselli (2005: 15) を参照した。

る研究である。考察する時間・空間について Harris（1997）に匹敵する包括性を目指し、なおその研究が独立しては考察してない「経済思想」に重点を置く。この精査によって、ベヴァリッジの歴史的・現代的な意義が、経済学・経済思想・福祉国家論の3点から——それぞれの重みは違うが——見出されるだろう。福祉の現状を根底に意識しつつ、直接的にはベヴァリッジの原典に基づいて、福祉（良き社会論）の原点に返る試みでもある。

第4節　基本用語の解説

以下で、5つの用語について解説を加えておく。いずれも多義的で論争的な用語なので、本書での意味を確かめておきたい。

〈集産主義 collectivism〉
　ここでは最大限に拡張した意味で用いる。個人主義の対極にある概念であり、主に経済問題を解決するため、自由な市場の競争に委ねるのではなく、国家（あるいは別の団体）による強制的な利害調整や管理を用いることを意味する。その下位概念として、自由の程度に応じて様々な形態の主義主張がある。福祉国家、ケインズ主義、ディリシズム dirigisme、ニューディール、全体主義、各種の社会主義、管理革命 managerial revolution、コーポラティズムなど。歴史的には1870年代以降に展開し、1930年代・40年代に頂点を迎えた。

〈自由主義 liberalism〉
　最も定義しにくい用語だが、まず Gray（1986/1991: xii、訳 4-5）を参照しておく。自由主義は個人主義的・平等主義的・普遍主義的・改革主義的という4つの近代的要素を持つ。また、個人と社会についての一定の結束した概念である。また Gray（1989: 241-261、訳終章）の別の分類では、自由主義は、無知に基づく自由論（ハイエク）、行為に基づく自由論（ロールズ）、幸福に基づく自由論（アリストテレス）に分かれる。ただし盛山（2006: 7）によれば、

これらは歴史的な自由主義に留まり、現代リベラリズムの問題関心を包含できない。

そこで改めてBerlin(1969)(初出は1958)の古典的二分法に則りつつ、その中身を拡充しておく。まず「消極的自由」とは強制・拘束からの自由であり、あまり議論の余地はない。むしろ「積極的自由」の中身が問題である。これは自己を律する自律としての自由と、集団を律する自治としての自由に分かれる。前者は個人の規律に通じるので、徳目を重視する卓越主義(個人の人格の完成) perfectionism につながる。後者は集団的な決定がある程度、上位に置かれるので、その手段によっては消極的自由を侵す可能性がある。また、「正義」のように自由・平等・博愛などを包含する概念を上位に置き、構成員が納得しうる手続きを重視する方法もありえる。いずれにせよ、積極的自由が大きな問題関心になっている。

〈新(社会的)自由主義 New Liberalism〉

自由放任主義への回帰を意味する新自由主義 Neo-Liberalism と混同させないために、ここでは新(社会的)自由主義と表記する[24]。ベンサムやミルに萌芽を見出せるが、直接的にはT. H. グリーンを始祖(思想的支柱)[25]とし、ホブソン・ホブハウスなど「レインボーサークル」[26]に所属する急進的改革派を実践的な担い手とする。1870年代以降から20世紀初頭までの社会改革を担った中核的な考えである。自由の完成のためには、積極的に政府の関与が必要とされる。ケインズやベヴァリッジという第三世代を含めるかどうかで論争がある。例えば、Clarke (1988/1990: 79-80) はケインズを新(社会的)自由主義の系譜に位置づけ、Freeden (1986: 164) はそれに反対した。前者は自由放任の終

---

23 同僚であったH. D. ヘンダーソンの追悼論文 Berlin (1953) も出している。
24 吉崎 (1998: 73) の示唆による。
25 グリーンは道徳能力の発展という「真の自由」「積極的自由」を重視し、それを促進する限りで国家の活動も共同歩調をとれるという理想主義的な自由論を展開した。さしあたり萬田 (1986) と若松 (1991) を参照。
26 1894年創設、1931年解散。『進歩的評論』 Progressive Review に多くの者が寄稿した。構成員や議事録については Freeden (ed.) (1989) を見よ。活躍した人物の素描については村田 (1990: 83-86) を参照。

焉宣言、階級闘争の拒否、国家介入、自由党と労働党の連携という4点を理由に挙げた。後者はホブソンによって重視された再分配が、ケインズから欠落していると論じた。

　ここでの立場は新（社会的）自由主義を、個性・多様性の重視という点で個人の自由は堅持しながら、社会的存在という意味で連帯という精神的紐帯・公共財・自治組織も重視し、それらを促進するために国家の様々な介入を許す立場と括っておく。ただしその介入には自ずと限度が設定されている。この意味で新（社会的）自由主義はさらに1940年代まで拡大し、ケインズ・ベヴァリッジを包含する。その上で、この概念は三段階に変遷し、進化する形で完成態を迎えたとする。すなわち道徳的存在としての理想主義は、次の世代で急進的政治活動による相次ぐ社会改革の立法化の精神的支柱であった。そして次の世代では、この政治活動を前提として、管理化という大枠で、経済理論と社会保障論の結合による「福祉国家の合意」を形成した。この意味で、新（社会的）自由主義は現代福祉国家の誕生を段階的に促した運動と総括することができる。

〈国民最低限保障 National Minimum〉

　ここではウェッブ夫妻による本来的な意味で用いる。その思考発展については、むしろ邦語による研究が目立っていた。大前（1983）、藤井（1995）、江里口（1997）、金子（1997）、名古（2005）が代表例である。『産業民主制論』（1897）での定義は「すべての産業のあらゆる等級の労働者に対して、教育・衛生・余暇・賃金の明確な割り当てを裁量的に実施すること」（Webbs 1897/1898: 817）である。最低限賃金は大枠の一つに過ぎない。別の定義では「生産者や市民として効率的な状態にある労働者を、そのままの状態に維持させないような雇用状態を廃止すること」（Webbs 1897/1898: 771）である。市民として最低限の生活ができるという意味である。この概念は突然生まれたのではなく、1880年代末にシドニー・ウェッブが発案し、徐々に発展させたもの

である[27]。公正賃金 fair wage 運動や労働権（勤労権）right to work 運動などとも歩調を合わせた。

　ウェッブ夫妻においても、この国民最低限保障は単に政治上・産業上の権利というだけでなく、国民効率運動 National Efficiency と表裏一体であること[28]に留意する必要がある。第1に、道徳化である。すなわち最低限の強制によって、労働者も資本家も道徳の向上が要請された。労働者は最低限賃金の見返りで、退廃的な行動を慎み、勤勉に働くことが期待された。資本家は最低限賃金を実施することで、狭い利潤のみならず公共目的に立つことが要求された。第2に、生産性の向上が期待できる。労働条件の改善（児童労働や苦汗労働の減少、高賃金）によって青年男子に対する労働需要が高まり、生産性が高まることで国民分配分が増加する。ウェッブ夫妻の国民最低限保障の思想は長い発展の歴史と、政治・道徳・経済に渡る広い視野を持っていた。

〈福祉国家 welfare state〉

　狭義の福祉国家とは Pierson（1991: 7）の定義を借りれば、基本的な福祉サービスを供給する国家の施策である。また生活上の機会を再分配するために、国家が経済的再生産と分配の過程に介入する社会である。ここまでは多くの同意が得られるはずだが、もっと積極的な内容を持たせた場合には論議を呼んできた。Briggs（1961: 228）の古典的定義によれば、福祉国家は市場機能を裁量的に3つの方向から修正する。第1は最低限所得の保障であり、第2は個人では備えられない社会的偶発事象への備えであり、第3は市民全員に行き渡る最適な社会サービスの供給である。また塩野谷（2002: 7）は福祉国家を「資本主義・民主主義・社会保障という三層の公共的制度」とみなし、二重の制度（社会規範と具体的な組織）を確立しようとした。論争点は政府の提供が最低限か最適か、所得保障かその他までの保障かという方向付

27　名古（2005: 164）はウェッブの手紙（1887.11）に注目し、「固定された最低賃金」という表現を引き出している。
28　大前（1983: 180）、江里口（1996: 72）、名古（2005: 172）を参照。国民効率性とは「いかにして国民生活の各部門がその最高に可能な効率性へと引き上げられるか」という問題である。名古（2005: 111）の引用による。

けであろう。後者まで包含するようになれば、その社会は市場経済からますます離れる方向になる。

　本書はこの論争に直接の決着を付けるわけではない。おそらく「福祉国家は社会における福祉を促進し維持するための手段」とする Spicker（2000: 6）の定義は受諾しやすいだろう。福祉国家を擁護する論者は拡大の方向で定義づけし、批判する論者は限定する傾向にある。ここではベヴァリッジは狭義の福祉国家を具体的に設計しながら、同時に広義の福祉国家（≒福祉社会）も当初から指向していたという二面性を指摘することに留めておく。

第5節　本書の構成

　本書は15章から成り、序章と終章が付く。本論はベヴァリッジ思想の初期・中期・後期に応じて、やや便宜的に三部に分かれる。初期は出生（1873年）から官僚を辞めるまで（1919年）、中期は主に1920年代と30年代を、後期は1940年代から死去（1963年）までを扱う。ただしそれぞれの論題によってこの区分をはみ出す場合もある。それはしばしば各期の連続性を示す話題であり、この三部がきれいに峻別されることを示唆しない。以下で各章の内容を予告しておこう。

　第Ⅰ部は5つの章から成る。第1章は略伝として、例外的に全期間を扱う。後の章で取り上げない部分も補完する形で、職業人としての公的生活に主な光を当てる。第2章から第5章までは主著『失業』（1909）に焦点を絞る。第2章は主著の思想的背景として、19世紀末以来の社会改良思想を取り上げる。第3章は主著の形成過程を論じる。1903年から1909年までの懐妊期間が三段階に分けて考察される。第4章は主著本体を扱う。この本を再構成した形で提示するだけでなく、経済認識の型として歴史的重要性を持つことも指摘する。第5章はピグーの失業論と対比する。国民最低限保障と賃金パ

29　毛利（1990: 6-12）に詳しい。
30　国家と個人との中間の自治組織、能動的市民参加、自由と統制の適切な比率という3点を含む。詳しくは小峯（2006: 6）を参照。

ラメータの議論が柱になり、ケインズ革命との関連も示唆される。

　第Ⅱ部も5つの章から成る。第6章は主にLSEにおける経済学刷新運動を取り上げる。経済学の制度化という観点から、ベヴァリッジの理想と現実を対比する。第7章はケインズとの人口論争を扱う。その背後にある優生学や、続いて発展した家族手当との関連を見る。第8章は中期20年間におけるベヴァリッジの広範な著作活動を追う。多岐・多様な観点が確認される。第9章はハロッドとの交流を探る。実証主義という方法論、経済的知識の政策への変換が論題となる。第10章は経済参謀論を分析する。これはベヴァリッジが強力に推進し、ケインズや政治家に影響力を与えた最重要概念である。

　第Ⅲ部も5つの章から成る。第11章は『ベヴァリッジ報告』と完全雇用論を取り扱う。その際にケインズとの協働を跡づける。第12章は1940年代の経済参謀論を振り返る。彼自身の考えがどのように変化したかが問題になる。第13章は1940年代の自由主義の一形態を紹介する。ヘンダーソン・ケインズという比較の軸が提供される。第14章は連邦主義に目を移す。同僚であったロビンズとの協働を考える。第15章は後期の三部作を一体として統合させ、福祉社会の構想を示す。終章は本論をまとめつつ、ベヴァリッジの経済思想の歴史的・現代的重要性を結論する。

　それではベヴァリッジの経済思想をひもといていこう。

第Ⅰ部

初期の思想

第1章　略伝[*]
――転職から天職へ――

はじめに

　本章はウィリアム・ベヴァリッジの略伝を扱う。略伝とは詳細な伝記とは異なり、ここでは職業面にほとんどの比重をかけた記述を意味する。以下の各章で触れる部分は可能な限り省き、むしろ触れない部分を列挙する。このことでベヴァリッジがどのような職業人生を歩んできたかを浮き彫りにしよう。彼の履歴は転職につぐ転職の人生である。そのため、離職がどのように行われたか、年俸はどのように変化したかにも注目する。なぜならば年俸へのこだわりこそ、ケインズと対比した場合の大きな特徴になるからである。相次ぐ転職の中で、理想とする天職は見つかったのか――この面も探り出したい。

　ベヴァリッジは1879年に生まれ、1963年に死去した。ここではその生涯を6段階に分けてみる。厳密な分け方ではないが、それぞれ新しい職業に就いたことがきっかけとなっている。第1は青年時代であり、主にオックスフォード大学を卒業するまでを扱う。第2は初めての就業であり、隣保館と日刊紙に勤めていた5年間を扱う。第3は国家公務員に転職した時代であり、第一次世界大戦の終結までを扱う。第4はLSEの学長として奮闘した時代であり、1920年代と1930年代の大半を扱う。第5はオックスフォード大学の学寮長の時代であり、政府の公職に就いていたことが多かった時代を扱う。

---

[*]　本章を詳細に読み、不備な点を指摘してくれた藤田菜々子氏（名古屋市立大学）に感謝する。第1節と第2節は小峯（2001）の修正版である。

第 6 は晩年として、貴族院の議員時代と、住宅公社の総裁などの公職から徐々に退いていく時代を扱う。最後に略伝から窺えるベヴァリッジ人生の特徴をまとめる。

　本章の典拠は伝記の決定版である Harris (1977) とその増補改訂版 Harris (1997)、および自伝 Beveridge (1955) に主に負っている。ただし LSE にあるベヴァリッジ文書・パスフィールド文書・ロビンズ文書、およびイギリス公文書館における未公開文書も随時用いることになる。

第 1 節　青少年時代　1879-1903

　ベヴァリッジは 1879 年 3 月 5 日にインドのベンガル州で生まれた。[1]ケインズより 4 歳年上で、ラルフ・ホートレー（後の大蔵省調査局長）と同い年である。父母ともに中流階級に属していた。父親はインド省のベンガル地区地方刑事裁判所の判事であり、[2]母方はヨークシャーの実業家であった。双方とも非宗教的で進歩的気質を備えていた。[3]父親は中級官吏であったが、外地勤務ということから、本国よりも給料や家屋の点で贅沢に暮らせた。召使いは 27 人を数えた。しかしインドの風土は当然イギリス本国とは違った。家族は熱病に煩わされ、弟は死に、母は聴力を失う[4]という悲劇にも見舞われた。

　ベヴァリッジは 1892 年にチャーターハウス Charterhouse（サリー州、ロンドンの南）に入学した。この学校はイギリス九大パブリック・スクールの一つとして有名である。当時の中流・上流階級は子息を全寮制のパブリック・スクールに入学させ、その後にオックスフォード大学またはケンブリッジ大学に送り出すのが一般的であった。この学校は歴史や自然科学を重視する時代の趨勢に反し、古典と数学の教育に熱心だった。そしてスポーツも大いに

1　"Obituary: Lord Beveridge", *The Times*, 18 March 1963.
2　父母の伝記を扱った Beveridge (1947: 7) によれば、自身の家族を「B という高貴な家」と表現している。
3　Harris (1997: 44, 46)。この意味でベヴァリッジ家は、クェイカー主義の進歩的平等主義に基づくラウントリー家とは異なる。岡本 (2003: 87) を参照。
4　そのためケインズと同様に、母との文通が数多く残されている。

奨励した。自然科学を愛好し内省的な少年だったベヴァリッジは、この時代にあまり良い印象を持っていない (Harris 1997: 55-56)。

　ベヴァリッジは1897年秋、オックスフォード大学のベリオール・カレッジ Balliol College, Oxford に入学し、数学の奨学生となった。このカレッジはオックスフォードで最古の設立であり、19世紀後半には理想主義的な博愛主義の拠点となっていた。オックスフォード時代は彼にとって、将来の職業を模索する日々であったと同時に、生来の勤勉さが全面的に開花した時であった。生涯の友人トーニーも得た。彼は4年間で3度も第一級 first の成績を修めるなど、学業では秀でていた。しかし、その対象は数学・古典・法律と目まぐるしく変わらざるを得なかった。どの分野でもすぐに高度な水準に達してしまうのだが、それを将来の職業に結びつける不安が常にベヴァリッジを襲っていたからである。そんな中で父親の強い希望もあり、卒業を控えて法曹界で身を立てる準備が進んでいた。指導教官のアルバート・ダイシーもその才能を認めた。1902年、同大学のユニバーシティ・カレッジ University College, Oxford から、ストーウェル研究員となった。

第2節　隣保館と日刊紙の時代　1903-1908

　しかし、結果的にベヴァリッジは法曹の道を捨てた。現実離れしているという理由から、哲学にも数学にも法学にも、距離を置くようになったためである。そして、外面的には社会事業家 social worker として職業のスタートをきった。それがロンドン・ホワイトチャペル Whitechapel にあるトインビーホール Toynbee Hall（隣保館の一種）の副館長 Sub-Warden の仕事である。ベヴァリッジは1903年に館長バーネットにスカウトされ、この館に来ることを決めた。彼は「ベンサムのように立法による改革者たれ」という父親の熱望を、逡巡の末ついに拒絶した。最初の職業選択は、父親からの干渉を廃するという側面からもなされたのである。

5　セツルメント・ハウス settlement house の訳。労役場 work house に対置される概念であり、私的慈善が社会的・全国的に組織化された形態である。

最初の職業が社会事業家であるという事実——これは「福祉国家の父」の称号に相応しい第一歩に見える。しかし、その動機は博愛精神に基づいていたわけではない。ベヴァリッジは次のように明言した。

「社会事業活動それ自体が多くの研究に値するとは思わない。しかし、知識の手段としては、それ自体は第一義的に有用な手段である。」[6]

なぜこのように断言できたのか。2つの点が指摘できるだろう。第1に、「社会事業家」よりも「社会改革家」のラベルがベヴァリッジには相応しい[7]。彼は大学3年の時にトインビーホールに泊まったのだが、その時の印象は極めて悪いものだった。「スラムでの奉仕」slumming や「慈愛に満ちた救済事業」good works に嫌悪感がある、と彼は両親に語った（Beveridge 1955: 15）。この嫌悪感は父親のそれを確実に受け継いだものである。父ヘンリーは息子が法曹界に背を向け、トインビーホールに就職しそうになった時、いささか脅迫気味に息子を諌めている。父親は「手が硬直化した職工」、「プロレタリアートのための無料スープ場」に嫌悪感を露わにし、息子と「ほとんど何の共通点がない人々に慈善をかけること」にまったく理解を示さなかった（Harris 1997: 75）。中上流家庭の雰囲気は、最下層の人々への具体的な共感を呼び起こさなかったのである。そのような嫌悪感にもかかわらず、ベヴァリッジは人間社会の機能的な働きを解明し、「『国家』の実際的な働きを体験してみたい」[8]と願った。全体としての国家の機能に注視し、自らの手で実験的に社会改革を行いたいという動機があった[9]。第2に、金銭的な動機が顕著であった。バーネットからの提示は年俸200ポンドであった。この金額は不

6　母への手紙、1904年7月10日、Harris（1997: 84）の引用。
7　両者はここでは、救済を個人に向ける具体的な博愛精神と、社会・国家の改革を指向する広範な進取の精神と捉えておこう。
8　Harris（1997: 74）。「国家」の原文はギリシャ語。
9　この使命感はウェッブの「国民効率の追求」運動とも共通する。この運動は個人ではなく国民（イギリス帝国）のレベルで、集団的な自由を希求する。19世紀末から急速に発展した集産主義の流れを汲む。詳しくは姫野（1999: 69-70）を見よ。

満だったものの[10]、新参の法廷弁護士に比べかなり良いことをベヴァリッジは認めた (ibid.: 74)。加えてストーウェル奨学金も年120ポンドで7年間支給[11]されることになった。以上の2点から、最初の職業選択が「社会事業家」である、という言い方には留保を付けるべきだろう。

　トインビーホールに居住した2年間は確かに物理的には短かったが、ベヴァリッジにとって実りの多い期間であった。その要因を3つに分けて論じておこう。第1に、失業問題の専門家として認知されたことである。第2に、雑誌編集にかかわり、ジャーナリストとしての訓練がなされ、それが次の職業へつながったことである。第3に、生涯交誼を重ねる3人（3組）の人物と初めて出会ったことである。それぞれ以下に述べる。

　第1の特徴は失業問題への傾注である。ベヴァリッジのトインビーホールでの活動は児童教育・選挙運動など多岐に渡ったが、中でも失業問題への取り組みは群を抜いていた。この館はロンドン失業基金 the London Unemployed Fund やロンドン市長公邸 Mansion House 基金などからの寄付金（調査研究費）に頼っていた。後者の基金は4000ポンドに達し、館長バーネットやベヴァリッジによる次の計画を可能にした。数百人の男達をある島に派遣し、2週間の間に短い仕事を与えるという実験である。3ヵ月後、ベヴァリッジはイースト・エンドに戻った男達を訪問し、安定した職業を見つけたかどうか調査した。しかし、大部分はまったく昔と変わらず日雇いの状態だった。ベヴァリッジは呆れ果てて、次のように言う。

　「イースト・ロンドンでは経済法則が狂ってしまったのではないかと自問したことを覚えている。この男達に需要がないとすれば、なぜ彼らはどこかへ行ったり、または餓死したりしないのか。何が彼らを現在いる場所で生かしている

10　迷っているベヴァリッジに対し、バーネットは有能な副館長には年350ポンド払うと昇給をほのめかした。しかしベヴァリッジは最も高額になっても年400ポンドほどか、と不平をつぶやいた (Beveridge 1955: 19)。このエピソードも年俸に敏感な青年を示している。
11　後に年200ポンドに引き上げられた (ibid.: 10)。Harris (1997: 72) は最初からこの金額を年200ポンドとしているが、不正確である。

のか。」（Beveridge 1955: 24）

　この経験と自問は３つの点で重要である。１番目に、この体験をさらに発展させてベヴァリッジは臨時雇用 casual labour とそれを巡る産業の状態に注目していった。２番目に、私的慈善が資金を浪費するだけでまったく役に立たないことが認識され、労働者の状況改善にはもっと別の手段――つまり立法による政府の出番――が必要だとベヴァリッジは痛感した。３番目に、ベヴァリッジの経済法則への信頼が明瞭である。通常の財にまったく需要がない場合、その財は売れ残るか、企業が撤退して別の場所で売るようにするか、どちらかしかない。彼はこの時点では、経済法則をそのまま労働市場にも適用している。以上の３点を明瞭にして、ベヴァリッジは労働調査で判明した点を様々な場所で講演し、多くの雑誌に寄稿した。こうして市長公邸計画から１年後に、彼は失業問題の専門家として認知されるようになった（ibid.: 32）[12]。

　第２の特徴は、ジャーナリストとしての訓練である。２つの点を指摘しておこう。まず１つは、労働問題への関与それ自体が、実践から学ぶというジャーナリズムの手法に沿っていた点である。この時代の彼は精力的に貧民街を調査し、大学や各種委員会で講演した。

　　「ゆえに私は当時の主要な経済問題を本から学ぶようになったわけではない。そうではなく、救済を求める失業求職者にインタビューし、前の雇用主に事情を聞き取り、助けるべき者を選び、救済事業を組織することによって学んだのである。」（ibid.: 23）

　もう１つは直接的に、『トインビー・レコード』Toynbee Record の編集者になった点である。この月刊誌は元々、教区雑誌 parish magazine ――キリスト教精神に基づいた私的慈善の布教――であった。しかしベヴァリッジは社会改革の討論場となるように紙面改革した（Harris 1997: 83）。彼は取材し、

12　使徒アーノルドの弟子であるアシュリー（バーミンガム大学）にベヴァリッジは会い、失業者問題の理論的な分析を書くべきだと勧められた。Harris（1997: 95）も見よ。

執筆し、編集した。つまり雑誌発行におけるすべての才能を示した。そして後に彼自身、この雑誌が「トインビーホールに対して私がした本当によいこと」(Beveridge 1955: 24) であるとして自賛した。そして、それは次の職業に移る準備となったのである。

第3の特徴は、その後のベヴァリッジの人生を決定づける3組の人々との出会いである。

1人目はラウェリン-スミスである。彼はオックスフォードのベリオールを卒業し、1888年から1年間、トインビーホールに居住した。同じような経歴を歩んだベヴァリッジに対し、バーネットと共に鼎談し、失業問題について語り合った。その後、ベヴァリッジは商務省 the Board of Trade の次官となったスミスに導かれるように、その部下となるのであった。

2人（組）目はウェッブ夫妻である。夫シドニーおよび妻ベアトリスとベヴァリッジが初めて会ったのは1904年末である。最初の出会いの印象は芳しくなかったが、徐々に関係は好転した。次の文章はウェッブ夫人の日記による。

「ベヴァリッジはとても不作法だが、正直で、自己に忠実で、冷静な実践家タイプの若い改革者である…。不作法なので最初は嫌いだったが、その後は見直すようになった。」(*ibid.*: 23)

ウェッブ夫妻と労働問題で議論を闘わせていくうちに、1907年ごろ「同盟が成立」(*ibid.*: 61) した。この結果、ウェッブ夫人が委員の1人であった「救貧法ならびに困窮救済のための王立委員会」(1905–1909) で、弱冠28歳のベヴァリッジが証言台に立つことになった。失業に関しては初めての証人だった。証言に向けての両者の綿密な打ち合わせが行われ、ベヴァリッジは「ウェッブ夫妻の尽きない努力と用意周到さに感銘を受けた」(*ibid.*: 63) と記している。

3人目はジェシイ（ジャネット）・メアとの出会いである。彼女はベヴァリッジの従兄の妻であった。1904年始めに彼らは出会った。長い曲折の後、

1942年に両者は結婚する。

　この3組の人々との出会いは、ベヴァリッジの人生を象徴しているとも考えられる。すなわち冷徹な官僚、社会改革者としての情熱、そしてワーズワースのロマン主義的な詩に代表される愛情[13]。いずれも彼の人生のある断面を彩る特徴であった。

　しかしこの実りの多い期間にもかかわらず、ベヴァリッジはトインビーホールを去った。隣保館の生活に意義を感じなくなったからであり、同時にジャーナリズムという新しい魅惑的な職業に興味を持ったからである。隣保館に入所する前に抱いていた貧民に対する嫌悪感は、直接の体験で強められこそすれ、弱められることはなかった。その上、社会改良は個人に対する慈善に留まるべきではなく、政府による大がかりな手法で行われるべきと彼は考えていた。別の理由は、彼の性格が慈善活動に向いていなかったためである。「冷徹な論理はあなたをひどく誤った方向に導く」（Harris 1997: 95）と、ある慈善家に警告されたこともあった。バーネット自身、彼を「…大変能力があり、仕事熱心である。しかし部下に対してはあまり我慢強くなく、愚か者の愛好者ではない」（ibid.: 83）と的確に判断していた[14]。そのためベヴァリッジを後継者にすることを早々に諦め、別の者を館長代理として入所させていた。そんな折り、失業問題でますます活躍する名声が、次の進路を呼び込んだ。『モーニング・ポスト』Morning Postの編集長フェビアン・ウェアが紙面刷新のため、外部から有能な若手を欲したのである。ベヴァリッジはその眼鏡にかなった。年俸500ポンドという魅力にいささか有頂天になりながら（Beveridge 1955: 34）、1905年11月、彼はトインビーホールの副館長を辞職した。

　Morning Postは保守党系の日刊紙である。新しい社主は、保守党も――自由党・労働党に遅れることなく――社会改革についての意見を発展させるべきだと考えた。そしてベリオールの学寮長の推薦で、ベヴァリッジに注目

13　ベヴァリッジは終生、ワーズワースの詩を愛した。トインビーホール時代、失業や社会主義の講演には聴衆が数多く参集したが、その詩についての講演には全く人が集まらなかったと彼は嘆いている（Beveridge 1955: 32）。

14　無慈悲な変わりの者という評判は生涯変わらなかった。6時に起きて氷風呂に入るという習慣は人をぞっとさせた。The Economist, "In Sir William's Shadow", 26 May 1998.

していた。編集長ウェアの就任依頼に対するベヴァリッジの返答は、非常に興味深い。

　「社会問題を凝視し、政策を形成し、こうした問題の科学的な理解をふつうの気楽な公衆に悟らせるというただそれだけのために、…私は書くべきだろう。」(Harris 1997: 96)

こうして今度は家族の賛成もあって、ベヴァリッジは保守党の世論形成の場に立ち会うことになった。

　日刊紙の記者時代のベヴァリッジについて、その後の人生と関わりの深い3点を指摘しておく。第1は勤務状況である。第2はドイツ視察である。第3は主義主張の混在である。

　第1に、金銭的・時間的余裕があり、しかも自由党寄りという信念を曲げる必要がなかった。「社会問題を理論的・実際的に研究し、それについて書くことで生活できる」(Beveridge 1955: 70) という時間が確保できた。約2年半にわたる論説委員時代に、彼は60万語も記事を書いた。論説の守備範囲は徐々に広がり、「失業、苦汗労働 sweating、住宅、都市問題、ロンドンの交通、地方行政と財政、労働組合法、老齢年金、酒類取引、学校給食、乳幼児死亡など」になった (ibid.: 42)。いずれも自由主義に立脚するが、社会改良は必要という立場であった。実質的な拘束時間は週に10-14時間である。つまり昼間は調査や講演などに時間に割けた。出版社の給料は記事の出来高制になっていた。1コラムにつき3ギニーなので、1週間に4コラム（1年

15　ウェアはベヴァリッジを次のように評価した。「ベヴァリッジ氏が加わって以来、『モーニング・ポスト』は政府の政策…を導いている」。BP, Reel 2, Item 6、ウェアからグレネスク（社主）への手紙、1906年5月11日。
16　さすがに総選挙の間は保守党の後押しをする気にはなれなかったので、彼はその時に休暇を取った。また復帰後は労働党の登場を歓迎している。Beveridge (1955: 51)。
17　1906年学童給食法、1907年学童保健法、1908年児童法。ボーア戦争時の徴兵にあたって、青年の体格が著しく劣っていたことに衝撃を受けた政府は、まず学童の健康に留意するようになった。小山（1978: 200-205）。
18　1ギニーは21シリング。20シリングは1ポンド。1シリングは12ペンス。

間で200コラム）書く計算をすると、年収は約600ポンドになった。ベヴァリッジは自分の給料を日雇いレンガ積みと比較している。時間給では27.5人分に相当すると彼は計算した（*ibid*.: 42）。このエピソードは興味深い。ベヴァリッジは労働の非定期性（臨時日雇い）こそ、失業問題の本質の一つと見て取っていた。そしてそれを頻繁に社説に訴えた。しかし自身の労働も日雇いの性格を帯びているのである。もちろん賃金は27倍以上であるから、自身の労働に貧困はつきまとわない。高度な専門知識が貧困を退散させるという証明を、自分自身が行っていた。

　第2に、1907年夏のドイツ視察旅行はベヴァリッジの見識を広げ、転職機会を引き寄せた。この費用は自前だったが、*Morning Post*に記事を7つ載せてもらうことで、十分に支弁できた（*ibid*.: 56）。この旅行の目的は、職業紹介所Labour Exchangeと老齢年金に関する視察であった。「自由党（主義）の改革」の波の中で、社会保障の先端をいっていたドイツに注目が集まったのである。特派員としてこの問題を大々的に取り上げた結果、その筆力で蔵相をドイツ派遣させるほどになった。[19]

　第3に、あらゆる主義主張の混在にベヴァリッジは身を任せていた。元々、保守党支持ではないのに、保守党系日刊紙の仕事を引き受けた点が始まりである。ある時は酒類免許問題で馘首をかけて、自由党寄りの社説を書いた。これは酒類免許が逆に、大土地所有者の独占的権益をもたらしているという問題であった。免許制の改訂は酒類販売の抑制にもつながり、個人の精神的自立や禁欲・節制の重視にかなっていた。ベヴァリッジはこの立場を堅持したので、古典的自由主義が窺える。またフェビアン協会の中核メンバーであるウェッブ夫妻とも同盟を結び、協会の行事に参加していたので漸進的社会主義の側面もある。[20] 外交問題では帝国主義者であった（Harris 1997: 122）。労働問題では国家介入の強化を謳っていたので、新（社会的）自由主義にも十分に接近した。あらゆる主義主張の混在は――当時の政治状況の一般的特徴で

---

[19] 蔵相ロイド-ジョージは視察後に老齢年金法の原案を修正し、給付金に所得スライド制を導入した（矢野1983: 215）。

[20] Harris（1997: 118-119）によれば、1904年頃に社会主義への興味が始まり、「フェビアンの運動に非常に感銘を受けた」と記している。

青年時代のベヴァリッジは二重の意味で実践的だった。まず、労働問題についてである。彼は失業問題解決の要諦を「労働の移動性」の強化に求めた。彼はそれを理論で示しただけでなく、自らの行動によって証明した。彼は理想的な労働者を高度な流動性・移動性を持つ者に求め、それを自らの高賃金にも導かれた転職（社会実業家からジャーナリストへ、さらに高級―高給―官僚へ）で実践した。次に、ジャーナリズムについてである。彼は社会改良を世論に浸透させるために、積極的に様々な情報伝達媒体に関わった。それは編集者として、論説委員として、社会調査家として、多様な関わりであった。世論の喚起によって社会改良の必要を知らしめること。こうした情報伝達は自らの有能さの宣伝と完全に重なる。ジャーナリズムに身をおくことがベヴァリッジ自身の情報を世間に伝達し、自らの昇進の触媒という実践になった。

　そしてこの二重の実践性を可能にしたのが、トインビーホールと *Morning Post* の生活であった。彼は奨学金を毎年獲得しながら、出来高制で高賃金をもらい、自由な時間を各種活動に割けた。ベヴァリッジは情報の力に関し、ウェッブ夫妻や自身の役割を次のように述べている。

　　「誰が時の権力者になろうとも、影響力や理性や特別の知識は必要であろう。…もし私が *Morning Post* 紙上の社会改革のキャンペーンを行わなければ、どんなことでも成功は難しかっただろう。…権力の持ち主は普通、忙しすぎて考えている暇がない。ウェッブ夫妻は、考えるための頭と時間を兼ね備えていたのである。」(Beveridge 1955: 70)

青年時代のベヴァリッジも頭脳と時間があった。そしてウェッブ夫人と同じく、十分な金銭もあった。その才能と機会を十全に用いて、彼はより政府へ接近し、あるいは取り込まれていくことになる。ともあれ、*Morning Post*

21　熟練職人の場合。非熟練労働者の場合は、何よりも継続的な雇用が必要である。
22　彼女の父親の遺産（年1000ポンド）が考える時間と権力者への接触を可能にした、とベヴァリッジは判断している（Beveridge 1955: 70）。

で活躍するベヴァリッジの名声は、ついに大臣の耳まで届いたのである。

第3節　官吏時代　1908-1919

　ベヴァリッジの官僚生活は、自らの立身出世主義によって始まった。また性格も官僚に向いていた。すなわち、彼には社会全体・国家の機構を科学的に解明したいという自然科学者の眼が備わっていた。さらに正確性・反復性・規則正しさ・数量データを扱う能力にも優れていた。[23]

　1907年10月14日と15日、ベヴァリッジはウェッブ夫人の招きにより救貧法委員会において失業問題に関する証言を行った。そこで「失業者問題を解決する第一歩は、職業紹介所という国家体系によって労働市場を組織化すること」(PRO, Minutes of Evidence 1910: 15, para. 52) と宣言した。彼はすでにロンドン中央失業者組織 Central Unemployed Body for London の委員として活躍するなど、失業問題の専門家として傑出していた。この経歴を商務省の役人が知るところとなり、1907年以降、政府関係の仕事が増えてきた (Beveridge 1955: 64)。またウェッブ夫妻を通じてチャーチルとも知己を得た。1908年の政権交代でチャーチルは商務大臣に昇進し、社会問題の克服という野心の実現に着手した。その際、ベヴァリッジに白羽の矢が立ったのは自然であった。彼は年収500ポンド以下で妥協する気はなかったが、大臣が600ポンドを即決したので拒む理由はなくなった (ibid.: 68)。同年7月13日からベヴァリッジは公務員になり、以後11年に渡って官僚生活を続けた。当時の商務省は労働問題も含むなど拡大傾向にあった。そして社会改革という大波の中で、気鋭の大臣をも惹きつけていた。ベヴァリッジの転職もこの波に乗るものであった。

　ベヴァリッジはまず職業紹介所について、その法案化に尽力した。日付不明のメモ「職業紹介所：直ちに行動するための提案」によると、ベヴァリッジは省内に向けて、商務省が先頭に立って法案化の実現に尽力せよと提案し

23　Harris (1997: 77)。ハリスはベヴァリッジがトマス・ハックスレー（生物学者）を尊敬していたと指摘している。

た。「職業紹介所の成功は中央の適切な制御…や地方の行動を刺激する力にかかっている」。結論として、地方政府や代表的な労使組織と交渉し、職業紹介所を財政的に支えられる法案を作ることとしている[24]。「職業紹介所のメモ」によると、1908年頃にはさらに具体化している。職業紹介所は仕事を生み出す所ではなく、求人と求職の直接の意思疎通であり、「労働に対する恒久の市場」であった。産業の状態を知らせるという間接的な役目もある。このメモはベヴァリッジによって起草され、1908年7月10日にチャーチル大臣が賛成し、内閣に閲覧させることが決まった[25]。さらに同年11月のメモ「職業紹介所：政策の概観」によると、利害団体との調整が難航していたことがわかる。それによると法案化しない方が簡単だが、権威付けのためには法案による事務所の設立が最も望ましいとされた[26]。救貧法委員会でもほとんどの委員の賛意を得たように、職業紹介所という新しい考えは多くの心を掴み、1909年9月20日に法案として成立した。第5条によれば、「労働交換 labour exchange という表現は、求人と求職に関する情報を集め与える目的の事務所・場所を意味する」とされた[27]。

　ベヴァリッジは自らの著作『失業』(1909)に基づいて法案化を進めただけ[28]でなく、その制度化も監督した。両者を連続的にするために、彼は職業紹介局長となった。その際に年収は700ポンドで、毎年25ポンドずつ昇給していくという条件が付いた（上限は900ポンド）。同時に退職年金法 (1859) を適用するという任命書の付帯文を盾に、公務員人事委員会の規定とは別に、年金資格が与えられたと解釈した (*ibid.*: 72)。この解釈は——節の最後で示すように——退職時に騒動を巻き起こすことになる。いずれにせよ1909年

24　PRO, LAB 8/821, "Labour Exchange - Proposals for Immediate Action", by William Beveridge, 1-7.
25　*ibid.*, "Memorandum on Labour Exchanges", with handwritten marginal notes, 1-12.
26　*ibid.*, "Labour Exchange: Outlines of Policy", by William Beveridge, November 1908, 1-5.
27　*ibid.*, "Labour Exchange Act, 1909.", 1-3.
28　この初版はケインズが入手し、後にケンブリッジ大学経済学部図書館 Marshall Library に寄贈した。ケインズのサイン入りの蔵書について、野村好雄氏（滋賀県在住）の情報に基づく。

は主著『失業』も出版され、彼の初期において最も輝かしい成果をあげた年になった。

　ベヴァリッジが次に取り組んだのは国民保険法、特にその第二部である失業保険の実現であった。こちらは上司である事務次官ラウェリン‐スミスが主導したので、どちらかと言えば役割は原案の批評と推敲であった（Harris 1977: 169）。ただし両者は頻繁に議論したため、その貢献を区別することは不可能であった（Beveridge 1955: 83）。この法案は職業紹介所法よりもさらに利害関係が込み入るため、実現に長い時間を要した。その間に多くの関係者とベヴァリッジたちは接触した。一例として、1911年6月14日には造船雇い主協会と会合を行っている。その際、「国家の補助金が付いた強制失業保険は、本来的に普遍的であるべき」とメモされている。8月15日には労働党とも会合している。主な問題点は賃金と労働争議に関する法案の条項ただし書きであった。いずれも労働側の団結を阻害するような内容を含んでおり、この面での交渉が行われた。例えば不況を原因とする失業と、労働争議を原因とする失業は分離して考えなければならない。失業保険の基金を労働争議に用いることはできないからである。ベヴァリッジは労働側の指導者マクドナルドに、9枚に渡った「極めて厳密な極秘の私信」を送り、関連する条項についていくつかは譲歩できるとしたためた。

　国民保険法は1911年12月に成立した。これは人民予算と共に、一連の社会改革立法の総仕上げである。国・労働者・使用者が2：4：3の割合で保険料を拠出し（健康保険の場合）、権利としての給付を完成させる仕組みであった。

29　生涯を通じた著作は約20冊である。参考文献表を参照。
30　PRO, LAB 2/1483/LE(1)1150/1911, "Deputation to Buxton from the Shipbuilding Employers' Federation", 14 June 1911.
31　PRO, LAB 2/1483/LE2387/5, "Notes on points to be raised by the Shipbuilding Employers Federation", 1-3.
32　PRO, LAB 2/1483/LE(1)11101/1911,"Unemployment Insurance, Clause 63(1) ", by W. Beveridge, 9 October 1911, 1-5.
33　PRO, LAB 2/1483/LE(1)9169/1911, a letter from Beveridge to MacDonald, 13 October 1911, 1-9.
34　Jones (2004: 214) によれば、この法律は普遍的で、適用には道徳的に中立的で、行政上は民主的で、法的に実施可能な社会的権利に基づいている。

失業保険については、建築や土木など7業種225万人に絞っていた。

　この法律はその後も改定されているが、1912年の大蔵省との交渉が興味深い。著名な経済学者であるラルフ・ホートレーが交渉役として登場するからである。1912年6月の文通が残されている。ベヴァリッジは法律の99条に基づく規制を起草し、大蔵省と交渉した。公式な会議に乗せる前に、非公式にホートレーの意向を訊いた[35]。ホートレーは2つの点で詳細な批判コメントを出している。1つは「臨時雇用」という用語のあいまいさである[36]。これは例えば「1日を超えない期間に普通は従事する労働者がいる産業」などと厳密に定義されるべきである。もう1つは健康保険と失業保険で、雇い主にかかる手数料が非対称という点である。保険料の拠出は（労働者の天引き分を合わせて）印紙を購入して台紙に貼るという方式であった[37]。ベヴァリッジの提出した商務省原案は失業保険の分を特別扱いにする（無料印紙で良い）ものだったので、収入や健康保険との一貫性のためにホートレーは執拗に反対した。「無料の印紙は雇い主への単なる施し dole となってしまうだろう」と彼は抵抗した。ベヴァリッジはこの問題について大蔵省と協議することを忘れていたと認めたが、結論は変えなかった。健康保険と失業保険を二重に払っている雇い主もいるのだから、特別扱いして良いという立場であった。また失業保険は商務省が扱い、健康保険は保険理事会が扱っているのだから、異なる施策は当然とみなした[38]。ホートレーはなお返信し、雇い主にとってはどちらの保険も同じなので、同等の扱いが望ましいとした。そして直ちに省庁間の公式な議論に乗せるべきとした[39]。以上は一例であるが、大蔵省とも頻繁に協議していたベヴァリッジの官僚生活がわかる。

　職業紹介所と失業保険はベヴァリッジの官僚生活における華々しい成果で

35　PRO, LAB 2/1483, a letter, with a memo "Draft Heads of further Regulations under Section 99 of the Insurance Act", from Beveridge to R. G. Hawtrey, 7 June 1912.
36　*ibid.*, a letter from Hawtrey to Beveridge, 8 June 1912.
37　労働者は3ヵ月後にその台紙を携え、給付を受ける場合は認可された施設に立ち寄ることになっていた。樫原（1973: 457）を参照。
38　PRO, LAB 2/1483/LE(1)9169/1911, a letter from Beveridge to Hawtrey, 12 June 1912, 1-4.
39　*ibid.*, a letter from Hawtrey to Beveridge, 14 and 15 June 1912, 1-5.

あったが、その法案が成立し制度が実現化していく中で、彼の仕事への意欲は徐々に失われてしまった。第一次世界大戦が始まってから、省庁再編・細分化によって彼はまず1915年に軍需省、ついで1916年に食糧省に異動した。最後の地位は事務次官 permanent secretary であったが、対外的には元の商務省の次官補 assistant secretary のままと解釈されていた。この時期の仕事は軍需・民需・食糧の割り当ての他、戦後の雇用問題や失業保険、そして政府機能の再編問題など多岐に渡っていた。

　ベヴァリッジが食糧統制を行っている時、ケインズと出会ったエピソードが残っている。2人はすでに1910年8月に書簡を交わし[40]、1914年5月までに実際に会っていた。1917年半ば、輸入ベーコンの買い付け資金を大蔵省に頼みに行った時、いったんは断ったケインズが落胆するベヴァリッジを見て、100万ドルを投げてよこした。ベヴァリッジは権力を持つ人物に感銘を受け、その人物がケインズで良かったと回想した[41]。食糧省に行っても、食糧問題だけを行っているわけではなかった。例えば1916年の時点で、すでにベヴァリッジは戦後の雇用問題に注意を促した。「戦後に公的な雇用を規制すること。戦争の最中はかなり多くの公共事業が行われた。公共事業を管理・影響するすべての省庁で、準備をしなくてはいけない。…公共事業の分配を規制する委員会をすぐに立ち上げるよう」に要請された[42]。第10章第1節で後述するように、ベヴァリッジはウェッブ夫人やホールデン卿と共に、政府機能の再編についての議論も主導していた。1917年のウェッブ夫人からの手紙によれば、「食糧問題を考え、動員解除などを話すためにここの夕食に来ないか。新しい再建委員会に呼ばれている…。ある点についてあなたの助

40　KP, Reel 125, PP/45/144/107-108、ケインズからベヴァリッジへの手紙、日付不明だが、PP/45/107/105-106 にあるケインズの妹からケインズへの手紙によって、1910年8月14日以前だとわかる。

41　BP 9a-52, "Some Memories of Maynard Keynes", 2-3, 1952? ベーコンの買い付け成功には感慨深かったらしく、貴族に列せられたという速報の中で、ベーコンを仄めかす暗号を用いた。Beveridge（1955: 153）。

42　PP, Section 14, "Memorandum from Beveridge to Llewellyn Smith", 28 April 1916, 93-99. 他にも同所に "Note on Preparation for Post-war Conditions", by Beveridge, early 1916, 46-49 もある。

言が欲しい。あなたが委員であれば良かったのに」とある。また「思考や誘因の機関を作るという見地から、政府機関とその機関にある内部組織の権力を再分配することに関して、何か示唆を送ってくれれば非常に嬉しい」ともある。ウェッブ夫人がベヴァリッジを非常に頼っていることがわかる。ベヴァリッジも直ちに8種類のメモを送るなど、ウェッブ夫人に全面協力している。

1919年初頭には功績によってナイト叙勲され、バス上級勲爵士 K. C. B. の称号を得た。また食糧省の事務次官にも昇りつめた。しかし不満は募った。本来の仕事と考えていた労働問題からますます遠ざかったためである。「労働問題はすでに商務省になかった。そこで私は公務員を辞めたのである」(Beveridge 1955: 160)。「失業問題は変わってしまった。職業紹介所と保険の実験は歪んだ。その実験と私の関係は絶たれた」(Harris 1997: 253)。彼は1919年9月末に正式に公務員を辞任した。

最後の地位に関して、彼は2つの騒動を起こしている。まず次官の給料についてである。大蔵省は年収1750ポンドを認めず、1500ポンドで十分だとベヴァリッジに回答していた。ロバーツ食糧大臣はチェンバレン大蔵大臣に抗議の手紙を送っている。大蔵大臣はベヴァリッジが最上位の次官だとは気付かなかったとして、昇給に条件付きで同意している。ロバーツ大臣は大蔵省のやり方が「非常に不公正」だと憤っていた。別の騒動は退職する際の年金資格であった。ベヴァリッジは10年間の公務員生活が――退職年金法(1859)によれば――年金資格に値するかどうかを商務省に尋ねた。商務省

43　BP, 2b-67, a letter from Beatrice Webb to Beveridge, 26 February 1917.
44　BP, 2b-67, a letter from Beatrice Webb to Beveridge, 11 July 1917.
45　PP, Section 4, a letter from Beveridge to Beatrice Webb, 14 March 1917.
46　T 1/12286, Minute 2.a. 39675/18, a letter from George H. Roberts to J. Austin Chamberlain, 11 February 1911.
47　T 1/12286, Minute 2.a. 39675/18, a letter from Austin Chamberlain to Roberts, 19 February 1911.
48　T 1/12286, Minute 2.a. 39675/18, a letter from Roberts to Austin Chamberlain, 20 February 1911.
49　職業紹介所局長(1909)になってからを年金資格に算定しているようである。
50　PRO, T 1/12399, a letter from Beveridge to the Secretary, Board of Trade, 6 October 1919.

は大蔵省と慎重に協議し、60歳前に自発的に辞めた者には退職年金法は適用されないと答えた[51]。商務省の担当者もベヴァリッジの地位は次官補（局次長級）であり、年金資格を言い立てているだけであり、今後の試金石となるから慎重になろうと大蔵省に相談した[52]。これはベヴァリッジの省内での地位[53]が危うかったことを示す。このように、最後は追い立てられるように公務員生活を離脱することになった。

第4節　LSE時代　1919-1937

　LSE（London School of Economics and Political Science）時代の本務については第6章で詳しく論じるので、ここでは大まかな概観だけを述べる。ウェッブ夫妻はまずケインズに年1500ポンドの提示で学長職を依頼したが、断られた。次の候補であるベヴァリッジは年俸の引き上げを要求し、年2000ポンドで受諾した（Dahrendorf 1995: 138-140）。それ以後、彼はLSEの発展のために18年間も尽力する。しかしその間も、外部との接触を断っていたわけではなかった。むしろその逆に、機会あるごとに外部の活動を行った。

　ケインズとの交流も深まった。まずLSE時代の最初期の仕事はカーネギー国際平和基金 Carnegie Endowment for International Peace の資金援助で、「世界大戦の経済・社会の歴史」という叢書を編集したことであった。ベヴァリッジはケインズと共に、編集委員となっていた。ケインズは大蔵省に打診し、現役の役人の誰かに戦時財政について執筆して欲しいと協力を要請している[54]。人員拠出は拒否されたが、協力は受け入れられた。ベヴァリッジは委員会を欠席したケインズに他の委員に先駆けて議事録案を送り、その示唆に従って議事が進行したと書いている[55]。また全巻編者のショッ

51　PRO, T 1/12399, a letter to P. J. Griggs (Treasury), 15 October 1919.
52　PRO, T 1/12399, a draft of a letter to Beveridge, 24 October 1919. 手書きで「商務省の草稿、大蔵省による変更」とある。
53　大蔵省との軋轢は、1930年代後半と1940年代前半に再び繰り返される。
54　KP, Reel 74, CE/1/11, a letter from Keynes to Beveridge, 20 October 1920.
55　KP, Reel 74, CE/1/32, a letter from Beveridge to Keynes, 11 November 1920.

トウエルの電報を転送し、出版社・著作権などに対してケインズの意見を求めている[56]。後にベヴァリッジは自らこのシリーズを執筆し、『イギリス食糧統制』(1928) を出版した。自由党夏期学校への参加や『ネイション』の再建など、自由党を軸としてケインズとも交流した (Moggridge 1992: 390)。ケインズが 1924 年に失業対策として公共事業を初めて提唱した時、ベヴァリッジも賛辞を送った (Harrod 1951/1982: 346, 訳 388)。ベヴァリッジは王立経済学会の理事にもなり、1930 年 2 月にはリカード全集の編纂という重大な決定に立ち会った[57]。

「石炭産業に関する王立委員会」も重要な仕事であった。ベヴァリッジは 1925 年の夏休みにチャーチル蔵相によってロンドンに呼び戻され、王立委員になるように要請された。当時の石炭産業はイギリスの状況を象徴していた。基幹の輸出産業が競争力を喪失し、労使が賃金や労働時間を巡って激しい対立を繰り返していたのである。ベヴァリッジ等 4 人の委員は 6 ヵ月間で夥しい証言と多くの実態調査を重ね、翌年に報告書を提出した。報告書は「それ自体、厳密・正確・論理的」(Harris 1997: 329) であり、「王立委員会もすばやく仕事ができる」(Beveridge 1955: 221) とベヴァリッジは誇った。しかし報告書は労使どちらからも無視された。報告書は賃金の引き下げや労働環境改善の勧告を含み、どちら側にも不利な要素を持つからであった。労使双方は決裂し、ついにはゼネストに突入した。一貫した立派な報告書だけでは、現実の混乱を収拾できない例であった。

小さな一大学であった LSE をしっかりした拠点大学にするには、巨額の資金が必要であった。ベヴァリッジは外部からの資金調達に先鞭を付けた。ローラ・スペルマン・ロックフェラー記念財団である。この財団は当時ロックフェラー財団本体とは離れていて、主に女性・子供の福祉向上のため、社会科学の応用研究に資金援助していた。ベヴァリッジはその理事と知己を得て、LSE の再建・拡大に巨額の資金を提供してもらった。例えば人件費・

56　KP, Reel 74, CE/1/117-118, a letter from Beveridge to Keynes, after 21 February 1921.
57　BP, 2a-33、王立経済学会の議事録、1930 年 2 月 13 日。

図書費などに15万5000ドル、社会科学の自然科学的基盤の研究に50万ドル、国際法などの研究に20万ドル、図書館と図書目録のために17万5000ドルが寄付された。1925年から2年間で少なくとも121万ドル（約30万ポンド）にのぼった（ibid.: 177）。1937年までには200万ドル（約50万ポンド）に達した。14年間の総予算を考えると、11％が財団からの寄付であった（Dahrendorf 1995: 164）。寄付金は土地買収にも一役買った。LSEの上部機関であるロンドン大学はロンドン南部に狭い本部を持っていたが、各カレッジ関係者はその本部をホルボーン近くの広い土地に移転することを願っていた[58]。ベヴァリッジはその願いを実現した。1926年から2年間、彼はロンドン大学の総長 Vice-Chancellor を兼任した[59]。そしてロックフェラーの資金を元に、現在あるブルームズベリーの土地を購入することができたのである。新しいロンドン貧困調査についても資金提供された[60]。ベヴァリッジは資金集めの天才だったが、他方で反感も招いた。「彼はまったく正直なのだが、熱意が移ってしまって、その時点で最善だと思う目的に資金を使う完全な権限があると思ってしまう」（Hayek 1994: 86, 訳83）のであった。

　公共放送であるBBCとの関わりも強かった。1930年12月に帝国特恵関税に関する問題をベヴァリッジはラジオ放送した。これが初めての出演であった。1932年には後述のように、ラジオを社会調査に用いるという野心的な試みを行った。家族の実態を調査したのである。1934年から1937年までは週に1回、講演放送を行う機会もあった。この経験が後に放送委員会報告書（1949）に活きた。これはBBCのテレビ放送の問題点を諮問する委員会であった。報告書はBBCの独占を避けつつ、商業ベースの開放にも慎重であった。1937年にはテレビにも出演した（Beveridge 1955: 223）。ベヴァリッジは公共

---

[58] 逆の勢力はロンドン大学をその発祥である「試験機関」に留めておきたいと考えた。ゆえに本部は狭いサウス・ケンジントンで十分だった。

[59] この時の対抗馬は1931年に、ベヴァリッジをロンドン大学理事会から追い出した。ベヴァリッジは1944年に国会議員への立候補を考えた際、ロンドン大学の基盤を使うことも考えた。この対抗馬が議員だったからである。Beveridge (1955: 338)。

[60] 19世紀末のブース調査を継続する意味で、ラウェリン-スミスを責任者として行われた。9巻に渡って1930年から1935年まで公刊された。

放送という新しいメディアを積極的に用い、自らの主張を人々に説得することに貪欲であった。

　LSE時代に出版された本は6冊である。『万人と万物のための保険』(1924)は自由党夏期学校のパンフレットとして出版された。『イギリス食糧統制』(1928)については前述した。『失業』(1930)は初版をそのまま残し、第2部として1920年代の失業を巡る理論と実態を収録した。『関税』(1931)はLSEの若き俊英の執筆も含む論文集であり、保護貿易陣営に対抗するために書かれた。『失業の原因と救済』(1931)はBBCラジオ放送を収録した小冊子であり、世界大恐慌の考察という喫緊の時事問題を含んでいる。『社会主義下での計画』(1936)もラジオ放送の講演の再録がほとんどであった。

　政府関係の仕事は、主に2つあった。1つは失業保険法定委員会の議長(1934-1944)である。年収1000ポンドである (*ibid*.: 226)。これは第8章で触れる。もう1つは1936年のラインライト占領をきっかけとして起こった。ヒットラーの行動はイギリスに戦争準備の機運を高めさせた。再軍備のために新設された国防調整大臣によって、ベヴァリッジは食糧配給小委員会の議長に指名された。彼は例によってこの役割を拡大解釈し、食糧統制だけでなく価格全般の統制を、配給だけでなく国家総動員を唱えた付属書類も政府に提出した。大臣はこの書類に注目し、正式な公務員として配給体制を仕切ってくれないかと依頼した。ベヴァリッジは公務員として働いた10年間を年金計算に繰り入れることを条件に引き受けた。大臣も承諾したが、最後の段階で大蔵省の介入があった。大蔵省事務次官は高すぎる俸給を払う気はなかったのである。「国防調整大臣から正式に出された申し出は、大蔵省の一官吏の手紙によって撤回された」(*ibid*.: 242)。もちろん年金問題は理由の1つに過ぎない。ベヴァリッジ自身が第二次世界大戦の公式記録から引用しているように、「任務の範囲・権限についてベヴァリッジ氏の考えは、政府にとってあまりに野心的すぎた」(*ibid*.: 243)のである。給与や年金に敏感すぎること、

61　ベヴァリッジは1929年から39年間、*The Economist* Trust の受託者 trustee であった。この信託は表現の自由を守るために設立された。*The Economist*, "A Man to Trust", 10 November 2005.

政府の思惑を超えた包括的提言をすること、この2つが官僚・政治家から嫌われた理由であった。

1933年から始まった亡命学者への支援活動は第14章で触れる。ここではこの国際主義が晩年まで続くことを予告するだけにしておく。

ベヴァリッジは再建に尽力したLSEから、ついに追い出される形で学長を辞職した。最大の理由は彼が重大な決定をほとんど誰とも相談することなく、独善的に行ったためである。再建の初期段階ではこれはむしろ当然の成り行きであった。しかし学部スタッフの質量が充実するにつれ、まさにその発展がベヴァリッジの運営方法と軋轢を起こした。

一例としてフランクフルト社会研究所の合併・吸収の騒動を挙げる。この研究所が持つ蔵書は世界的な価値があったが、ナチス政権のために所長はLSEに蔵書や所員を引き受けてくれないかと打診していた。ベヴァリッジは直ちに同意し、後は署名するだけの段階になっていた。ロビンズ教授がたまたまその件を知り、ハイエクと共に強い反対を唱えた。批判的社会理論を唱える新マルクス主義の中心であるその研究所に政治的偏見を持っているのではなく、組織の合併はLSEの基盤に異質なものを混入させること、そのような重大な決定を教授会に相談することなく決定することは許されないという理由であった（Robbins 1971: 139）。ハイエクはこの合併が行われていれば「破局的事態になっていた」（Hayek 1994: 85, 訳82）と侮蔑的に回想している。Harris（1997: 291）は蔵書ではなく政治的信念が重要であって、「右寄りの大学人が、左寄りの活動をいかに強く恐れ憤っていたか」を示したと評している。しかしマルクス主義を正統派経済学に対抗させる意図を持っていたウェッブ夫人と異なり、ベヴァリッジは純粋に世界的蔵書を手に入れる機会に飛びついただけのように見える。そのような決定を自分だけでできるという点が重要だった。このような態度は確実にベヴァリッジを窮地に陥れたのである。

さらに付帯的な理由として、学長秘書であるメアの存在も大きかった。彼

---

62 暴力革命による社会改革ではなく、総合的な社会理論による理性的な改革運動を目指す。アドルノ、マルクーゼ、ハーバマスが代表者。

女はベヴァリッジの従兄弟の妻であり、食糧省に続き LSE でも彼の秘書を務めていた。彼女は愛人のようにベヴァリッジに寄り添い、その威光を借りて大学の決定に口出しした。ウェッブ夫人はこの事態を冷静に観察して記録した。「彼らが〈愛人〉に当たるか——そしてずっとそうだったか——どうか、本当にわからない。しかし彼らは不可分である…。我々はベヴァリッジとメア夫人が共に好き…だが、立派な教育機関の見地からすると、…好ましい〈例〉ではない」[63]。LSE は学長と秘書のために大混乱に陥った。メアの定年延長について、1930 年代中葉に学内と学長が完全に対立した。再びウェッブ夫人は悲しげに記録した。「ベヴァリッジ-メアの学長制——あるいはそのスタイルからして独裁制——に反対する猛烈な騒動…がある。…シドニーと私は…この危機を終わらせ、メア夫人が去らなくてはならない、と合意した」[64]。

ベヴァリッジは 1937 年に LSE を去った。6 月の退任講演で彼は 2 つの方向を非難した。まず経済学が抽象化の一途を辿っていること。これはケインズ『一般理論』に向けた批判だった。もう 1 つは大学人が政治組織と公に関わってはならないこと。これは政治学教授にして労働党幹部のラスキに向けた批判であった。ベヴァリッジは 1919 年当時の考えを改め、大学の教師には裁判官や公務員以上の中立性が求められるとした。発達期にある青年の心を左右できるのだから、政治参加という市民権の一部を放棄することが求められた (Beveridge 1955: 253)。この演説はラスキとロビンズという左派・右派から疎まれたベヴァリッジによる、政治学や経済学の現状に対する憤りを意味した。

第 5 節　オックスフォード時代と失職　1937-1945

ベヴァリッジは 1937 年にオックスフォード大学のユニバーシティ・カレッジ学寮長 Master に就任した。年収は当初 700 ポンドだが、家屋を考えると

---

[63] 皮肉にもフランクフルト学派の併合を思い留まらせたのは、ロビンズというよりもメア夫人であった。Harris (1997: 290)。
[64] MacKenzie (1985: 56)、1925 年 8 月 20 日の日記から。
[65] MacKenzie (1985: 372)、1936 年 7 月 12 日の日記から。強調は原文。

ロンドン時代とさほど豊かさは変わらなかった（Beveridge 1955: 257）。この時代は1944年まで続くが、ほとんどは戦時体制である。当初は物価史に没頭できるとしてこの職を歓迎した彼だが、結局は政府関係の仕事で忙殺された。それでもオックスフォード大学ではLSEの時のように大学事務に煩わされることもなく、優秀な研究助手も得ることができた。そこで就任すぐに『イングランドの物価と賃金』(1939)が出版された。これは全4巻予定の第1巻だったが、続刊はなかった。この膨大な物価史は、ベヴァリッジの理想とする社会科学を物語っている。「データを入手する前に理論付けするのは致命的な誤りである」(*ibid.*: 260)。物価史の完成こそ、科学性を備えた社会科学の一員たる経済学の完備を意味した。

　1930年代末のベヴァリッジには2つの活動がある。まず彼は当時の社会情勢によって連邦主義者に接近した。この論題は第14章で触れる。ここではその起源が1939年11月にオックスフォードの大学ホールでの講演に遡れることを注記するに留める。そのホールはちょうど30年前に彼が『失業―産業の問題―』を講演した場所であった (*ibid.*: 266)。次に、「古強者」the old dogsとしての活動である。第一次世界大戦では官吏として活躍したが、今は無役で在野にいる経済学者、という意味である。これは第10章と第12章で触れる。1939年9月、戦争が勃発した直後にベヴァリッジはケインズ等と会合を重ね、政府の疎開計画を批判し、戦争目的や戦時内閣の必要性を訴えた。

　戦争中、ベヴァリッジは次々と細かい臨時委員会の議長に選ばれた。ほとんどの場合、彼が政府に接近し、政府がある役割を与え、彼が答申し、政府が無視するか遅れて躊躇して実施するかという過程を辿った。以下では5つの仕事について略述する。

　第1は1940年6月に任命された人的資源調査 Man-Power Survey の監督官 Commissioner である。労働党のベヴィン労働大臣からの依頼だった。この報告書の作成過程で彼は爆撃下にあるロンドンで生活し、それは再び官界に接近するきっかけとなった (*ibid.*: 274)。報告書は「軍需物資の生産

66　LSEと同様に、ここでも児童手当の創出を進言した。Beveridge (1955: 264)。

第 1 章　略伝　45

と人的資源に対する命令の一本化を訴えるものであった」(*ibid.*: 278)。第 2 に、1940 年 12 月から 5 ヵ月間、臨時で労働省徴兵局の局長になった。この期間の最大の仕事は婦人の徴用であった。ベヴァリッジは戦争に「敗北するよりも婦人の徴兵を選ぶべきである」(*ibid.*: 399) として、異論の多かった婦人の徴兵を強力に主張した。彼のメモ (1941.5) は 6 ヵ月後に国家勤労法として実現された (*ibid.*: 281)。第 3 は社会保険および関連サービスに関する各省委員会の議長である。1941 年 6 月 1 日に無任所大臣グリーンウッドから指名された。これは後に『ベヴァリッジ報告』(1942) として結実するので、第 11 章および第 12 章で詳しく触れる。

　第 4 は軍務にいる熟練労働者に関する委員会の議長である。第 3 と同時期に労働大臣から指名された。ベヴァリッジは協力者と共に陸海空軍の実態を調査した。特別な技能を持っている者が、軍隊でいかに不適切な配属を受けているかが明らかになった。1942 年 2 月の報告書は 3 ヵ月後に陸軍大臣の辞任という形で効果を持った (*ibid.*: 286)。新聞が報告書を好意的に取り上げ、世論と軍隊内部の改革派が支持したのであった。第 5 は商務大臣ドールトンの要請による燃料の配給調査である。1942 年 3 月から 5 週間で報告書を書き上げたが、庶民院と政府上層部の強い反対によってその計画は実施されなかった。クーポン券の交換による配給制であった (*ibid.*: 288)。ベヴァリッジ自身は以上のような戦時統制経済の計画を「もう 1 つの闘い」と名付けている。主たる闘いはチャーチル首相による軍事作戦であった。人々はこの面だけに囚われているが、ベヴァリッジが計画した人的資源・物的資源の適切な統制という問題は軍事と等しく総力戦を構成したのである (*ibid.*: 273)。チャーチルは確かにイギリスを勝利に導いたが、「彼がもっと多くの決定を他の者に任せる心構えがあれば、もっと流血を抑えてもっと早く我々を勝利させることができたはずだ」(*ibid.*: 294)。

　このようにベヴァリッジと政府の双方は不満を募らせていたが、1942 年 12 月にはつかの間の幸せがあった。まず 7 月にメアの夫が死去したので、ベヴァリッジと晴れて結婚できることになった。もう 1 つは「社会保険および関連サービス各省委員会」の報告書 (通称『ベヴァリッジ報告』) が公刊さ

れたことである。この仕事は「人生の中で最も幸せな時」に行われ、「絶え間ない深い喜び」であった。また、この報告書は「権力を持たず、知識に基づく説得力によってより良い世界を作り出そうとしている」(*ibid.*: 318) 実例であった。この「権力」power と「説得」influence という２つの単語こそ、ベヴァリッジが自伝の題名として選んだ重要な概念であった。

　この時期、学問上の名声も頂点に立った。1937 年には英国学士院に入った。1940 年３月にはケインズの主導によって理事の意見が集約され、ピグーの後継としてベヴァリッジが王立経済学会・会長に推挙された[67]。ほぼ同時に、王立統計学会からも推されて会長（1941-1943）となった。統計学者協会の発足と共に理事長となり、死去するまでその地位にいた（1948-1963）[68]。

　この時期の出版物は『ベヴァリッジ報告』(1942) の他、『連邦主義による平和？』(1940)、『安全の柱』(1943)、『自由社会における完全雇用』(1944) などがあった。いずれも重要な著作であり、後の章で触れることになる。

　果たして大衆は『ベヴァリッジ報告』を熱狂的に歓迎した。イギリス政府の冷遇ぶりとは対照的であった。政府の態度から報告書の実現を危惧したベヴァリッジは、広い視野から事態を把握して統率する者の必要性を痛感した。自らの理念を実現する唯一の方法は、国会議員になることではないかと感じ始めた (*ibid.*: 336)。折良くある選挙区 (Berwick-upon-Tweed) に欠員が出たため、自由党から庶民院に立候補した。対立候補 1269 票に対して、ベヴァリッジは 8792 票を獲得し、1944 年 10 月に当選した[69]。この当選は各方面で熱狂的に迎えられた。いくつかの記事がその事情を物語る。「ベヴァリッジの当選は自由主義にとって、それゆえ国家にとって顕著な価値がある。…議会はあなたの専門的知識と比類なき経験を必要としている。自由党員（自由主義者）は恐怖・欠乏そして戦争脅威から逃れる闘いにおいて、そのような強力な援軍をどこでも暖かく歓迎するだろう」[70]。「人生のほとんどで行政官で

67　BP, 2a-39、ケインズからベヴァリッジの手紙、1940 年３月 20 日。
68　*The Statistician*, "News and Announcements", 16(1), 114-117, 1966.
69　BP, 6-103, Liberal Party Organisation, Supplement to Annual Report, 31 December 1944.
70　*ibid.*, Liberal Party Organisation, Supplement to Annual Report, 31 December 1944.

あり教える立場の経済学者だったが、彼は65歳で人民の人になった。最初は予言者として、今や社会的希望の保護官として。チャーチルが戦争の局面でなしたのと同様に、彼の名前は国内の領域では偉大である」[71]。「サー・ウィリアムは政府の社会保障案という来るべき議論だけでなく、もっと広い問題も提供している。…我々の伝統的な自由と、〈計画〉と一般的に呼ばれているものを組み合わせなど。こうした政治的統合を作り出すことは自由党の使命であり、サー・ウィリアムはとても貢献している」[72]。

　ベヴァリッジはこの議員生活が生涯続くと確信していた。そのため失業保険法定委員会の委員長と学寮長を辞任して、それぞれ1000ポンドと1800ポンド（家屋付き）を失っても、年金を勘案すれば十分やっていけるとみなしていた。しかし議員生活は6ヵ月しか続かなかった。チャーチル首相が総選挙を決意したのである。ベヴァリッジは自由党の顔として、精力的に各地方を回った。その選挙用小冊子が『なぜ私は自由党員か？』(1945)である。1945年7月の選挙はベヴァリッジとチャーチルに敗北をもたらした。前者は落選し、後者は下野した。政治家への転職は1度成功したが、継続できなかった。ベヴァリッジの人生の中で最大の収入危機が現れた。

第6節　晩年　1945-1963

　ベヴァリッジの失意は、相変わらずの多忙で紛らわされることになった。1946年には自由党から爵位を受け入れ、チュガルのベヴァリッジ男爵 Baron Beveridge of Tuggal として貴族院に議席を確保した。貴族院の自由党代表にもなった。これに続く晩年では2つの出来事に主な関心があった。1つは住宅都市問題である。もう1つは世界政府の設立運動である。前者に関して、1947年にはニュートン・エイクリフ Newton Aycliffe 開発公社の総裁となった。住宅大臣の招聘であった。1949年から2年間はピーターリー

71　*Manchester Guardian,* 19 December 1944, cited in BP, 6-103, Liberal Party Organisation, Supplement to Annual Report, 31 December 1944.
72　*Manchester Guardian,* 19 October 1944, cited in BP, 6-103, Liberal Party Organisation, Bulletin, No. 60, November 1944.

Peterlee 開発公社の総裁にもなった。産業と人口が適切に分散化すべきという初期の信念、および家賃の多寡で国民最低限保障が毀損される事態を防ぐ[73]という後期の信念による運動であった。これは快適な住宅を安価で提供し、人工的に新しい共同体を作る試みであった。

　だが、この仕事も新任の住宅大臣ハロルド・マクミラン（後の首相）によって強制的に中断させられた。エイクリフの自治を巡って、両者の意見が対立したためである。ベヴァリッジは政府の不当な介入に抵抗する地方自治の守り神と自認した。しかしマクミランは総裁任期の延長を認めず、1952年に辞任せざるを得なかった。ベヴァリッジは「マクミランの三流公務員たちに服従するには、私はあまりに高齢であまりに著名である」[74]と激怒した。その間、放送委員会の議長も1949年に引き受けた。BBCの独占放送に商業的な基盤を加えるかという論点であった。1948年には国民貯蓄友愛団体から委嘱されて、『自発的活動』という報告書を出した。しかし前の2つの報告書と異なり、ほとんど人々の話題になることはなかった。

　後者（世界政府）については、晩年期を覆った考えであった。『平和の代償』(1945) がその思想を最もよく示している。ただしこの考えは1930年代から連続して持つ国際主義への指向であった。すでに戦前に連邦主義を唱えたベヴァリッジではあるが、戦争の終結が見えたあたりから、論調に変化が現れた。[75]すなわち欧州連邦というよりも、世界連邦に目標が拡大したのである。第14章で触れるように、ベヴァリッジは1939年の連邦同盟 Federal Union の創設に関わり、当初は欧州連合として戦争阻止の機運を高めていった。その後、戦争終結を睨み、より広範な世界連邦の運動が中心になっていった。1946年に連邦同盟はより大きな世界組織のイギリス支部となった。[76]1947年には国会議員の中で「世界政府に向けた超党派議員団」が結成された。1948

73　この考えは Beveridge(1942: 84, para. 216) に表明されている。
74　Harris（1997: 463）の注44による引用。
75　笹塚（2005: 13）は1944年9月の手紙を引用しながら、この変化の時期と理由を考察している。
76　BP, 7-63、ベヴァリッジからノーベル財団理事長への手紙、1949年1月12日。ノーベル平和賞の賞金を連邦同盟に配分するように頼んでいる。

年にベヴァリッジはルクセンブルクの会議で締めの演説を行った。それによると世界政府は必然的に連邦となり、連邦とは政治権力の分割である。連邦国家群とはある目的に対しての1つの中央団体と、別の目的に対する地方制度との政治権力が分割されている。自治・自由・生活様式などを守るため、各国は権力を保持する。しかし他国を破壊する権利は捨てる。地域連邦と世界連邦は共通する目的のための右腕と左腕である。社会保障よりも前に世界保障がくる。この会議の直後には、ベヴァリッジは連邦組合の議長になった。

さらに先の議員団体を元に、1951年には「統一世界トラスト」The ONE WORLD Trust が結成され、ベヴァリッジは10人いる受託者 trustees の1人になった。このトラストは「世界平和の基礎を強め、平和・社会的正義・自由を構成するという世界的な良心を建設するのに資する国内的な役割を果たす」ことが目的とされた。ただしそれは「研究を通じて」である。あくまで研究主体である部分は、若き日のトインビーホールでの労働問題研究に似ている。ベヴァリッジは1951年12月6日に議会で演説をした。多数の聴衆が予想されたので、異例にも、議員晩餐室の使用が認められた。彼は国民政府の規模を制限しなくても、世界政府が可能だと演説した。世界政府によって戦争の恐怖を取り除けば、国民政府が自国民の衣食住に関して十全な準備ができると主張した。1952年5月9日にはロンドンで1500人の聴衆を集めて講演した。連邦同盟の主催で、「人間性への希望」と題された。ベヴァリッジは世界政府の効能を、戦争阻止・亡命者の根絶・人間性への寄与に求める。世界政府は強制力ではなく、説得による行動が望まれる。ただし世界政府は権

77　*The Times*, 22 March 1963 の追悼記事でも、この会議の重要性が触れられている。「地域的な連邦は、世界の安全保障といった正しさの途上にある重要な段階」と演説したとある。
78　BE (Britain and Europe since 1945, microfiche), I MX 1990-2085 (Card 221), fiche number 151-296, "Lord Beveridge has the Final Word: Regional Federation and World Federation: right and left Aims of One Movement", *Federal News*, No. 163, October and November 1943.
79　BE, I MX 1990-2085 (Card 221), fiche number 151-296, "Our New President", *Federal News*, No. 164, December 1943.
80　BP, 7-63、The ONE WORLD Trust, A Statement, 日付不明だが1951年4月6日以後。
81　BP, 7-63、*Federal News*, No. 201, January 1952.

力を最小限まで制限する必要がある。年寄りは多角的に物事を見られるから、何も悲観していないと結んだ。強制と説得とは、前述の通りまさにベヴァリッジが自伝に付けた名前である。1955年には12人の1人として、ベヴァリッジは受託者のままであった。1962年にはトラストの財政危機が問題になっていた。連邦同盟の議長はベヴァリッジに手紙を書き、再び後任の受託者に指名するから、いったんトラストの解体を受け入れてくれと頼んでいる。

1953年には自伝が出版された（アメリカでは1955年）。すでに述べたように、題名は『強制と説得』だった。「説得」とは他人の理性・感情に訴えて、その行動を変えさせるという意味である。恐怖（国家権力）や欲望（貨幣の力）ではなく、説得を選んだところにベヴァリッジの人生の集大成が現れている。ただしベヴァリッジの「説得」は往々にして実際の権力者との軋轢を生んだ。何よりもこの自伝の発表自体がチャーチル首相を始め、政府高官を激怒させることになった。「チャーチル氏にとって1942年末のベヴァリッジ報告は、…頭の周りをぶんぶん飛ぶ蝿のような存在、つまり厄介な代物だった」(Beveridge 1955: 295) という表現が自伝に含まれていた。

1953年11月19日、反政府の色彩が強かった『デイリー・ミラー』*Daily Miller* は「チャーチルはベヴァリッジ計画をもみ消そうとしたのか」と題する書評を掲載した。官邸は直ちに反応し、同日に首相に向けたメモを残した。それらをまとめると、(1) ベヴァリッジの叙述は不誠実・不正確であること、(2) ベヴァリッジ計画を抑え込んだように見えたのは、軍事的戦争の勝利を優先させたこと、予算に責任を持つ省庁は軽々しく熱狂的な計画に乗れなかったこと、(3) この決定はアンダーソン蔵相の主導で、内閣の一致した見解であり、その証拠文書も公開されていること、(4) *Daily Miller* に何を言っても曲解するので反論を載せるのは得策ではなく、むしろ他の新聞に証拠文書の存

82　*ibid.*、*Federal News*, No. 206, June 1952.
83　BP, 7-67、The ONE WORLD Trust, *Annual Report* 1955.
84　*ibid.*、ノーマン・ハートからベヴァリッジへの手紙、1962年11月16日。
85　Beveridge (1955: 3)。ケインズも『説得論集』(1931) を出版した。
86　PRO, PREM 11/730, 15、ブラッケン子爵への手紙、1953年11月20日。
87　*ibid.*, 21、ノーマン・ブロック主席補佐官から首相へのメモ、1953年11月19日。
88　PRO, PREM 11/730, 25、ケリー氏へのメモ、1953年11月19日。

第1章　略伝　51

在を知らせておくこと、(5) 妻の新著『ベヴァリッジとその計画』[89]が予定されているので、さらに注意すべきこと、などが話しあわれた。この挿話はベヴァリッジの言動が、いかに政府中枢に持続的に嫌われていたかを示している。

　貴族院に席があり、しばしば演説したものの、自伝執筆の前後からは公職もなくなった。ほぼ年金に頼った生活になった。持続して熱中したのは物価史・賃金史の編纂であった。資料だけは蓄積したが、1巻目（1939）に続く巻はついに出なかった。1957年には妹が死に、2年後には妻が死んだ。妹の夫で大学時代からの親友トーニーと共にロンドンで食事をすることがあった。ベヴァリッジは何度かの転居の後、学生時代を過ごしたオックスフォードに戻った。妻を失い、彼は「私は多忙だが、むしろ不幸な老人である」[90]と嘆いた。妻の絶筆となった『クレア・マーケットの叙事詩』（1960）の序文で、「ジャネットは私と同じぐらいの貢献を、ベヴァリッジ報告の形成でなしたし、これからもなすだろう」（Beveridge 1960c: vii）と讃えた。結婚前の長い交際、結婚後の短い幸せの期間、そして自らの著作を多大に妻の影響下にあると自覚すること、これらはJ.S.ミルと共通する。1963年3月16日、妻の子供達に囲まれ、ベヴァリッジは死去した。辞世の言葉は「幾多のなすべきことがある」[91]であった。枕元には生涯愛したワーズワースの詩集が残されていた（地主 1995: 41）。

おわりに

　この節ではベヴァリッジの職業人生を次の3段階でまとめる。第1に、数々の職業体験とその離職理由の分類である。第2に、似たような経歴を持つケインズとの比較である。第3に、転職と天職について、ある解釈を加える。
　第1に、経験した職業を列挙し、主たる離職理由や当時の事情も添えてお

89　*ibid.,* 18、コルヴィレ氏への手紙、1953年11月19日。
90　Harris（1977: 468）。Harris（1997: 476）では削除されている。
91　Harris（1997: 477）の引用による *Oxford Mail*, 18 March 1963.

こう。法律専攻の大学生から隣保館副館長という社会事業家へ（父親からの離脱、社会という機能の見極め）。イーストエンドからジャーナリストへ（貧民に接する生活に嫌気）。フリートストリートから商務省へ（スカウトによる有頂天な気持ち）。商務省職業紹介所局・局長から軍需省へ、そして食糧省へ（戦争による強制異動）。食糧省事務次官からLSE学長へ（労働問題を扱えないことに嫌気）。クレア・マーケットからオックスフォード大学ユニバーシティ・カレッジ学寮長へ（学内の軋轢に嫌気）。学寮長から自由党庶民院政治家へ（政府の冷遇をはね除ける必要性）。落選による失職へ（給与をすべて失う）。住宅公社総裁・BBC放送委員会議長・貴族院政治家へ（公職に復帰）。最後に年金生活者へ（失意のうちに失職）。

　以上からわかるのは、ベヴァリッジの転職人生は積極的な部分と消極的な部分があることである。前者は常に新しい職業に挑戦するという新鮮さであり、幅広い興味から導かれる。この事例は *Morning Post* への転職、商務省へのスカウト、政治家への立候補などがある。しかし後者の例も多い。自らやる気を喪失した場合や、周囲との軋轢が最大限になって辞めざるを得なくなった場合もある。典型例はトインビーホールの辞任、食糧省の辞任、LSE学長の辞任、住宅公社総裁の辞任などである。積極・消極いずれの場合も、労働の流動性という点では極めて高い。ベヴァリッジは自らの理論を転職によって実践していると評価できる。

　第2に、ケインズとの対比が興味深い。ベヴァリッジは社会事業家、ジャーナリスト、王立委員会証言者および委員、省庁局長・次官、学長、学寮長、政府委員会委員長、一介の社会科学者、BBCラジオ・テレビ解説者、イギリス科学推進協会F部会・部会長、王立経済学会会長、王立統計学協会会長、政治家そのすべてを体験した。そしてナイト称号の後に男爵となった。この広範な職業体験に類似しかつ比類する同時代人は、経済界ではケインズしかいない。両者は学界―官界―政界をつなぐ経済的知の専門家として、20世紀前半から中葉にかけて傑出した働きをした。この両者が――本書の最後で結論づけるように――「福祉国家理念の合意」を作り上げ、しばしば協働したことは不思議な符合ではない。

ただしそこには見逃せない２つの差異がある。[92] １つはケインズがビジネス社会に密接に関連していたのに対し、ベヴァリッジがほとんど没交渉であったことである。[93] この差異は特に債券・株の投資における両者の態度から顕在化する。ケインズは言うまでもなく投資の天才で、自らの資産だけでなくカレッジの会計も潤した。[94] 対照的にベヴァリッジは生涯２回しか投資を行っていない。[95] この差異は資産ひいては職業選択において、重大な区別をもたらす。ケインズは資産を蓄積していたので、自らの俸給にこだわりがなかった。ゆえにケンブリッジの講師として、──どんなに政府に協力したとしても──基本的に同じ場所に留まっていた。[96] ベヴァリッジは投資の才覚がなかったので、自らの俸給に非常にこだわりを見せた。俸給や年金が少しでも有利になるように、何度も交渉をしている。ゆえに条件さえ合えば、次の職業に移ることは吝かではなかった。

もう１つの差異も密接に関連する。ケインズは余った資産を芸術のパトロンとして、惜しみなく注ぎ込んだ。芸術への興味はケインズの人生を豊かにするものであった。対照的にベヴァリッジは注ぎ込むべき資産も時間も対象もなかった。ロビンズは彼を「基本的に不幸であった」「人間悲劇の原型」（Robbins 1971: 135, 136）と認定している。ベヴァリッジはなぜ人々が余暇を楽しめるのか理解できないと嘆き、最後まで仕事に没頭する多忙さを求めた。[97] 勤勉さのみが彼の人生を支えていた。ただし自伝では「局長の気晴らし」や「余暇の書き物やおしゃべり」などの節で、自らを快活な人として余暇を楽しん

---

92 第11章で両者の協働を描くので、ここでは差異を強調しておく。
93 しかし Harris（1997: 305）はベヴァリッジが1920年代前半に、ビジネス界から影響を受けたと指摘している。
94 この側面に特に注目する最新文献として、Dostaler（2007: ch. 5）がある。
95 労働の対価なしに受け取ったのは1910年のゴム株の売却（約100ポンドの儲け）と、1920年代半ばに売却したウィンブルドン債券（中央コート席の権利付き、自動車１台分以上の儲け）のみである。Beveridge（1955: 93, 216）。
96 ただしその留まり方はピグーとは違う。ピグーは真実の寺院としてケンブリッジを一歩も出なかった（Dalton 1953: 60）が、ケインズはケンブリッジを基盤としながら、常に世界を指向していた。
97 Robbins（1971: 136）が語るベヴァリッジの言葉。他人に共感し、家族がいて利点を伸ばしてくれたら、もっと成功した人生だっただろうとロビンズは推測している。

でいたように見せている。

　第3に、転職を繰り返す人生はまさに天職を求める行動であった。学究生活に没頭するために転職すると公言していても、結局は学内の仕事や政府の委託業務に忙殺された。これはベヴァリッジの本質が「経済的知という専門知識を持った傑出した官僚」であるためである。ここで傑出した官僚とは、幅広い視野から労働市場・市場全体・市民社会をそれぞれ組織化し、理想的な社会の制度設計を行い、しかもその効率的な運営に携わることを意味する。広範で包括的な制度設計は、官界・学界・政界を渡り歩いた専門家にしか獲得し得ないものである。また、効率的な制度運営は、官僚としての正確性・規則正しさ・統計データの扱いから可能になった。この能力と視野は数多くの職業の中で身に付いたものである。まさにベヴァリッジは転職を繰り返すことによって、徐々に自らの天職――包括的な制度設計とその実施――を発見していったと考えられる。

　このような略伝を前提として、以下ではその経済思想を追究したい。

関係者年表（年俸、年ポンド）

1879	生誕
1892	Charterhouse 入学
1897	Balliol College 入学
1902	Stowell Fellowship 獲得（120 → 200）
1903	Toynbee Hall 入館（200）
1905	同辞職、*Morning Post* へ（500）
1908	同辞職、商務省へ（600）
1909	商務省職業紹介所局・局長（700）、『失業』
1915	軍需省へ
1916	食糧省へ（次官補）
1919	KCB 授与、事務次官で退官（1750）、LSE 学長へ（2000）
1924	『万人と万物のための保険』
1925	王立石炭委員会・委員（サミュエル委員会）
1930	BBC でラジオ放送、『失業』（1909 および 1930 版）
1931	編著『関税』、『失業の原因と救済』
1932	編著『家族生活の変化』
1933	学術自由基金、学術援助評議会の発足
1934	失業保険法定委員会（1000）
1936	配給（食糧配給に関する）小委員会・委員長、『社会主義下の計画』
1937	ユニバーシティ・カレッジ学寮長（700 → 1800）
1939	『イングランドの物価と賃金』
1940	人的資源調査委員、労働省徴兵局・局長（政府からも 1000）、『連邦主義による平和？』
1941	社会保険および関連サービスに関する各省間委員会、軍務にある熟練労働者の活用に関する委員会・委員長
1942	『社会保険および関連サービス』（ベヴァリッジ報告）
1943	『安全の柱』
1944	ベルディックから自由党として立候補当選、庶民院、『自由社会における完全雇用』
1945	落選（収入源をすべて失う）、『なぜ私は自由党員か？』『平和の代償』
1946	貴族に列せられる
1947	ニュートン・エイクリフの開発公社・議長（−1951）、『インドへの招待』
1948	『自発的活動』
1949	ピータリー開発公社・議長（−1951）、共著『対蹠地ノート』
1953	『強制と説得』（自伝）
1957	妹の死
1959	妻の死、『自由な学習の擁護』
1960	『LSE とその問題 1919−1937』
1963	死去

第 2 章 『失業』(1909) の背景[*]
——先駆的思想の類型——

はじめに

　本章ではベヴァリッジ最初の著作『失業』(1909) を生んだ背景を論じる。この本は様々な意味で、現代的な失業理論の出発点であった。第 3 章で詳述するように、この本は独特な形成過程を経て、独自の失業理論を試み、そして完成した。第 4 章では本書の独自性を追求するが、それは本書が社会的背景と切り離されて存在していたことを主張するものではない。逆に、本章では 1900 年代に完成したこの著作が、19 世紀末以来の社会改良思想の集大成になっていることをまず確認したい。様々な論者と比較するため、ベヴァリッジの失業論に予備的に触れざるを得ない。ただし本格的な失業論の検討は次章以降になる。

　第 1 節では 19 世紀末以来の「社会改革熱」の源泉について、簡単にまとめる。第 2 節では主に政治家や在野の社会改革家に触れる。いずれもベヴァリッジが何らかの形で接触していた人物である。第 3 節はこうした社会改革の原型がベンサムにあることを指摘する。第 4 節・第 5 節は正統派経済学者のジェヴォンズとマーシャルを取り上げ、それぞれベヴァリッジとの差異を明らかにする。第 6 節はベヴァリッジの上司であるラウェリン-スミスの官僚型という経済思想を探る。

---

[*]　本章は Komine (2002)、小峯 (2003c) を大幅に修正した。

第1節　立法改革の源泉

「自由党（主義）の改革」the Liberal Reform で代表されるように、20世紀初頭のイギリスは、相次ぐ福祉国家的立法改革が行われた。[1]この流れは新世紀に入ってから突然発生したものではもちろんない。前世紀からの連続性に新世紀の特殊性が混合して、一大社会運動となったものである。本節では連続性について、少なくとも4つの源泉を指摘しておこう。いずれもベヴァリッジが何らかの意味で関わっている事象である。

第1にオックスフォード大学の理想主義がある。とくに本拠地ベリオール校がその運動の中心であった。この雰囲気はトインビー、T. H. グリーン、ジョウェット、パーシヴァル、バーネット等、大学内外の改革者が醸成していたものである。[3]それぞれの運動を以下で略述しておこう。夭折した「使徒アーノルド」・トインビーは、社会改良のため文字通り命をかけた。主著『イギリス産業革命史』[4](1884)で「産業革命」という用語を広め、悲観派──富の拡大が貧困を生む──の立場を代表した。理想主義哲学者のT. H. グリーンは人格・道徳の陶冶という究極の目標のため、国家の積極的役割拡大を説いた。いわゆる新（社会的）自由主義の第一世代である。ベリオール学寮長であったジョウェットは人生の最高目的を人格の完成とし、科学と宗教がその過程で役立ち、また社会改革にも向かわざるを得ないと説いた。[5]慈善組織協会COSの中核にいた牧師バーネットは、ロンドンの最貧地区にトインビーホールを建て、大学セツルメント運動を興した。中世のキリスト教的慈善

---

1 詳述はしないので、例えば小山（1978: 177）を参照。
2 当時の思想として、姫野（2003）を参照せよ。Jones（2004: 224）は普遍的な社会保障の起源を1790年代まで遡らせるが、それは社会問題を解決する目的ではなかったと論じる。
3 トインビーの側からは Kadish（1986）、バーネットの側からは高島（1998: 48）、Briggs & Macartney（1984）などを参照。Jones（2004: 217）は社会保障という新しい概念を秘めた重要人物としてバーネットを筆頭に挙げている。
4 1905年10月の講演で、ベヴァリッジはこの本を参考文献に入れている。BP, 9b-3（1905）。
5 高島（1998: 48）の引用による河合栄治郎の指摘。河合はジョウェットに師事した。

運動は市民革命を経て、博愛主義という啓蒙運動に繋がっていた。さらに19世紀後半には慈善活動を組織化するCOSも救貧法の補完として発足していた。このCOSはキリスト教の清貧・慈愛の精神に基づきながら、個別・個人の支援を越えて「支援のネットワーク」を確立しようとした。しかしCOSは個人貧という観点——貧困が究極的には個人の責任としたこと——を秘めていたので、国家救済を困窮者自立の妨げと見ていた。バーネットはこの事態にやがて失望し、社会改良を企図する社会セツルメント運動に転換していった。その一環である大学セツルメントとは、若い教養人と貧困者が同一の宿で暮らし、寄付によって生活費と貧困調査費を賄う社会運動であった。

　ベヴァリッジはオックスフォード理想主義を深層では堅持していた。本拠地ベリオール校の在学中に学寮長ケアードから「なぜ富の多いイギリスで、同時に貧困が目立つのか」と問いかけられ、朋友トーニー（後にキリスト教的社会主義者）と共に貧困問題に目を開かされた。卒業後、ベヴァリッジはバーネットに説得され、トインビーホールの副館長として自らの職業を出発させた。オクスブリッジを出た者は伝統的に、シティ・官吏・軍人・学者・マスコミ・政治家などの職業を目指すのが通常だった。ベヴァリッジの選択は「社会事業」という職業の可能性を示したことになる。こうした理想主義の炎は、詩人ワーズワースへの生涯にわたる傾倒にも窺える。また、「労働植民地」運動の拘泥は、ベヴァリッジの中に「自然へ帰れ」という気持ちがあったためであろう。ロマン主義の伝統が彼の奥深くに存在した。

　第2に科学精神の発展がある。これはコント・スペンサー・ハックスレー等の哲学者・科学者と、ブース・ラウントリーの科学的貧困調査を典型例とする。社会学者コントは形而上学的な絶対的格率を廃し、観察・仮説・実験・推理・検証という近代科学精神の立場を宣言した。スペンサーは非国教徒的

6　1895年にCOSで行った講演は彼の意図を明瞭にしている。Barnet (1919: 266)。
7　Harris (1997: 76) の指摘を参照。トーニーは資本主義を反キリスト教的と断罪し、倫理的社会主義者になった。後にベヴァリッジの妹と結婚した。
8　失業者を孤島などに送り込み、開墾などの公共事業を実験的に行うこと。賃金はロンドンに住む妻に渡されることもある。

急進主義に基づき、進化の法則によって生物・天体・社会がすべて統一原理で把握できるとした。産業型社会とはイギリスが進化していくべき方向であり、そこでは結束性のある異質性が確保されている。スペンサーは家庭教師として、ウェッブ夫人の社会的有機体・進化発展観に影響を与えた[9]。もちろんマーシャルの生物学的進化論にも影響がある。生物学者ハックスレーもベヴァリッジを始めとする知識人に大きな影響を与えた。ベヴァリッジは彼を英雄と呼び、その実証的分類学——観察・実験・一般的命題への帰納・新たな観察による検証——を高く評価し、それを社会の科学に応用しようとした[10]。自然科学の精密性(予測可能性)を模倣した社会科学である。多くの経済学者がこの傾向に傾倒したように、ベヴァリッジもある種の「自然科学性」に固執した。以上の思考法が楽観主義を内包していたのに対し、科学的貧困調査は世紀末の「悲痛な叫び[11]」という悲観主義に覆われていた。後述するように、ブースとラウントリーは大都市で貧困調査を大々的に行った。ここで統計データが整備され、労働者の分類により「貧困線」(最低限所得の峻別線)が確定した。科学精神に後押しされた客観データの発見によって、人々(市民と為政者)は市民／貧民の二分法を強制する救貧法体制の放置に我慢できなくなった。

　第3は「新(社会的)自由主義」の第二世代による社会思想である[12]。これはフェビアン協会やレインボーサークルとも密接に関連している。新(社会的)自由主義とは19世紀までの個人的自由主義とは異なり、社会目標のために国家の経済介入を積極的に解決手段として用いる立場である。フェビアン協会は社会主義を標榜するが、議会制民主主義の枠内での漸進的改革を主訴する。また人間の力や能力の成長に重きを置き、国家が補助機関としてその人格的発展を助けるべきとする。レインボーサークルは1894年に会合

9　この点に関してHarrison (2000: 104、訳109) を参照。ウェッブの社会改良主義については、江里口 (2003) を見よ。
10　Beveridge (1955: 247)。社会の科学または社会学が理想である。
11　牧師メアンズによる冊子 *The Bitter Cry of the Outcast London* (1883) のこと。貧民の極貧生活を告発し、市民に「良心の呵責」を呼び覚ました。
12　第一世代と第二世代の対立は姫野 (2003: 56-57) を参照。

を開始し、1931年に解散した。倫理運動協会の助けも借りながら、政治的・経済的進歩主義を自由に論じる会合であり、ジャーナリスト・政治家・経済学者などが結集していた。これらの潮流にはホブソンやオールデン等の経済的思考（景気変動、中央交換所、職業紹介所）と、ホブハウスやウェッブ等の法律的思考（働く権利運動、生存賃金、国民最低限保障）が混在した。1891年に自由党が採択した「ニューカッスル綱領」[13]は、新（社会的）自由主義が政治的にも一定の圧力になったことを示している。

　第4は過激な労働運動の高まりと、それを抑えるための一連の行政・立法過程である。イギリスは不況期（1873-1896）を迎え、救貧行政がますます無力化する中、困窮に満ちた労働者は結束して行動を起こすようになった。1889年にはロンドン港湾ストライキが発生し、15万人以上が参加した。労働組合会議 TUC（1868年設立）、フェビアン協会（1884年設立）、独立労働党（1893年設立）は連携して労働党を組織した。このような労働運動の先鋭化で、産業の指導者側は様々な手を打ってきた。それは慈善活動の公的性格と法律制定に二分される。まず1886年には暴動寸前の労働者をなだめるため、緊急にロンドン市長公邸基金が組織された（Brown 1971: 4）。この基金は1903-04年にバーネットの下で再び組織され、ベヴァリッジも参加した。ウィリアム・ブースの提唱する救世軍活動も1890年代以降に軌道に乗った。法的にはまず労働補償が重要である。1906年に労働補償法が改訂され、1880年の雇用主責任法や1897年のチェンバレン労働補償法を拡充した。またタフヴェール判決（1901）によって打撃を受けた労働組合の財政基盤も、労働争議法（1906）によって従来の労働組合法（1871、1875）を回復し、労働争議によって組合が損害賠償を払う必要はないとされた。その中で失業労働者法（1905）が最大限に重要である。その目的は困窮者に関わってきた異なるグループを大同団結させ、金銭と情報を失業者のために収集して使うことである。その組織として労働植民地 labour colonies と労働事務所 labour bureaux がある。前者は失業者を一時移住させて開墾などの仕事を与えて賃金を払う仕組みで

13　河合栄太郎の研究以来、この綱領が自由党の社会政策転換を示すという解釈が大きな流れを占める。別の解釈は若松（1991: 235-236）を見よ。

あり、後者は失業者に求人などの情報を与える機関である。後者に関してはすでにロンドン労働事務所法（1902）が制定されていた。救世軍活動はこの事務所を資金援助し、公的救済の補完をしていた。

以上のような4つの源泉を前提にして、イギリスは新世紀に入って、社会改革熱が多くの市民を襲うことになった。その中で政権を担当する自由党は、ロイド－ジョージとチャーチルという傑出した指導者のもと、国家の役割を拡大する社会保障政策を次々と立法していった。もちろんボーア戦争（1899-1902）や関税改革運動（1903）[14]で分裂していた進歩勢力――とくに帝国主義に対する態度の違いで――は容易に解消されない思考の対立を秘める。しかし表面上は新しい自由主義が結集されつつあったのである。

第2節　社会改良家の群像

本節ではまず正統派経済学者以外に、社会改良家の立場から失業問題に尽力した人物を列挙する。19世紀後半の正統派経済学者は事実上、雇用不足を無視してきた（Harris 1972: 9）。ゆえに官僚や民間人という市中の社会改良家がまず失業問題に関心を寄せていたのである。ここでは急進改革派の政治家、民間の科学的社会調査家の中から、ベヴァリッジに関係した人々を取り上げる。彼は幅広く進歩勢力と交流を持っていた。

最初に、急進改革派として6人を挙げておく。

政治家オールデン[15]はベリオールで教育を受けた。大学セツルメントの館長を勤め、市長公邸失業委員会の一員でもあった。また未墾開拓のための農業省の監督官でもあった。ラウェリン－スミス[16]やマーシャル[17]とも知己があった。主著『失業者：国民的問題』（1905）の中で失業を経済問題と看破した[18]。オ

14　元は自由党に所属し急進的自由主義者であったチェンバレンによる保護関税の運動。国内の雇用を守るという大儀を掲げた。
15　自由党（後に労働党に鞍替え）の庶民院選出議員。レインボーサークルの一員。
16　Alden（1905: preface 6）に謝辞がある。
17　マーシャルからオールデンへの手紙（1903年1月28日）は興味深い。Pigou (ed.) (1925: 446-447)。
18　Alden（1905: 144）。「失業者のために国家介入が必要である。」

ールデンは失業者をすべての市民共同体の問題とみなし、失業については生産力を組織・協調する能力が社会に欠けているためとみなした（Alden 1912: 87）。ベヴァリッジは彼の発想を批判的に摂取し、とくに職業紹介所を救済策とすることに同意した（Beveridge 1905a: 77）。

次に政治家ホールデンは早くから新（社会的）自由主義の立場を明らかにし、ウェッブ夫妻と深く交流していた[19]。大臣としてイギリス軍の近代化を成功させ、この体験が後述する「政府機能に関する委員会」報告書（1918）で科学的調査の必要性を説かせることになった。

異端の経済学者ホブソンは有機的社会組織の構築という目標を持っていた。所得の不平等が過少消費と失業などの遊休資源をもたらすとみなし、誰よりも広い経済的視野を確保していた。1906年4月にホブソンは失業に関する会議（LSE）に出席しコメントを付けた。この会議はベヴァリッジがその経済的分析（労働の予備、福祉国家宣言）を大いに発展させたものである[20]。

ホブハウスは1911年に「働く権利と生存賃金への権利は、人格権や財産権と同様に正当である」[21]と述べ、スマート以来の「働く権利」運動と、ウェッブ夫妻の国民最低限保障を結び付けた。

ウェッブ夫妻は当時の進歩主義を象徴する。夫シドニーは公務員試験に合格し、実力で官吏の世界で出世しようとしていた。妻ベアトリスは裕福な中産階級に生まれ——ブースの科学的貧困調査を含む——慈善活動に従事していた。第1章で触れたように、夫妻はベヴァリッジに高級官僚の機会を与えた。この事実は双方に「社会改革」という共通項があることを示唆する。もちろん改革の手法としては、時に対立が窺える。例えば職業紹介所と国民保険の関係である。ベヴァリッジ側の商務省案が任意の（民間を含む）職業紹介所と強制の国民保険であったのに対し、ウェッブ夫妻はまったく逆を主張した。彼らは国民の品行を改善させることなく一方的に給付を行う不道徳性を訴え、職業訓練を国の責任で強制させる体制こそが必要だと説いたのであ

19　Johnson (1968: 43)、Haldane (1929: 114) を参照。
20　Hobson (1907: 332-333) と Beveridge (1907b: 341) のやりとりを見よ。
21　Hobhouse (1911: 159)。働く権利 right to work 運動については、Brown (1971a: Chapter 3-5) に詳しい。

る。ベヴァリッジの考えが労使国家一体型の協調主義だとすると、夫妻の考えは国家による道徳の強制的矯正の部分を多く残していた[23]。またベヴァリッジが市場のメカニカルな働きに力点を置いていたのに対し、ウェッブ夫妻は人間主体の進化にも期待を寄せていた。

　以上6人の活動はいずれも、抑圧の機構——貧困の封じ込め、市民権剥奪という罰則を伴った救済——という救貧法の世界から、予防の機構——働く権利の基礎、貧困を予防する救済——という20世紀の世界へ、多くの人々が敏感に感じ取った結果である。

　次に、貧困問題の（再）発見者・分析家を3人挙げる。1人目のラウントリーはヨークを調査し、貧困線による峻別を発見した[24]。これは最低賃金が人間の最低限必要 needs に対応し、それ以上の賃金は市場の力にまかせるという原則の区分に対応する。ラウントリーは人々の3分の1が貧困線以下にあり、このままでは産業発展もできないことを危惧した。彼は栄養学の観点から、貧乏は不健康を導くと実証した。さらにベヴァリッジにもはかり、臨時雇用の問題を政治家に訴えた[25]。ヨーク調査は1899年、1936年、1950年の3回行われた。第1回のみならず第2回の調査もベヴァリッジに決定的な影響を与え、国民最低限保障が貧困線として具体的に算定されることになる。2人目のブースはウェッブ夫人によれば、「時代精神」を体現している。つまり公共精神と科学的信仰の結合である（金子 1997: 70）。コントの実証主義に導かれたロンドン調査によって、困窮者の詳細な分類が明らかになった。分類B（一時的過少雇用者）・分類C（間歇雇用者）・分類D（低所得者）という分け方はベヴァリッジを感心させた。また老齢の困窮者が極めて悲惨であるという実証結果は、1908年の老齢年金法の成立に大きな影

22　藤井（1990: 28）は「階級調和的な産業理解」と整理した。
23　景気循環の緩和にも国家の介入が必要である。江里口（2006: 102-103）。
24　父親ジョセフも社会改良を指向する企業家であった。岡村（2003: 101）はその思想を新（社会的）自由主義と認定している。
25　ロイド - ジョージやチャーチルに臨時雇用問題を解決させるのは我々の意欲にかかっている、という主旨の手紙が残っている。BP, 2b-13、ラウントリーからベヴァリッジへの手紙、1913年11月17日。

響力を持った。3人目はボーレイである。政府の外部から技術的革新者として統計データの収集・加工に尽力した。彼はマーシャルの尽力で数学者から経済統計学者に転向し、LSE の講師となった（Darnell 1981: 141）。1920 年代には石炭産業に関する王立委員会でベヴァリッジを助け、1928 年から 1932 年にはブースを受け継いだラウェリン-スミスの主導による新しいロンドン調査にも参加した。ベヴァリッジが資金を獲得して LSE で実行されたこの調査を、ボーレイは自分の最も大きな貢献とみなしている（*ibid.*: 168）。ベヴァリッジ報告の時も、ラウントリーと共に外部委員としてベヴァリッジを助けた。

以上のように、政治家も民間人も失業問題を徐々に体系的に把握しようとしていた。そしてそれを現実の社会改革に結びつけようとしていた。それではイギリスの正統派経済学者はどのような立場であったのか。次の各節で代表的な 3 人を取り上げて、ベヴァリッジとの関係を暗示しておこう。議論のいくつかは第 4 章の予告になる。

第3節　ベンサムの社会改良

まずベンサムを取り上げる理由は、社会改良への情熱という点で両者に強い共通点があるからだけでない。それ以上にベヴァリッジの内面では、ベンサムは父親という権力の象徴として常に意識せざるを得ない人物であったからである。

ベンサムへの強い意識が伺えるのは、1903 年にベヴァリッジが職業選択で逡巡していた時である。卒業を間近に控えた時、父親は長男に対して法曹の世界で身を立てよと強く迫った。

「法律改正ほど緊急の仕事はたぶんない。…ジェレミー・ベンサムをあなたの

26　小山（1978: 207-209）。マーシャルは貧困の根絶に結びつかない無拠出型の老齢年金を否定した。一方的な給付は労働者側に「倫理的な力」を身につけさせないからである。とくに OP（1926: 244-245, para.10356-10358）を参照。

27　BP, 2a-04、父親からの手紙 1903 年 4 月、父親への手紙 1903 年 4 月 24 日、Beveridge（1955: 16-18）と Harris（1997: 75）も参照。

模範とせよ。…あなたには偉大な法律家になって欲しい。」

ベヴァリッジは次のように拒絶した。

「前世紀は巨大な立法改革時代であった。…現代では別種の法律改革が必要である。これは極めて重要だが、ベンサムの改革や立法修正とも似ていない。」

この拒絶は決定的な出来事であった。初めての職で、ベヴァリッジは失業問題の実態に触れることになるからである。ブースやラウントリーが言わば外側から貧困問題を科学的に調査したのに対し、ベヴァリッジはそれに付け加えて、ロンドンの極貧地区を拠点に内側からも貧民の実態を体験できた。

　それではベヴァリッジはベンサム的世界をすべて捨て去ったのだろうか。実はそうではない。両者には極めて強い類似点と、埋められない溝が同時に存在する。この二重性こそがベヴァリッジの思想を探究する場合に、ベンサムの考察が必要な理由である。

　まずベンサムの社会改良情熱を簡単に要約しておこう。その思想は『政治学断章』（1776）と『道徳および立法の原理序説』（1789）で明らかである。前者でベンサムは道徳および立法の究極目標を「最大多数の最大幸福」であると宣言した。ベンサムの世界では個人と社会、道徳と立法は完全に調和的である。なぜなら個人は苦痛と快楽の主権者であり、効用を感知する機関である。社会は同質的個人の単純和であり、単なる擬制である。ゆえに個人の効用最大化（苦痛を減らし、快楽を増すこと）が、そのまま社会全体の厚生最大化に繋がる。この調和的世界を目指すのが立法（すなわち社会改良）の目標であり、同時に個人の幸福が最大限になっているという意味で道徳の要請にも叶っているのであった（最高善）。この調和が成立する背景には、個人が原子として完全に平等であり、社会の中で1人一票の重要度を持つという世界観がある。しかも功利（公益）主義の3つの要素が明瞭に認められる。行為の結果だけを見る帰結主義、帰結の評価は個人の効用という効用主

義、効用の単純総和という集計主義、である[28]。つまり功利主義の立場から自らの理想王国と現実との溝を認知し、その差を埋めるべく社会立法に努めたのである。

　その具体例が第一次選挙法改正運動と監獄効率化運動であった。ここでは特に後者の運動が興味深い。労役場は救貧法体制の根幹であり、困窮者の収容所として様々な役割を担わされていた。すなわち工場・学校・病院・一時的雨しのぎ、そして監獄である。労役場には莫大な救貧税が使われていたので、資本家は常にその効率的な運営を求めていた。ベンサムは監獄の監視費用を削減し、同時に拷問などの外圧を加えることなく（苦痛を最小化させて）、囚人を矯正させようと考えた。その構想が「理想的な監獄」「パノプティコン」panopticon である。この監獄は円形の土地に建てられ、ドーナツ状の独房と、中心の監視所からなる。その間は上から下まで吹き抜けになっており、ドームの天上は採光のために開けてある。中央監視所の看守は囚人の眼から隠されている[29]。この監獄は単に費用の点から効率的なだけではない。囚人は看守に見られているという「意識」を内面化し、看守の存在とは関係なく自律的[30]に道徳的な行動を取るようになる。この管理体制を「権力の自動化」と名付けることも可能だろうが、むしろ自律という道徳を制度という創意工夫で完成させるベンサムの意図を強調すべきだろう。

　ベンサムの意図に対するベヴァリッジの反応は二重である。まず制度新設として具体化される社会改良への情熱が伺える。それと同時に、道徳や立法の軽視という20世紀人としての断絶もある。

　立法の軽視は、次のベヴァリッジからの引用によって明らかである。

　「これらは根底にある大きな社会問題によって暗示される改革である。…これ

28　功利主義の定義問題には深入りしない。本文は Sen (1999: Chapter 3) の分類に従った。Consequentialism、welfarism、sum-ranking が原語。
29　効率的な労役場運営という考えは17世紀の「貧民の有利な雇用論」を受け継ぐ。詳しくは小山（1978: 43-48）を見よ。
30　ベンサム自身の言葉は「監視者の明白な遍在」the apparent omnipresence of the inspector。Bentham (1787/1841: 45)。

は法律の改革ではなく、社会の改革である。」Beveridge (1955: 17-18)

　ベヴァリッジにとって立法改革の時代は去った。問題は個人的自由や政治的自由ではなく、社会的自由に移ったという認識であろう[31]。この認識によればベンサム的な調和社会は成立しておらず、むしろ貧困や失業といった社会的混乱が無視し得ない段階になったということになる。ベンサムの接近方法はあくまで個人から出発し、個人に回帰する絶対的な個人主義であった。それに対し、ベヴァリッジの方法は20世紀初頭の傾向であった集産主義の枠内にある。すなわち無秩序・非効率の解決を、全体的・マクロ的な方法に委ねる方式である。

　第4章で詳しく触れるように、「道徳の軽視」——ここでの意味は、個人的性格を失業の究極的な原因にしないこと——はベヴァリッジ失業論の出発点であった。彼はブースやラウントリーの科学的貧困調査に触発され、1904年に困窮者について独自の分類を試みていた。ベヴァリッジは「一時的または非常時雇用」に注目することで、問題が雇用不適格者・救貧法・慈善の枠外にあることそれゆえ節制・自己鍛錬といったヴィクトリア朝の徳目とは関係ないことを示した。この考えは主著『失業』(1909) の中にはっきりと伺える。

　　「現在の問題は失業要因の分析において、性格の外側、個人の制御できるものを超えた所にある、ということから始まった。」(Beveridge 1909: 133)
　　「完全な居候や決して働かない者は、ここでは共に考慮外におく。」(*ibid.*: 135)

　つまり問題は個人の道徳・性格ではなく、個人が制御できない社会機構・経済問題なのである。この面を強調するため、ベヴァリッジはあえて道徳を問わないという出発点を選択した。この両面——道徳と立法——はベンサムの強調点から大きくはずれている。
　しかし両者には社会の効率性追求という大きな類似点もある。社会改革へ

31　この3つの自由はT.H.マーシャルの分類による。Marshall (1950/1992: 8)。

の情熱は別にして、この類似点を象徴するのが「自動的テスト」という機関であった。この機関は1834年新救貧法に体現した「劣等処遇の原則」、ベンサムの言う「権力の自動化」、ベヴァリッジの「産業における自動テスト」すべてに大枠として共通する縦糸である。

「劣等処遇の原則」とは救済を受ける貧民の最高状態が、救済を受けない労働者の最低状態を上回ってはいけないとする道徳的な原則である。スピーナムランド制という賃金補助制度で完全に失敗したように、もしこの原則が破られれば、自立した労働者さえも貧民を選択する誘因を持たせてしまう。あるいは経営者が賃金を削減し、その補填を救貧行政に賄ってもらう誘因を作る。いずれにせよ労働の生産性は激減し、救貧税は増大する。劣等処遇がどこの労役場でも貫徹していれば、本当に救済を必要とする者のみが労役場への入居を最後の手段として選択するだろう。貧民監督官や治安判事の恣意的な裁量ではなく、困窮者自らが「自動的に」望ましい選択を行う。この効率性こそがベンサムらの救貧法改革者が唱えた利点であった。

さらにベンサムの理想的な監獄では、この原則が応用・発展された。監視者の目を内面化することで、囚人は自ら自動的に道徳ある行動をとることになる。最終段階では監視者という外的な権力すら必要ない。管理にかかる費用を最小化しつつ、なお逸脱行動をしない自律的な囚人が完成する。

ベヴァリッジは道徳的な側面を捨象した上で、この自動テストの確立に拘る。その側面を主に3つ見ておこう。第1に、1903年から1904年にかけて、ロンドン市長公邸資金を用いて、実験的な労働植民地を企画・実行した際である。ロンドンの最貧地区から男達を離れた場所に派遣し、開墾など簡単な労働を提供する。家族はロンドンに留まり、その賃金を受け取る。この「救済事業は通常の仕事より魅力を少なくしておかなくては」(Beveridge 1906d: 75)いけない。なぜならこの救済はあくまで一時的な彌縫策であり、民間の仕事を圧迫してはならないからである。ここまでの発想は1834年の原則と変わりないが、もう1つの力点は「生活維持ができるように、不名誉にも不規則にも不十分にもならないように」(*ibid.*: 75)注意しなければならないことである。つまり貧民の汚名という烙印を押さず（救貧法外の救済）、しか

も最低限の生活水準を維持できるようにすることが求められている。第2に、救貧法体制の労役場テストはあまりに費用がかかり人道的でもないので、「労役場テストの唯一の代案は産業テスト an industrial test である」[32]。ドイツの例を取り、ベヴァリッジは職業紹介所こそがこの自動的テストを行う場だと確信する。

　「かなり完全な労働市場の組織が失業の直接判定 a direct test をしない限り、保険によって失業を処理することはできない。危機の序盤・中盤・終盤において、国家が正確で自動的な指標を与えられなければ、産業の危機は緊急の方策によって処理することはできない。」(Beveridge 1908b/1909: 252)

全国的な職業紹介所は労働組合のそれを代替・拡大したものである。規模は拡大するものの、その機能は引き継がれる。すなわち組合員の保険料拠出・給付に関する完全な一元化と把握である。労働組合は組合員の情報を熟知することで、職業紹介や保険の授受に関して正確で公平な扱いをすることができた。その精神は全国的な公的組織でも受け継がれなくてはならない。失業者は毎日、職業紹介所に登録し、時に面談を受ける。つまり登録・面談の有無が自動的に失業者の判定になる。さらに登録を元に失業保険の給付が行われれば、職業紹介所という組織は失業保険をも管理できる効率的な媒体になりうる。これが1900年代の産業の自動テストである。第3に、ベヴァリッジは1907年以来、資力調査 means test には強く反対した[33]。この調査は人々に劣等感を抱かせ（格差・選別主義）、非効率で（多量の人員）、恣意的になる。それよりは完全な労働市場を作り、創意工夫を持った個人が自由にその中で行動し、なお望ましい帰結を生む世界が必要なのである。

　効率的な組織作りというこの発想は、当時の流行であった国民効率運動から無意識的にせよ影響を受けているだろう。ただし、ウェッブ夫妻を含めて

32　Beveridge (1907g), 21 September 1907。
33　『ベヴァリッジ報告』(1942) の発想はドイツでの視察旅行（1907年9月）から。Beveridge (1955: 58) の証言。

多くの場合は、明らかに労働者の道徳回帰（人間の精神的進化）が究極目標であった。この点でベヴァリッジは大きく同時代人と異なる。社会問題や経済組織に注目するあまり、個人の道徳の問題はあえて不問ないし希薄になっている。以上のように、——あくまで単純化された——ベンサムを基準にすると、ベヴァリッジの社会改革論の方向性がはっきりしてくる。

第4節　ジェヴォンズと国家の役割

　ベンサムからベヴァリッジに辿る時、経済学と立法の関係を考慮するために、その中間地点のジェヴォンズを振り返るのは意義深い。経済学の科学化という論題では第6章と第9章で触れるので、ここでは両者の社会問題の解決方法を巡る発想の差だけを取り上げよう。

　ジェヴォンズについてはまず、経済学者が政治家に与えた影響の典型例として、ジョセフ・チェンバレンとの関係を見る必要がある。[34][35]後者は1903年の関税改革の当事者であったから、まさにベヴァリッジの同時代人である。帝国主義者にして保護貿易主義者の植民地相・チェンバレンは、19世紀にはむしろ社会改良主義者であった。バーミンガム市長時代の公衆衛生と都市計画、地方自治庁長官時代の失業対策（チェンバレン回状）、統一党時代の拠出型老齢年金案[36]、いずれも革新の名にふさわしい活躍であった。1892年3月の議会において、チェンバレンは次のように演説した。

　　「長い［拘束］時間は、物憂げな労働、非効率な仕事、そして悪辣な仕事すら
　　意味する。それ以上では、労働は効率的にならないという最大時間が存在する。

34　議員に当選した J.S. ミルやグラッドストーンは、ジェヴォンズ『石炭問題』(1865)に注目している。井上 (1987: 82)。

35　共にロンドンのユニバーシティ・カレッジ出身 (*ibid*.: 24)。ジェヴォンズはマーシャルと同じく、故郷リバプールの貧民街を探索した。後にジェヴォンズはこの大学の経済学教授 (1875-1880) となった (*ibid*.: 72-75)。

36　1892年に提出。対抗するチャールズ・ブースは無拠出型の案を提出した。マーシャルは「老齢貧民に関する王立委員会」で年金案を否定した。労働者階級に道徳がまだないという理由であった。詳しくは小山 (1978: 207-208)。

またそれ以下では、生産費用の増加を必ず引き起こしてしまうという最小時間が存在する。」[37]

「[鉱山八時間法案]は国家の機能を拡大する。…干渉することが社会全体の利益になりうる時、干渉は国家の義務になろう。私の考えは…経済学者スタンリー・ジェヴォンズの言葉に表現されている。…私はジェヴォンズの学説を受け入れる。」[38]

それではチェンバレンはジェヴォンズの何に共感したのだろうか。
その答えは『労働との関係での国家』(1882) にある。限界効用学説の提唱者として名高いジェヴォンズであるが、その最晩年には理論よりもむしろ実際の応用問題に強い関心を示していた。遺稿論文集『社会改革の方法』[39] (1883) と並んで、この本は国家の経済介入を主題にしている。ジェヴォンズはまず個人の利益の赴くままにまかせて良い事例と、「彼らの厚生 welfare を保証ないし増加させるために、何らかの権威が介入すべき事例」(Jevons 1882/1887: 1) を峻別すべきだと論ずる。ただし彼は絶対的な一般原則・抽象的な真理をうち立てるわけではない。「幸福の総量を付け加える」[40]という極めて功利主義的な基準を持って、各々の場合を深慮すべきと言うだけである。この態度を総括するのは「何よりも必要なのは、裁量 discrimination」(*ibid.*: 165) という言葉である。軍国主義者の言うように国家の役目を最大化すべきでも、最良の哲学者の教えから国家の機能を最小化すべきでもない (*ibid.*: 166)。肝要なのは、実験的に法律の改正を行うことである。悪い結果が判明したら、再び修正すれば良い。

「事物の自由 liberty は目的に対する手段に過ぎない。それ自体が目的ではない。望ましい目的を生み出せなかったら、脇に退き、別の手段を採用することになるだろう。」(*ibid.*: 13)

---

37 Parliamentary Debates (1892: 1585)。
38 *ibid.*: 1590。Hanes (1968: 98-99) による同箇所の引用に助けられた。
39 ハチソンは大不況の開始 (1873) と関係づけている (Hutchison 1953: 47)。
40 Jevons (1882/1887: 12)。「立法に王道なし」(*ibid.*: 165)。

これは帰結を重視する極めて功利主義的な立場である[41]。こうしたジェヴォンズの態度は、彼の理論的厳密性と矛盾しない。なぜなら立法とは科学ではなく、試行錯誤の続く実際的な仕事に過ぎないからである[42]。ジェヴォンズは介入という主題を経済学の厳密な理論からは切り離し、さらにどのような介入が望ましいかについては、一般化をあえて語らない。それでもその裁量的な仕事の中に、労働条件、公衆衛生、教育、郵便、電信などに対する国家の大きな役割を入れることになった[43]。これは試行錯誤の実験の結果であろう。この改良的実験という点がチェンバレンの気質に合致したはずである。1880年代までに、純粋理論家のジェヴォンズすら国家の経済介入を視野の前方に入れなければならなかった。その言説を政治家チェンバレンはうまく掴み、老齢年金や保護貿易といった形で、自由放任主義の終焉を宣言することになった。

　ベヴァリッジは1903年頃から失業問題に直面した時、経済学者の著作にさほど親しんでいるわけではなかった。それでも1905年10月の講演のために残した参考文献表[44]の中に、ジェヴォンズの『労働との関係での国家』が入っていることは注目に値する。引用など直接的な言及は見つかっていないものの、国家の拡大しつつある役割について、ベヴァリッジはジェヴォンズから何らかのヒントを得た可能性が大いにある[45]。そのヒントは、外側に

41　次の評価も参照せよ。「ジェヴォンズは、ベンサムを受け入れながらベンサムを超え、ベンサムの功利主義を時代の要請に応える思想に仕立てた」(井上 1987: 197)。

42　Jevons (1882/1887: 9)。ジェヴォンズの意識では当然に、経済学は科学の中に含まれる。経済学は苦痛と快楽の微積分学だからである。ただしジェヴォンズは道徳的(または総合人文科学的) moral、社会的、政治的事象にも自然科学の実験という方法(実験的立法 experimental legislation) を適用したいと考えた (Jevons 1880/1883: 245)。立法は外側に現れる行為だけを扱うのに対し、道徳は行為と動機を共に扱う (Jevons 1882/1887: 6)。

43　Backhouse (2002: 270) の指摘も見よ。

44　BP, 9b-3 (1905)。詳しくは Komine (2001: 21, Appendix A and B)。

45　1908年頃までにベヴァリッジがどの程度経済学に親しんでいたかは、まだ確たることが言えない。Harris (1977: 115) は1903年から1908年までにベヴァリッジは「ほとんど経済理論の本を読まなかった」とした。その後、この時代には19世紀の経済学 political economy の本をよく読み、*Morning Post* 時代 (1905-1908) には「限界主義者の本、特にジェヴォンズやマーシャル」(Harris 1997: 486) に通暁するようになったと見解を修正している。

現れた帰結の数量的優劣だけを問うジェヴォンズの態度であると推測することができる。道徳と立法の平衡した関係を目指したベンサムに対し、ジェヴォンズやベヴァリッジの立脚点は政策論から道徳（個人の動機）を排除したことにある。

しかしベヴァリッジは――その自由放任主義の終焉宣言には同意しただろうが――ジェヴォンズのような接近方法（理論と政策の峻別）を採らない。それは2つの面で明らかである。

第1に、ベヴァリッジには理論家出自という経歴はないから、「明らかに矛盾しているとは言わないまでも、得られた結論は気乗りせず、相反している」（Jevons 1882/1887: 164）という経済理論家・ジェヴォンズの躊躇を感じない。一方でスミスの想定と異なり、今日では国家の役割が――労働者保護や学童保育など――次々と拡大しつつある。他方で、スミス以来証明されてきた自由市場の効率性を擁護する理論的立場がある。ベヴァリッジにはそのような擁護義務が始めから存在しない。そのため1900年代には自然な形で、国家の拡大する役割を考察することになった。

第2に、労働問題の処理の仕方が両者では対極である。経済学者ジェヴォンズはあくまで立法の問題と捉えた。この方向はベンサム前後の救貧法改正と同一軸にある。社会問題と認識したものの、経済学の中に労働者の問題を取り込めていないのである。それに対し、法律家の訓練を受けてきたベヴァリッジはまったく逆の方向を考えた。彼は労働者の困窮を社会問題と宣言していながら、その考察方法は労働市場の滑らかな機能という極めて経済学的であった。この点は――ホブソンやフォックスウェルと並んで――非常に先駆的な思考である。理論家ジェヴォンズと対照した時、出自による失業問題の捻れた扱いというこの時期の一般的な態度がさらにはっきりする。

---

46 ホブソンはすでに1890年代という早い段階で、労働は資源の無駄であり、有効需要の不足が不況の原因としている。Hobson（1894）, Hobson（1896/1911）。またHobson（1895）で「失業」という用語に初めて学術的な意味を与えた。フォックスウェルは1886年に「雇用の不規則性と物価変動」を書き、雇用変動をなくす経済政策の必要性を訴えた。

第5節　マーシャルの貧困と経済倫理

　ベヴァリッジと経済の関係を考える際に、マーシャルとの対照も見落とせない。経済学の制度化という論題では第6章で触れるので、ここでは貧困と経済倫理という点に絞る。両者には個人的交流があるわけでも、書物を通じた強い影響が伺えるわけでもない。むしろベヴァリッジの貧困に対する立場を浮き彫りにするために、正統的経済学者マーシャルの射程を借りるのである。

　マーシャルの目標は貧困の解決であり、衰退しつつあった帝国の競争力を回復することであった。この社会的使命を発揮するために、経済学教授としてまず歴史学派の挑戦をはねのける必要があった。[47]

　イギリスの歴史学派の動向をベヴァリッジと関係する限り、触れておこう。「陰鬱な科学」たる経済学への批判は、折衷の大家 J. S. ミルの努力によっても解消しなかった。むしろ帝国の矛盾——なぜイギリスはこんなに豊かなのに貧困が続いているのか——がますます明らかになった。主な経済史家は経済学と経済的自由主義・個人主義に強い懐疑を持つようになった。その第一世代トインビーについては第1節ですでに触れた。第二世代として、フォックスウェル、アシュリー、ヒューインズがいる。彼らは1903年の関税改革運動において、マーシャル・ピグー・エッジワース・キャナンなどの理論家同盟と対極的に、チェンバレンの保護関税に賛成したのである。この出来事は理論派と歴史派の軋轢をはっきりと認識させた。マーシャルの後継にフォックスウェルではなくピグーが選ばれたのも、この運動が関係している。[48] ところでベヴァリッジはどちらかと言えば、経済史家よりの人脈である。バーミン

---

[47] マーシャルの80歳誕生日(1922年7月26日)に、王立経済学会で記念式典が行われた。その出席者の顔ぶれはマーシャルの影響力を映し出しているので興味深い。そこには主立った大学の教授を始め53名の学者が顔を揃えている。アシュリー、ベヴァリッジ、ボーレイ、キャナン、チャップマン、クラパム、エッジワース、I. フィッシャー、H. S. ジェヴォンズ、ピグー、タウッシング、フェイ、ギルボー、ホートレー、H. D. ヘンダーソン、ケインズ、J. N. ケインズ、ラヴィントン、ラウェリン - スミス、ロバートソン、ショーブ、トーニーなど。本書で考察するほとんどの人々がいる。Pigou (ed.) (1925: 497-499)。

[48] Backhouse (2002: 182) を見よ。

ガム大学教授であったアシュリーからは、「『失業』についての本を書くべきだ。*Economic Journal* にも論考を載せるべきだ」という激励を受けた。[49]

フォックスウェルは 1886 年に「雇用の不規則性と物価変動」という論文を書いた。この中で彼は失業の原因を国際価格の崩壊に帰した。この国際価格は通貨の非弾力的な供給が原因である。それゆえ彼は投機の禁止、複本位制の確立を提唱した。[50] マーシャルの跡目争いでピグーに敗れたものの、フォックスウェルはロンドンのユニバーシティカレッジで長く経済学の教授であった。ベヴァリッジが LSE の学長に就任した当時、多くの出張講師が教えに来ていた。金融論のグレゴリーなどと共に、フォックスウェルもその中の 1 人だった。ベヴァリッジはフォックスウェルでさえカバン置きの小部屋で講義の準備をしていたと記述し、1920 年代の LSE がいかに施設的に恵まれていなかったかを記している（Beveridge 1955: 169）。なおフォックスウェルはジェヴォンズの論文を整理し、『通貨と金融の研究』（1884）という題名で編纂した。

マーシャルは 2 つの方向から、こうした歴史学派の挑戦・流行・影響力に対抗しようとした。第 1 の方向として、マーシャルは経済学の有用性を徹底的に訴え、スミス-リカード-ミル以来の経済学の伝統を継承しつつ発展させようとした。[51] 例えば有用性の工夫として、「他の事情は一定にして」という限定性を付けながら、当該市場に分析を集中させた。この「事情」には物価も含まれていたので、正史『経済学原理』（1890）は――経済生物学というそのビジョンとは別に――静態的な部分均衡論と評価されることになった。その他の領域――景気循環・複本位制・老齢年金・貧困・失業など――は正史の外側に、いわば口伝や委員会資料として限定された人々だけに伝授された。有用性を優先する余りの二分法であろう。第 2 の方向として、経済学を「人間の動機の科学」（Marshall 1885: 52）と定義した。ともすれば需給の力だけを実際以上に機能的で規則的とみなしがちなリカード以来の伝統を廃し

---

49 Beveridge（1955: 32）、1904 年 12 月 10 日の手紙。Harris（1997: 95）注 68。
50 Harris（1972: 9）のまとめによる。
51 マーシャルは『経済学の現状』（1885）というケンブリッジ大学就任演説で、ドイツ歴史学派やコント流総合社会学の立場に批判を加え、経済学 economics を全面擁護した。

(*ibid*.: 16)、人間およびその環境の質的・発展的要素を新たに組み入れようとした[52]。具体的には、労働者の精神的・物理的退廃に目を向け、同時に経済学という冷静な道具で分析することである[53]。マーシャルの理想は、卓越性の欲求 desire to excellence が労働者・経営者・政府それぞれに働く世界であった。労働者は道徳・倫理を獲得することで、生活基準 standard of life の向上を目指す。経営者は経済騎士道 economic chivalry（欺瞞なき成功）に導かれ、利潤の獲得と公共精神を両立させる。政府は教育制度を整備し、労働者や経営者を啓蒙しなければならない。マーシャルの経済学には常に上述した二方向・二重性が伺えるのである[54]。

ジェヴォンズの場合と同じく、ベヴァリッジはこうしたマーシャルの意識からは遠かった。第1に、経済学の復活、経済学部の創設というマーシャルの内向的な要望はベヴァリッジには関係がなかった。ゆえに「他の事情は一定にして」という工夫はむしろ理論の誤った単純化になり、ベヴァリッジは景気循環の問題を最初から直視することができた。この事情は異端の経済学者ホブソンの場合と似ている。ホブソンの側にも守るべき正統派理論はなかったので、最初から失業と景気循環の問題を前面の主題にすることができた[55]。第2に、ベンサムに向けた視線と同じく、ベヴァリッジは貧困問題を労働者個人の道徳面・動機から解明する発想を持っていなかった。マーシャルが頑なに個人・企業・国家の倫理に言及するのとは対照的である。ベヴァリッジは道徳面への言及を前世紀の遺物と考え、それを排除することこそが「産業の問題」になると確信していた[56]。この2点から伺えるように、マーシャルは

52　制度の激変で人間の本質も発展していく。Marshall（1885: 13, 15, 47）を参照。この面ではジェヴォンズも批判対象である。西岡（1997: 37-38）も参照。

53　Marshall（1885: 54）。「暖かな心、しかし冷静な頭脳」（*ibid*: 57）。

54　Collini *et al.*（1983: 312-313, 訳269）も同様にこの二重性を指摘する。マーシャルはジェヴォンズと違って、経済学の包括性・総合性を諦めなかった。

55　ケインズが書いたマーシャルの追悼論文（1925）について、ベヴァリッジは「すばらしい仕事」と褒め称えている。この抜き刷りはケインズから送られてきたようである。BP, 2b-24、ベヴァリッジからケインズへの手紙、1924年11月17日。

56　この方向はCollini *et al.*（1983）の議論を借りれば、「19世紀後半に政治の科学が縮小する過程」である。政治の領域は縮小し、経済に特化する。ベヴァリッジの意識では、この経済は社会の領域と密接に関連することになる。

ベヴァリッジの貧困・失業への接近方法を際立たせてくれる存在である。

第6節　新しい官僚：ラウェリン‐スミス

　失業に関する経済思想の展開において、19世紀末から新しい型[57]が出現した。ベヴァリッジはその型を純粋な形で受け継いだ。そこでその先駆的人物であるラウェリン‐スミスをまず考察する必要がある。

　ラウェリン‐スミスは中流階級に生まれ、1880年代のオックスフォード大学ベリオール校で数学を専攻した。この間ジョエットやT. H. グリーンの理想主義的進歩主義に触れた。1888年から1年間、大学セツルメント運動の一環として、トインビーホールの住人にもなっている。1893年に商務省に統計の専門家として、一般競争公務員試験の枠外から公務員になり、商務省のトップまで順調に昇任し、1928年には引退した。引退後もブースのロンドン調査を受け継ぐ形で、LSEの後ろ盾で1928年から1935年にかけて貧困調査を行った（Garraty 1978: 172）。1910年には英国応用科学学会の経済部会長に選ばれている。1919年には終身で、政府の主席経済助言官 Chief Economic Adviser になっていた。1909年の職業紹介所法、1911年の国民保険法の制定を主導するなど、行政手腕に優れた。[58]

　ラウェリン‐スミスは意図においても方法においても、これまでの官僚とは一線を画している。そしてその先駆性が多くの点でベヴァリッジと共通する。彼の意図は大学在学中にコブデン賞を獲得した『国家社会主義の経済的側面』（1887）によく伺える。またその方法は、統計学を用いた社会科学（特に経済学）の政策への応用とまとめることができる。

57　「進歩的考えのインテリ…であり社会科学と政府の融合という心情を共有」（Phillips & Whiteside 1985: 76）、「その時代の指導的公僕」（Phillips & Whiteside 1985: 76）、「社会的革新者」（Davidson 1985: 113）、「新自由主義の官僚」（Davidson 1985: 269）、「創意に富む天才」（Beveridge 1946: 145）、「立法技術の達人」（Beveridge 1946: 145）。経済学の仮説、社会学的調査、行政改革という知的混合者の1人という評もある（Harris 1972: 11）。

58　この段落は Beveridge（1946: 143-144）、Davidson（1972: 239-241）、Davidson（1985: 114）を参照した。

『国家社会主義の経済的側面』はジェヴォンズの影響を強く受けている[59]。ラウェリン - スミスは 19 世紀後半の当時、経済学 Political Economy はさらに信用を失っていると指摘する。経済状況が激変する状況では、仮説的な抽象論から導かれた経済学の命題がほとんど偽になってしまったからである。「社会には均衡がない」(Llewellyn Smith 1887: 2)。スミスやリカードが唱える自然的自由権（国家の経済介入を最小にすること）はまったくの妥当性を失った。マルクスやヘンリー・ジョージが指摘するように、資本主義の負の側面があまりに目立つようになったのである[60]。ここでラウェリン - スミスは社会主義を「単に〈国家〉による財産・契約に対する侵害」を示す用語として用いる[61]。彼は自由放任主義を放置できず、国家による経済介入に救済を求める。しかし残念ながら、介入の程度を決める一般原則はない。単に社会立法の結果が望ましい帰結をもたらすかどうかという基準を採用するしかない。ただし望ましい変化とは物理的な力ではなく、個人の性格に——化学変化のように——影響を与える帰結でなければならない。こうした実用的な立法という態度は、ジェヴォンズの著作から直接導き出された[62]。国家による経済介入はこの年代の進歩主義者にとって、もはや当然の前提となっていた。

　他方でラウェリン - スミスの社会改革への情熱は、情念や主義宣伝とははっきり峻別される。この時期、『見捨てられたロンドンの悲痛な叫び』(1883) というパンフレットに代表される告発書は非常に流布した。しかしそれは理性と言うより感情に訴える方法であった。この感情論に彼は立脚しない (Davidson 1985: 119)。また当初彼は、ウェッブ夫妻のフェビアン協会に関心が向かっていた。しかしそのイデオロギー宣伝調に嫌気がさしたのか、官僚制の中で昇進していくにつれ、元フェビアン主義者と評判を立てられることを唾棄するよう

59　1910 年の段階でも景気変動の心理的要因をジェヴォンズに帰するなど、その影響が伺える。Llewellyn Smith (1910: 521)。また商務省の歴史を扱った本では、20 世紀初頭の機能拡大を記述する時、「産業との関係での国家」という小見出しを使い、ジェヴォンズの著作を意識しているかのようである。Llewellyn Smith (1928: contents, 151)。
60　Llewellyn Smith (1887: 15, 56-58)。主著『進歩と貧困』(1879)。
61　*ibid*: 3。フェビアン協会の漸進的社会主義に近い。
62　「行政の困難は大きいが、実験をやってみるべきだ」(Llewellyn Smith 1910: 529)。

になった[63]。どちらの方法も「社会革新者[64]」としての彼のやり方とまったく合わないのである。

　ラウェリン-スミスの失業に関する分析は、次の3つに分かれる。失業そのものの分類、職業紹介所、失業保険である。それぞれベヴァリッジの分析の先駆となるか、あるいは同時期に共同で開発されたものか、になっている。1893年〜1895年という早い時期に、彼は現代的な失業分類を展開する[65]ことができた。まず景気変動が季節的・循環的・技術や流行の変化による変動の3つに分けられる。この中で循環的変動が最も決定的とされた。さらに失業者も4つに分類される。転職を繰り返す者、景気循環の害悪にさらされている者、その産業で労働供給が過剰なため「経済的な余剰」になっている者、能力の劣る者。この分類はあくまでも抽象論である。現実の失業はこの3×4の組み合わせという複雑な現象になっている。彼は労働組合や経営者が提出している報告書を基礎として、商務省としての正式なデータを構築した。この分類に基づいて、政府諮問の公的な会議にも報告書が提出されていた[66]。失業者と景気循環の分類を並べる方式は、その後ベヴァリッジを含む論者が好んで使った。

　ベヴァリッジが偏愛した職業紹介所について、1890年代と1900年代ではラウェリン-スミスの思想に若干の変化が見られる。1895年の委員会への報告書によれば、田舎からの労働者移入をもたらすだけという理由から、他国と違ってイギリスでは職業紹介所は不適切な装置であると考えられた（Harris 1972: 281）。また、失業率が低い時に職業紹介所は最も成功し、逆の場合は不成功に終わると予想した。失業対策としてはあまり役に[67]立たないという評価である。しかし労働関係データは彼ら統計畑の努力で充実していった。また実際に1902年にロンドンで労働事務所法 Labour

---

63　フェビアン主義に対して、1891年の批判は Davidson（1972: 242-243）、1908年の嫌悪は Harris（1997: 170）。
64　ラウェリン-スミスの前世代として「保守派」ギッフェン Robert Giffen がいる。また後世代として「技術的革新者」ボーレイがいる。Davidson（1985: 110, 120）。
65　Garside（1980: 207）注2の評価。
66　Harris（1972: 12-13）と Davidson（1972: 255-256）を見よ。
67　Harris（1972: 355）。「雇用欠乏による困窮委員会」の証言（1895）より。

Bureaux (London) Act が制定され、全国的にも 1905 年には失業労働者法 Unemployed Workmen Act が制定され、地方独自のまたは全国的な困窮委員会やそれに基づいた失業対策が可能になってきた。そして 1909 年の職業紹介所法 Labour Exchange Act によって、労働市場を整える法律的な施策が実行された。こうした経緯の中で、彼は職業紹介所が政府の統計的な機能の拡大につながり、真性の失業者を見分ける装置になると期待した（Davidson 1985: 269）。この機能は労働統計を公刊する補完となり、商務省の機能を論理的に拡大させることになる（*ibid*.: 257）。最終的には失業保険と職業紹介所の緊密な関係も考慮されている（Llewellyn Smith 1910: 529）。

　ラウェリン - スミスの特徴が最も良く伺えるのが「経済的安全と失業保険」(1910) という論文である。彼の出発点は次にある。

>　「現在、最も意義深く重要な経済的趨勢の一つは、産業・商業のあらゆる場面で、安全と規則性 security and regularity の重要度がますます認識されるようになったことである。」(*ibid*.: 516)

逆に言えば、現代では「労働者階級の所得について、不規則性と不確実性 Irregularity and uncertainty」(*ibid*.: 517) を引き起こすリスクが大きい。ゆえに――自発的組織や国家組織によって――社会保険を完全にすることが重要になってくる。ラウェリン - スミスは次のような福祉観を持っている。「階級の観点よりも、むしろ時間の観点から所得を分配することが、国民的福祉 national well-being にとって本質的な要因」(*ibid*.: 516) である。この宣言は労働者を他の階級と敵対させるという階級闘争よりは、異時点間の自らの所得を再分配する――つまり保険をかける――ことが労働者の福祉にとって、圧倒的に重要だという認識である。たとえフェビアン協会のような漸進的穏健主義だとしても、社会主義は選択しないという彼の観点がよく伺える。なお安定性を考える際に、彼は消費の総額だけを見るのではなく、目的や型を考慮しなければならないと説いている（*ibid*.: 516）。その例として、週に 2 ポンドの規則的所得と、年に 1 回の 104 ポンドの不規則的所得の比較がある。

総額は同一であるが、彼は両者がまったく異なる経済的意味を持つと指摘している。もちろん前者の規則的所得が望ましい。この部分は、現代の理論から見ると、期待効用仮説における危険回避的な消費者の想定と解釈することができる。

そして労働をとりまく環境は、個人の力では制御できなくなっている。例えば失業の原因は規則的景気変動、地域・産業の配置転換、個人的要因に分けられる。最初の2つは当然に個人の責任外である。最後の個人的要因さえ、老齢による生産性の衰えという場面では、保険に適合的である（備えが効く）。つまりどの失業分類でも保険によって備えるのが最も望ましく、しかも「個人的な備えよりも集団的な保険の方がより望ましい」（*ibid.*: 521）。「長引く不況という計算できないリスク」（*ibid.*: 519）の元では、個人の予測の範囲を超える。ただし社会保険が施し dole として堕落してはいけない。保険が失業を奨励する仕組みとなることは極力避けなければならない。同時に個人の自発的備えを挫いてもいけない。また怠けを奨励させないため、給付も最高限度を決めておく必要がある。このような工夫を前提にして、ラウェリン-スミスは強制的で拠出型の国民保険を推奨している（*ibid.*: 527-528）。

ラウェリン-スミスの失業分析は、経済思想が生まれる新しい媒体を示している。それは官僚型と呼ばれるべきもので、社会科学と政府の融合が目指された。これは後にベヴァリッジが引き継ぐ経済思想であった。両者が商務省に所属し、労働問題を扱うことで、不可避的に政府の機能を拡大させる現場に立ち会ったのは偶然ではない。両者には統計データという武器を得ることで、主義宣伝とは違った科学的方法によって、経済分析を政策過程に組み込んだ。それによって労働に関する経済学あるいは景気循環論の有用性を、他の官僚や政治家・大衆に伝えていく役目を担うことになった。経済史家フォックスウェルや異端派ホブソンという同時代人には耳をふさぎ、失業問題を正面から扱うことのなかった正統派経済学者にとって、こうした外部からの問いかけは強い刺激になったはずである。その鼓動がベヴァリッジの書物『失業』(1909) で頂点を迎えた後、ようやくピグー・ホートレー・ロバートソンが失業や景気変動に関する体系的な本を出すことに

なる。新しい型の経済思想は、こうした正統派経済学の溝を埋める働きをした。

おわりに

　本章ではベヴァリッジの前段階である社会改革の思想をまとめた。19世紀末から20世紀初頭にかけて、社会改革の潮流がイギリスを覆った。貧困や失業を前にした労働運動の高まりの前に、理想主義や科学的精神に基づいた国家の経済局面への介入が喫緊の課題になっていたのである。経済的知の正統的な担い手としてのベンサム・ジェヴォンズ・マーシャルは、それぞれの立場からこうした経済介入の正統性を論じ、また後二者は自らの経済学との関連を明確にしていた。ベヴァリッジはこうした正統派の考えにも影響されつつ、基本的には対照的な態度を見せている。むしろ彼は非学界人の社会改良家に大きな影響を受け、そのいくつかの論点はそのまま吸収した。彼らは若干の先行者であったり、完全な同時代人であったりした。

　本章ではベヴァリッジの失業論について若干先取りし、先行者との比較も予備的に行った。『失業』(1909)の社会的背景、学問的位置を探るためであった。続く2つの章ではこれらを前提として、『失業』(1909)本体に光を当てる。

第3章　『失業』(1909) の形成過程[*]
―― 三段階発展 ――

はじめに

　本章は『失業』(1909)の形成過程を考察する。従来、藤井(1988)、Harris(1997)によってその過程は詳細に跡付けられていた。Harris (1997: ch. 7) は他の論題と同じく、この時期の思考変化についての基本的資料を提供し、彼の問題関心の移り変わりを詳述した。特に1905年からの3年間で彼が複数の問題群を発見し、その過程が同時代の理論と実態に影響され、時に矛盾を孕みながら徐々に発展していくとされた (*ibid*.: 165–166)。藤井 (1988: 100, 114, 116) はさらに詳細に、この期間を3つに分け、ベヴァリッジが労働市場を経験的に発見し、その究極目標が国家による私的共済組織の汲み上げと総労働の質的向上にあることを明らかにした。

　こうした先行研究は有益であるものの、ここでの接近方法とは異なる。[1]本章は次の3つを結論することで、今までの理解と異なった側面を指摘する。第1に、この時期のベヴァリッジにおいて、道徳の占める位置が戦略的に最小になっていた。失業や貧困の問題において、彼は個人の道徳的目標を問わない。[2]失業は産業が原因であり、解決は国家の活動にある――これが簡略化

---
[*]　本章は Komine (2004) の修正版である。
[1]　藤井 (1988) と本章の三期間はほぼ同一である。その結論も首肯できるものの、雇用不適格者の位置づけが異なるようである。その差異は「強制的な怠惰」enforced idleness という訳語に現れる (*ibid*.: 103)。本章は景気変動などによる失業を個人に帰さないため、「強制的な遊休状態」と訳したい。「怠惰」では個人貧の意味合いが強く、誤解を招くからである。
[2]　この意味で、T. H. グリーンの理想主義やウェッブ夫妻の国民効率論からは遠い。グリー

された彼の思考法である。対照的に、これまでの社会改革家にとって、失業は——かなりの程度——道徳（個人的資質）が原因であり、解決は個人の道徳向上や社会組織（共済組合）にあった。この対照性が従来の研究でははっきりしない。第2に、ベヴァリッジは一方でビジネス組織の慈善に対する優位性を語り、労働という財の市場化を推奨している（その際に、ホブソンの議論が援用されたことも新たに指摘されるだろう）。他方で、正統派経済学者のように市場活動のみで話を完結させない。国家の経済介入が——たまたま、躊躇しながらではなく——必然的であることが高らかに宣言されたのである。効率的な市場は官僚による巧妙な舞台装置によって可能であった。この二重性を本章で明らかにする。第3に、職業紹介所・失業保険・国民最低限保障という三者が一体化してベヴァリッジの失業論を特徴付ける。この三位一体は1903年から5年の年月をかけて完成した。ウェッブのみならず、1900年代のベヴァリッジにもある種の最低限保障を基礎とした論理展開があった。この観点は従来、特に欠けていた。

　国民最低限保障の思想を背後に含みつつ、本章は次のように構成される。考察期間はベヴァリッジが隣保館に職を得た後の1903年9月から、『失業』の出版直前の1909年1月までを対象とする。第1節は期間Aとして、雇用不適格者から失業者への視点移動を論じる。第2節は期間Bとして、失業者から失業への力点移動を論じる。第3節は期間Cとして、保険との接合を論じる。全体として、現実の社会改革を適宜織り込みながら、基本的には彼の論文・草稿・メモの助けを借りてこの時期を再構成する。

第1節　期間A

　この期間（1903.9-1904.12）は、「雇用不適格者から失業者へ」とまとめられる。また、ベヴァリッジが初めて失業者の問題に出会った時期として性格付けら

ンについてはFreeden（1978: 16-17）、その後の新しい自由主義の展開については姫野（1999: 52-58）に詳しい。なお、「戦略的」とは、経済問題に集中するための作戦という意味である。事実、1940年代後半にベヴァリッジは道徳（＝市民の義務）の問題に立ち戻る。

れる。第2章で詳述したように、彼は先行者および同時代人の――慈善家を含む――進歩的な考えに部分的に共鳴していた。しかし、彼は次の3つを基礎として、それまでの改革家から一歩先んじようと試みていた。実証データに基づいた演繹的推論、労働者の中の新しい階層の発見、失業論に対する新しい視野、である。この節では、まずこの間に執筆されたベヴァリッジの論考を指摘する。次にこの時期のベヴァリッジの活動例を挙げる。最後にベヴァリッジの先駆性について、上記の3点を解説する。

　取り上げるべき論考は Beveridge（1904a）、（1904b）、（1904c）、（1904d）であり、*Toynbee Record* で発表された。また Beveridge & Maynard（1904）は *Contemporary Review* で発表され、ロンドン市長公邸基金を考察した貴重な文献である。

　トインビーホールでの生活は失業問題の深刻さを気付かせてくれた。1903年は特に厳冬が予想されたので、館長バーネットは長らく休止していたロンドン市長公邸基金の復活を提唱した。その結果、その資金でエセックスにて救世軍活動が行われた。476人の男性が参加し、1903年12月17日から1904年3月24日まで、労働植民地が組織されたのである。労働者は自給自足の生活をして、開墾などの作業を行った。彼らの妻子はロンドンに留まり、そこで夫の賃金を受け取る仕組みであった。この救済事業 relief work は持続的な仕事の提供であった。エセックスでの仕事が終了すると、彼らは全員ロンドンに戻った。市長公邸基金もやがて尽きたので、それ以上救済事業は続かなくなった。ベヴァリッジ、メイナード、トーニー等、トインビーホールの若者もこの事業の立案・実施に加わった。この救世軍活動は非常に実験的な体験となった。今までの「お金か食糧かを単に施す」というやり方

3　月刊。第1章第3節を参照。1888年10月創刊で、1919年2月まで続いた。この雑誌は日本では入手不可能なので、大英図書館で閲覧した。
4　1866年創刊の指導的な雑誌。元々世俗化に対抗して、キリスト教精神に基づいた科学精神の滋養を目指していた。1880年代から1910年代は自由党（主義）の論陣が張られていた。ジェヴォンズ・ホブソンも多く投稿した。
5　この活動は1890年代以後に好評を博した。それは情緒的な共感だけでなく、暴動への恐れも理由である。Brown（1971a: 14）も参照せよ。
6　Beveridge & Maynard（1904: 629）による。家族を含めると2456人に救済が施された。

ではなかった。開墾という営利活動には乗らない事業、500人弱の組織的労働、そして離れた妻子に賃金を別に送ることによる浪費の防止、という様々な新機軸であった。ただしこれで日雇い労働者の生活が一変したわけではない。またベヴァリッジも1904年2月に市長公邸基金の委員会を辞任せざるを得なくなった (Harris 1997: 141)。委員の大多数は労働者に宗教的な「影響」——というよりも「押しつけ」——を期待していたのである。この場合の「宗教的」とは、博愛主義的な感傷に溢れて、同時にヴィクトリア朝風の勤勉さ・禁欲さを押しつけることである。ベヴァリッジは19世紀的な慈善活動とはまったく違う観点から、失業問題を捉えようと考えた。それゆえ、まずは牧師たちが主導する救済事業に大いに失望したのである。

それではベヴァリッジがそれまでの社会改革家から抜け出そうと苦心した部分は何か。第1に、Briggs & Macartney(1984: 61)が適切に指摘したように、ベヴァリッジの失業問題への接近方法は、通常の慈善家のそれよりも科学者の眼であった。彼の態度はハックスレーへの尊敬から導かれていた。科学的態度とは実証主義と厳密な論理方法の2つに分かれる。まず実証主義に関して、この時期の無数に書かれた表・図・メモから明らかである。データは『労働官報』 *Labour Gazette* や地方政府の報告書のように公式な文書もあれば、救済運動のように実際に自らの体験した数字もあった。次に彼はデータの操作として、帰納法[7]と演繹法を同時に用いている。特に「貧民の形成」(Beveridge 1904c) という雑誌論文において、彼は労働組合加盟者で失業している者の率と、被救恤貧民——貧民状態にあって救貧法の施しを受けた者——の率を比べている。人口1000人当たりの院内救済されている貧民の数である。表3-1からわかるのは、貧民の曲線は「1年遅れで」(Beveridge 1904c: 27、原文イタリック) 失業者の曲線の後にくる。このため、失業は被救恤貧民状態になる原因であると彼は確信した。その逆ではない。次の推論は非常に論理的である。

---

[7] 「私は経済学を…数学や哲学よりも、生物学により近いものとして、観察の帰納的科学として確立して欲しいのである」(Beveridge 1955: 247)。

表 3-1　貧困者の波、Beveridge（1904c : 28）より作成

失業者					
山		1892-1894		1897	
谷	1889		1896		1899
貧民					
山		1893-1895		1898	
谷	1891		1897		1900

「常勤の産業から時々抜け落ちてしまう者は、かなりの期間を経ないと救貧院 the workhouse and the casual ward に辿り着かない。不況の1年があると、産業に配置された地位から多くの者が強制的に取り除かれてしまう。1年後…こうした人々は貧民の水準まで到達し、被救恤貧民の比率が高まるのである。」(*ibid.*: 28)

こうした推論は実際のデータと論理的思考によって初めて可能であった。

第2に、ベヴァリッジは失業を扱う最初の段階において、被救恤貧民を主分析から取り除き[8]、その上で臨時雇用に集中した。先の労働植民地の実験によって、ベヴァリッジは第3の隠れた階層を発見した。それが現代産業における臨時雇用者 casual workers である。労働植民地において、彼は人々を3つの集団に分けた。階層Aは常勤労働者である。階層Bは臨時あるいは不定期労働者である。階層Cは「全期間中、仕事がない者」(Beveridge 1904b: 13) である。階層Bは純粋な労働者であるが、階層Cは「雇用不適格者 the unemployable であり、産業 the industrial army においてどこにも居場所がない」(Beveridge & Maynard 1904: 633)。ベヴァリッジは階層Bが長い間無視されてきたと信じており[9]、その存在を非常に重視する。この階層Bに関しては、商務省も地方自治庁も情報提供をしておらず、労働組合も救

8　後に触れるように、完全に無視したわけではない。道徳面についても、保険料は払う勤勉さは最低限ある。
9　ブースは既にロンドン調査で様々な階層を分類した。例えばPhillips & Whiteside（1985: 45）を参照。ブースによる湾港労働者の報告書は、1905年初期のベヴァリッジに大きな影響を与えた。Harris（1997: 144）。

貧法も関心を寄せていなかった（ibid.: 635）。

　階層Bを認識したということは、階層A（常勤労働者）を目標に据えたことにもなる。労働植民地を「施し」dole よりも好む理由はここにある[10]。第1に、施しをもらう者は堕落して怠惰や詐欺を奨励してしまう（ibid.: 635）。第2に、労働植民地は監獄より安価である。特に農場の植民地は自給自足である。第3に、この体制は人々に労働の習慣付けをもたらす（Beveridge 1904d: 44）。そして、やがて常勤労働者に復帰する訓練となる（Beveridge 1904a: 104）。いずれの場合も、彼は普通の人間を定期的な労働状態におく体制を重視していた。対照的に、監獄や慈善寄付は産業とは何の関係もないのである。

　階層Bの認識は、階層C（貧民）に分析を集中させないという宣言でもある。ベヴァリッジはこれまでの貧困問題、失業問題が階層Cばかりを取り上げていたことに大いに不満であった。階層Cが現代産業の大部分の問題ならば、救貧法や慈善も有用であろう。しかし実際は無用である。「間歇的な施しは、金であれ仕事であれ、何の救済にもならない」（Beveridge & Maynard 1904: 634）。「組織立っていない慈善は、無駄よりもさらに悪い」（Beveridge 1904d: 43）。「失業の問題は慈善の力を超えていて、窮乏一般を扱う救貧法の範囲のまったく外側にある」（ibid.: 46）。この文脈で、怠け者を是正する道徳の力という解決の道筋も放棄される。ベヴァリッジは倹約や節酒といった古典的な推奨を嘲る[11]。自助努力や尊敬すべき貧民という考えも採らない。貧困線以下の労働者は贅沢品を買う力もなく、貯蓄の余裕もないからである。この点でもヴィクトリア朝の徳目からは遠い。

　第3の先駆性として、上記の認識はベヴァリッジの失業論に新しい視野を加えた。3点指摘する。まず、貧民に関する因果関係を逆転させた。中期ヴィクトリア朝の改革家は、性格の欠陥が自動的に失業を導くと考察しがちであった。彼らは失業者を雇用不適格者・放浪者と同一視してきた。反対に、ベヴァリッジは「失業が…雇用不適格者を作る」（ibid.: 43）と主張した。新鮮な空気や良

10　しかし数年後、ベヴァリッジは意見を変えた。労働植民地、救世軍活動、失業労働者法（1905）をさほど評価しなくなったのである。Beveridge（1908b: 387）、Beveridge（1909: 160, 190-191）。

11　Beveridge（1904d: 46）と Beveridge（1904b: 14）。

質の食物という仕事環境の改善が、労働者の体格向上をもたらすと観察された（Beveridge & Maynard 1904: 631）。不況による失業が貧民をもたらすのであって、逆ではない。ここに社会問題の認識がある。個人の性格・資質とは切り離された問題である。次に、失業の原因が景気変動との関連で明確に認識された。景気変動、ひいては厳しい不況は現代産業に不可避である。例えば 1903 年から 1904 年にかけた冬季は非常に失業率が高かった。これは季節的要因ではなく、循環的 cyclical な要因である。ここで「循環的」とは時に「慢性的」chronic とも表現されるが[12]、ベヴァリッジは「1 年半強にも続く」（*ibid.*: 632）と定義している。さらに「取引の一般的低下傾向は加速する」とも言われる。労働者はこうした厳しい持続的な不況に常に晒されることになる。「弱者がこうして定期的に駆逐されることは、現代産業——あるいはどんなに組織化された産業でも——の機構として本質的な部分である」（Beveridge 1904b: 14）。最後に、失業が非自発的な現象と捉えられた。働きたいのに働けない状態である。

　　「失業者の問題とは…、雇用を得る能力も意欲もあるが、特定の時期と場所で、——有限期でも無限期でも——余ってしまう superfluous 人の問題である。」（Beveridge 1904a: 10）

必然的に余剰が出るという認識である。ここに雇用不適格者の入る余地はない。ベヴァリッジは階層 B と階層 C の区分を非常に大事にする。「不況期に労働者の効率性を維持するという問題は、失業者を失業者のままにおき、雇用不適格者にしないという」（Beveridge 1904d: 44）問題である。

　ただしこの時期に、ベヴァリッジはさほど具体的な対策を提唱しているわけではない。次のように公共事業と賃金の引き上げは考慮されている。

　　「共同体・国・地方による公共事業の投入と、す・べ・て・の・賃・金・の・上・昇という中間に…究極の問題はあるだろう。その賃金とは、事実上に普遍的な労働組合制度

12　Beveridge（1904b: 10）、Beveridge & Maynard（1904: 632）。

によって、職業ごとに随伴する変動に備えるための十分な倹約を可能にする所
まで上昇させるのである。」(*ibid.*: 46-47、強調は引用者)

ベヴァリッジは「こうした計画は自発的な努力の範囲外にあるのは明らか
であり、中央政府・地方政府の協力が必要となる」(Beveridge & Maynard
1904: 635)と指摘するのみに終わった。ただし上記の「倹約が可能な所まで
すべての賃金を上昇させる」という表現は、労働者の生存権を示唆する。後
に触れるように、ベヴァリッジは国民最低限保障の思想をやがて発展させて
いく。この部分はその萌芽と解釈する余地を残す。

期間 A（1903.9-1904.12）とはベヴァリッジが初めて失業問題に出会った
時期である。Himmelfarb（1991/1992: 5）が指摘するように、後期ヴィクト
リア朝の改革家（ブース、ラウントリー、バーネット、マーシャル、ウェッブ夫
妻等）は、上記に指摘した「先駆性」「現代性」の要素を多く持っていたの
は事実である。彼らもそれまでの社会改革家から抜け出そうともがいてい
た。ベヴァリッジもその潮流にいた。ただし実証性、論理性、臨時雇用の重
視、景気変動との結びつき、非自発的失業、政府介入の必要性、最低限賃金
思想の萌芽など、先駆的な要素をすべて網羅的に有していたことが彼の特徴
である。この時期を一言で示すのが、「産業問題から雇用不適格者を切り離す」
態度であった。この時期が「雇用不適格者から失業者へ」と名付けられる所
以である。ただし具体的な対策がないなど、ベヴァリッジはこの段階では完
全な独自性を持っているわけではない。ゆえに次の期間を考察する必要があ
る。

第 2 節　期間 B

この期間（1905.1-1907.6）は、「失業者から失業へ」とまとめられる。失
業者の実態をさらに詳しく調べ、その観察に基づいて経済的な論理的説明
を深め、ついに解決策の具体例を提示した時期である。ここで人物（失業
者）ではなく現象（失業）に力点が移動した。ベヴァリッジは 1905 年 7 月

にCOSによって組織された「未熟練労働に関する委員会」the Committee on Unskilled Labour の秘書になった。また、1906年3月にロンドン中央（失業）組織の雇用事務所委員会・議長になった。1905年10月からは *Morning Post* で働くようになった。1905年はベヴァリッジの人生に大きく関わってくる出来事が続出した。中でもオールデンの『失業者』出版は大きな衝撃であった。救貧法と困窮者救済の王立委員会がバルフォア内閣によって設立された。失業労働者法も作成された。いずれも失業・貧困を巡る議論を活発化させることになった。

　1905年の失業労働者法は「国家政策の決定的な転換点を記す」（Bruce 1961/1968: 188）。発案者の地方自治庁ロング長官は当初、失業対策を行う組織化の裏付けとして地方税 rates の増税を狙ったが、大きな反対によって慈善による資金調達に変えた。この法律の目的は、貧民保護官・地方行政官・慈善組織協会など困窮者に関わってきた集団を大同団結させ、失業者のために金銭と情報を収集して使うことであった。Beveridge（1905d: 11-12）、Gilbert（1970: 51）、Bruce（1961/1968: 189）などがこの法律を非常に高く評価できるとしている。国家が初めて失業者に責任を負い、労働の組織化という道筋を付けたという理由からである。ただし Brown（1971a: 318）、Aikin（1972: 42）はその結果に注目して、あまり評価しない。歴史的事実として、この法案が失業者に正の効果を持ったとは言えないという理由である。

　1906年も引き続き重要である。自由党内閣の成立後、前政権の労働運動への敵対視が緩和されたのである。タフヴェール判決（1901）によって、労働組合に争議中の損害賠償が起こせる事態になっていた。自由党は労働争議法 the Trade Disputes Act を制定し、労働組合法（1871、1875）の線上で、合法的な組合運動は賠償の必要なしとした。また労働補償法 the Workmen's Compensation Act も改訂された。チェンバレンの法案（1897）を拡充したもので、労災補償に備えて雇用主に保険に入ることを要求する。この改正で危険産業のみならず、ほとんどすべての産業で労働者が保護されることになった。対象となったのは1200万人であり、半分の賃金補償（ただし週30シリングが上限）があった。財政支出は1200万ポンドから1600万ポンドの間と推

定された (Beveridge 1924b: 9)。この法案によって国家が労働者をきめ細かく保護する姿勢が明確にされた。ただし実際には、零細雇用主が破綻する危険性を見逃しており、労使いずれからも独立した保険協会を持つドイツを見習うべきという意見もあった (Beveridge 1907f)。

　この期間に対象になるベヴァリッジの論考は 12 である。また未出版のメモ・チラシなども用いた。詳細に眺めると、この期間 B をさらに三分割すると便利になる。期間 B-1 を 1905 年 1 月から 1905 年 9 月までとする。この時期、ベヴァリッジは職業紹介所という見事な解決策を発見した。しかしまだ救済事業との関係や経済的説明が弱かった。期間 B-2 は 1906 年 3 月までである。彼は職業紹介所が失業撲滅の最善策と確信した。同時にそれまで興味が続いていた法律・労働組合・慈善事業の観点を払拭した。期間 B-3 は 1907 年 6 月までである。ホブソン等の影響力もあり、この時期までに自らの失業論をほとんど確立した。以下ではこの期間をそれぞれ見ていこう。

2-1　職業紹介所の発見

　ペルシー・オールデンは失業問題の再発見者である。本も多く出したが、中でも『失業者：国民的問題』(1905) が重要である。

　本書は同時代の進歩的雰囲気を体現しているだけでなく、失業問題の原因や対策を多く列挙している。自由放任主義は「大きな社会的病原を無視している」(Alden 1905: 144) として批判され、「こうした罪悪を作っている条件・環境という傾向を忘れてはならない」(*ibid.*: 143-144) と警鐘が鳴らされる。「失業者のために国家介入という何らかの型が必要だと益々確信している」(*ibid.*: 144)。「失業者の問題とは大概は経済問題である。慈善はどんなに気前が良くても、何の解決にもならない」(*ibid.*: 144)。オールデンは失業者を 3 種類に分けた。仕事を拒否されたが能力ある者 able bodied men、肉体的・精神的に欠格がある者、仕事を拒否するが能力ある者。このうち、最初の人々つまり「仕事を見つけられない純粋な労働者」(*ibid.*: 32) のみが議論の対象である。ゆえに「経済学者の観点からすると、富の生産に使われるはずの労働が使われず、…それゆえ無駄になっている労働が失業である」(*ibid.*: 32)。

ただし長期的には、倫理的な要因も重要になる。「すべての努力は、個人の性格を改善し強化するようになされるべき」(*ibid*.: 143) だからである。オールデンは 12 の解決策を示す (*ibid*.: 137-144)。行政の指導、公共事業、救貧法改正、強制的な労働事務所などである。オールデンは 1904 年秋にオランダ・ベルギーを視察したため、他国の実例を数多く本書に組み入れることができた。

　本書はベヴァリッジに大きな刺激を与えた。しかし同時に物足りなさも感じさせた。彼は *Toynbee Record* で直ちに本書を書評し、労働者の分類について紙幅を多く割いている。オールデンは能力ある労働者が意思に反して失業せざるを得ない状況を指摘した。ベヴァリッジはこの推論を正しい道筋だと評価しながら、なお次のように言う。

　　「問題は確かに経済的なものである。おそらくオールデン氏になすべき最も根本的な批判は、この事実に気が付きながら、問題の経済的側面つまり景気変動の現象に…ほとんど紙幅を費やしていないことである。」(Beveridge 1905a: 77)

つまり様々な現象を指摘し、対策も羅列しておきながら、それらを繋ぐ論理的な説明がなされていないのである。失業に関する「方法の変化の可能性にほとんど言及していない」(*ibid*.: 77) という不満が残った。しかしこの不満は刺激へと昇華する。経済問題との結びつきがないという視点は、逆にベヴァリッジの側にそれを進化させる義務が生じた。また多くの実例を含むオールデンの解決策は、それだけで大きな刺激であった。

　ベヴァリッジの進化が明瞭に認められるメモがある。「失業者に向けた計画：経済問題」と題する構想メモである。このメモは自筆で「1905 年夏に…送られたもの、1905 年の失業労働者法に触れていない」とある。また、題名はオールデンの著作を強く意識させる。[13] その著作への書評は 1905 年 2 月に出版されたので、この構想メモはその春から夏にかけて執筆されたと推

13　職業紹介所という用語もメモにある。BP, Reel 2, Item 12, "Plan for; 'The Unemployed'. 'An Economic Question', 19, c1905.

測される。このメモの序論が注目に値する。

「失業者の問題は…経済的である。すなわち、臨時または再現性のある非自発的遊休を作る傾向にある、ある種の経済的・社会的諸力が存在する。失業は…本質として個人的であったり、散発的であったりするわけではない。[14]」

ここでも個人の資質という問題は脇に退き、経済的な諸力を探る試みが宣言されている。その諸力こそ景気循環という経済現象であり、臨時雇用という労働慣行であった。臨時雇用は摩擦による余剰（それ以下にならない2％の失業）、他のすべての職業で失敗したための余剰、低い賃金率によって発生する[15]。失業の原因は労働者側の不適応、臨時雇用、変動する雇用の3点である[16]。「生存権を認める」という表現もあった[17]。確かに目次案の5番目に「雇用不適格者」が挙がり、失業「問題には経済的・道徳的要素の両方が存在する」とベヴァリッジは断っている。しかし順番は臨時雇用・景気循環の後であり、折衷的な態度[18]がこの時期にまだ残っているだけと解釈できる。「失業が雇用不適格者を作る」、「現在の救貧法は失業者を雇用不適格者に変換する罠のような効果を持った[19]」。重要なのは、失業の主分析から雇用不適格者、すなわち労働者の個人的資質が除かれている点である。随伴的にこれらが考慮されていても構わない。あくまで最重要課題がマクロ的な経済現象にあれば良いのである。この時期はさらに失業者という個人ではなく、景気循環という現象に力点を移動させようとしていた。そして「労働組織化委員会」という新しい権威の必要性が訴えられた[20]。

ベヴァリッジの思考は1905年3月の連続講義でも窺える。これはブリス

---

14 BP, Reel 2, Item 12, "Plan for; 'The Unemployed'. 'An Economic Question', 1, c. 1905. 傍点は原文では下線。
15 *ibid.*, 3, c. 1905.
16 *ibid.*, 13, c. 1905.
17 *ibid.*, 9, c. 1905. ただし救貧法の項目の中である。
18 「雇用不適格者として一部は生まれながら、一部は作られる」という言葉が端的に示す。*ibid.*, 7, c. 1905.
19 *ibid.*, 13, c. 1905.
20 *ibid.*, 18, c. 1905.「情報を得ること」が第一目的である。

トルのユニバーシティ・カレッジで「失業者の問題」と題された講演である。その講義概要[21]によると、第1回 (3/16) は「問題の本質」と題されて、まず失業者を5つに分類されている。(1) 働く意思がない怠け者。(2) 働く能力がない者。(3) 波止場労働 dock labour のように、臨時雇用にある者。(4) 新技術導入や肉体劣化によって解職させられた者。(5) 景気変動によって解職させられた者。次に季節変動と循環的変動という深刻な問題が指摘されている。最後に失業と被救恤貧民状態の関係が挙がる。第2回 (3/23) は「現在の対策」および「未来の対策1」である。救貧法体制において、救貧院、節倹、組合の給付、慈善、救済計画という項目が重要視された。未来の対策はまず雇用不適格者に対して、救貧法の改正（ただし緩和でなく）、国内外の労働植民地、個人特定シートなどがある。第3回 (3/30) は「未来の対策2」として、失業者に対する新しい地方政府が必要とされ、労働組織委員会の機能を持たせる。(1) 情報を獲得し配布するため、労働登記所や職業紹介所を作り、臨時雇用を組織化する。(2) 出願者を分類し、適切な団体に向かうように差し向ける。(3) 訓練のために、永続的な農場植民地を管理する。(4) 例外的な困窮の場合に、救済事業を緊急に組織する条件：有益、商業には乗らない、未熟練。救済事業の雇用条件：定期的、継続的、通常の雇用よりも良い条件ではない。　最後に、公共の救済事業計画と産業体制の関係、個人の働く権利、国家の責任が指摘されて講義概要は終わっている。

　この講義概要はベヴァリッジの中途にある思考を象徴している。雇用不適格者に対して救貧法改正や労働植民地の指摘があり、さらに失業者に対してロンドン市長公邸基金のような救済が最も詳細に分析されている。他方、労働登記所や職業紹介所も情報の伝達機能として初めて指摘された。また臨時雇用を組織化するとはっきりと明言された。つまり、旧来の救済事業と新機軸の職業紹介所が混合した話題になっている。しかも前者の方にやや比重が高い。1905年3月では、次の段階に移行する途中だと判断できる。

　この移行期は2つの指摘からも確かめられる。この時期、ベヴァリッジは

21　BP, 9b-3 (1905), Three Lectures "The Problem of the Unemployed", 16th, 23rd and 30th March at 5 p.m., University College, Bristol, with Syllabus, 1-3.

あちこちを歩き回り、同時に考えを巡らせていた。第1に、彼は多くの演説をこなすようになったが、その話題は法律・労働組合・社会主義などにまだ限られていた。例えば「労働組合（歴史と法律）」、「地方政府による訓練」、「著作の社会主義、事実の社会主義」[22]、「犯罪と罰則」[23]、「イングランド政府」[24]、「労働と法律」などである。その他、「公民権剥奪の問題」や「労働組合法の改革」[25]というテーマの論文も書いた。第2に、この時期までにベヴァリッジはさほど多くの経済的な本を読んでいなかった。1905年10月の講演「労働と法律」において、参考文献表が残っている[26]。20冊のうち、経済関連と分類可能なのは3冊のみである。J. A. ホブソン『現代資本主義の進化』（1894）、ジェヴォンズ『労働との関連での国家』（1887）、トインビー『イギリス産業革命史』（1884）である。他の本は立法に関するか（オックスフォードの指導教官であったダイシーの本を含む）、民主主義か、社会主義に関するか（ウェッブ夫妻のを含む）である。

つまりこの時期 B-1（1905.1-1905.9）では、まだ法律や他の思考法が支配的であったので、職業紹介所が初めて触れられていたとしても、経済的に明解な論理がまだ現れていなかったと結論付けられる。

2-2　経済的思考の徹底

1905年の夏から秋にかけて、重大な2つの出来事があった。1つは8月7日に失業労働者法が議会を通過したことである。この法律は労働事務所

---

[22]　この3つはトインビーホールで行われた「社会的・産業的問題」と題する講演である。それぞれ1904年の10月19日、11月23日、12月7日に実施された。BP, 9b-2（1904）。

[23]　この講演は1905年で日付不明。Toynbee Smoking Debah [sic] に向けて行われた。BP, 9b-3（1905）。

[24]　この題名で3回の講演だった。トインビーホールにて。1905年の1月24日、2月7日、3月14日。BP, 9b-3（1905）。

[25]　それぞれ Beveridge（1905b）、（1905c）。後者はタフヴェール判決を扱っている。この論文では、労働組合に対する態度は非常に中庸的だった。「組合を追放するのではなく、法律の範囲で、明確な特権・責任を持たせる主体とみなすこと」（Beveridge 1905c: 149）が肝要である。

[26]　BP, 9b-3（1905）。順番を並べ替え、題名・出版年を完全にしたリストは Komine（2004: 278-279）を見よ。

を管理する共同委員会の設置を謳った。ベヴァリッジはこの法律に基づいて形成されたロンドン中央（失業）団体で活躍した。もう1つは11月に *Morning Post* へ転職したことである。

期間B-2は1905年10月から1906年3月までである。彼は徐々に現代経済で職業紹介所の占める地位を正しく認識するようになった。この事情はBeveridge（1905d）、（1905e）、（1905f）、（1906a）という4つの論文から確かめられる。

まずベヴァリッジは失業労働者法（1905）を次のように歓迎する。

「この法律は将来の大きな改革の芽を孕んでいる。職業紹介所という効率的な体制は、非自発的な遊休量を大きく永続的に減らすだろう。特に臨時・非定期的な職業では。」（Beveridge 1905d: 10）

長期では「職業紹介所によって労働市場の組織化——つまりおそらく最も重要な産業上の改革——」（Beveridge 1905d: 11-12）を確立する必要があった。ベヴァリッジは「その機能は労働の流動性を高め」、「一般的な雇用状態の知識を増やす」（Beveridge 1905e）と指摘した。この認識は現実の発展と結びついている。彼は「この12ヵ月でかなりの発展があった」と1905年11月に書いた。「この12ヵ月」とは1904年10月14日に開かれた失業に関する会議から、1905年8月の失業労働者法の実施までを含むと推測される。[27]この会議はロング長官がロンドンの貧民保護官などを集めて開かれた。会議後、ロンドン失業基金が設立された。[28] 1905年12月にベヴァリッジはこの基金を讃え、「中央雇用交換所が設立され、すでに動いている労働事務所に対して精算所 a clearing-house として活動するようになった」と書いた。1906年2月には「過去に多くの交換所が完全に失敗した」ことに言及し、次のように言った。

27　Brown（1971a: 37）を参照せよ。
28　基金は自発的な慈善によって賄われたが、後援は地方自治庁であった。Harris（1997: 141）も参照。

98　第Ⅰ部　初期の思想

　「第1に、様々な交換所は互いに完全に孤立して動いていた。他地域の交換所とは何の意思疎通も…なかった。ロンドン失業基金の実行委員会はロンドンの地元交換所の間の精算所として行動するように、中央雇用交換所を確立した…。…／第3に、職業紹介所と救済事業を混同する［こと］。…産業機構の一部分である職業紹介所と救済行政を完全に分離することは、可能性ある成功への根本的な要素である。これはドイツの経験で…証明される。」(Beveridge 1906b)

　この時期、ベヴァリッジの認識は非常に深まっていった。「職業紹介所は不況時に仕事を増やせるわけではない。…やれるのは労働・能力・時間の無駄を減らすことである。孤立した男性が非組織的に求職するために、不必要な非定期的雇用を結果的に減らすことにもなる」(Beveridge 1906a)。[29]

　こうした経済的思考の深まりは、ある程度——しかし重要な程度——ホブソンの著作から導き出されたと推測される。ベヴァリッジはホブソンの『現代資本主義の進化』(1894) を1905年9月までに確実に読み、『失業者の問題』(2版の1904、あるいは初版の1896) を1905年11月までにおそらく読み終えた。この推測は用語の同一性の観点から裏付けられる。ベヴァリッジは「精算所として振る舞う職業紹介所」という語句をこの時期から何度も使うが、Hobson (1904: 127) にも同一の表現がある。[30] ベヴァリッジはこの語句を1905年12月から使用し始めた。他方、ホブソンは1904年11月にこの用語を含む2版を出版した。ベヴァリッジが出版された2版を用いて、自らに取り込んだ可能性は非常に高い。「精算所」という表現は重要である。なぜなら、この経済用語を使うことによって、他の商品と同じように(穀物取引所 Corn Exchange、株式市場 Stock Exchange、外国為替 Foreign Exchange)、労働も組織された市場になりうることを大いに示唆するからである。実際、職業紹介

29　Beveridge (1905e)、(1906a)、(1906b)、(1906c) は無署名だが、ベヴァリッジによる記事とした。同時期の違う媒体 (*Toynbee Record* と *Morning Post*) で同一の専門用語 (例:「精算所として行動」等) を用いていることが決め手である。
30　ただし「職業紹介所」という新語ではなく、旧来の「労働事務所」という言葉。初版にも同一の表現がある。Hobson (1896: 163)。

所は「労働交換所」Labour Exchangeの機能を持つ[31]。

期間 B-2（1905.10-1906.3）では類似する用語が頻繁に登場した。「臨時」casual、「流動性」fluidity、「中央交換所」a Central Exchange、「精算所として」as a clearing-house、「意思疎通」communication、「救済事業からの切り離し」a separation from relief work、「統一」unify、「組織化された市場」organised market などである。こうした用語はベヴァリッジの思考進化を指す。彼は職業紹介所を発見しただけで満足したわけではない。その機能をより掘り下げたのである。職業紹介所の機能は情報の交流にある。この意思疎通は単に求人・求職の間だけでなく、紹介所そのもののネットワークも意味する。中央に制御される本体を中心に、全国各地の末端すべてに登録された情報が行き渡るのである。これによって孤立していた各地域の労働市場が初めて有機的な繋がりを持つ。こうした論理的な一貫性がベヴァリッジの思考にあった。この重要な発想のいくらかはホブソンに負う。

2-3　1906年会議と思考完成

期間 B-3 は1906年4月から1907年6月までである。ここでベヴァリッジはその失業論をほぼ完成させた。3つの点で前の期よりも経済的な把握を深めたのである。需給分析、労働「市場」の完成、隠れた要として国民最低限保障の考えである。

まずLSEで1906年4月4日に開かれたイギリス社会学会が非常に大事である（それゆえ、前の期と区別される）[32]。この学会の重要性は後に第7章の2-3でも触れる。ホブソンやボーレイと議論して、ベヴァリッジは「雇用の循環的な変動が現代産業には不可欠な事象である」（Beveridge 1907b: 328）と認識した。この現象は「不況の後にくる定期的な過剰生産の結果である」（ibid.: 329）。すでに Hobson（1894: 176-179）や Hobson（1904: 54）によって、ホブ

---

[31] この用語はオーウェン Robert Owen（1771-1858）の「労働公正交換所」（1832）Equitable Labour Exchange まで遡れる。ただしこれは労働時間を反映した「労働証券」を生産物と交換する場所であり、求人と求職の交換ではない。

[32] Harris（1972: 22-23）と Phillips & Whiteside（1985: 79）はこの会議の重要性を指摘する。しかしホブソンとの理論的関係までは考慮していない。

ソンは労働力の無駄遣いを伴う厳しい不況を記述してきた。ベヴァリッジはこうした議論に影響をうけながら、なお独自の観点を4つ含めている。

　第1に、「労働の予備」the reserve of labour という用語が初めて使われた[33]。これは「突然の需要変化を満たすのに必要な」「失業のある一定量」を示す。「時々しか雇用されないが、常時利用可能である」[34]。第4章で詳述するように、この用語はベヴァリッジ失業論の要である。第2に、失業の産業上の原因が分類された。もっと前の時期には、彼は人々（失業者）を分類していたのだが、1906年4月までに彼は失業それ自体に注目を移したのである。この観点移動は失業を社会問題というよりも、経済問題として捉える見方が強くなったことも意味する[35]。今や失業の原因は次の3つである。ある産業での永続的な変化（衰退や組織変化）、産業全体としての一時的な変動、臨時雇用。1番目と3番目の原因に対しては、「職業紹介所という組織化された体制が不可欠」(ibid.: 328) であり、「産業自体に雇用の条件や方法の改革が求められる」(ibid.: 330)。2番目の原因に関しては、「一時的な救済事業が不況時を乗り切るように計画」されるべきである。第3に、現代産業は常に過剰生産に晒されている。ベヴァリッジは大規模生産を「期待された需要を目指した生産」(ibid.: 328、強調も原文) とみなしている。競争的な生産者が同じように需要を期待すれば、しばしば過剰生産をもたらすのである。「競争者が集まると需要を期待しすぎることになる」[36]。

　重要さはここに留まらない。第4の要素が最も刺激的である。なぜなら国民最低限保障の思想が明確に述べられたからである。

33　ただし1905年のメモに既に「予備軍」a reserve army という名称はある。BP, Reel 2, Item 12, "Plan for; 'The Unemployed'. 'An Economic Question', 3, c1905.
34　Beveridge (1907b: 325)。この会議録は1年後に出版された。
35　この場合、経済問題とはマクロ的な経済現象として捉えられる問題群とみなしておく。社会問題とはそればかりに限定されないより広範な問題群である。例えば慈善・道徳・キリスト教などもここに含まれる。
36　Beveridge (1907b: 329)。Hutchison (1953: 387, note 2) は慢性的な資本過剰の説明に関して、Beveridge (1909) に言及している。ここではそれが1906年まで遡れることを指摘した。

「こうして失業者問題について、国家政策の一般原則の鍵となる。理想は…次のような産業体制である。すべての者が居場所を見つけ、少なくとも健康的な糧の平準までは平均的な稼得を得られるような体制である。国家の最大の関心は、すべての市民が効率的で健康的で幸せになれることにある。…こうした最低限の平均稼得という理想を受け入れることは、単に国家政策の遠い目標である。」(*ibid.*: 328)

この一文一文はすべて福祉国家へと向かう思考である。歴史的に振り返れば、「遠い目標」とは『ベヴァリッジ報告』(1942) を指すことになる。さらに 1906 年 4 月の段階で、彼はこの目標が完全雇用を含んでいることを明確に意識している。

「自由な産業のどこでも、市民の権利と共に…〈すべての〉場所である。完全雇用と、ある明確な最低限までという平均稼得とを本質的に含むのである。」(*ibid.*: 327、強調は追加)

ここで完全雇用と共に国民最低限保障の考えが早くから出現している。この両輪はベヴァリッジの『自由社会における完全雇用』(1944) を予感させる。

2-4 完成間近

ベヴァリッジの失業専門家としての名声は高度な学問の場まで届いた。エッジワース編集の *Economic Journal* に 2 本の論文を載せることができたためである。この 2 本からわかることは、ベヴァリッジの思考がほぼ完成型に近づいたことである。それは 4 つの観点から確かめられる。

第 1 に、ベヴァリッジは職業紹介所の体制をビジネスの世界に移植しようとした。例えば、彼は「事務所」よりも「交換所」という単語を好んだ。後

---

37 ただしこの「すべての者」は文字通りの国民全員ではない。第 7 章 2-3 で論じるように、この直後の文章ではむしろ、ある種の者（雇用不適格者）は産業に居場所がないと断じている。この意味で 1940 年代の国民最低限保障がそのまま 1906 年にあるわけではない。

者が「労働に対する市場を組織することを示唆し、ビジネスに関する良い言葉」(Beveridge 1906e: 437, note 1) だからである。「中央雇用交換所は…すべての事務所を制御するものとして、精算所として」(*ibid.*: 439) 記述された。またこの体制が今までと違うことを次のように宣言する。

> 「職業紹介所は失業者の救済 relief と何の関係もない。過小雇用の原因を徐々に取り除くだけである。ビジネスであって慈善ではない。困窮の治療ではなく、予防である。」(*ibid.*: 439)

第2に、需給分析がこの時期に著しく発達した。需要側として、「ビジネスの急激な拡張・縮小に見合うため、労働の予備としてすぐに利用可能な個別の雇い主」(Beveridge 1907a: 66) が指摘された。この現象は「非組織化された個別の求人によって、労働市場が過剰に蓄積している」(*ibid.*: 68)。供給側として、「すべての職業で労働供給は、単に流動性が不十分であるから過剰になる」(*ibid.*: 76)。この場合、流動性とは「要求に応じてあちらこちらに向かう人間の総体」(Beveridge 1906e: 438) と定義された。さらに現代の労働者は2つの異なった機能を持つ。第1は苦しい労働そのものを行う。第2は自分の労働に見合う市場を探す。この2つは重荷であり、労働供給で非効率を発生させる。ゆえに職業紹介所を導入し、「求人と求職を直接に意思疎通させ」、「供給をもっと流動化させ、需要に集中し組織する」(Beveridge 1907a: 68) 必要がある。職業紹介所は労働市場を最も完璧にする媒体 media である。

第3に、ベヴァリッジはこの革新的な職業紹介所も、負の側面を持つと十分に認識していた。一方でほとんどの労働者は定期的に仕事ができる。他方で彼らのごく少数は「完全に雇用なしという一時的な余剰に」(Beveridge 1907a: 80) なってしまう。この欠点を熟知しているので、あらかじめ2つの点から批判に答えている。1つは移民による意図的な除去である。もう1つは「労働の流動性が増すことは、その労働効率が増すことである」。この文面が時間当たり1人当たりの労働生産性の増加を意味するならば、国民所得[38]

---

38 別の論文では次のように主張された。「職業紹介所の供給は産業の効率を高めるだろ

の増加によって雇用の総量は増えるであろう。労働の需要と供給が時間を通じて拡大的になる、という示唆になるだろう。

第4に、国民最低限保障の原則が再び現れている。「1人が生活賃金 a living wage でいる状態は、2人がその半分の賃金でいるよりも良い」(*ibid*.: 81)。最低限の生活ができる「生活賃金」を重視していることがわかる。ここを始源の発想として、ベヴァリッジは臨時雇用の廃止を議論した。定期的な仕事は最低限賃金を保障する条件になる。そのための抽象的な手法として、彼は完全に組織された労働市場を創出させようと試みた。そして最後に具体的な手段として、職業紹介所の確立を謳った。ここにおいて、目的と手段、根本的仮定と具体的提案のそれぞれが一本の筋になっていることがわかる。ベヴァリッジの思考は極めて一貫性がある。

この段階でベヴァリッジはほとんど失業論を完成させた。ただ後の議論と比べて欠けていたのは、職業紹介所と他の重要な手段――国民保険――との関係を考察することであった。

第3節　期間 C

この期間（1907.7-1909.1）は「保険との結び付き」とまとめられる。ベヴァリッジはついに国民最低限保障に基づいた包括的な救済策を考案した。しかしこれは彼が職業紹介所の二重の機能に気付くまで可能ではなかった。1つはそれが労働市場の意思疎通を改善するという機能、もう1つは産業の適性テストという機能である。まず始めに1908年前後のイギリス政治状況を略述し、その後に本論に入る。

3-1　背景

ベヴァリッジは1908年3月までに政治の世界でも知己を広げつつあった。

う。働くことが第一の義務である労働者が…押しつけられた第2の機能［職探し］から開放されることによって」(Beveridge 1907b: 331)。労働者が労働に専念できる環境の整備によって、労働生産性が上がるのである。

主にウェッブ夫妻を通じてである。ハミルトン卿（救貧法委員会の委員長）とは1907年前に（Beveridge 1955: 62）、ジェラルド・バルフォア（前・商務大臣）とは1907年10月に、チャーチル（後の商務大臣）とは1908年3月に面会した。ベヴァリッジはラムゼー・マクドナルド（労働党書記）にも1908年2月に会った。この時、職業紹介所への反対を転換してくれないかと説得した。前述のように、ウェッブ夫妻の仲介で、ベヴァリッジは救貧法委員会で1907年10月に証言に立った。1907年11月には商務省のために報告書を書き、1908年7月にはついに商務省に入省することになったのである。

　キャンベル‐バナマン首相が退陣してアスキスが跡を継いでから、自由党の改革が急速になってきた（Aikin 1972: 81）。1908年8月の老齢年金法が典型例である。この法律は財源を地方ではなく国（一般税収）から持ってくるという点で、社会政策に新しい原則を導入した。70歳以上の普通の人々が権利として年金を受け取ることになった。救貧法の「貧民の汚名」stigmaから切り離された体制である。1年後の職業紹介所とは対照的に、年金を扱う特別な役所はなかった。年金は非拠出型であった。ベヴァリッジはこの型に反対しており、*Morning Post* で1907年から1908年にかけて、反対論を多く社説に載せた。

39　「次の月曜日、14日の午後7時半に、要モーニングドレスでジェラルド・バルフォア氏に会いに夕食に来ないか？　職業紹介所や失業の組織化について話し合うためである」。ウェッブ夫人からベヴァリッジへの手紙、1907年10月。MacKenzie (ed.) (1978a: 278, Letter 513)。

40　「昨晩の晩餐はもちろんとても興味深かった。主に職業紹介所についてであった」。ベヴァリッジから母親への手紙、1907年3月12日。Beveridge (1955: 66)。「3月11日。昨晩ウィストン・チャーチルが我々と晩餐した。マスターマン、ベヴァリッジ、モートンと共である。仕事の話ばかりだった」。ウェッブ夫人の日記。Drake & Cole (ed.) (1948: 404)。

41　「彼は職業紹介所を罵る1人であった。今や彼は考え直しても良いと書いたり言ったりしている」。ベヴァリッジから母？への手紙、1908年2月13日。Beveridge (1955: 65)。

42　Bruce (1961/1968: 178)、Searle (1992: 112) を見よ。

43　年収が31ポンドを超えていたら、年金を受け取る権利はない。支払は郵便局を通じてなされた。この法案は「最初の国家業務であったが、実施する事務所はなかった」(Bruce 1961/1968: 181)。

44　Hennock (1987: 133-134) に詳しい。「この計画は改革ではなく、施しである」とい

第3章 『失業』(1909) の形成過程　105

　1908年7月にベヴァリッジは商務省に勤め始めたが、オックスフォードで失業論の講義をすることも許された。その講義草稿が直接に『失業：産業の問題』と題する本に結実した。9月にロングマンと契約した後、11月にすべての校正刷を直した。ウェッブ夫人に複写を送ったところ、「すばらしい」と褒められ、すぐにでも引用したいと言われた。本は1909年2月に出版された (Beveridge 1955: 69)。8月には職業紹介所法も通過した。同年に賃金委員会法（最低賃金法）も成立した。この法律の下に代表的委員会を設置し、ある種の苦汗産業で最低賃金と最高労働時間を協議することになった。この種の交渉は契約の自由と抵触する可能性もある。このように現実の法案もますます政府の介入を認める方式になった。ベヴァリッジに思考も、このような現実を見据えて発展しつつあった。

　以下ではこの時期の10の論考と未出版のメモ・講義レジュメを取り上げる。区分にある1907年7月はドイツ視察旅行の直前であり、1909年1月は『失業』出版の直前である。この時期は職業紹介所と失業保険という2つの手段が、国民最低限保障という思想のもとで初めて結びついた。1908年秋のミカエルマス期には『失業』はほとんど完成していた。

3-2　保険の発見

　最後の思考発展が1907年7月に訪れた。ドイツへ労働問題の視察旅行へ行く直前であった。7月20日と23日の署名記事において、ベヴァリッジは

　うのがベヴァリッジの結論であった。
45　ベヴァリッジ文庫には別の草稿も残っている。「労働市場の組織化」(1908) と題する草稿はそのまま完成版の第9章に対応している。BP, 9b-6 (1908), "The Organisation of the Labour Market".
46　ウェッブ夫人からベヴァリッジへの手紙、1908年12月13日。MacKenzie (1978a: 319, Letter 554)。
47　Hay (1983: 52)、Bruce (1961/1968: 196)、Phelps Brown (1959: 309)。
48　オックスフォードの講義は9つだった。「失業の経済学」という題名である。Beveridge (1955: 69)、BP, Real 2, Item 22。
49　ただし失業保険という項目の列挙だけならば、1905年のメモにもある。BP, Reel 2, Item 12, "Plan for; 'The Unemployed'. 'An Economic Question', 9, c. 1905.「大陸の経験」と一言、書かれているだけである。

労働組合の失業への取り組みを「偉大な保険体系である」と賞賛した。まず「労働市場に何の制御も監督もない」と救貧法が非難される。対照的に、組合による労働登記所が失業者への支払に重要な役割を自動的に果たしている。登記所は構成員の拠出能力・意欲を照合することができる。中央事務所は適切な時期に適切な人々に給付を払うことができる。もし国家が失業問題を解決したいならば、不必要な支払要求を抑制する必要がある。ベヴァリッジは次のように結論した。「それぞれの紹介所は労働組合で確立しているものと類似するような、保険体系の中心になるだろう」。

この宣言によって、ついに彼は最終的な進化を遂げた。保険とは、正確には「失業であれ疾病であれ死去であれ、産業上の危険に対する保険」である。紹介所は単に求人と求職を結びつける場所ではなく、失業者への給付に関して、産業の自動的な適性テストになりうる。労働組合ですでに確立した方式を、国家がさらに拡大した形で——組合員以外にも適用して——正式に確立するのである。この考えはドイツ視察の直前にあったわけで、その後ではないことに留意したい。彼の進化がドイツの実態例から導き出されたのではなく、思考内部の自然な発展だったことを示唆する。

その代わり、ドイツ視察は国民保険の必要性を確信させた。*Morning Post* の5つの記事で、ベヴァリッジはドイツの産業保険の実態を細かく報告した。「産業生活の主要な緊急事態——疾病、自己、虚弱、失業——は常にみんなの注目を浴びている」。イギリスの体制は未だに不完全であるが、ドイツは労働登記所と強制保険の原則のお陰で、うまくいっている。例えば1891年設立の虚弱・老齢保険は拠出原則になっている。基金は3方向から来る。国庫・雇い主・労働者である。ベヴァリッジはドイツの実例から類推し、救貧院テスト——救貧法の重要な柱——は納税者にとって莫大な費用で非効率であるから、「唯一の代替案は…産業テストである」とした。この新しいテスト

---

50 この段落の引用はすべて Beveridge (1907c) による。最初の文章だけ7月20日の掲載で、残りは7月23日掲載である。
51 Beveridge (1907f)、(1907g)。ベルリンからの署名記事。
52 Beveridge (1907f)、1907年9月12日掲載。
53 *ibid*、1907年9月21日掲載。

は雇い主と労働者が共に集まる中央事務所で実行されるだろう。先駆的なドイツの制度をイギリスに移植しようとする彼の意図が、この特派員報告から伝わってくる。

　数え切れない講演・講義の中で、1907年9月から――それまでと異なり――失業保険の論題をベヴァリッジは含めるようになった。4つの例で十分だろう[54]。(1) 1907年10月15日、「女性産業会議」において「職業紹介所と労働組合」という講演を行った。1905年あたりの組合論と異なり、法律上ではなく経済上の議論に集中していた[55]。(2) ドイツの失業論も講義した。6つの講義の1つは「失業保険」と題された。1907年10月31日である。こうした題名は以前には見られなかった。(3) 1907年11月5日、トインビーホールで「ドイツの雇用登記所」と題して講演した。ここでドイツの労働組合と紹介所を紹介した。「組合員は紹介所に登録し、失業給付を受ける」。人工的な手段で労働市場が組織化されていた。(4) 1908年3月、ベヴァリッジは *Economic Journal* に3本目の論文を載せた。その結論が重要である。

　「労働市場のかなり完全な組織化によって失業の直接テストが可能にならない限り、失業が保険によって引き合うのは不可能である。国家が危機の序盤・中盤・終盤において、正確で自動的な指示を行わなければ、産業上の危機を緊急の方法によって安全に埋め合わせるのも不可能である。」(Beveridge 1908a/1909: 252)

この引用で「労働市場のかなり完全な組織化」とは、国民保険と職業紹介所の組み合わせを意味する。

3-3　最終的な発展

　1907年の秋を過ぎた段階で、ベヴァリッジの議論はいくつかの発展を見せた。しかし1907年夏の発展に比べれば、それらは些細なものに過ぎない。ここでは6つの論文・草稿を取り上げ、いくつかの発展を詳述する。

54　最初の3例はBP, 9b-5 (1907) による。
55　例えばBeveridge (1905c)。第3章2-1も参照せよ。

第1に、「ドイツの雇用登記所」（1907.11）において、ベヴァリッジは職業紹介所と他の商業的市場を比べている。

「穀物市場が穀物を作成する場ではないように、紹介所も仕事を創出する場ではない。穀物市場が販売不可能な穀物を売る場ではないように、ここは〈雇用不適格者〉を［働かせる］場ではない。紹介所は実際、ビジネス組織である。労働について、これまで市場がまったく存在しなかったのは驚くべきことである。」（BP, 9b-5（1907））

彼にとって職業紹介所はビジネス組織の象徴である。それと同時にそれらは地方か中央当局によって管理されなければならない。彼の意識ではこの2つは矛盾しない。

第2に、「労働市場の組織化」（1908）という草稿[56]が重要である。この題名はお気に入りだったようである。1908年に3回もこの題名で講演している。そして『失業』（1909）の一節に割り当てられた[57]。この草稿で、「少年を求む」という求人が「靴を求む」という張り紙よりもさらに奇妙だと論じられる。労働に何の市場もないことが明らかになってしまうからである。「臨時雇用という慢性的な過小雇用は、不可解でも例外的でもない現象である。通常の需給の結果である」。需給が普通に働いてもまだ調整不良が残る、という意味である。これは正統的な経済学というよりも、前述したホブソンなどの異端的な影響の結果であろう。

第3に、老齢年金法を巡る議論で、ベヴァリッジの国家観が明らかになった。

「国家は個別の市民を掌握し、もっと熟知しなければならず、意識的・実際的に市民を社会組織の一部に組み込まなければならない。／非拠出型の年金計画では、国家が個人の観点からは無料の贈り物の源泉となってしまう。拠出型の

---

56 BP, 9b-6（1908）、日付不明。ベヴァリッジが綴りのミスを直しているので、校正刷である。
57 Beveridge（1909）の第9章「将来政策の原則」の中の「労働市場」。

年金計画にすれば、国家が包括的な有機機関 organism となる。個人はそこに帰属し、——必要があれば強制してでも——役割を果たすべきとなる。いずれの見解も、伝統的な自由放任主義の破棄を伴う。」(Beveridge 1908c)

ここには国家の役割拡大、ウェッブ流の有機的社会観、市民の義務という三者が結びついている（第15章も参照）。

第4に、「失業とその救済：第一段階」(1908) という論文は、これまでの議論の簡潔な集大成となっている。臨時雇用者は産業の一部である。「その者に対して有効需要 effective demand が存在する。遊休でいる時は、彼はあぶれてしまうよりは準備として保存されているのである」。彼は「単に失業者となっているだけでなく、誤って雇用されている、あるいは過小雇用されている」[58]。産業の条件を改善するには、「国家が過小雇用という病根を診断し、雇い主に責任を持たせるようにする。国家がそれを防ぐ位置にいる」(Beveridge 1908b: 392)。現代産業においては、個人的な解決方法はありえない。

第5に、1908年12月、ベヴァリッジは「保険」を「将来の危険から守るため、現在の利点を犠牲にすること」[59]と定義した。そして不可避的な不況は公共事業によって緩和されるべきとした。また強制的な失業保険体制によって「これは雇い主と働く人すべてをその目的に向かう資金を拠出させることでなされるだろう」(Beveridge 1908e: 22)。賃金への課税もある。「我々はドイツを真似て、職業紹介所を組織しなくてはならない」(*ibid.*: 21)。それぞれの主体は責任がある。労働者と使用者は失業給付の基金を拠出する。国家は整った労働市場を創出する。こうして1908年までにベヴァリッジは失業論の枠組みを完成させた。

3-4　生活賃金

これらの論文・草稿・メモを追ってみると、表面に明示される議論とは別に、

58　2つの引用は Beveridge (1908b: 388) から。
59　Beveridge (1908e: 48)。この記事は無署名だが、Harris (1997: 165, note 112) の判断によってベヴァリッジの記事とした。

ベヴァリッジの失業論の背後にある核心に辿り着くことができる。すなわち国民最低限保障の思想である。あるいは彼自身の言葉では「生活賃金[60]」である。この期間 C でも、彼は定期的に職があることが非常に望ましいと論じていた。なぜか。

稼得の不規則性があるとあまりに低い賃金になり、産業の危険に対処する保険料を拠出することもできない。労働組合は保険を導入しているが、「週の手当は最初から〈生活賃金〉に達していない[61]」。ゆえに厳密な意味で保険の考えは部分的に破棄されている。そこで国家の出番になる。「国家はこれまでの拠出と関係なく、失業状態だが能力ある者 the able-bodied に公的な援助をするべく、どのぐらいの金を使うべきかを決めることになる[62]」。さらにベヴァリッジは規則的な仕事の重要性を指摘する。

　「再び、生活賃金の原則がどのような意味でも、支払のある率を意味するだけでなく、最低限の雇用の持続も意味する。週当たりの時間や1年での週の平均数をある水準まで維持しなければ、時間当たりの最高率と言っても偽物である[63]。」（強調は追加）

引用の後半部分は、単なる最低賃金への批判である。こうした議論は賃金委員会法の審議過程で露わになった。規則的な仕事に基づかなければ、瞬間的な最低賃金も不十分である。1940年代の先取りとして、すでに雇用の連続性が問題となっていることに留意しておこう。

ベヴァリッジの一連の議論は、臨時雇用の廃止を直接的な目標に置いている。この型の雇用は確かに、頻繁に景気変動が発生する現代産業では不可避的である。最も効果的な撲滅方法は失業保険と共に、職業紹介所を確立する

60　再びこの用語は Webbs（1897: 587, 589）による。ウェッブによればこれはジョーンズ Hugh Lloyd Jones の1874年論文（Beehive）によって広められた。「労働者の健康と能率に不可欠な賃金」という内容である。
61　Beveridge（1907c）、7月20日の記事。
62　*ibid.*、7月23日の記事。
63　BP, 9b-6（1908）, "The Organisation of the Labour Market", 9. Beveridge（1909: 207）も見よ。

ことである。職業紹介所の機能は二重になる。1つは求人と求職の意思疎通を密にする（労働の流動性）。もう1つは産業の適性テストの実行機関になることである。事務所で労働者の支払能力と労働意欲が判定される。このような仕方で臨時雇用が減り、多くの者に生活賃金が確保されるようになる。この賃金から労働者は保険料を賄える余裕が出てくる。国家の助けは借りながら、労働者は前よりも独立性を持つ。この過程は自然に発達するわけではない。国家がまず職業紹介所を確立させて、また保険基金の一部を国庫から支出しなければならない。以上のように、臨時雇用の廃止は改革の明示的な要にある。

ただし「生活賃金」の確保は、ベヴァリッジの隠れた考えを理解する鍵である。その確保は究極的な目的である。労働者の権利の確保を謳ったと評価できる。ただし彼の議論はウェッブと同様に、「生活賃金」が権利であると同時に、経済の循環を促す原動力・原資にもなっている（後にケインズとの接合）。この時期、ウェッブ、ホブハウスなどが労働者の権利として——つまり生存権として——「国民最低限保障」や「働く権利」に注目していた。そしてその労働運動のうねりが1909年の最低賃金法にも繋がっていった。ベヴァリッジはこの側面も十分に摂取しながら、なお「生活賃金」の経済的な好ましさまで指摘することを忘れない。この最低限賃金は労働者が人間らしく暮らしていける原資である。それだけでなく、そのゆとりから保険料を自ら払う余地が発生し、国家の助けを借りながらなお独立の方向に向かっていける個人・家族となる。拠出された基金は自分を含むすべての労働者の保険給付に向かう。こうして産業の危険が軽減され、より望ましい労働者の生活が成立する。ベヴァリッジの「生活賃金」は社会的権利・経済的機動力の二面性を持つ。ウェッブと異なるのは、「道徳化」の側面が著しく弱い（あるいは皆無）である点である。[64] ベヴァリッジの思考はこの時期、労働者の徳目

---

[64] この事情と関連して2つ指摘する。第1はベヴァリッジが初めてウェッブの国民最低限保障の思想に触れた1904年の論評である。その時は最低限の水準が家族全体を維持させようとするならば、雇用不適格者が著しく増えてしまうと懸念している。Harris (1997: 127)。第2に1906年、1907年の段階で法定の最低賃金に反対している（苦汗産業を除く）。Harris (*ibid.*: 127)。いずれも経済的効率性を無視した一方的な施与になる懸念の表明である。

向上運動にまったく向かっていない。個人の資質とは無関係な「全体としての経済現象」に集中していたためであろう。

いずれにせよ、ベヴァリッジは期間Cまでに3つの概念を連結させた。国民最低限保障を暗黙裏の基礎として、職業紹介所と国民保険という両輪の失業対策であった。それぞれの概念には多くの先駆者がいるが、このように3つを一貫性のある形で結びつけたのはベヴァリッジのみの独自性である。それは経済的合理性と社会的権利がほどよく混合した体制であった。

おわりに

ベヴァリッジは三段階で自らの失業論を進化させた。

第1段階では「雇用不適格者から失業者へ」と題し、それまでの慈善を基礎とした社会改革家からの脱却を図った。実証データに基づいた演繹的推論、臨時雇用という新しい労働者階層の発見、新しい失業観（景気変動などの社会環境が原因で、強いられた失業が結果）という3点が指摘された。1903年9月から1904年12月のことであった。そこでは雇用不適格者の位置づけが主な問題となった。ベヴァリッジの意識では、雇用不適格者は最初から怠惰なのではなく、社会的・経済的な原因（臨時雇用や景気変動）によってその状態を強いられているのである。この意味で、失業問題から個人的資質（あるいは道徳的向上）が切り離された。

第2段階では「失業者から失業へ」と題し、経済的論理の発展と新しい救済策の提唱がなされた。この期間はさらに3つに分かれた。まずオールデンの著作に衝撃を受けたが、職業紹介所の経済的意味づけを行っていない段階。次にホブソン等の影響で、労働の交換という機能を思いついた段階。最後に「労働の予備」という用語の発明、人から現象への力点移動、ビジネスの優位性と国家政策の必要性など、経済的思考を完成させた段階。1905年1月から1907年6月のことであった。

第3段階では「保険との結びつき」と題し、理論と政策を一本の筋で通した。失業保険を職業紹介所と組み合わせることで、最も効率的で最低限賃金

も賄える体制が整うはずであった。職業紹介所で脱臨時雇用化が図られ、その事務所で労働者の保険料拠出能力と労働意欲を判定できる。1907年7月から1909年1月のことだった。

　重要なのはすべての段階で、ベヴァリッジがある種の国民最低限保障の思想を背後に持っていたことである。この思想は全市民というよりも労働能力のある者に限定されているため、1940年代のそれとは異なる。しかし初期の段階でも——限定的だが——普遍的な国民最低限保障の思想がベヴァリッジの理論・政策を貫いていたことは重大である。その概念は最低限賃金として労働者の社会的権利を保障するだけでなく、労働市場を機能させる原資となる点で経済的合理性・効率性も保障する。このような二重性を秘めていた。

　ベヴァリッジはこのように、1903年から約5年をかけて失業論を完成させた。それでは実際に出版された『失業』はどのような特徴を持つか。次の章で詳しく論じよう。

第4章　1909年の『失業』
──独自性と限界──

はじめに

　本章はベヴァリッジの主著『失業：産業の問題』(1909)の独自性を――その限界も認識しつつ――4点に絞って抽出することを目的とする。ベヴァリッジは「自由党（自由主義）の改革」の最中、1909年に本書を出版した。この年はイギリスの失業を巡る言説にとって、極めて大事な年であった。1つには、救貧法委員会が最終報告書を公表したことである。これは多数派と少数派に分裂したが、職業紹介所の設立という点では同一の救済策を勧告した。さらに少数派は臨時労働の廃止をその中心課題に置いた。王立委員会で証言したベヴァリッジの強い影響力が窺える。もう1つには、職業紹介所法が成立したことである。商務省に勤務していたベヴァリッジ自身が尽力し、法案の実現と実施に漕ぎつけた。『失業』で語られた理論と政策は、このように現実世界にも影響を持ったのである。

　『失業』は好評を持って迎え入れられ、「それから次の25年間に渡って、失業に関する古典的テキストとなる運命だった」（Harris 1997: 166）。ホブソンはベヴァリッジの提案を「人間性に富み、合理的である」と賞賛した。ピ

---

*　京阪経済研究会（2006.6.18、於：龍谷大学）における佐藤方宣氏（大東文化大学）・石田教子氏（日本大学）の貴重なコメントに感謝する。
1　ここでは両者の相違などの詳細には踏み込まない。大沢（1986: 234）。
2　「その本はこの題材で標準的な本である」*The Times*, January 31 1910。王立経済学会の書評者は「その分析が体系的で完全である」と述べ、『国富論』が経済学に果たした役割と同等に、この本が失業問題に果たすと激賞した（Dearle 1909: 228）。

表 4-1 『失業』の目次

第 1 章	問題と範囲
第 2 章	情報源
第 3 章	季節的変動
第 4 章	循環的変動
第 5 章	労働の予備
第 6 章	労働資質の損失
第 7 章	個人的要因
第 8 章	過去の救済策
第 9 章	将来の原則 1：労働の組織化された流動性
第 10 章	将来の原則 2：仕事と稼得の平均化
第 11 章	結論

グーも暖かく迎え入れた（Harris 1977: 143）。ケンブリッジ大学の教科書にも指定された。ただし同時代人の評価と異なり、序章から明らかなように、経済思想の歴史の中では、本書の評価はさほど高くない。このような経済学史上の無視あるいは軽視という状況に対し、本章は一定の異議申し立てを行う。

本書は数多くのデータに支えられ、失業分析と救済策を明示した。また歴史的事実と理論的考察が程よく調和していた。以下ではまず『失業』で展開された議論を、できるだけ一貫した形で再構成する。第 1 節では本書の出版事情を未公開の手紙・メモから明らかにする。第 2 節では『失業』の基本的視角を扱う。第 3 節では失業に関する 3 つの原因を詳述する。第 4 節ではそれに対応し、失業に関する 3 つの救済策を挙げる。第 5 節では以上の内容の紹介を超え、『失業』をより広い視野から相対化する。言及された経済学者の影響を略述した後、ポランニーとランゲという後の経済思想家を補助線として用いる。『失業』の弱点にも触れる。最後にまとめとして、ベヴァリッジ失業論の独自性を 4 点にまとめる。ちなみに『失業』の章立ては表 4-1 の通りである。

第1節　出版事情

　『失業』はオックスフォード大学の講義ノートが直接の契機になっている。講義は1908年秋のミカエルマス学期であった。その途中、1908年9月29日にはロングマン社と出版契約が結ばれた。そこには最初の500部を超えた分に関しては、売上げの25％を印税として保証するとあった。アメリカでも25％という契約であった。1909年1月18日には出版直前であると知らせて、通例通り6部の献本が行われた。同1月22日にはこの水曜に出版するとあった。同6月1日までに1500部のうち、798部が売れたとある。同9月23日には20ポンド2シリング3ペンスの売上げがあった。同11月8日にはロングマン社からの手紙に、「順調に売れているので、重版を考えるべきだ」とあった。そのため早くも1910年には2版が作られた。初版は317ページだが、2版は付録Eとして職業紹介所法が収録されて、323ページになった。1910年2月3日の手紙には「2版ができた。130部持っている」とある。同5月14日までには470部がさらに売れ、53ポンド7シリング9ペンスの売上げがあった。1911年11月14日には29ポンド16シリング11ペンスの売上げであった。1912年には3版も出された。付録Fとして国民保険法を抄録したが、本文の改訂は行われていない（Beveridge 1912: x）。405ページの大部になった。

　1918年9月31日には「新版ができる。初版よりも80ページほど長い。9シリングで売る」とあった。1917年版は新刷 New Impression と扉にあり、4版とは言えない。実際、総頁は405ページで3版と同一であった。1919年にはさらに198部が売れた。ベヴァリッジは1919年11月8日にロングマン社に手紙を出し、ポンド下落の事態を受け、アメリカ版の印税が不利にならないように要求した。同11月11日の返信では、決済する日の為替レートでドルと交換されるべきだろうと回答された。また、よく売れるので在庫が

3　この節の典拠は原則として、BP, Reel 2, Item 12 にある。
4　通常は10％であったが、その数字は棒線で消されていた。

85 部しか残っていない。この夏には売り切るだろうから、新版を出してもらっても良いとある。翌日の手紙でベヴァリッジは、「新版の詳細を考えてみる。先週、この本がケンブリッジの試験に使われていることを知った。これでまた本が売れるだろう」と喜んだ。1920 年 2 月 2 日のロングマン社からの手紙で、「もう在庫がなくなりつつある。ケンブリッジのおかげだろう。できるだけ早く改訂したい。4 月と提案していたが、もっと早くで良い」とあった。著者も出版社も著しい売れ行きに満足していることがわかる。翌日にベヴァリッジは返信して、「『失業』の需要があって嬉しい。しかし 4 月まで付け加える材料はない」とした。さらに翌日、ロングマンは「新しくできないのならば仕方がない。最低でも 1000 部刷る。品切れでも仕方ない」と答えた。1919 年・1920 年には労働省のフィリップスと書簡をやりとりしている。ベヴァリッジは労働省が持っている職業紹介所に関する歴史材料を請求した。しかしそれは未発表なので、閲覧は別として公刊するのは止めて欲しいとフィリップスは念願した。ベヴァリッジはしぶしぶ承知している。

　1920 年代にベヴァリッジは改訂しようと常に試みていたが、非常に多忙だったのでそのまま改訂は行われなかった。しかし大学の機構改革で要請された博士審査のため、本書の改訂版を提供した。それが 1930 年版である。514 ページの大部な書物になった。ただし第一部と第二部に分けて、前者はほとんど 1909 年版そのままであり、後半のみが付け加えられた。この改訂版については第 8 章で扱う。ベヴァリッジはその売れ行きに自信を持っていた。出版社は 15％と 17.5％の印税を打診したが、彼は初版 2000 部のうち、最初の 500 部は印税なしで、残りは 25％と改めて強気に主張している。「私はもはや見知らぬ書き手として出版するわけではない。新版もかなり売れるだろう」[6]と予測した。アメリカでもカナダでも 25％は欲しいと書いた。

　総じて、本書は当時、極めて成功した理論書であり啓蒙書であった。まさ

---

[5] それは 6 通残っている。ベヴァリッジからフィリップスへの手紙、1919 年 11 月 15 日、1920 年 1 月 17 日、1920 年 1 月 21 日、逆の手紙、1919 年 11 月 18 日、1919 年 11 月 23 日、1920 年 1 月 20 日。
[6] BP, Reel 2, Item 12、ベヴァリッジからポッター Potter（ロングマン社）への手紙、1928 年 12 月 6 日。

に20世紀失業論の出発を飾るのに相応しい扱いを受けたのである。以下ではその内容を再構成する。

第2節　個人貧から社会貧へ

　救貧法体制はその初期から、「勤勉な貧民」、「働く意思のある貧民」のみを保護し、逆に「浪費的貧民」(放蕩者・放浪者・怠け者) を排除して時に厳しい罰則を加えてきた[7]。そして新救貧法 (1834) の「劣等処遇の原則」から端的にわかるように、独立した労働者の状態よりも保護された貧民の状態を悪くしておき、貧民をさらに堕落させないように腐心した。この状態は19世紀末になっても基本的には変わらなかった。むしろ中期ヴィクトリア朝では労働者階級まで節制・自助努力が行き渡り、勤勉で独立であることは最高の価値観であった。この事情は協同組合・友愛組合・労働組合などでも同一であり、慈善組織協会COSにおいても根強く維持されていた。マーシャルやウェッブ夫妻など、19世紀末にすでに活躍していた社会改良家も、「生活基準の向上」「道徳の向上」などの言葉で、労働者の人格陶冶を最終目標においていた。

　対照的に、ベヴァリッジの先駆性は、失業問題を個人ではなく産業の問題として徹底したことに窺える。この意味は個人の性格・道徳の向上などをすべて排除したわけではないが、貧困や失業の問題としては最小限に留めたことである。これは20世紀の現代的態度と言うべきものだが、次の3点から確かめることができる。第1に、失業は社会問題であり、失業者ではなく失業そのものを経済的に探求せよと宣言された (1, 3)[8]。経済的とは、救貧法からではなく産業の見地を意味する。個人の失業原因は様々だから、失業自体を分類しなければならない。ベヴァリッジは労働力を5層に分け、階層A (浮浪者・犯罪者)、階層D (正規労働者)、階層E (十分な収入の職人) は問題で

---

[7] この事情は小山 (1978: 10, 15) に詳しい。
[8] 特に断らない限り、本章の引用はすべて Beveridge (1909) から行う。例えばここは Beveridge (1909: 1, 3) を意味する。

はないとしている。失業者の大多数はこうした両極端ではない (148)。不道徳者である階層 A は失業問題の中心から外れているのである。第 2 に、不道徳と困窮状態について、ベヴァリッジは因果関係を逆転させた。労働者がたまたま臨時雇用 casual labour の状態に置かれると、賃金が基準よりも遙かに低い水準になってしまう。困窮である。また時々しか働けないので、他の時間は無為に過ごすことになる。ゆえに臨時雇用は失業者を捉えて、雇用不適格者に変えてしまう (108)。この発想は 19 世紀末までの支配的な考えの真逆であった。つまり個人資質の欠格から雇用不適格者になり、それゆえ失業し、困窮するという因果関係が当然視されていた。ベヴァリッジは失業のかなりの程度を臨時雇用に帰し、不定期な低賃金から困窮状態になり、それゆえに道徳的に退廃し、最後に雇用不適格者に落ちるとした。社会状態が原因であり、個人の性格は結果である。第 3 に、個人の労働能力を上げる産業訓練について、ベヴァリッジはその有用性を認めながら同時に限定性を指摘する。求められる労働に適応できなくなることは、個人的要因も含みつつ、むしろ後述する産業の問題だからである。他の大きな失業要因があるので、訓練が失業救済の要にはならない (131)。いずれの場合も、個人貧が廃され、社会貧に注目が移っていた。以上のように、『失業』は極めて現代的な視点から書かれていた。

第 3 節　3 つの失業原因

　社会貧の視角を基礎に、ベヴァリッジは次に失業の分析に進んだ。ここでも特有の思考法が随所に窺える。その特徴は実証的なデータを裏付けとして持ち、網羅的に事象をまず考慮した上で、典型的な代表例を 3 つか 4 つばかりに分類し、その代表例をそれぞれの重みで読者に提示する方法である。以下では彼の分類に従って、失業の原因として次の 3 つを取り上げる。産業変動 industrial fluctuations（労働需要側）、労働の予備（労働需要と労働供給の両側）、労働資質の喪失（労働供給側）である。全体を貫く論調として、「失業問題とは労働供給と労働需要の調整の問題である」とみなされた (4)。

3-1　産業変動

　ベヴァリッジによれば、現代は不可避的に労働需要が激しく変動する。主に季節的 seasonal 変動と循環的 cyclical 変動に分かれ、2つを合わせて産業変動と呼ばれた。

　季節的変動は季節ごとの労働需要の変化である。各産業によってその型は異なる。さらに気候の要因と社会的慣習の要因に分かれる (33)。前者では例えば厳冬では煉瓦積み作業に対して、需要が著しく縮小する。後者では例えばクリスマスという慣習によって祝日関連の産業が潤う。こうした変動は個別の労働者や雇用主の意思とは関係なく発生する。ただし実際にこの要因で困窮が発生することは稀である。なぜなら季節的変動は定期的現象だから、十分に予測可能であり、実際に準備可能である。この問題は失業というよりも、賃金の問題である。これで困窮に陥る場合は、未熟練労働者に限られる。就業中も求職中も十分に賃金を与えないと、その産業は自立したことにならない (37)。

　むしろ問題は循環的変動である。1860年から1908年まで約50年の年失業率、年生産を見てみると、周期的に訪れる景気の波が明らかになる。この現象は再び、労働者の意思・性格や雇用主の制御が及ばない。労働の一般的需要の拡大・縮小を示している (41)。この変動を説明する説は様々だが、3つだけ取り上げる。第1は金属貨幣の増減で説明するやり方である。これは不可能ではないが、弱点もある。今日の交換手段としては貴金属の形を取らないことが多いのである。第2は生産力の方向が誤るとする説である。特定産業で将来の需要計画が誤った時、過剰または過少な投資になり、労働需要も大きく狂う。ジェヴォンズが言うように、遠い未来の収益を目指して過剰投資を行ってしまう可能性もある。投資が結実するまでに長時間かかるためであるが、弱点もある。特定産業の期待錯誤を指摘するだけで、一般的な供給過剰を説明しないのである (57)。第3はホブソンの過少消費説である。所得の不平等分配から、過剰貯蓄と過小消費が発生する。この場合も特定産業には起こりうるが、一般的供給過剰になるかどうか不明である。貯蓄がな

ければ成長はできない（62）[9]。ホブソンは貯蓄ではなく過剰貯蓄が好ましくないと反論するだろうが、何が過剰貯蓄なのかは前もって言えない。将来の生産のために、どのような貯蓄-消費比率が望ましいのかは、不確定な問題である。ホブソン説の中核は却下せざるを得ない。

　循環的変動について、ベヴァリッジはどの説も証明されておらず、すべて事実によって検証されるべき仮説とみなしている（64）。実際、序文でもこの部分は未消化であると認めた（vii）。「循環的変動は労働需要の成長が不連続であることを意味する」（65）。この変動の原因は曖昧だが、現にすべての国に存在し、現代の生活の基本的事実である。産業の秩序を根本的に変えないと根治できないかもしれない。彼はこのように述べ、景気変動の根本的原因は深入りせず、その現象の帰結と対処法に目を向けた。

3-2　労働の予備

　ベヴァリッジが最も自信を持って分析したのが、「労働の予備」という概念である。第3章2-3で指摘したように、この用語は1906年4月に初めて使われた。「突然の需要変化を満たすのに必要な」「失業のある一定量」（Beveridge 1907b: 325）である。ただし本書ではそのような定義は見当たらない。代わりに「失業のそれ以下にならない最小限度」the irreducible minimum of unemployment（69）という説明がなされている。この概念は彼が失業データの観察結果を精査した結果に生まれたものである。膨大な失業率データによれば、1899年4月と11月の2.2％が最小値であり、これ以下の値をとっていない（68）[10]。これはどのような産業でも観察される。衰退産業のみならず繁栄している産業でもそうである。最も好況でも最低限2％の失業がある。熟練工の組織された産業のみに観察されるならば、それは労働組合の賃上げ要求のせいであろう。未熟練労働者の組織されていない産業のみに観察されるならば、それは産業訓練が欠けていたためだろう（70）。

9　この点で、ベヴァリッジの経済理解は古典派的である。
10　1930年版では訂正されていて、1899年11月の1.7％となっている。Beveridge（1930a: 68）。1912年版では2.2％のまま。Beveridge（1912: 68）。

しかしどちらも事実ではない。どちらの産業にも等しく存在する。

　この事実をベヴァリッジは次のような簡単な数値例で示した。100人の労働者に対して、98の仕事があったとする。通常、80人は定期的に雇用される労働者であり、残りの20人は不定期に雇用される。20人のうち2人のみは完全にいつでも遊休状態である。この20%は失業状態であるというよりは、不定期に雇用される部分と認定するべきである。労働の予備（20%）も定期的労働（80%）と同様に不可欠な同一生産機関である（76）。「その位置の本質は、彼らが失業しているというより、不定期に雇用されていることである」(77)。ゆえに彼らは産業に寄生しているわけではなく、産業機構の一部である。

　ベヴァリッジは労働の予備に関して、3つの理由を挙げた。いずれも労働という財の特殊性を浮かび上がらせてくれる。第1に、仕事の量そのものが変動するので、繁忙期と閑散期の間で最大値に備えて労働者が需要されるためである。第2に、似たような仕事でも発生する場所が異なるので、その中心と中心を労働者が自由に行き来できないために、多めに余剰労働者を抱える部分がある。「距離・無知・慣習のために、労働供給が1つの中心から他の中心へ、完全な自由でもって直ちに移動できない」、「こうした男たちは労働市場の摩擦を代表する」(81)。この部分は摩擦的失業論の古典的説明である。第3に、雇う側は同質的な労働者ならばどのような者でも構わない。例えば籤などで労働者を毎日選抜するので、籤に外れた人々が出てくる。ベヴァリッジはロンドンの埠頭における荷積み・荷下ろし労働を例に、仮設的な数字を挙げている。10の埠頭を合計して、閑散期で700人分、繁忙期で800人分の仕事があるとすると、この差100が第1の労働予備に当たる。次に、10の埠頭が合同して労働者を募集した時、繁忙期で800人が雇われる。しかし現実には10の埠頭が独立して募集するので、各埠頭の募集状況にすぐに応じられず、900人の労働者が必要となる。800と900の差100が第2の労働予備に当たる。最後に、籤によって盲目的に選抜されるという事情から、永続的に仕事を得る機会を求めて、労働者同士が無駄に期待してしまう結果、

最大限 900 人しか割り当てられないにもかかわらず、1000 人が応募してしまうことがある。この差 100 が第 3 の労働予備に当たる。この結果、最大限の繁忙期でも 800 人分の労働需要しかない埠頭に、1000 人分の労働供給が引き寄せられている。この差 200 人はどんな繁忙期でも存在する労働予備である。

　ベヴァリッジはこの事態を労働に特異な現象とみなした。労働市場はなぜ常に供給が需要を上回っているのだろうか。「これが失業問題の中心的な逆説である。…この逆説はとても簡単に説明できる。1 つの労働市場はなく、切り離された無限の労働市場がある」(70)。抽象ならぬ現実には、産業全体の需要という概念はない (99)。労働供給は常に労働需要に調整されてしまい、局所的な変動に対応する労働の予備を許すことになっている (105)。ここでベヴァリッジが指摘するのは、労働に関して需給に非対称性が存在することである。現代の標準的経済学が想定するように、実質賃金や余暇との代替を考慮しながら自律的に需給を決めるという行動ではない。変動に晒される労働需要が先に発生し、労働供給は自律性を失って需要に合わせるように伸縮を強要させられている。「どんな法律よりも強く、無知や慣習によって産業に半分だけ鎖を繋がれているのである」(102)。これが労働という特殊な財の特色である。

　それでは労働の予備に対応する解決方法は何か。

　　「失業の最小限度はどの産業でも、労働移動の摩擦程度を示す。もしその産業の労働市場が統一され組織化されたならば、なくなってしまうような労働予備の部分を指している」(103)

つまり労働市場が統一され、組織化されることが必要である。ただし単なる労働の流動性のみでは不十分である。その移動は適切な機関によって組織化されるべきである。求人・求職を扱う部署ごとの切り離された選好表だけで

11　実際に仕事がその日にあるのは、900 人のうち 800 人だけである。毎日この事態を繰り返すと、残りの誰かにも仕事が当たる日がある。

は不十分である。そのリストを統合しておかなければならない (87)。市場に現存する摩擦を、政府の力によって最小にすべきなのである。

3-3 労働資質の喪失

失業原因の3番目は、産業構造の変化を主因とする労働資質の喪失である。これも2番目の労働準備と同様に、比喩的には労働需要が独立変数で、労働供給が従属変数となる。また、需給の相互関連がある。産業構造は絶えず変化し、人々を常に雇用から追い出してしまう。労働需要は質量ともに永遠に流転し、再構成される。ベヴァリッジはJ. S. ミルを引用しつつ (111)、仲間同士である労働者の交代が頻繁であると見抜いた。

産業構造の変化は次の4つの型がある (112-113)。第1に、国全体が発展している時、特定の産業や生産方式は陳腐化することがある。農業・鉱業など多くの例があった。第2に、新しい生産工程や新しい機械が導入されることである。第3に、上記に伴って、新しい型の労働者に取って代わられる。第4に、産業そのものがある土地から他へ移動する。いずれの場合も、求められる労働の質が変わってしまい、前と同様の労働者ならば解雇せざるを得ない。

上記に対応して、労働者の側でも3つの場合がある (116)。第1に、求められる労働需要が変化してしまったことから、産業能力を喪失すること。第2に、加齢によって適応性が低まり、産業能力を喪失すること。加齢は一方で熟練も意味するが、その利点を超える欠点が現れる。第3に、訓練不足による未熟練状態で、求められる産業能力に達しないこと。

このような変化は常に発生し、個別労働者の産業能力の喪失という形で顕在化する。従来では、いかにその労働者が職を失ったか、労働資質の何が足りなかったか、どのように訓練するかに議論が集中しがちであった。ベヴァリッジはここでも不適応を作ってしまう社会的要因、産業上の必然性をむしろ重視した。ゆえに「産業訓練の改善が…繁栄の一般水準を上げるのは間違いない。失業対策としては、その直接的価値はいくらか限定されている。産業変動の原因に触れたり、臨時雇用を実際に防ぐことはできないからであ

る」(131)。適応性がないという点で、労働意欲の問題も同様である。失業対策として人間性の改善を挙げるのは間違っていない。ただし再び限界はある。第1に、雇用不適格者の総数は多くない。第2に、人間性の改善を最も効果的に行えるのは、悪徳をもたらす産業状態・社会状態の改善である。第3に、いかに労働者自身を改善しても、失業の主要な経済要因を取り除けない (138)。

　ベヴァリッジは以上の3点(産業変動、労働の予備、産業資質の喪失)によって、労働が非常に特殊な財であり、それゆえ慢性的に需給が一致しないと主張した。これは労働市場の調整不良 maladjustment (115) である。労働需要は量的にも大きく変動し、また質的にも大きく変化する。労働供給はその変動・変化に受動的に対応するのみで、常に必要とされる数よりも大きな状態で特定の産業に引き付けられている。「満たされない需要と使用されない供給が…共存するのであろう」(115)。これが彼の失業に対する基本的認識だった。

第4節　3つの救済策

　ベヴァリッジはこのような失業分析を行い、それから導かれた救済策を主に3つ提唱した。職業紹介所、失業保険、公共事業と賃金の季節間平均化である。

　まずこうした将来の政策を詳述する前に、過去の救済策がなぜ誤っていたかが批評された。救貧法、地方自治体による救済、ロンドン市長公邸基金、失業労働者法 (1905) のそれぞれが考察された。救貧法については、失業者を能力ある貧民とみなし、劣等処遇の原則が中心命題であった。通常は院外救済で、保護＝公民権の停止であった。ベヴァリッジは実際の救済を5つに分類しているが、上記の性格付け以外は、特に論評していない (151-154)。次に地方自治体による救済とは、チェンバレン回状 (1886) に象徴された。この回状は自治体に不況時の救済事業を勧めた公文書である。救貧法の条件緩和を避けるために、逆にその外枠で救済事業 (公共事業) が別に必要とさ

れたのである。ここには2つの原則がある。1つは労役場（救貧院）に送るべきではない労働者——能力があるが、偶然で貧困に陥っている者——を集めること。もう1つは救済事業の賃金は安くしておき、通常の職にすばやく戻れるように仕向けること（155）。救貧法の施しとは別の救済が開始されたのである。さらに市長公邸基金に至って、明らかな進歩が認められた。この段階では様々な実験が行われて、重要な原則も打ち立てられた。金銭ではなく仕事を、不定期労働ではなく定期的労働を、普通の仕事よりは劣っていると思われる田舎の仕事を、という具合である（160）。最後に失業労働者法による各種の事業について、多くの頁が割かれた。

　1905年前後の評価と異なり、この段階ではベヴァリッジはこの法律にかなり厳しい判定を下した。この法律は複合的な手段である。地方税に補助された移民、農場植民地、職業紹介所など色々な新機軸はあったが、一時的な救済事業という点では、古い方法による失業者への直接救済である（185）。市長公邸基金の原則はこの法律にも通底していたはずだが、その理念は忘れられ、結果も芳しくなかった。これは法律の機能や実施に欠点があったというより、法律が依拠した診断に不完全さがあったからである。労働需要に循環的変動があることは認めていたが、好況でも不況でも雇用に不規則性があることを見逃していた（189）。結局、応募した失業者が救済事業に依存したままになった。最大の原因は独立した労働者の状態が劣悪すぎたからである。劣位（劣等処遇）の原則——救済を受ける者は独立した労働者よりも低い条件・状態にしておく——を発動させようとしても、それが不可能なのであった。まず産業の状態を人間化humaniseしないと、救貧法も人間化できない。

　以上のように、救済事業は長年に渡って進化してきたものの、失業対策としてはまったく不十分なままに留まった。将来の政策はこの反省に立ち、永続的で予防的な救済策でなくてはならない（192）。現在の困窮を緩和するものではない。そこでベヴァリッジは次の3つの救済策を考案した。

12　ここでは簡単に、「道徳的見地からも最低限の生活の維持を目指すこと」と説明しておく。

4-1　職業紹介所

　失業は産業の規模や労働需要の量の問題ではなく、産業の形態および労働需要の変化・変動が原因であった。それゆえ、失業の対策も部分的には産業移動 industrial transitions の円滑化に、部分的には労働予備の縮小化に、部分的には遊休状態における労働者の生活維持に、それぞれ求められる（193）。まず最初の2つの対策を考えよう。

　他の財——穀物・羊毛・株・ホップ・鉄・肉など——で観察されるのは、潜在的な売り手と買い手が一堂に会し、お互いに意思疎通を図る特別な場所が存在することである。こうした市場は「交換所」Exchange と呼ばれる。しかし労働に関しては、事情は根本的に異なる。いまだに労働を売るのに個人的出願、つまりドアからドアへ呼び売り hawk になっている。具体的にはロンドンの埠頭で、毎朝毎朝、職を求めて船着き場の前に並んでいる状態である。

>　「この慣習の廃止、換言すれば労働市場の深慮された組織化は、失業問題を永遠に解決する第一歩である。／労働市場の組織化とは要するに…よく知られた中心、事務所、交換所が存在することである。」（198）

　ある産業が職業紹介所を通じてのみ求人を行い、そこ以外から雇うことがなくなったならば、その産業では労働市場が完全に組織化されたと言うことができる。ある産業地域で1つの職業紹介所か、関連しているいくつかの職業紹介所を通じてのみ求人が行われたならば、その地域では労働市場が完全に組織化されたことになる。この連結はイギリスに、全世界に広がっていくだろう。もちろんこれは叶わぬ夢である。しかし「完全な組織化は理想であり、目的とみなすべきである」（198）。労働者の組織化とはまず脱臨時雇用化 de-casualisation である。不定期で働いている労働者を職業紹介所に集め、同じ雇い主から連続的に団体として求人を伝えるようにする。こうすれば脱臨時雇用の方向に向かう。臨時雇用の慢性的な貧困を解決する手段となる（201）。すでにロンドン湾港で試みられたように、職業紹介所や求人リストの統合化

によって、定期的労働者の割合を20％から80％に上げることができた。そのリストの範囲が大きくなればなるほど、労働の予備であった部分が正規労働者になれる。多くのリストが集まれば、独立した事業変動が中立化して平均に落ち着くようになる[13]（203）。

　職業紹介所は雇用不適格者に対して、直接の試練となる。救貧法は劣等処遇の原則を取り、救済が必要な者のみを救済する使命を持っていた。そこで劣等処遇は失業の間接的な試金石となった。仕事を見つけられない者のみが、劣等な環境で施しを受けたからである。原則では、仕事を見つけられる者は施しを受けないはずであった。それに対して、職業紹介所は失業の直接的な試金石 a direct test になる（215）。労働市場の組織化が完了していたとすると、紹介所を通じても仕事を見つけられなかった者は、自らの意思に反して失業しているのは明白である。ここで選別は終了したので、劣等処遇を持ち出すことなく、救済を受けて良い。劣等処遇の欠点は、人々が劣位の環境に慣れてしまい、効果が薄れることである。それよりは職業紹介所によって最大限の職業が紹介できれば、やむを得なく失業する者が自動的に判別されてくる。ゆえに「職業紹介所は〈脱救恤貧民化〉への道を拓く。〈救貧院テスト〉よりも人道的で、費用も安く、はるかに効率的である。救済を厳しいものにする代わりに、仕事を見つけやすくする道である」（216）。

　実はここに難問がある。もし完全に脱臨時雇用化が完了すると、規則的労働者と完全失業者に分かれることにならないか。ベヴァリッジもこの事態に気付いている。1000人の半分だけが時々雇用される状態から、500人が完全に雇用されることになれば、残りの500人はどうなるのか（204）。理論的には板挟みである。置き換えられた人々は他で仕事を見つけられるかが問題だ。他の新産業や地域で見つかれば問題ない。そうでない場合は、人口が過剰なのか、その人々が非効率なのかである。前者の場合は移民でしか解決できない。後者の場合は仕事に適応できる訓練を施すしかないだろう。実際問題と

13　以上はすべて非熟練工についてである。出来高払いの熟練工を定期的労働者にするのはさらに難しいが、賃金が相対的に高いので困窮にも耐えられる、とベヴァリッジは推測した。

しては、こうした置き換えは好景気の時になすべきである。求人が多くあるから、一箇所であぶれてもすぐに仕事が見つかるだろう。また変化は徐々に行われるべきだろう。ここでベヴァリッジは職業紹介所という機構が、すぐに新しい需要を作るものではないと熟知している。

最後に職業紹介所の性格がこれまでのイギリスの福祉発展史において、連続的であるかのように語られる (208)。まず脱臨時雇用化はCOS原則を産業上に拡張したものである。この原則では一時的救済が禁止される。次に労働組合が主張する生活賃金を発展させたものである。2人が半分の賃金でいるよりも、1人が生活賃金に達していた方が良いという考えであった。脱臨時雇用は生活賃金の獲得にも繋がる。

労働市場を組織化する目的は、限りなく広い地域において、現存する需給を緊密に連続的に自動的に調整することである (216)。

4-2 失業保険

労働の組織化は主に、静態的な労働の予備に対しての対抗策だった。しかしそれは景気変動の問題には直接触れていない。それゆえ職業紹介所以外にも、別の方策がまだ必要とされる。失業はまだ必然的に起こるのである。そこで失業そのものではなく、失業がもたらす困窮を阻止することに主眼を置く (220)。ベヴァリッジはまず労働時間の弾力性を挙げる。好況不況にすぐに対応して雇用数を増減させるのではなく、なるべく同人数の労働者を雇い、その中で労働時間の伸縮によって景気変動に対処する方法が勧められた。これはすでに炭坑業などで用いられている方策である。不況期に余剰を解雇するという事態を避けるためには、好況期に無理に人員を増やすことを避ける必要がある (222)。ただし組織的な労働時間短縮によっても克服できない全般的不況や、無数の個人的不運に対しては、別の方策が必要になる。

それが失業保険である。保険とは「各労働者が稼得のある時に、賃金のなにがしかを保存しておき、失業時の手当として得られるようにしておく方法」(223) と緩やかに定義しておく。個別の労働者にとっては、好不況で稼得の平均化を図ることである。労働者の団体にとっては、同様に晒されるリスク

を分担し合うことになる。個人的貯蓄を集団的貯蓄に置き換えることで、各産業を一体のものとして、必然的に発生する労働余剰の負担を軽くすることができる（225）。失業手当をもらっている者は困窮委員会に貧民申請していない。つまり自尊心を傷つけられることはない。また費用を最小限度に抑えられる。労働組合は組合員相互をよく知っていて、基金の濫用を防ぐことが可能である。こうして失業保険は最も融通性があり、効率的なシステムである。しかし不幸にして現在は65万人の組合員にしか適応されていない。その理由は保険料が払えないのではなく、保険という概念が行き渡っていないからである（228）。その他の組合員の約130万人には保険がなく、さらに組合員以外には保険が知られていない。

　ベヴァリッジの独自な点は、この保険制度と職業紹介所制度を結びつけたことである。保険制度を注意深く構築するためには、目的と実現可能性を同時に考慮して制度設計しなければならない。ここでベヴァリッジの目的は明らかである。なお残る臨時雇用者の生活を維持することである。ある種の生活賃金説である。しかし同時に制度の効率性・経済性も忘れない。

　　「労働市場の効率的な組織、つまり雇用提供のほぼ完全な登録制によって裏付けされなければ、どんな保険計画も濫用から逃れられない。」(229)

職業紹介所のみから仕事の情報が提供されるならば、就業の時点で失業手当は自動的に打ち切られる。これは彼が何度も使う「失業の直接的自動テスト」a direct test of unemployment（227）である。テスト＝試金石の意味は、実際の貧民保護官などが恣意的に救済の有無を決定するのではなく、人々の経済的誘因を導く制度設計になっていれば、自動的に救済すべき者とそうでない者が自らの意思で分かれていく、ということである。「それゆえ、失業保険は労働市場の組織化と最も緊密な関係にあり、失業問題を克服する第二戦線を形成する」(229)。第一戦線とは職業紹介所である。次の認識も重要である。

　　「職業紹介所は仕事と仕事の間隔を最小限度に減少させるために必要である。

保険はなお残るその間隔を乗り切れるために必要である。職業紹介所は変動に向けた労働予備に流動性を持たせ、産業構造が変化した後に再吸収させるのを促進する。保険は遊休である時の予備軍に、また再雇用を待っている配置換えされた者に、生活維持を与えるのに必要とされる。」(229)

こうして両方の制度はお互いに依存し、強化し合っていることがわかる。保険は労働組合で発達してきたものだが、ベヴァリッジはその組合に職業紹介所の初期段階の役割を見いだしている。ここでもイギリスの労働者福祉の発展を拡大・拡充する意図がある。足りなかったのは規模の包括性であり、大がかりなネットワーク作りであった。国家による職業紹介所の設置は、今までの労働福祉の良い部分を受け継ぎながら、その欠点を克服する計画であった。

4-3 公共事業と賃金

失業克服の第三戦線は公共事業と賃金の伸縮性に求められる。老齢者に対して標準地方税の免除を拡大したり、産業上の変換を促進したり、田舎の過疎化を阻止したりという方策は詳述されない(230)。

公共事業の体系的な分配が必要である。ただしこれはケインズ的な公共事業拡大という意味ではない。失業労働者法で行われた事業ともまったく異なる。追加的な費用をかけて当局が公共事業をするのではない。需要が減退している季節を見計らって、民間の需要変動を相殺する当局の裁量的な行動が求められる。ゆえにこれは困窮の救済ではなく、通常の民間企業の条件に従う。労働需要を民間の活動に合わせて、それと反対方向に動かそうという政策である(231)。

賃金の伸縮性についても、通常の意味合いとは異なる。この文脈でベヴァリッジが主張しているのは、実質賃金・名目賃金に伸縮性がないから失業が発生するというような経済学的発想ではない。むしろ季節調整の話に留まっている。一般に建設業では冬季には労働需要が少ない。建設が不可能というわけではなく、天候不良などで費用が高くつくと予想されるからである。そ

こで8.5ペンスという統一賃金を払うのではなく、冬季に8ペンスを支払うことにする（231）。夏季に9ペンス払うことにすれば、費用は年間を通じて同じになる。しかし賃金を増減できることで、冬季に需要を増やしたり、夏季に減らしたりという調整が可能になるかもしれない。

予測される産業変動に対して、いずれの方策も当局による人為的な対抗手段である。ただしその方策は極めて限定的で、ゆえに失業対策としては単に補完手段に過ぎない。さほど重視されていないのである。

以上のように、ベヴァリッジは現代産業に不可避的な失業という現象に対して、主に3つの救済策を提示した[14]。第1に、主たる手段として職業紹介所の開設である。第2に、従たる手段として失業保険である。第3に、補完の手段として、民間の動きを相殺させる公共事業と賃金の伸縮性である。労働の予備という性質に対しては、職業紹介所という労働の組織化が主に対応した。産業変動（景気変動）と産業構造の変化に対しては、失業保険が主に対応した。職業紹介所と失業保険は不可分でお互いを強化する。主な救済策3つが合わさって、労働市場の組織化を超え、完全な労働市場が出現する。

第5節　影響と評価

5-1　経済学者の影

先行研究はほとんど触れていないが、『失業』にも少ないながらも経済学者への言及や影響が認められる。ここでは専門的経済学者6人（スミス・ミル・ジェヴォンズ・マーシャル・ホブソン）の影響について述べる。ピグーに関しては、次章で取り上げる。

まずアダム・スミスについて、定住法（居住地法、1662）の観点から取り上げられている。ベヴァリッジはスミスと追随者が労働の流動性を産業にとって極めて大事であるとみなしたのは正しいとした。しかしその教えを実践する時に、法律上や慣習上の障害を取り除くことだけに力を注ぐとすれば不適

14　救貧法改正は考慮外だが、産業と救済を峻別すること、状態に応じた扱いを徹底することが指示されている（232-233）。

切である。定住法や徒弟制度を廃止するだけでは不十分である。労働の組織化や情報化による流動性が必要だからである (216)。次に J. S. ミルについては、2箇所で同じ引用がなされている。産業構造の変化によって、自分が犠牲となって同胞に譲らなくてはならない利害関係ほど、立法上で慎重に考慮すべき目的はないという文脈であった (13, 111)。ジェヴォンズについては2箇所の引用がある。まず太陽黒点説は景気循環の良い説明にならないこと (56)。次に価格変動の原因について述べられている。遠い将来の目的に対する投資と、即時的で一時的な投資の比率が問題になる (57)。マーシャルについては『経済学原理』からの引用で、過剰人口の危機は最近の経済学者の見解では払拭されている例として出された (6)。上記5人とは異なり、最も長く割かれているのがホブソンである。『失業者の問題』(1906年版) が俎上に載せられた。ホブソンは所得の不平等から過剰貯蓄と過少消費が生まれ、一般的供給過剰によって失業が発生すると診断していた。ベヴァリッジはその説を検討し、推論の途中までは賛成するが最終的には棄却する。彼はむしろ需要予測に対する錯誤が競争的な企業によって次々と伝播してしまうとして、不況が全般的に起こる可能性も指摘する。しかしそれは一時的であり、究極的には一般的供給過剰は発生しえない。そのため貯蓄を有害とするホブソン説に賛同しない。このような評価を下すベヴァリッジだが、第3章2-2で指摘したように、『失業者の問題』からは他の影響もある。「精算所としての職業紹介所」という独特な用語が『失業』の本文にも窺えるのである (183)。以上は本文で触れられた経済学者である。

　ここでフォックスウェルの潜在的な影響の可能性を指摘しておこう。彼はケンブリッジにも講師として席を構え、ジェヴォンズの後に UCL (University College, London) でも経済学教授となっていたが、後継者争いでピグーに敗れた。彼の主著は『雇用の不規則性と物価変動』(1886)である[15]。Harris(1972: 9) は国際価格の崩壊を失業の原因に帰したもの、と低く評価しているが、ここではそれ以上の可能性を示す。ベヴァリッジは『失業』の参考文献でこの本

15　本書は稀覯本であり、日本での閲覧には高橋信勝氏（明治大学）の手を煩わせた。感謝したい。

に触れている (274)。それ以上に、いくつかの分析が彼の診断と似通っている。フォックスウェルによると、現代産業は雇用の不規則性・不確実性が顕著で、強制的な遊休が発生している (Foxwell 1886: 7, 15, 18)。これは社会悪であり、所得の量よりもその規則性を取り戻さなければならない (*ibid.*: 17, 21)。この状態は産業が非組織に陥っていることである。ゆえに経済改革は組織化と広報を目指さなければならない (*ibid.*: 16, 70, 74)。組織化とは国家の経済的な責任を意味し、広報とは改革に支援と批判を加える作業である。自由放任の時代は去り、個人主義はあり得ない (*ibid.*: 91, 93)。個人を社会化するために、組織化が必要になる。そのためには求職中の者に情報と支援を提供する労働事務所が存在すべきだ (*ibid.*: 80)。

このような推論はベヴァリッジに強い影響を与えた可能性がある。第1に、雇用の不規則性を現代産業の問題点としたこと。第2に、その解決策に組織化を挙げ、職業紹介所の機能にも触れられていたこと。第3に、ジェヴォンズの『通貨と金融の探求』(1884)に共通項があること。[16] フォックスウェルはこの本を価格変動の原因を探求した書として高く評価した (*ibid.*: 24)。『失業』において専門的経済書の引用は少ないが、その中の1つとして『通貨と金融の探求』から引用し、価格変動や投資攪乱が例証された (58)。第4に、自由放任の時代が去り、国家の責任で雇用の不規則性に対処すべきという基本的方向が明確に窺えること。

以上より、ベヴァリッジがジェヴォンズやフォックスウェルの著作に親しみ、そこから雇用変動・価格変動・組織化などの基本的着想を——少なくとも部分的には——得た可能性は強い。

5-2 ポランニーとの比較

ベヴァリッジの失業論の歴史的意味を探るために、ポランニーの主著『大転換』(1944)という補助線を用いてみよう。『大転換』は20世紀前半の世界的大混乱を目の当たりにして、西洋文明の現代的要素である市場経済につ

---

[16] フォックスウェル自身が編者となって、遺稿を出版した。

いて、その起源と未来について大胆な解釈を施した[17]。ポランニーはこの解釈の下地に、マリノフスキー等の人類学の成果を用いている[18]。さて多様な議論のうち、ここでは以下の3つの議論のみに絞っておこう。

第1段階は労働市場の成立についてである。経済的自由主義あるいは市場経済は「自己調整的市場」self-regulating market（Polanyi 1944/1957: 3、訳4）であり、普遍的ではなく、非常に特殊な条件下で偶然に発生したものである。その誕生は労働・土地・貨幣を商品化する過程で成立した。商品はもともと売買のために生産される物体である。そのため労働・土地・貨幣は本来、商品ではない。労働は人間活動の別名であり、土地は自然そのものであり、貨幣は購買力の象徴に過ぎない。しかし19世紀前半までにこの3つが次々と擬制商品 fictitious commodities に転化した。特に労働に関してはスピーナムランド体制（1795）の崩壊、新救貧法の成立（1834）が決定的であった[19]。スピーナムランド制とは救貧法下での人道化であり、労働者の必要食物に従って賃金を補助する方策であった[20]。しかし新救貧法の成立により、困窮者に飢餓か労働かの二者択一を迫ることになった。「1834年になって初めて、イギリスに競争的労働市場が確立した」（ibid.: 83、訳111）。労働者の生存権 right to live は破棄され、居住法と徒弟制は崩壊した。労働を市場において切り売りする「近代的な労働者階級の真の誕生日」（ibid.: 101、訳136）であった。

第2段階は経済的自由主義の発展についてである。ポランニーは19世紀中葉に完成した市場経済が、その後に直線的な発展を見せたとは解釈しない。むしろ自己調整的市場の確立と社会防衛の原理が拮抗して「二重の運動」を見せていた。経済的自由主義は自由放任と自由貿易を手段として、特定の階級に支持を集めた。他方、それに対する防衛機能も働いた。生産組織・人間・

17　この点は若森（2001）を参照せよ。
18　第6章第2節で論じるように、ベヴァリッジは明確な意図で、マリノフスキーをLSE教授に就任させた。
19　貨幣に関しては1844年の銀行条例、土地や貿易に関しては1846年の穀物法廃止が決定的であった。猪木（1987: 45-46）も参照せよ。
20　貧民への救済額が穀物価格と家族の大きさに比例して定まった。男性は週に2ガロンのパン塊が必要とされた。小山（1978: 104-105）。

自然の保護を目指し、市場から有害な影響を被る人々が団結し、様々な干渉を行った。工場法などの労働規制、土地の保護、通貨に対する規制などである。賃金の変動や労働の変動を減少させ、所得の安定性、生産の継続性が目指された (*ibid.*: 216、訳291)。この二重運動はベクトルの方向が異なる。ゆえに労働に関しては、生存権と効率的市場の両端で矛盾が広がっていくことと解釈された。

　第3段階は20世紀に入ってからの崩壊である。19世紀の文明は以下の4つに支えられてきた。強大国家間の勢力均衡、国際金本位制、自己調整的市場、自由主義的国家である (*ibid.*: 3、訳3)。しかしその文明は、最初から矛盾を孕んでいた。経済的自由主義と社会からの防衛機構は相剋し、対立を続けてきた。特に選挙権の拡大によって、階級対立が激しくなった。そして1920年代後に自己調整的市場の最終的な崩壊が起こった。その結果が社会主義と全体主義という極端な解決法である。いずれも結果であり、通説のようにこの2つが市場社会を崩壊させた原因ではない。経済と社会の領域が均衡を最終的に失った時、これらの極端な解決手段が出現したのである (*ibid.*: 239、訳319)。ここには拮抗し対立する社会観があった。

　ベヴァリッジが『失業』で論じたことは、以上の三段階解釈に修正を迫る思想である。第1に、1834年において競争的な労働市場は出現しなかった。ポランニーは市場メカニズムの特徴として、「これらの市場は無数にあるが、互いに連動し合って、大規模単一市場 One Big Market を形成している」(*ibid.*: 72、訳96) とした。しかしベヴァリッジは1909年の時点でも「1つの労働市場はない。ただ切り離された無数の労働市場群があるだけである」(70) と指摘する。各要素が需給と相互に作用し合う価格 (賃金) も持っていないのである。まだ市場メカニズムが働く市場が労働に存在しないことになる。第2に、経済の領域と社会の領域は対立するのではなく、協調するものとして描かれた。ポランニーは近代以前の文明を「社会に埋め込まれた経済」と表現し、近代以後をその逆転と見た。その典型例が労働者の生存権を破棄して新救貧法が成立した、という解釈である。しかしベヴァリッ

21　脚注でポランニーはホートレー『経済問題』(1925) から引用している。

ジは両者を対立させるのではなく、その協調を描く。すでに見たように、労働者にある種の国民最低限保障を施すのを前提に——あるいはそれを目指して——、彼は労働市場の組織化・効率化を図った。経済と社会の領域はどちらかが自律性を持ちどちらかが従属するという関係ではなく、どちらも等値として併存されている。この楽観性が特徴である。第3に、歴史認識も異なる。ポランニーの歴史観を単純化すれば、徒弟制・定住法などの慣習→転換 transformation →自己調節的市場→大転換 Great Transformation →全体主義・社会主義または福祉国家など、となる。その意識では、市場社会の誕生時から内包されていた経済的自由と社会からの防衛機構の矛盾が、保護主義の高まりでついに噴出し大転換が起こる。しかしベヴァリッジは自己調節的市場が崩壊する前に、労働市場の効率性と労働者の福祉を政府の介入によって同時に達成しようと試みた。この発想は、両者の相剋こそ動態的な制度変更を迫る活力とみなすポランニーとは異なる。ベヴァリッジは折衷的な第三の道を示している。

　ポランニーの市場観を借りることで、逆にベヴァリッジの歴史認識とその特異な位置を確認することができる。

5-3　ランゲとの比較

　ポランニーは1922年に社会主義経済計算論争に参戦し、ミーゼス陣営を痛烈に批判した。批判の要諦は、論争が中央集権的社会主義の是非のみに集中している点である。むしろ複数の団体が機能分担して、分権的な社会主義を構想しなければならない[22]。他方、ランゲはこの論争の中心人物で、社会主義を擁護した。ここでベヴァリッジの労働市場の考えをランゲの主張と対置し、その類似性を指摘しておくことは無意味ではない。

　ランゲは1920年代・30年代の経済計算論争で、社会主義経済においてでさえ「合理的な経済計算は可能である」（Lange 1938: 91）と主張した。中央集権化された社会主義経済では、消費財の市場と労働サービスの市場があるが、資本財の市場がない。それゆえ私的市場経済 private ownership

---

22　簡単な説明としては、田中（1997: 324, 333 注25）を見よ。

economy との唯一の違いは、生産の管理者である。この管理者は中央官僚であると仮定する (*ibid.*: 74)。競争市場では、均衡の問題は試行錯誤によって解かれる。ワルラスの用語を使えば「タトーマン」 *tâtonnements*（継続的な取引調整）である (*ibid.*: 70)。超過需要が存在する限り、何度でも価格が調整され、予備的な契約が破棄される。対照的に、中央計画委員会 Central Planning Board（または管理者）は「価格に影響を確かに与える」(*ibid.*: 81)。あたかも価格関数が残っているようである。当該財の不足や超過を調整することで、管理者は市場機能を代行できる。ゆえに「市場機能に代行する計画は極めて可能であるし、うまく行く」(*ibid.*: 83)。そして社会主義経済は3つの理由で資本主義よりも望ましい。第1に、管理者が民間企業よりもずっと広範な知識を持っている (*ibid.*: 89)。第2に、所得の再分配によって、このような体系は社会福祉を最大化できる (*ibid.*: 99)。第3に、社会主義経済はピグーの社会的費用・私的費用の乖離などの事態にも対処できる。[23] ランゲは次のように結論した。「形式の原則は同一である。しかし実際の配分はかなり異なる」(*ibid.*: 99、強調も原典)。両方の経済において価格計算は同一だが、知的で情報を持った官僚のために、中央集権化の社会主義経済が望ましいのである。

　この発想はベヴァリッジに類似している。完全市場という考え方を導入すると、両者の類似性がはっきりする。整った市場の存在、競売人の役目、タトーマン過程の3つが完全市場には必要であろう。1番目に関しては労働市場の組織化が対応する。2番目に関しては職業紹介所の役人、および職業紹介所法を作る官僚が対応する。3番目に関しては職業紹介所の機能そのものが対応する。求人と求職は自動的に一致する。ランゲとベヴァリッジは中央集権的な市場システムの人為的構築という点で極めて似通っている。もち

23　ミーゼス・ハイエク陣営は、ランゲが均衡価格以外の知識・情報（消費者の嗜好、生産技術、初期賦存量など）をすべて——通常の新古典派と同じく——所与（静態的仮定）としていることを批判した。彼らはそれらすべての知識を獲得・学習していく過程は、分散化された市場経済のみで可能であると説く。しかしランゲがここに挙げたマクロ的機能を市場が担えるかについて、何も語っていない。彼らには個別の経済主体というミクロ的事象しか存在しないからである。社会主義経済計算論争を、オーストリア学派の独自性が発揮された契機と捉えた文献は Lavoie (1985) を参照。

ろんランゲは価格メカニズムに熟知していて、「管理者」の機能は市場全体に及ぶ。ベヴァリッジは価格メカニズムよりは労働需給の数量調整を重視し、「管理者」は労働市場に限られている。しかし社会主義経済計算論争の本格化する遙か前に、ランゲと似通った市場観をベヴァリッジが持っていたことは、特異性として指摘するべきだろう。実際、1930年代以降にベヴァリッジは計画か市場かで大いに悩むことになる。1909年という段階で、社会主義経済計算論争の一方の初期型が——バローネとは独立に——早くも現れていたことは、もっと注目されて良い。

5-4 失業論の限界

今まではベヴァリッジ失業論の特異点・独自性を中心に述べた。しかし当然に現代の眼からは、いくつかの限界や時代性を指摘しなければならない。次の4つを少なくとも取り上げておこう。雇用不適格者への眼差し、景気変動の原因、経済の長期的調整能力、有効需要の喚起についてである。

第1に、事前の雇用不適格者（と目された失業者）と事後の雇用不適格者に対して、眼差し——あるいは同感力——がまったく異なる。前者は失業状態——正確に言えば半雇用状態——にあり、これまでは個人的資質ゆえに雇用不適格者と片づけられてきた労働者の一群である。ベヴァリッジは「失業は雇用不適格者の遊休として常に説明できるわけではない」(12)と述べ、彼らは現代産業の特質から偶然に臨時雇用状態を強いられているに過ぎないと論じた。第3章で雇用不適格者から失業者へ、失業者から失業へという流れを摘出したのは、この文脈である。しかし後者は労働の組織化などあらゆる手段を講じた後に、なお残存する遊休者のことである。彼らに現代の産業で生きる場所はないと断じて、ベヴァリッジはそれ以上の配慮を見せない。あたかも昔ながらの救貧法体制への引き渡しを容認しているように推測される。上記の4-1で引用したように、職業紹介所の設立にもかかわらず、なお仕事がない場合がある。それは人口過剰か非効率な労働者を意味する。

---

24 「臨時雇用者は…雇用不適格者でも余剰でもない。有効需要 effective demand に反応しているだけである」(106)。

彼らに残されている道は移民か、半分飢餓に陥るしかないのである（204）。1942年の国民最低限保障と異なり、この時点で保証されている労働者は前者（組織化が行われる前の臨時雇用者）のみなのである。つまり、労働の組織化によって定期的労働者に成りうる層には、ある種の最低限保障が行われる。しかしそれ以外の層に関しては、むしろ明瞭な雇用不適格者として自由な産業から排除される。この限定性が『失業』には存在する。

　第2に、景気変動の原因について、経済的な分析が不十分である。それを自覚していたベヴァリッジは1930年までに、当時の最先端の景気循環論を吸収する。しかしこの段階では、これまでの景気循環論をさほど重視しなかった。特にホブソンの過少消費説は完全に否定された。これは失業を導く大きな原因である産業変動そのものを分析するのではなく、その存在を所与とした上で失業論に集中するという態度となっている。「変動の原因は曖昧である」（67）という言明が象徴的である。もちろんこの特徴は、同時代の経済学者と比べても落ち度があるわけではない。ミルやマーシャルもオーバーストーン卿の景気循環論を踏襲していたし、フォックスウェル・ホブソンを除けば、ほとんど誰もイギリスでは景気循環を体系的に捉えようとしていなかった。むしろ『失業』の出版後、ピグー『富と厚生』（1912）、ホートレー『好況と不況』（1913）、ロバートソン『産業変動の研究』（1915）という重要な著作が目白押しになるのである。

　第3に、長期的な経済の調整能力について、ベヴァリッジはまったく疑っていなかった。それは様々な引用からわかる。「他すべての商品と同じく、労働に関しても需給を長期的に調整していく経済的諸力があるのは疑いない」（4）。「労働需要の成長と労働供給の成長を調整するのに、一般的な失敗はない」（14）。「それ［一時的な特定商品の余剰］は、一般的生産過剰を不可能とする経済学説にまったく抵触しない」（60）。「この一般的な均等 balance は経済的諸力ですでに保証されている」（193）。この信念は第1章第2節で引用した通り、ロンドン市長公邸基金による労働植民地の実験後の感想からも窺えた。なぜベヴァリッジが長期の均衡へ向かう調整機能をそれほ

25　フォックスウェルにも反映している（Foxwell 1886: 55）。

ど信じていたかは不明である。しかし一方で経済理論の教える帰結と、調整不良である失業という現象に大きな逆説を感じたゆえに、両者を併存させる失業論の必要性を痛感し、それを生み出していったとは言える。長期均衡の存在と安定に関する信念は、この時期は当然視されていた。この信念は摩擦的失業のみと揶揄される直接原因である。

　第4に、特に第1と第3に関係するのだが、有効需要の喚起による失業の解消というケインズ的な発想は、この時期はほとんど否定された。脱臨時雇用化が成功して、半分だけ雇用されていた1000人のうち、500人が定期的労働者になることは好ましい。彼らは労働の習慣を失うことなく、定期的労働者として生活賃金を稼ぐことができる。しかし残りの500人は──総需要に変化がなければ──逆にまったく仕事からあぶれてしまう。この残りを解決する手段は1909年のベヴァリッジにはないのである。「問題は産業の範囲をただ拡大するということではない…。これまでの歴史は労働需要の上昇が失業の救済にならないことを示している」(193)。マクロ的な労働供給の減少策についても同様である。産児制限、移民、労働時間の減少は何回も試みられてきたが、失業は解決しなかった(194)。ここには総需要(または総供給)全体を短期でも長期でも動かそうという発想はない(ただし生活賃金の原資としての好ましさは指摘されていた)。というよりも、むしろ否定されていた。後に見るようにこの態度は1944年までに転換するが、ここではその可能性も──生産性向上という一点を除き──ほとんど示唆されていなかったことを確認しておこう。

おわりに

　これまでの議論をまとめ、ベヴァリッジ失業論の意義を確認しておこう。次の4点に集約できる。
　第1に、ベヴァリッジの明確な論旨が現代失業論の出発点となったことである。彼は失業に関して、正確な生データの収集(帰納)、簡潔な診断(演繹)、具体的な救済策(検証／応用)という3つを一体化して結びつけた。歴史的

事実と論理的考察も緊密に関連した。次章でピグーと比較するが、この態度は同時代の専門的経済学者と比べても、極めて先駆的な特徴であった。ベヴァリッジは失業問題を専門的経済学者に認知させ、むしろ引き渡す形でその発展を促す結節点となった。その理由は彼の失業論への接近方法が、新世代の経済学者に極めて扱いやすい切り口を提供したからである。すなわち、道徳（個人的資質）の排除、客観的なデータ主義、労働「市場」の需給機能への注目、景気変動への着目、政府の経済的介入の正当化などである。これらのいくつか（景気変動論や価格のパラメータ機能）で彼自身の分析は不十分であったが、逆にそのことがその領域における経済学者の関与を促したとも言える。

　第2に、労働という特殊な財に市場分析を持ち込んだ点が、最大限の独自性である。景気変動に直接晒される受動性、労働の予備（失業予備軍）が必然となる需給条件、産業構造の不断の変化で適応性を失ってしまう労働などの分析である。いずれも現代という文明で、失業が産業の中で必然的になるという証明がなされた。しかも全体を貫く論調は統一的・全国的な労働市場という抽象的な概念であった。19世紀の主要な労働の扱いは、カーライル、ラスキン、モリスに代表されるロマン主義的接近方法であった。すなわち労働自体に自然な喜びを見いだす「良き社会」への回帰を願う運動であった。ベヴァリッジは一点を除いてきっぱりとこの伝統の対極に立つ。確かに、生活賃金の充足という一点だけで、国民最低限保障と緩やかに結びつき、理想主義的な側面も垣間見させる。しかしほとんどの場合、労働とは商品として完全に市場の中で取引される財である。この徹頭徹尾、商品化された財としての労働を扱うことが、やがて専門的経済学者の注目を集めることになった。ベヴァリッジは市場機能と言っても、実は数量調整のみを主眼にしてい

26　ケンブリッジ学派の代表的な景気循環論の小書、Lavington (1922: 99) にも引用された。
27　モリスはフーリエの影響も受け、「無益な労苦」を廃止して「有益な労働、喜びとしての労働」を回復するため、生産手段の共同体帰属を主張した。名古（2004: 107-109）による。
28　カーライル・ラスキンなどのロマン主義者は、19世紀中葉に出現した市場経済の見方に反対した。潜在能力を享受できるはず人間が、その労働で逆に侮辱される事態を憂慮したのである。萬田（1986: 99）も参照せよ。

る。つまり重要なパラメータである実質賃金・名目賃金の調整機能は除外されている。これが彼の現実感覚であったが、やがてピグーが典型であるように、専門的経済学者が労働市場を扱う際は、むしろ賃金のパラメータ機能を着目するようになる。

　第3に、後期思想でも明らかになるが、ベヴァリッジの典型的思考法がここで初めて発動された。彼の方法とは、ある一貫した思想の元で異なる重みの3要素の集合体を提示することである。まず彼は新しい思想を1つの用語で表す。次に網羅的な要素を大まかな群にまとめる。そして1つの要素を究極的な主要の救済策として選び出す。しかし他の要素もまだ重要性がある。従属の要素、補助の要素として有用なのである。このようにして、3つの異なった重みを持つ要素が当該問題の解決に役立つ。こうした集合体は包括的であり結束性がある。1909年の例を挙げると、1つの基本思想とは生活賃金に明示された国民最低限保障である。主の要素は職業紹介所である。従の要素は失業保険である。補完の要素は公共事業と賃金の季節間平衡である。いずれも現代の失業問題に終止符を打つ救済法である。

　第4に、労働市場の完全化・組織化の思想について、歴史的な重要性が窺えた。ベヴァリッジの認識ではポランニーと異なり、1909年の時点でも競争的労働市場は出現していない。この段階では政府の大きな力を借りて、市場の効率化を図らねばならないのである。この発想は経済的自由主義と社会からの防衛を対立する衝突要因と見たポランニーと異なり、両者が両立可能・調停可能であるという楽観主義を示している。また市場が中央当局の裁量でさらに効率的になるという発想は、例えば社会主義経済計算論争におけるランゲに繋がる考えである。ポランニーの用語を用いれば、転換後の自己崩壊過程で大転換が発生する――社会の防衛機能（自然回帰や保護主義）が市場を完全化させない――のではない。その自己崩壊過程と捉えられた期間で、政府の拡大した力を用いて、非市場要素（生活賃金）と市場要素（労働の需給）の共存を図る試みと捉えることができる。

　従来、『失業』は経済学の歴史では無視されてきた。また、失業論の文脈ではかなり言及されるが、せいぜい摩擦的失業論のみと片づけられてきた。

しかし上記の4点からもわかるように、それだけでは説明がつかない様々な要素が存在する。それこそ歴史的視野を深慮すれば、ベヴァリッジ失業論の独自性・限界が抽出されうる部分である。

第5章　ピグー失業論との対比[*]
──傷ついた鷹──

はじめに

　本章はケンブリッジの正統的経済学者ピグーの労働問題・失業問題への関心──ただし1914年以前──をポジとして取り上げる。この作業は逆に、ベヴァリッジの失業論がどのような影響を持ったかについて、ネガとして捉えることに繋がる。

　Harris (1972: 9) はイギリスの正統的経済学者が、1913年以前に失業をまともに取り上げることはなかったと断じた。ここでの認識もこの見解を裏書きするが、ピグーを軸にしてもう少し詳細な失業論の展開を試みる。次の4段階を本章で主張していく。第1に、1908年以前のピグーは労働問題の捉え方に関して、ベヴァリッジの後塵を拝していた。第2に、ベヴァリッジの『失業』や救貧法委員会の証言・報告書を1つの重大なきっかけとして、ピグーは現代的な失業論に目覚め、それを急速に発展させていった。第3に、ベヴァリッジ等の問題意識を引き受けたピグーは、専門的経済学者ならではの発想で、一点だけベヴァリッジと相容れない思考法を見せた。第4に、その思考法に対する違和感をベヴァリッジとケインズが1914年に表明した。この違和感は後にケインズ革命の大きな柱を形成するような認識の差となる。

　ベヴァリッジはピグーを「私の古い友人で仲間」(Beveridge 1955: 293) と呼んだ。ピグーも著書の執筆する際に、統計データの入手などでベヴァリッ

---

[*]　素案の段階で、R. E. Backhouse 氏（University of Brimingham）、P. Groenewegen 氏（University of Sydney）から特に貴重なコメントを頂いた。

ジの助けを借りる仲であった[1]。ベヴァリッジ文庫には両者の文通が少なくとも11通残っている。1925年8月11日（ピグーから）、1925（または1926）年日付不明（ピグーから）、1925年11月3日（ピグーへ）、1926年1月23日（ピグーへ）、1929年5月13日（ピグーへ）、1929年11月10日（または1928年3月10日）（ピグーから）、1930年5月28日（ピグーへ）、1933年1月4日（ピグーへ）、日付不明（ピグーから）、1940年日付不明[2]（ピグーから）、1941年1月19日（ピグーへ）。その中には人事の相談[3]、心臓病への見舞い[4]、委員就任祝いなどが含まれ、極めて友好的な関係が垣間見える。両者の関係はこれまでの研究で等閑視されてきた。しかし両者は共に1910年前後という早い時期から失業論を著し、実際に長い交流を続けている。ベヴァリッジが自伝を出版した時、ピグーは長い書評の中でその功績を讃えた[5]。両者に理論的・人物的な影響関係を見出そうとすることは、突飛な作業ではないだろう。

　第1節では最低賃金という観点から、ピグーの労働論・失業論を1905年から1913年まで辿る。ベヴァリッジの失業論が国民最低限保障の概念を踏まえていることから、この観点を採用する。第2節ではその中で特に『失業』（1913）に注目する。ベヴァリッジ失業論がピグーにどのような影響を与え、どのような差異をもたらしたかを確定する。第3節では簡単な図を用い、両者の失業論に関する発想の差を明確にする。最後に結論として、上記の4段階の主張を確認する。そしてピグーを「傷ついた鷹」と表現する。

1　BP, 2b-24、ピグーからベヴァリッジへの手紙、1925年8月。以下の文通はBP, 2b-25、2b-28、2b-29、2b-32、2b-40にある。
2　Beveridge（1955: 293）に再録されている。ピグーはベヴァリッジが政府の怠慢を一掃する役割を果たす機会が与えられたと誤認して、非常に喜んでいる。
3　「カッセル講座の候補者を3人送ってくれてありがとう。リストを作り、通常通り審議会で配布しようと思う」。1930年の手紙より。ピグーは実際、LSEの人事助言委員を務めていたとわかる。
4　「あなたの心臓病を聞いてとても心配だ。私自身がずいぶん前に煩ったのだが、ほとんど、いや完全に治るであろう」。1925年11月の手紙より。
5　ピグーは初めて自伝を書評し、擬似的な追悼論文のようだとみなした。観察と概念分析という二分法は単純すぎると苦言を呈した他は、非常に好意的な論調である。Pigou（1954: 76）。

第1節　ピグーの失業と最低賃金

　この節ではピグーの失業論（またはその不在）を国民最低限保障という観点から辿る。対象は初期思想なので、1905年から1913年までである。結論を述べておけば、ベヴァリッジの著作の前後でピグーの労働論・失業論は大きく変わった。その象徴が景気循環と国民最低限保障の考慮である。ただしピグーは経済学者ならではの発想から、国民最低限保障と失業の関係を発展的に論じた。

1-1　『産業平和』1905
　『産業平和の原理と方法』はピグーの三作目である。当時、彼は労使関係論に関心が深く、論文や講義もそれに沿っている。ロンドン湾港スト（1889）、タフヴェール判決（1901）への抗議、失業労働者法（1905）、労働争議法（1906）、労働補償法（1906）、最低賃金法（1909）など一連の運動によって、労使関係の緊張とその緩和への模索が続いていた時期であった。彼は「産業平和」という用語で、労使紛争の解決手段を歴史的・理論的に考察した。[6]

　ピグーは労使問題が本質的には倫理的であると認める。「仲裁や調停はどうあるべきか」（Pigou 1905: 3）。しかし実際は経済的考察を押し進める。つまり——G.E. ムーアと同じく——何が善 good かは問わず、「導かれそうな効果の帰結を発見すべき」（ibid.: 3）なのである。所与の動機が所与の条件の下でどのように機能するか——これが問題である。その方法は比較静学と言うべきやり方であり、賃金の機能に関しては、競争的な市場の場合と労使の集団交渉の場合を比べることになる。ここで「正常賃金」normal wage はマーシャルと同じく、「一時的要因による振動が制御されていく中心」と定義された（ibid.: 59-60）。ただしピグーの議論は多くの事象を並べ立て、どれが最終的な結論かどうか解きほぐしにくい構造になっている。

---

[6] ピグーは労働組合の存在を妥結できる交渉相手として高く評価する一方で、高賃金を要求しがちな存在として諫めている。この点は高見（2006: 81）を参照。

その典型例が人工的な高賃金である。まず利点について、不平等の世界では、富者から貧者へ貨幣が移転すると、全体の厚生は増加する（*ibid.*: 42）。富者の満足度は減るが、貧者は増える。ピグーは理由を明示せず、その減少はその増加を上回ると言う。しかし同時に2つの理由で、この移転を正当化できるとも言う。第1に、富者の1ポンドは貧者のそれよりも意味が軽い[7]。第2に、分配の改善は生産減少の欠点を鑑みても、全体として有益になる。直接的には、正常水準よりも賃金を上げることは社会全体を利するだろう（*ibid.*: 43）。しかし次の考察では、高賃金の欠点が明らかになる。間接的（＝長期的）な効果が負ということである。労働費用が増えると、資本への代替が起こる。これは雇用量が減少することを意味する。さらに高賃金が労働者の健康や能率に良い影響を与えることを認めても、その影響は緩慢すぎる。結局、彼は「人工的な賃金は関係する労働者を直接に頻繁に利するが、全体としての厚生を増加させることはなさそうだ」（*ibid.*: 52）と結論した。マーシャル同様に高賃金が時に推奨されるが、その効果は極めて限定されている。

1905年のピグーには国民最低限保障の概念も失業論もなかった。ただ貧者への再分配に強い関心があった。そして伝統的な二分法——競争的と法的、長期（間接的）と短期（直接的）、正常と人工——を採用していた。議論は多くの場合を列挙するスタイルで、その結論はしばしば折衷的になる。そのため、どれが最終的な結論かに関して、非常に掴みにくい構造になっていた。

1-2 救貧法委員会へのメモ1907

ピグーの困窮者に関する主張が世間に発表されたのは、1907年の救貧法委員会においてであった。経済学者の意見を収集していた救貧法委員会（1905-1909）は若きピグーにも——マーシャルの代わりとして——意見を提出させる機会を与えた。それが「救貧法救済の経済的側面と効果についてのメモ」である。McBriar (1987) はこのメモに注意を向けている。ただし「ピグーもマーシャルも失業問題に関して、委員会に特定の助けにならなかった」(McBriar 1987: 258) と結論している。実際、ピグーは何度も「マーシャル博

---

[7] 個人間で同一の効用関数を想定し、かつ限界効用逓減を仮定している。

士が述べているように」と繰り返した。あたかもマーシャルの言葉を委員会に伝える翻訳家のようであった。ただしそうだとしても、このメモは2つの理由で重要である。

第1に、これが5年後に展開する厚生経済学の原型となっていることである。ここでの分析は3つの要素を持つ。(1) 厚生 well-being は次の3つに依存すると明確に定義された。(a)「倫理的人格としての人々そのもの、(b) お互いの直接的社会ほかの関係、およびそこから出てくる満足度、(c) 経済環境から人々が得る満足度」(Pigou 1907: 981, para. 2) である。(2) しかしいつものように、ピグーは (a) と (b) という非経済的厚生を事実上無視して、経済的厚生の (c) だけに集中していく。「経済効果は要するに、大まかには比較可能であり」、「ある政策が経済効果で他より確かに優れているならば、全体としてもおそらく優れているだろう」(ibid.: 982, para. 4、強調は原典) からである。(3) 最後に、経済的な厚生は2つに依存する。(a) 国民分配分の大きさ、(b) その分配 (ibid.: 987, para. 14)。景気変動への考慮がないことを除けば、以上の3要素は『富と厚生』(1912) とほぼ同じである。

第2に、このメモはピグーが国民最低限保障をいかに扱ったかに示唆を与える。彼は救貧法体制を「どの範疇の個人でも生活のある最低限条件を国家が保障する」政策であり、これは「所得や所得に代表されない他の条件とは関わりなく」保障されるものである (ibid.: 991, para. 25)。ただし彼はこの体制に非常に厳しい。3つの負の誘因をもたらすからである。(1) 救済を受ける人々は年齢や所得などを偽る傾向にある。(2) 最低限の保障を期待して、人々は働かなくなる。(3)「貯蓄しなくなる誘惑がとても強くなる」(ibid.: 992, para. 27)。こうした条件により、国民分配分が減少するだろう。さらにピグーは1834年の「劣等処遇の原則」に賛成する。「能力ある貧民についてのその原則は、まだ非常に重要であり破るべきではない」(ibid.: 992, para. 29)。公民権剥奪や貧民の汚名といった劣位の厳しい条件が必要なのである (ibid.: 996, para. 33)。

---

8 「他の事情は一定にして」(Pigou 1907: 981, para.10)。マーシャルへの言及は5回ある (ibid.: 987, para.14; 989, para.20; 991, para.29; 999, para.41; 1000, para.45)。

Harris（1996: 59）はこのメモを高く評価し、「国民最低限保障の政策に向けて、理論的な基礎を構築しようとする非常に野心的な仕事に踏み出した」と主張した。この評価は過剰であろう。ピグーが国民最低限保障のある型を考慮したのは事実である。しかしここには、後にベヴァリッジやピグー自身が展開する能力ある貧民（通常の労働者）の議論はほとんどない。困窮者への救済が効果的であるかどうかを論じているだけである。これは救済策の費用-便益分析であろう。[9]彼の議論は被救恤貧民に限定されており、しかも最低限保障体制の負の側面を重視していた。ここに欠けていたのは普通の市民に対する考察であり、景気変動が起こっている産業における失業問題であっ[10]た。この点で1907年のピグーは伝統的思考の枠内にあった。

1-3　就任演説1908

　しかし救貧法委員会と関わりを持った前後から、ピグーの意識は急速に前進した。「実践との関連における経済科学」という演説を見よう。これは1908年にマーシャルの跡を継いで、ケンブリッジ大学教授に就任した時の講演記録である。ここには経済学のみならず失業に関して、彼の位置が明らかになる。

　ピグーは規範的科学と実証的科学を峻別し、前者に倫理学を後者に経済学を割り当てた。しかし実際の政策を考える際は、両者を相互依存させなければならない（Pigou 1908: 13）。社会改良への情熱が経済学の出発点である。この使命を前提として、経済学者は——起こるべきことではなく——起こりそうな結果を探求すべきである。多くの事象を比べて、最後の判断は倫理学の助けを借りて行う。それゆえ経済学は倫理学の端女である（*ibid.*: 14）。マーシャルの使命感と同じく、ここで社会改革家と超然とした科学者が両立する。

　ピグーは原因結果の量的分析の例として、失業に特別な関心を寄せる。ここでの議論は簡潔だが、内容は充実している。定義・原因・対策がすべ

9　McBriar（1987: 256）の評価による。
10　後年と異なり、上記の経済的厚生が国民分配分の大きさと分配に依存し、その変動に依存しないことが象徴的である。

て揃っているからである。ピグーはまず言う。

「失業問題で何を意味するか…は働けるし働きたいと思っている熟練工や労働者の多くが、仕事を——つまり賃金を、特に長期に渡って——見つけられない状態である」。(*ibid.*: 23)

ここでは非自発的失業だけが問題とされる。そして失業には3つの原因がある。産業構造の変化、最低限賃金の法的強制、景気変動である。出来高賃金ならば労働需要の変動は時間短縮で対処できる。しかし今や時給賃金になっており、解雇という手段でそれに対処する。その時、「解雇はその価値に対して著しく高い労働者に集中するだろう」(*ibid.*: 24)。労働組合は統一した賃金水準を要求するので、個々の労働者の効率性に合わせた乖離は認めない。最近、こうした組合の行動は最低賃金の法的設定で正当化された。「固定的・非弾力的な基準を不当に要求することは、躓きの元である」(*ibid.*: 25)。こうした原因を認めれば、対策の第一は景気変動を緩和することにある。公共事業も推進される。富者から貧者へ貨幣の移転があれば、経済的に有益であろう。救貧税の節約にもなる。失業をなくせば、労働者の道徳的な堕落にも歯止めがかかるだろう (*ibid.*: 29)。

1908年の演説は失業論に関して分水嶺になっている。国民最低限保障は考慮されておらず、ただ最低限賃金が産業に悪影響を与えるはずとなっている。この限定はあるが、景気変動の中で失業が喫緊の問題であると初めて認められた。ここでも貧者への再分配は、損失を上回る利得があるとされた。

1-4　厚生経済学 1912

ピグーの主著『富と厚生』は1912年に出版された。経済学の新しい分野が創設された。厚生経済学である。

「数年 several years 前、失業の原因を研究し始めた。しかし経済活動全般と緊密に絡まっているので、失業を孤立して扱うのが実際的ではないとすぐに判

明した。」(*ibid*.: vii)

「数年前」という表現に注目したい。これは 1905 年から 1910 年を指すであろう[11]。その間に、救貧法委員会やベヴァリッジの『失業』(1909) が存在する。ただし彼は失業問題を超えて、経済の厚生状態を全体として分析する体系を先に構築しようと試みた。

　ここでもピグーは二分法——非経済的厚生と経済的厚生——を採る。厚生は善と同じく、正確には定義できない。「物質や条件ではなく、意識の状態のみを指す」のが厚生である (Pigou 1912: 3)。他方、経済的厚生とは「稼得、国民分配分の支出、換言すれば社会の純所得の部分に関係して上昇する」(*ibid*.: 3)。総厚生と経済的厚生の関係は次である。

「経済的厚生への効果を確定したい時、この効果はおそらく総厚生への効果と——量まではいかないが——方向は同じとみなせるだろう」(*ibid*.: 11, 強調は原典)

このような楽観的な判断で、経済的な厚生（特に国民分配分）に限定した議論が可能になった。

　二分法は国民最低限保障の議論で顕著である。国民分配分の分配を考慮する時、ピグーは初めてこの概念を把握した。一方で国民最低限保障は社会的・法的観点から生存権（労働権）である。彼はこの概念を「どんな市民の財産もどんな状況でも、その水準からは下げさせない条件」[12] (*ibid*.: 394) と定義した。それは「満足の主観的な最低限度ではなく、条件の客観的最低限度」である。富者から貧者への再分配は損失も生むが、この行為は正当化される。なぜなら「極端な欠乏を廃止する善は、分配分の減少から生じるであろう悪徳と比べられない not commensurable」(*ibid*.: 395)。ピグーは確かに国民最

11　1910 年の論文でも「失業問題を研究しようと私が志したのは、実は数年 some years 前である」と述べている。本郷 (2006: 63) および私信の情報による。
12　この定義は『厚生経済学』でもほぼ同一である。ただし「条件」の代わりに「実質所得」としている。Pigou (1920/1932: 759)。

低限保障を他と比べられない絶対条件とみなしている。[13]

しかし「我々の議論はこの点で留まらない」(*ibid*.: 395)。その水準がどこで決まるべきかは、別の基準もある。

「経済的厚生は次のような国民最低限保障の確立によって、最善な推進ができる。つまり貧者に移転する限界的なポンドからの直接的な利益と、分配分の結果的な減少がもたらす間接的な損失がちょうど均等する水準である。」(*ibid*.: 395-396)

この立ち位置は純粋に経済学者のものである。限界分析を再分配問題にも用いている。限界効用の均等で最も効率的な配分が達成され、同時に国民最低限保障の水準も決定するとピグーは主張している。所与となるべき絶対的な水準と、限界効用で可変的な水準。両者は矛盾しているように見える。

1-5 最低賃金の経済的帰結 1913

労働市場における最低賃金の役割に関しては、「農業での最低賃金」という論文に詳しい。そこでは最低賃金法 (1909) の成立を受けたピグーの基本的な発想が窺える。しかもそれはマーシャルの伝統にある。

ピグーは公正賃金 fair wage と生活賃金 living wage を峻別する。前者はマーシャルが定義したように、正常賃金と同じである。それは経済的諸力が自由に働いたときに達成される賃金である。完全な知識と完璧な労働流動性を必要とする (Pigou 1913b: 43)。後者の賃金は「ある定まった生活基準まで達成できるのに十分な賃金」であり、「どの市民の資産もそれ以下になることを許されないと世間が思う」(*ibid*.: 46) 水準である。

この区別に基づいて、ピグーは3つの場合を考慮する。第1に、何人かの労働者のみ公正な率よりも低い場合は、「不公平」である。最低賃金まで上昇させることには利益がある。第2に、その場合でも、もし労働供給が過剰であれば、公正な賃金以下の労働者はその仕事がもっと評価される地域へ移

---

13 この点は山崎 (2003: 43) によって強調された。

動するのが自然である。この時、最低賃金の立法は好ましくない（*ibid.*: 53）。第3に、生活水準より低く払われていても、その水準は効率的かもしれない。この場合は、最低賃金を法的に強制するならば、もっと生産的な労働者に代替することを促す。能率を改善するかもしれないが、「労働者全体を利するよりは損失をもたらすだろう」（*ibid.*: 57）。

結局、ピグーにとって公正（正常）な賃金が優先され、生活賃金は二次的な重要性に過ぎない。生活賃金は自由な経済の妨げになるのである。

第2節　『失業』（1913）の分析

この節はピグーの小著『失業』を独立して扱う。失業論として独立した著作であり、ベヴァリッジの影響と差異が最も明瞭な形で窺えるからである。

2-1　失業の定義と最低賃金

『失業』においてピグーは直接に失業問題に取り組んだ。まず失業の定義が、正統派の範囲では画期的であった。[14]

> 「失業は明らかに賃金稼得者の遊休すべてを含むわけでない。彼らの観点でその時の生存条件から見て、非自発的である部分のみである。」（Pigou 1913a: 14、強調は原典）

いくつかの研究が指摘するように、この「非自発的」はケインズの意味と少し違う。[15] ケインズはマクロ的な観点から有効需要の不足と関連させた。ピグーの場合は、失業を強いられるという個人的な観点が強く、従って摩擦的失業も含む形になる。ただし Aslanbeigui (1998: 87) が指摘するように、生存水準から失業を定義するのは新奇である。失業は賃金を損失させて可変的な

14　異端派の Hobson (1894)、Hobson (1895) の方がはるかに進んでいた。この点の指摘は R. Backhouse 氏による。Hobson (1895: 415) は「社会的観点から、労働力の浪費と失業を関係づける」としている。

15　例えば Casson (1983: 38) や Laidler (1999: 155) を参照。

支出を強い、定期的労働という習慣や自尊心を失わせる。つまり社会的悪徳と関係する。労働者の生活基準を上下させ、「単に失業しただけなのに、雇用不適格者となってしまうかもしれない」[16](Pigou 1913a: 33)。失業は次のように生存水準と結びついている。「あまりに階層の位置づけが悪いので、失業が広がると妥当な生存水準の最低限をすべて下回ってしまう稼ぎになるので、拡散よりも［失業の］集中の方がましである」(ibid.: 203)。

しかし、再びピグーは経済的な議論を貫徹させた。最低限賃金——国民最低限保障の全体ではないが、1つの重大な要素——を効率的な均衡に対する障害物と見なしたようである。

「富——つまり労働需要——が…増加するならば——そして受け入れられた人間性のある最低限賃金が同一に留まるならば——、失業は必然的に減少する。社会の富が一定で、人間的な最低限が上昇するならば、失業は必然的に増加する。」(ibid.: 66)

前半の主張はわかりやすい。労働需要の増加は直ちに失業を減少させる。しかし後半は複雑である。ピグーは非効率な労働者が常に不当に高い賃金を受け取っていると仮定しているようだ。労働需要が増えないまま、生存水準が増加すると労働供給も増える。これはマルサス的な状況である。両者の不均衡が遊休な労働者を生む。あるいは、もし最低限が上昇すると、富者から税の形で貨幣を吸い上げられるので、さらに国民分配分が減少する。

いずれにせよ定常状態では、すべての労働者に市場の自由な力がもたらす水準よりも人工的に高い賃金率を払われれば、失業が存在する (ibid.: 242)。ピグーは陰鬱に、「この最低限賃金に値しない人々が多くいることで、失業の原因になる」(ibid.: 243) と宣言した。この側面では、最低限賃金は生存権ではなく、競争的な均衡への障害物である。ピグーは自由市場での賃金が常に、人間性のある最低限賃金を上回っていると仮定した。

16　この認識もベヴァリッジと同一である。第3章第1節を参照。

2-2 ベヴァリッジとの関係

これまでの議論を前提にして、ベヴァリッジとピグーの関係を考察しよう。結論から言えば、『失業』(1913) に与えた『失業』(1909) の影響は、見かけ以上に大きい。特に3つの点を指摘しておこう。

第1に、ピグー自身が次のように明言していることである。

「この本で議論された一般的問題に大きく割いている、最も精緻なイギリスの本はベヴァリッジ氏の『失業：産業の問題』である。この問題に関心ある者すべてが研究に値する作品である。」(*ibid.*: 253)

この激賞に値するように、量的にも最大の引用・典拠がベヴァリッジからなされている。[17] 第2に、内容的にも重大な結論部分が、そのままベヴァリッジの結論から借りてきた体裁を取っていることである。『失業』(1913) の第10章と第13章はそれぞれ「労働の移動性」「失業保険」という章題になっている。特に「移動性とはベヴァリッジ氏の定式を採用すれば、単に流体的であるだけでなく、組織され知的な流動性なのである」(*ibid.*: 150-151) と定義され、「現代の職業紹介所とは…単に情報の事務所だけでなく、連結の実体的中心なのである。そしてそれ自体が職探しの仕事を担っている」(*ibid.*: 215) と述べられた。この部分は完全にベヴァリッジの論点と同一である。第3に、6つの結論の大部分——職業紹介所・失業保険・反循環的な公共事業・賃金の平準化——(*ibid.*: 242-247) がベヴァリッジとまったく同じ点である。このような類似性・同一性から、ピグーはベヴァリッジの著作から多大な影響を受けたと結論して間違いではない。

しかし両者の関係はここに留まらない。ベヴァリッジがピグーの本を *Economic Journal* で書評したことに注目したい。そこでは両者の相違点がはっきりと浮かび上がってくるからである。書評のベヴァリッジはほとん

---

[17] ベヴァリッジの本や論文は少なくとも3回、その名前は少なくとも5回、言及されている。Pigou（1913a: 154, 159, 217, 218, 253）。同様に、『富と厚生』でも少なくとも9回、かなりの引用がベヴァリッジからなされている。Pigou（1912）も参照。

どの側面でピグーを高く評価しながら、重大な一点で大きな疑義を唱えていた。ベヴァリッジはピグーのような理論家が失業問題に正面から向かい、しかも一般の人にわかりやすく説いたこの本を大きく誉めている。特に失業を非自発的な部分だけに限定した定義を、非常に実際的だと評価している。つまりピグーにとってもベヴァリッジにとっても、失業者の範疇には自発的離職者も雇用不適格者も入らないのである。しかし失業の理論を振り返る時、ベヴァリッジはピグーの次の部分に困惑を隠せない。

　「産業ではいつでもどこでも、賃金率が様々な程度で労働需要に調整され得るので、失業は存在し得ない。換言すれば、失業は賃金率と需要との調整不良によってのみ起こると示された。」(*ibid.*: 51、強調は原典)

ベヴァリッジはこの部分に反発し、教室の中での逆説を通常の市民に適応するのは無理であり、「どんな価格でも労働に対する需要がある、とは明らかにそう言えない」(Beveridge 1914a: 251)とした。つまり、ピグーの唱える「賃金の伸縮性を確保すること」(*ibid.*: 252)に疑問を呈している。ピグーにとって労働市場に通常の需給分析を応用すれば、価格シグナルたる実質賃金の伸縮性が市場清算の鍵になるのは当然の考えであった。しかし失業の実態から理論を構成したベヴァリッジにはその発想はない。換言すれば、この時点でベヴァリッジは伝統的な経済学の考え方の1つを拒絶していることになる。

　この書評が経済思想の展開の中で極めて大事なのは、編集者ケインズがベヴァリッジの書評に、次のコメントを付けている事実からも伺える。

　「書評をありがとう。ピグーの賃金伸縮性の扱いを批判してくれて嬉しい。あなたの言っていることにまったく同意する。彼［ピグー］が現実に労働者階級に対し、大幅な伸縮性を勧めているとは思わない。しかし彼の主張から自然に示唆されることは、人を誤らせる。」(強調は追加)[18]

18　Unpublished writings of J. M. Keynes copyright The Provost and Scholars of King's College Cambridge 2002. ケインズからベヴァリッジへの手紙、1914年3月25日。BP,

『一般理論』(1936) 出版のはるか前から、ケインズはピグーの意図（困窮者救済という経済騎士道）と理論（失業分析）の齟齬に敏感であった。この手紙はやがて起こるマーシャル・ピグーへの反逆を示す最も早い兆候の1つである。その機会をベヴァリッジが提供したという事実は極めて興味深い。

第3節　両者の発想の差

　これまでの議論から、1905年から1913年までのピグーの失業論・労働観を再構成しておこう。そしてそれをベヴァリッジの思考と対照し、両者の位置関係・影響関係を把握しよう。

　最初に、ピグーは貧者に対して再分配を強く指向していた。垂直的な公平が強調された。つまり富者から貧者への所得移転という形で、労働者階級全体の改善が謳われた。これは総厚生の増加を目指すという倫理的な目標を、実現可能な経済政策に転換させる発想である。この側面に関連して、彼は国民最低限保障という概念を採用した。図5-1はこの状況を描いている。非経済的厚生は「善」や「正義」などで構成されている。正義の一形態として分配問題があるから、そこに国民最低限保障が含まれるだろう。他方、経済的厚生は「国民分配分」や「純所得」などの概念で構成されている。「良き流れ」good flow においては、この4つの要素はこの順で並び、しかも相

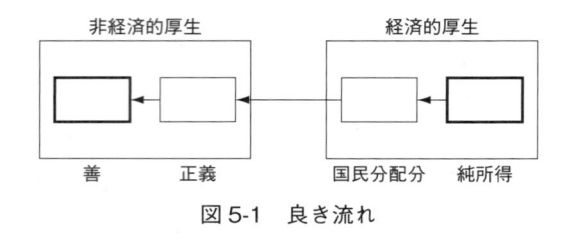

図5-1　良き流れ

　2b-13。直前の文は「極めて興味深い論文をありがとう」とある。「17世紀の職業紹介所」(Beveridge 1914b) である。編集委員会には他に、エッジワース、アシュリー、キャナン、ニコルソンの名前が見える。

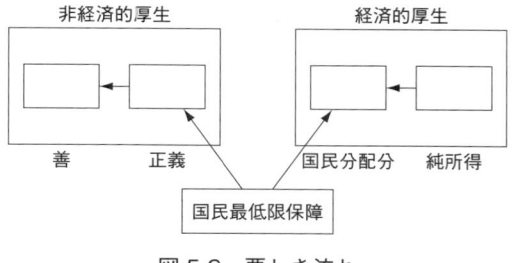

```
        非経済的厚生              経済的厚生
    ┌─────────────┐         ┌─────────────┐
    │  ┌──────┐   │         │   ┌──────┐  │
    │  │      │←──┼─────┐ ┌─┼──→│      │  │
    │  └──────┘   │     │ │ │   └──────┘  │
    └─────────────┘     │ │ └─────────────┘
        善      正義    │ │  国民分配分  純所得
                    ┌───┴─┴────┐
                    │ 国民最低限保障 │
                    └──────────┘
```

図5-2　悪しき流れ

互に連結している。善は正義に近似され、正義は時に国民分配分に似ていて、国民分配分は純所得に近い。それゆえ、ピグーが善あるいは徳を最終的な目標としていても、「良き流れ」においては純所得という特定の目標に集中可能なのである。具体的な経済変数を増加させることで、ほぼ比例的に総厚生も上昇する。ここにおいて社会改革家であることと、経済学者であることは両立したのである。

次に、失業問題をベヴァリッジから引き継いだピグーは純粋な経済学者として、労働市場における失業と賃金率の関係について公式化しようとした。ここで、国民最低限保障の一種である最低限賃金は、経済的諸力の自由な発露の妨げとなる場合がほとんどである。長期と短期、正常と人工という二分法が採用された。最終的に、理論的な基準は正常賃金である。価格・賃金・利子率の調整不良によって、市場は不完全になりうる。図5-2がこの状況を描いている。「悪しき流れ」bad flow において、非経済的厚生と経済的厚生は完全に切り離されている。国民最低限保障は2つの世界で二重の役割を果たしている。一方でそれは生存権を保障する。他方でそれは賃金の自然な動きを阻害する[19]。ピグーは両者の側面を熟知していたため、時に最低賃金を称揚し、時にその悪影響を指摘する。ただし総じて、伝統的な経済学者であることを最後には拠り所とした。つまり法定された最低限賃金率の不当な高さが失業を生むと診断した。ここにおいて、最低限賃金は均衡への経路を乱す攪乱要因なのである。

19　これは所謂「不調和 disharmony の問題」である（Pigou 1920/1932: 645）。

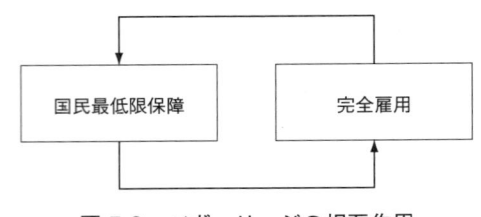

図 5-3　ベヴァリッジの相互作用

　最後に前章までで詳述したように、ベヴァリッジの国民最低限保障の概念はもっと積極的である。その概念は失業分析の前提であり、同時に目指すべき目標である。彼は水平的な公平の重要性を強調した。つまり個人のライフサイクルの観点から、国民保険を使って各期における所得の平準化を目指した。失業分析においては、賃金の調整不良ではなく、労働市場そのものの非存在を考察した。専門的経済学者の発想では、実質賃金は労働の需給を精算する。しかしベヴァリッジの立場は、この価格パラメータ機能が不在であったり不十分であったりという前に、需給を調整する市場そのものが存在しないのである。そして創出される労働市場の機能は、職業紹介所による労働の数量調整なのであった。ゆえに、ベヴァリッジは書評において、ピグーの非弾力的な賃金の取り扱いという一点に異論を唱えたのである。

　図5-3はベヴァリッジの基本的考えを略述している。人工的な労働市場は国民最低限保障に基づいている。同時に、完全雇用によって国民最低限保障の経済的側面を強化する。この意味で、労働という経済の領域と、権利という社会の領域は相互依存している。この相互依存の完全な説明は1944年を待たなければならないが、その基本的着想は1910年代初頭にすでにあった。

おわりに

　「はじめに」に対応させ、4段階でピグーとベヴァリッジの失業論を巡る時系列を整理したい。
　第1段階では1907年前後までである。ピグーは『産業平和』でも救貧法

委員会提出メモでも、国民最低限保障や失業論を明示しなかった。そこには労働者階級への強い共感と、（景気循環論を除く）厚生経済学の原型が窺えた。第2段階では1908年から1913年までの失業論である。ピグーはベヴァリッジやウェッブ夫人の議論を知り、失業を緊急の経済問題だと認知した。失業を非自発的なものと捉え、また国民最低限保障の概念も自らの体系に取り込んだ。ただしピグー自身は厚生経済学の創設を第一義に据え、その特殊ケースとして失業論を把握している。第3段階では同じく1913年までである。失業を経済学で解釈するため、労働市場における賃金の調整不良という処理の仕方が一方で展開された。他方、貧者への再分配の必要も痛感しており、国民最低限保障も絶対基準としてある。ピグーの失業論にはこの二面が併存している。第4段階として、この二面性に対するベヴァリッジとケインズの違和感表明である。1914年の段階で、両者はピグーの賃金伸縮性の議論に違和感を抱いた。ケインズの論理は明らかでなく、直観として表明しているに過ぎない。その論理は以後20年以上かけて、発展していくものである。対照的にベヴァリッジはその違和感の原因を明確に認識していた。労働市場は何で清算するかという根本的な差異である。ピグーは賃金であると回答し、ベヴァリッジは職業紹介所による労働需給の数量調整であるとみなした。

　ピグーの賃金に対する取り扱いへの違和感は、ケインズが後に『一般理論』を執筆し公表した段階で再び噴出する。ケインズは1937年に言う。

　　「教授の新しい本を送ってくれてありがとう。デニスの場合と同じく、実践となれば、我々に差異はほとんどまったくない。実際の結論を導かないような理論を、なぜ彼らは主張し続けるのだろうか。」[20]

純粋経済学が論理的に導く帰結と、——倫理的要請に基づく——実際に推奨される政策について、ピグーは意識的には両立しうると考えていた。しかし、[21]

20　CW（vol. 14: 259）、ケインズからカーンへの手紙、1937年10月20日。教授の新刊とは、ピグーの『社会主義対資本主義』(1937)。
21　Pigou（1930）は公共事業を提唱し、完全雇用を仮定していない。

両者が完全に齟齬を来す論理を、彼は無意識的にだが発展させていたのである。ベヴァリッジの1914年の書評と、同調したケインズもピグーの両義性に気付いていた。ピグーを巡るベヴァリッジ-ケインズの連合は、経済思想の発展史として極めて重要な意義を持つ。

　ベヴァリッジとケインズは1914年に、すでにピグーの分裂した思考を感知していた。国民最低限保障がその思考を象徴づける。ピグーにとって、この概念は経済の実際の生活――理論モデルと非経済的厚生の混合――にとって、居心地のよくない必要悪であった。一方で彼はマーシャルの伝統に従い、長期における正常賃金と経済騎士道を主張した。しかし他方で、彼は果実を求めるという実践的思考によって、短期の実行可能な政策を希求した。両者は「良き流れ」では両立可能だが、「悪しき流れ」では両立不可能である。一見かなり矛盾する2つの流れがピグーの思想にある。ピグーはマーシャルの使命感を受け継ぎ、貧困の根絶という高い望みを抱いた。同時に経済学の理論的展開を失業論にも広げた。ただしその論理の貫徹は突き詰めると、使命感と矛盾する結論を生む時がある。この意味で、ピグーを「傷ついた鷹」wounded eagleと表現することが可能であろう。[22]

---

[22] Groenewegen（1995: 5）はマーシャルを「飛翔する鷹」soaring eagleと呼んだ。鷹とは経済学での支配を意味し、飛翔とは高い望みを記す。「傷ついた」という表現で、「理論と政策に引き裂かれ、矛盾した」ことを象徴させる。

第Ⅱ部

中期の思想

第6章　経済学の理想および現実[*]
―― 独立か連携か ――

はじめに

　ベヴァリッジが描く経済学の理想とは何か、そして経済学をとりまく現実に対してどのような影響を持ったのか。本章の課題はここにある。その課題を効果的に顕在させるため、主に4人の経済学者との対照作業を行う。そのうち2人（ロビンズとケインズ）はベヴァリッジの同時代人であり、実際に論争が行われた。残りの2人（ジェヴォンズとマーシャル）は彼の先達であり、ベヴァリッジが無意識のうちに対抗していた経済学の主流派を形成した。この2人とは仮設的な比較を行う。

　官僚を退いたベヴァリッジはLSEの学長として18年間も大学行政の中枢に関わり、またロビンズやケインズを始めとして多くの経済学者と実際に議論し論争した。本書は全体としてベヴァリッジの経済思想を探る試みであるから、彼自身の経済学に対する理想を確定し、他の経済学者との異同および現実への影響を見極めるのは大事な作業であろう。

　19世紀前半から20世紀初頭にかけた「経済学の科学化・制度化」については、従来から研究が進んでいた。また1945年以後の経済学の流布についても同様であった[2]。しかし本章ではその中間期の局面を描写し、マーシャ

---

[*] 京阪経済研究会（2006.2.3、於：大阪学院大学）における参加者、および井上琢智氏（関西学院大学）からの貴重なコメントに感謝する。
[1] Maloney（1985）、井上（1987）、橋本（1989）、Kadish（1989）、Kadish（1993）、上宮（2001）、只腰（2001）などが代表例。
[2] Coats（1993）、池尾（2006）が典型例。

を頂点とした流れとは別の 1920 年代から 30 年代にかけた潮流を描く。それがベヴァリッジによる経済学の科学化・制度化運動である。この傾向は 19 世紀の生物学などの影響を受けているが、ジェヴォンズやマーシャルに続く本流とはまったく別の動きであった。従来の研究では大方見逃されてきた潮流であるが、マーシャルとケインズの時代の中間に存在する重大な傍流であり、ベヴァリッジの重要性は注目に値する。本章では LSE 知性史の一側面にも目配りする。

　第1節でベヴァリッジによる経済学の三重の目標を見る。ベヴァリッジの経済学方法論に影響を与えたハックスレーとウェッブに特に注目する。第2節ではこの理想に基づいて、彼が学長時代（1919-1937）、実際に LSE がどのように変貌を遂げたのか、主に人事に注目して記述する。第3節ではロビンズの『経済科学の本質と意義』を題材として、両者の相違点を対照する。第4節はケインズ『一般理論』をめぐるベヴァリッジの批判について、その方法論上の対立のみを見る。ロビンズやケインズとの相互交流は、経済学発展の主旋律ではないが、見逃せない重要性を持つことを浮き彫りにする。第5節ではベヴァリッジの経済学における科学化運動、制度化運動の特質を掴むため、ジェヴォンズとマーシャルという補助線を用いる。最後に以上のまとめを行い、ベヴァリッジがマーシャル時代とケインズ時代を繋ぐ重大な暗箱であると結論する。

3　経済学方法論上でのイギリスの状況は Coats (1983: 4) に詳しい。それによれば、島国根性、自己満足、マーシャルの覇権、ネビル・ケインズの影響力によって、1930 年代以前のイギリスでは、方法論争は無益と考えられた。

4　Dimand (1999: 223) はベヴァリッジのケインズ批判を経済学方法論からも指摘した貴重な文献である。しかしそれは 1936 年以後に限定され、本章のようにロビンズや LSE 全体を考えてはいない。Coats (1993) は戦間期の LSE 知性史を論じた重要な文献だが、本章のような方法論争に触れているわけではない。Hayek (1946) は期待に反して、あえて客観的記述に終始する年代記に過ぎない。馬渡（1990: 第 19 章）はロビンズの経済学方法論をまとめた稀少な文献だが、ロビンズ自身の変遷を述べたり、ベヴァリッジを登場させたりするわけではない。松嶋（2005: 55-57, 112-120）は功利主義を考察する立場からロビンズを詳述するが、ベヴァリッジは登場しない。

第1節　経済学の三重の目標

　ベヴァリッジは経済学に三重の目標を持たせ、その実現に腐心した。生物学に類似する学問、産業社会での官僚養成、教養としての経済学の3つである。第1は学問自体の目標である。第2・第3は学問を修めること（教育）の目標である。彼の経済学に対する思いは、次の3つの文献から窺える。「大学一般教育 a liberal education としての経済学」（Beveridge 1921a）、「人間知識における社会科学の位置」（Beveridge 1937a）、自伝の一節（Beveridge 1955: 247）である。彼は経済学について、生涯に渡って一貫した立場を貫いた。[5] 第1の文献はLSE学長に就任1年後のベヴァリッジが、学期始めの新入生向け演説を『エコノミカ』Economica 創刊号に載せた講演録である。第2はLSEの離任演説である。第3は晩年に書かれた自伝の第11章第3節「経済学を科学にするという夢が消える」であり、LSEでの奮闘の後日談を回顧した記録である。いずれも彼の立場を明瞭に示した文書であり、次のようにまとめることができる。

　ベヴァリッジの理想は、まず第1目標として、経済学を生物学に近づけつつ超越することである。経済学の厳密な定義は、さほど考慮されない。極めて広く、LSEで教えられている科目すべて、つまり経済学および政治科学すべてを指す。狭い意味では「富の科学」であり、物質的必要を満たす手段に関する。そこには商業・産業・銀行・通貨などの分野があり、政府の機能や政治制度の起源や法律も含み、歴史的にも分析的にも接近される。それだけでなく、隣接の地理学・民族学・社会学とも関連し、富や福祉の獲得についても考察する（Beveridge 1921a: 2）。つまり社会科学の一員として経済学を考えざるを得ない。経済学とは「社会にいる人間の研究」と暫定的に定義できる（*ibid.*: 3）。この上でベヴァリッジは、他の知識分野に比べて、社会科学の位置は何かと問う。その際に、トマス・ハックスレーの科学的方法

5　1960年の段階でも、ベヴァリッジはハックスレー・ウェッブの科学化を理想としている。Beveridge（1960b: 95）。

論が不可欠になる。ハックスレーは J. S. ミルに倣い、科学的方法を4つに分類する。実験を含む事実観察、帰納による比較分類、一般的命題からの演繹、さらなる観察による検証である。彼はこの方法がどんな科学にも通用するとした。ベヴァリッジはその意見に全面的に賛同した。経済学は人間の知識の一部門であることを意識し、しかも観察に基づく帰納的な科学にならなければならない。演繹推論を用いる数学や哲学という純粋理論よりも、生物学に近い存在でなければならない（Beverdige 1955: 247）。さらに、個人の生活ではなく、集団としての人間を研究することで、生物学を超える何物かが必要である（Beveridge 1937a: 461）。経済学はまだ若く、これから世界でのし上がる必要がある。その方法と結果によって、経済学の存在を正当化しなくてはいけない。古典派が信頼されなくなったのは、狭い仮定に依存しすぎるからである。例えば、マルサスの人口論はどんな観察事実とも関係がない（Beveridge 1921a: 7-8）。こうした誤謬を避けるため、上記の4つの方法を持つ科学として経済学を再建する必要があった。

　こうしたベヴァリッジの理想は、LSE 創設者のウェッブ夫妻と完全に一致する。「これ［経済学を観察に基づいた科学にすること］はウェッブ夫妻の中心目的だった。私は彼らの足跡に従ったに過ぎない」（Beveridge 1955: 175）。1900 年代の2つの例を挙げておこう。まず 1900 年 2 月 20 日のウェッブ夫人の日記である。夫シドニーはロンドン大学の再構築に関わっていたが、王立委員会において、経済学を人文学部の中ではなく、科学として認識するように説得した。それゆえ経済学学位の準備科目は数学と生物学である。まやかしの歴史学や形而上学からは分離される必要がある。社会の構造と機能を研究することは、他の生活様式の研究と同じく科学であり、他の有機的科学で使われている科学的方法によって追究されるべきである。仮説は使用されるが、検証されない結論を導く検証されない前提としてではなく、思考

6　この方法は詳述されてないとは言え、ミルの「具体的演繹法」（帰納による前提、前提から導出される演繹、結論の検証）の流れに連なる。この方法はジェヴォンズやネビル・ケインズが、「完全な方法」や「完全な形態」として高く評価した。井上（1987: 129）、馬渡（1990: 263）を参照。

7　LSE の創立をめぐる知性史については、Kadish（1993）に詳しい。

秩序のためである。仮説は観察と実験で実証される必要がある（MacKenzie 1983/1986: 170-171）[8]。次に1905年1月31日のウェッブ夫人による社会学学会での講演である。社会科学に求められているのは、科学的方法を社会生活の事実に適用することである。科学的方法とは自然科学で使われていて、観察、因果関係の推論、新しい観察による検証の3つから成る（Webb 1906: 345）。観察・実験・統計はすべての科学に共通するが、実験が困難な社会科学には文献 literature とインタビューという独自の方法が加わる。こうした社会科学の知識は社会の進化過程を発見させ、社会を組織させることになる。ただし科学は目的とは関わらない。例えば経済学者が自由貿易の効能を証明できても、それが良いことかどうかは言えない。目的は宗教と関係する（*ibid.*: 350-351）。ベヴァリッジの自覚する通り、ウェッブ夫妻の使命感は彼と同一方向である。しかし現実のLSEがその方向に進まなかったことを、彼は何度も後悔していた[9]。

　ベヴァリッジは経済学の科学化について、第2の目標は官僚養成であるとみなした。1935年にはLSEに「公務員コース」が新設された。公務員試験を準備する学生のための設計であった。最初の年から、このコースは大成功を収めた[10]。ベヴァリッジによれば、これは後の妻メアの発案であった。彼女はベヴァリッジの秘書として、ほとんど初めての女性として戦時中に食糧庁や軍需省で働いていたため、国家公務員になるための術をよく知っていたのである（Beveridge 1960b: 87）。経済学は大学の段階でますます必要とされるようになった。非常に重要になってきた職業、つまり「公共行政官」public administrators に不可欠な知識になってきたからである。この単語は単に国家公務員 civil servants を指すだけでなく、地方公務員や労働者協会・雇用

---

[8] 1895年12月の日記によれば、「我々がLSEを創りつつある。集産主義よりも個人主義の講義がまだ多いが、やがて前者が取って代わられるだろう。講義は科学的である」（大意）とあった。MacKenzie (1983/1986: 85)。
[9] 例えばBeveridge (1949/1974: 48)、Beveridge (1955: 251)、Beveridge (1960b: 95) など。
[10] ただし現在に至るまで、公務員試験におけるオクスブリッジの優位性は揺るがない。1つの要因は伝統校に有利な試験科目設定であった。例えば1906年に試験を受けたケインズは、論理学・数学・心理学・形而上学・倫理学・政治学・歴史学・経済学などの科目を受験した。Skidelsky (1983/1992: 173-174, 訳285)。

者協会、そして両院の議員をも意味する（Beveridge 1921a: 13）。その理由はまず、社会問題に応用されるべき経済学の分野で、科学的仕事を追究したいというベヴァリッジの熱意から説明される。彼が1934年頃に考えていた研究計画には、失業と人口、経済面での政府介入（国内と国外）が筆頭に挙がっていた（Beveridge 1955: 249）。景気循環や失業が常態である現代の産業社会にあっては、政府部門（つまりそこで働く公務員）こそがそれらの社会問題を解決する要であった。ベヴァリッジによる経済学の科学化要求は、必然的に官僚養成に必要な経済学教育にもつながっていったのである。そして再び、この要求はウェッブとも重なっていた[11]。第10章で触れるように、経済学の官僚利用は経済参謀論として現れ、ベヴァリッジ自身と他の経済学者・政治家に大きな影響を及ぼすことになる。

　さらに第3目標として、教養としての経済学が挙げられる。第2目標は直近の短期的視野であった。第1目標は、制度設計としては数年・十数年単位の中期的な視野であった。しかしこの第3目標は数十年単位の長期的な視野にある。ベヴァリッジは「大学一般教育」の重要性を訴える。しかも経済学コースにおいて。まず大学で学ぶべき一般教養には、2つの役割がある[12]。1つは心の鍛錬であり、もう1つは人間の環境を理解し、それとの調和を考えることである（Beveridge 1921a: 15）。前者は方法・正確性・集中力・論理的な習慣といった一般能力を鍛えることである。肉体的な訓練が健康に必要なように、精神的な鍛錬も必要である。一般の市民に読み書きが必要なように、大学教育を受けるような市民にはさらに高度な能力が必要である。ただしここまでは他の科学でも可能である。後者において、経済学および近隣の社会科学が得意とする分野になる。なぜならば現代において、人間環境の支配的要因は経済現象だからである。LSEの経済学コースは次のように構成されている。1年次には次の5つの分野から科目を取らなくてはならない。5つ

11　LSEの50周年記を書いたハイエクによると、ウェッブは「統計理論ではなく、統計[学] statisticsを初級の公務員に」と願っていた。Hayek（1946: 7）。

12　ミルは一般教養のために古典および自然科学の徹底的な研究を推奨した。しかし、ベヴァリッジはこれが天才に当てはまる方法で、普通の能力の者には大学の経済学コースの方が望ましいと考えた。Beveridge（1921a: 14）参照。

とは、経済理論と貿易への応用、最近の経済史および一般の歴史、地理学、イギリスの政治体制、数学または論理学である。2年次と3年次では次の必修科目がある。中級経済学および統計学、中級歴史学、イギリスおよび他国の政治行政、政治思想史である。さらに上級経済理論、上級統計学、経済史、社会学と民族学、国際法と国際取引の5つから1つを自分の専攻分野としなければならない。こうしたコース設計は決して狭い教育ではない。むしろこれが一般教養である。こうした大学教育は「若い男女が良き市民の生活を準備するのに最適」(Beveridge 1937a: 460) となる。市民としての教養を準備するために、現代においては難解な古典研究よりも、経済学などの社会科学教育の方が望ましいのであった[14]。ベヴァリッジにおいては「大学の教養」の内容が従来と異なり、数学・歴史・古典ではないことが重要である。社会科学の中で広範な科目を選択させること——これこそが20世紀的な新しい教養観であった。

ベヴァリッジは以上のような3つの目標を経済学に託した。ではこの目標に基づいて、彼は実際にどのような制度設計を行ったのか。

第2節　LSEの拡大人事

ベヴァリッジが1919年秋にLSE学長職を引き受けた時、戦争の影響もあって大学は体をなしていなかった。そこで彼は矢継ぎ早な大改革を断行し、LSEに「第二の誕生[15]」をもたらした。本節ではまず改革の性格を敷衍する。次に5人の代表的な学者を登場させ、最後に「社会生物学」の講座を考察する。全体として、ベヴァリッジが実際にLSEをどのように拡充したのかを論じる。

13　大学の役割は一見無用に見える知識を普及させることであり、文明とは無用と思われていた知識が本当は有用であることを発見する過程である。*The Times*, "The Function of A University: Sir William Beveridge on Knowledge", 11 October 1927.
14　UCL (University College, London) は1826年に創立され、教養教育を主眼として古典・数学・実験科学・法学・経済学をカリキュラムに含んでいた。井上 (1987: 65) を参照。1836年にはUCLやキングズカレッジなどを含む連合体として、ロンドン大学が発足した。19世紀末にはウェッブ夫妻がロンドン大学を再構築する。
15　LSEの100年記念史を書いたDahrendorf (1995: 135) の表現。

2-1 大学改革

　様々な改革は三種類に分類される。第1は建物の拡充である。学生と教員の激増に対応するため、多様な公的・私的資金が活用され、新しい用地と建物がLSEに帰属するようになった。図書館も充実した。第2に、大学機構の改革である。それは自治と高給によって代表された。まず大学の研究スタッフの自治を確立するために、理事会と教授会をつなぐことが考えられた。それまでは理事会は教授陣と何の関係も交流もなく、その会合自身も年2回に限られていた。ベヴァリッジはこの状況を改め、教授会からも常任委員を任命させて、大学の運営に責任と自治を持たせた。また、常勤者の最低限給料を年1000ポンドに引き上げた。ロンドン大学本体(あるいはマーシャルの俸給)が600ポンドであったことを考えると、破格の厚遇であった。さらに常勤者には教育手当を支給した。13歳から23歳の子供が教育機関に通っている場合、1925年で1人当たり年30ポンドの給付金を出したのである（Beveridge 1955: 170）。職場における児童手当として、最も初期の形であろう。民主的な雰囲気は学生の男女比率にも現れた。[16] 第3は、大学教員の人事、および付随する部門制の拡充である。[17]

　ベヴァリッジは学部部門の細分化よりも拡大化・連携化を推進した。古い大学モデルのオクスブリッジに対抗する意味もあった。経済学または社会科学の領域を広げる最初の段階は、商法および産業法の教員を埋めることであった。1923年にはイギリス法の教授職を捻出した。これはロンドン大学で初めての常任の法律教授職であった。オックスフォードからベヴァリッジ自身の先生を招いて、この地位を埋めた。これらの結果、LSEは法学に非常に強くなった。1920年当時、LSEで経済学の教鞭をとっていたドールトンによれば、古くからの教授であるキャナンとフォックスウェルも経済学者は少し法律を知っていた方が良いと感じていた。中でも財産法や契約法の経済効果を考慮に入れるべきと考えていた（Dalton 1953: 113）。さらなる

---

[16] 全期間でだいたい男3：女1と見積もられている。1922年から24年には、経済学科長が女性の経済史家だったこともある。Coats (1993: 373-374)。

[17] Coats (1993: 376) によれば、専門化と部門主義こそが20世紀大学の際だった特徴であり、この点がLSEを突出させた。

拡大が1920年代から1930年代にかけて、つまりベヴァリッジが学長である時に行われた。商学学位が1920年代初頭に経済学部に新設され（Beveridge 1921a: 13）、また1920年代末には経営学研究・訓練の部門ができた（Beveridge 1960b: 86）。いずれもビジネスマン養成に応える目的であった。そして商学学位のコースには現代言語学を含んでいたが、それまではロンドンのキングズカレッジで別に教えられていた。1934年にはこの現代言語学の部門がLSEに移動して、新しい講座が新設された。

2-2　5人の学者

　以上の概観に基づいて、次にベヴァリッジと因縁深い5人の学者を見る。
　ドールトンはベヴァリッジの職業の最初と最後を語るのに相応しい人物である。イートン、キングズカレッジ、そしてLSEでも学んだ。従軍の後に、1919年にLSE講師として雇われた。これがベヴァリッジによる最初の教員任命であった（Beveridge 1955: 181）。1925年に国会議員へ転出したので、非常勤の教員として10年ほど勤めるが、その後には労働党および挙国一致内閣において、商務省・大蔵省の大臣を歴任するなど非常に重要な人物となった。最後には1950年代、ベヴァリッジと共に住宅計画にも関わった。ドールトンは政治家に軸を置いていたが、同時に経済学の展開においても、重要な節目を担う。ケンブリッジ在学中はピグーとケインズに影響を受けた。特に厚生経済学を構築したピグーは、ドールトンの精神的な「英雄」（Dalton 1953: 58）であった。講師在任中に、ロビンズ獲得を強力に推進したのもドールトンである（ibid.: 114）。ただしその後は、芸術への審美能力を持つ稀有な人物として褒めるが、ドイツ人脈に影響されすぎで社会主義に反感を持ちすぎだと不平をもらした[18]。ドールトンは同じ労働党人脈だが、むしろラスキとは仲違いしていた。ただしLSEにおける学問の自由という点では、両者は同じ騒動を引き起こした。出版された本についてスタンプ（LSE理事会の

---

[18]「彼の知的発展は失望である」とドールトンは1932年1月6日-8日の日記に書いている。Durbin（1985: 102）からの引用。

議長)が教科書として相応しくないと 1923 年に抗議した時、ドールトンは直ちにベヴァリッジとシドニー・ウェッブに訴え、2 人から学問の自由を守るという言質を取った (ibid.: 121)。このように彼は、1920 年代・30 年代ケンブリッジ人脈と LSE を結びつける働きをした。そして 1940 年代・1950 年代は政治家として、ベヴァリッジやケインズの監督者として活躍した。そのドールトンはベヴァリッジを次のように評した。彼は「生涯に第一級の仕事を数多くなしたが、LSE の拡大ほど最善で尽力したものはない」(ibid.: 109)。ドールトンはベヴァリッジに講師指名されることで、ピグー・ケインズという世代からロビンズの世代へ橋渡しする役割を担った。それと同時に、政治家として政界と学界を結ぶ働きもした。

　ベヴァリッジの周辺科学への熱意は、マリノフスキーの獲得という形で具体化された。LSE は当初からその名の通り、経済と政治を主題にしてきたが——歴史と統計は両者に共通——、「社会科学の全系統 the circle を完結するには、第三の研究群が必要である」(Beveridge 1960b: 88) とベヴァリッジは感じていた。それは経済学と政治学の自然的基礎であり、人間とその物的環境、自然科学と社会科学を橋渡しするものであった。1925 年に、次の 4 つの教授職新設を彼は計画した。人類学・社会生物学・経済心理学・公衆衛生学である。ポーランド生まれのマリノフスキーは『西太平洋の遠洋航海者』(1922) で名声を獲得し、翌年に LSE で社会人類学の講師となった。そしてベヴァリッジの要請に応えて、1927 年に人類学教授となった。彼の業績は、クラ貿易 kula (儀礼的交換) を参与調査法 (フィールドワーク) によって発見したことに集約される。この人事は、ベヴァリッジの主導による LSE の国際性と、経済学の隣接部門への拡大化を象徴している。

　ラスキとベヴァリッジの関係は、すでに Harris (1997: 285-295) 等が詳細に明らかにしているので、ここではごく簡単に取り上げておこう。ただし忘

19　1 年後、「国債および課税に関する王立委員会」(1924-1926) で両者は再び激突した。委員のスタンプはドールトンの証言を聞いて、「彼が所属する政党の利益のために、科学的真実と妥協している」(Jones 1964: 156) と感じた。

れてならないのは、ラスキがベヴァリッジ学長就任で最初の人事採用（1920年、講師）であったこと（Beveridge 1955: 181）、シドニー・ウェッブの懸念[20]を打ち払ってラスキを政治学教授に昇格させた（1926年）のはベヴァリッジだったことである。しかし1920年代後半から事態は急速に悪化した。経済学教授のロビンズと政治学教授のラスキが、政治上の信念を柱として全面衝突したためである[21]。ベヴァリッジは事態を収めようと腐心したが、どっちつかずの態度が両陣営ともに激怒させることになった。

1934年には対立がピークを迎えた。ウェッブ夫人の日記（1934.3.12）によれば、「ベヴァリッジはラスキをこの騒動の中心だと名指しした」（MacKenzie 1985: 329）。党派的言動は科学的外観と両立しないので、禁止されるべきだと彼は示唆した。この愚直な提案は受け入れられなかった。当時、大恐慌の余波の中で、全体主義や社会主義に基づく政権の到来によって、イギリスの資本主義・民主主義は根底から揺さぶられていた。多くの知識人もその荒波に飲まれ、自己の位置を確定できないでいた。ベヴァリッジの立場も自由放任主義から国家統制まで大幅に揺れ、精神的にも苦悩を導いた。結局、ベヴァリッジは健康も害し、秘書の問題もあって[22]「彼の教職員への影響力は…ゼロ」[23]という状態になり、1937年にLSEを離れることになった。ラスキとの関係は様々な含蓄を与えるが、ここでは学問の科学性を一因に挙げておこう[24]。ベヴァリッ

20　シドニーはラスキが政治論壇に登場しすぎで、学生教育が疎かになっていると懸念し、教授申請をするべきではないと考えた。Harris（1997: 286）。
21　「彼らがお互いを無慈悲な扇動家であると非難していることを考えると、ベヴァリッジの単純な示唆は受け入れられそうにない」（MacKenzie1985: 329-330）、ウェッブ夫人の日記（1934.3.12）より。
22　ベヴァリッジの従兄弟の妻・メア夫人。LSEでは独裁者のように振る舞った。ウェッブ夫人は1922年の段階で「2人は…従兄弟の愛情以上の関係で公的に結びついている」と観察した。ベヴァリッジの妹であるトーニー夫人、トーニー、ラスキ夫妻その他大多数の人は彼女を嫌っていた。MacKenzie（1984: 399）、日記（1922.5.14）より。
23　MacKenzie（1985: 365）、ウェッブ夫人の日記（1936.2.15）より。
24　ラスキはベヴァリッジの「個人的な敵対感情がどれだけ深いか」に驚いたが、その9年後、ベヴァリッジ報告に対しては私恨を超えて、「あなたの報告書は、我々が民主主義を活かすことができるかどうかの試金石」であると激賞した。それぞれ小笠原（1987: 109, 152）の引用によるラスキからベヴァリッジへの手紙。1934年4月19日、1943年1月6日。

ジによれば、社会科学者と政治家は両立できない。科学者は妥協や拙速とは相容れず、確信なしは発言できないから寡黙になる。ここで政治的宣伝や党派が入ってきたら「科学が出て行ってしまう」(Beveridge 1937a: 473)。ベヴァリッジは公務員が政治言動を禁止されていることを理想視し、大学教員にはその全面適用はできないが、行動の個人的指針とすべきだとみなした。ここで公務員の中立性という性格が、学問の自由や社会科学の科学性を判定する際にも、重要な判断基準になっていることがわかる。

　T.H. マーシャルの人事は興味深い。ケンブリッジ出身で、1925 年に社会事業論の助手 assistant lecturer として赴任した。1944 年には社会制度論 Social Institutions 教授、1954 年には社会学教授に就任した。『市民権と社会的階級』(1950) など、社会学・社会政策・社会福祉などの分野で極めて大きな足跡を残した。T.H. マーシャルの一つの業績は、福祉国家を理論的に解析し、しかも擁護したことである。戦後の福祉国家の理論的支柱と言えるだろう。その最初の任命について、ベヴァリッジからケインズへの私信が注目に値する。

「第 1 に、社会科学学科の助手候補の 1 人に T. H. マーシャル（トリニティーのフェロー）がいる。きのう他の候補と共に彼に会ったが、まだ最終決定に至っていない。彼が照会先の 1 人としてあなたを挙げていたので、あなたが彼を次のどれに考えているかを正確に、自信を持って私に伝えてくれれば嬉しい。つまり (a) 講師 Lecturer か、(b) 個別指導教員 tutor か、(c) いずれは傑出した人物になりそうか、である。…／第 2 に、経済科学と教育の発展に関心がある人として、私はあなたに私的だが最も真剣な助言をもらいたいことがある。キャナンが通常の通り来期末に引退する時、LSE で我々がやるべきことである。価値ある候補者がいそうならば、とても重大な常勤の教授職が欲しいと望んでいる。このことは暫くあなただけに秘めていて欲しい」[25]。

ベヴァリッジは T.H. マーシャル選考の最終段階で、ケインズに真摯な助

25　BP, 2b-24、ベヴァリッジからケインズへの手紙、1925 年 2 月 14 日。

言を求めている。キャナン後の経済学教授職も同様である。残念ながらケインズの返事は、管見の限りでは見つからなかった。しかし 1925 年の秋から T.H. マーシャルが採用されたことを鑑みると、少なくとも否定的な意見は述べなかったと推測される。当時、ベヴァリッジ・ピグー・ケインズは人事について、数多くの紹介および照会を行っており、お互いを信頼に足る照会先と考えていた[26]。ケインズ・ベヴァリッジが共同して作り、T.H. マーシャルが正当化した「福祉国家の合意」がこのような関わりを実際に生んでいたことは、注目されて良い。

　5 人目のロビンズは最も因縁深い人物である。学生として LSE を過ごした時、特にドールトンとラスキは対照的だが印象に深く残った。ドールトンは一級の知的存在であったが、ラスキの政治姿勢には「まったく失望した」(Robbins 1971: 81)。この出来事は後に 2 人の対立を決定的にする前兆であった。キャナンもワレスも良い教師だった。卒業後、ドールトンの尽力によって 1923 年から 1 年間ベヴァリッジの助手を勤めた。『失業』(1909) を改訂する作業であった。データ更新はむしろ単純な作業だったが、ロビンズはこの時間を使って景気循環論に関して造詣が深くなった (ibid.: 96-97)。再びドールトンの奔走により、1925 年に講師として招聘された (Dalton 1953: 114)。一時オックスフォードに出るが、1929 年にはキャナン・ヤングの後釜として経済学教授に任ぜられた。この時も、ベヴァリッジはケインズに次のように意見を訊いている。

　「あなたと話して以来、通常規模の経済学職について、[LSE で] 第 2 または補助 [教授] を設立させるように [ロンドン] 大学に通知した (ヤング死去による第 1 教授の空席と共に)。またどちらの職も同じ助言委員会に諮問するようにとも。それで委員会はロビンズを考慮できるようになるだろう (あるいは、もちろん第 2 教授には他の候補者もありえる)。だが、大きな問題があると委員

26　例として次の手紙がある。カッセル講座の候補者をピグーに 3 人挙げてもらった御礼が残っている。ベヴァリッジはそれを考慮し、リストを作って審議会に提出すると述べている。BP, 2b-29、ベヴァリッジからピグーへの手紙、1930 年 5 月 28 日。

会は考えている。あなたに何か考えがあれば歓迎する」[27]。

ロビンズがあまりに若すぎたので、決定を逡巡していたのだろう。ベヴァリッジはケインズの判断に再びすがった。ただし再びケインズの返答は見つかっていない。完全な推測だが、委員会やベヴァリッジの躊躇を鑑みると、ケインズは諾の返事をした可能性が高い。1929年のロビンズ着任はLSEひいてはイギリス経済学の発展にとって、重大な転機を意味した。ロビンズはLSEで教えるようになってから、マーシャル以外の大陸経済学に非常に影響を受けるようになった。カッセル・フィッシャー、そして特にミーゼスに心酔した。オーストリア学派への傾倒はやがてハイエク招聘をもたらす。そしてこの2人の主導で、ヒックス、コース、カルドア、ラーナー、ハチソン、アレン、セイヤーズ、ルイス、シャックル、ウルスラ・ウェッブなどの若き俊英がLSEに集うことになる。ウィーンでメンガーやミーゼスが知的サークルを作ったように、ロビンズセミナー[28]はイギリスと大陸の接点となった。ロビンズの弟子の1人は次のように判断している。ロビンズは1つの学派に属していたわけではなく、まして学派の統帥者でもない。むしろLSEの伝統にいる。伝統と呼ぶ理由は、学説の同一性はないが、多様な中で知識卓越を求めるという意味である（Wiseman 1985: 157）。後に触れるようにロビンズ自身の学説は多様性があり、時代によっても変化した[29]。しかしケンブリッジ学派に対抗して大陸経済学を導入し、若い世代に大きな刺激を与えたことは確実に言える[30]。

27　BP, 2b-28、ベヴァリッジからケインズへの手紙、1929年5月2日。ロビンズが若すぎたので、急死したヤング（キャナンの後任）とは別に、臨時の教授職が作られた。「第2」とはこの事情を指す。ただしヤングの席はその後も埋められなかった。Robbins (1971: 122)。
28　この表現はCoats (1993: 381) による。
29　ベヴァリッジとの関係に限っても、Harris (1997: 312) によれば、1930年頃までの手紙は両者の友好性が窺える。この関係にヒビが入ったことは、1931年2月の手紙からわかる。
30　やがてケインズ『一般理論』(1936) の出版で、カルドア・ラーナー・ヒックス等がロビンズ・ハイエクの支配下から逃れるようになった。ヒックスの回顧によれば、多くの人がハイエクに影響を受けたが、その理論を実際の不況に当てはめるのは最悪であった。Hicks (1967: 205, 214)。

ベヴァリッジの LSE における採用人事は、失敗と成功を重ねた。経済・政治に加えた第3群として、人類学・社会生物学・生理学・経済心理学・公衆衛生学などの科目が必要であった。この中でベヴァリッジは社会生物学 Social Biology の創設に最も力を注ぎ、実際に1930年にホグベンを教授に招いた。この講座は発生学 genetics、人口学、人口統計学、遺伝学 heredity、優生学 eugenics、劣生学 dysgenics を包含するものであり、「その発展は…社会科学の発展に…とって、最も重要な歩み」(Beveridge 1960b: 88) とされた。しかしホグベンは LSE とうまくいかずに転出し、1938年にこの教授職は廃止された。この意味で、ベヴァリッジの最大関心は達成できなかった。しかし人類学は今でも LSE コースの重要な柱であり、経済心理学は社会心理学コースの中に包含されている。この部分は現在にも残る遺産である。経済学本体への方向性は皮肉であった。ベヴァリッジ時代にドールトンとロビンズという重要な任命があった。特に助手時代、『失業』の改訂作業がロビンズの景気循環論の見識を広げた。これが自らのオーストリア学派への傾倒と相まって、「ロビンズセミナー」による LSE 経済学の伝統を作り上げた。しかしこの方向は、ベヴァリッジの政治上・経済学上の立場とまったく異なっていた。政治上には政府の介入をどの程度認めるかに関して、経済学上には――例えばヒックスの処遇を巡ってなど[31]――科目の専門化に関してである。ベヴァリッジはミルやコントの総合社会学をイメージしていたのかもしれないが、実際に LSE の経済学――学部・学科ではなく――で進んだのは、他の領域から切り離された高度な専門化であった。LSE 全体としての科目多様化と、経済学における専門先鋭化がベヴァリッジ改革の帰結であった。

---

31 「ヒックスについては保留しておこう。あなたの評価は正しいと思うが、学部の構成については慎重でなくてはいけない」。BP, 2b-28、ベヴァリッジからロビンズへの手紙、1929年7月16日。ヒックスもベヴァリッジを快く思っていなかった。ヒックスから(後の)夫人への手紙、1935年11月(日付不明だが、19日から22日の間)、Marucuzzo *et al.* (2005: 71, Letter 71)。

第3節　経済学教師協会

　ベヴァリッジは LSE の内部だけでなく、外部に向けても積極的に経済学の定着に腐心した。王立経済学会 RES は 1890 年に設立されていたが、多くの会員がロンドンに住んでいないという理由で、公開討論会は開催されていなかった（Tribe 2000: 2）。そこで 1920 年代中葉に、経済学教師協会 The Association of Teachers of Economics という組織が発足した[32]。ここではこの協会がベヴァリッジと深く関係し、経済学の制度化に大きく貢献したことを論じる。

　この協会は 1924 年 1 月にオックスフォードの大会で発足した[33]。以後、毎年 1 回、4 日間連続で行われるようになった。論題は午前に 1 つ、午後に 1 つで、全員がその発表を聴いたようである。第 2 回はケンブリッジ大学で行われ、50-60 人の参加があった。この大会ではフィリップス（後に事務局）が家族手当について発表し、ボーレイ・ストックス・ベヴァリッジ・ショーブ・クレイが活発に議論した。ついでベヴァリッジが「物価史への貢献」と題して発表した。この大会で初めて規約が定められた。彼は規約を議論する会議の議長となり、目的と会員資格をそれぞれ明文化させた。協会の目的とは、経済学や隣接の分野で、教授法やその他の共通関心のある論題について議論する場を設けることである。入会資格は大学教師であって、経済学・経済史・社会学・商学・隣接領域を専攻する者である。7 人の幹事を置き、年大会が開催される、と定められた。初回の幹事にはクレイ・ロバートソン・ストックス・ベヴァリッジ・フィリップス等が選出された。大学およびその周辺組織で経済学を教える者の定期的な学術発表会がここで確立したのであ

32　Middleton（1998: 32n）に若干の説明がある。
33　以下の事実確認はすべて *Economic Journal* の記録記事による。参照した巻号数とページ数だけ記しておく。36（141）: 129-130、37（145）: 151-153、40（157）: 156-160、41（161）: 149-150、42（165）: 158-163、42（168）: 670-674、43（172）: 717-723、44（176）: 731-732、45（180）: 799-801、46（184）: 769-772、47（187）: 582-587、48（192）: 758-763、49（196）: 770-774。

る。

　1926年1月は規約制定後、初めての正式な年大会であった。バーミンガムで30-40人の参加があった。ドッブが「現在の利潤理論に対するコメント」を発表し、ロバートソンが討論した。約90％にあたる110人が年会費を納入したと報告されたので、当時の会員は120名ほどと推測される。幹事選挙でベヴァリッジ・カー−サンダーズ・クレイ・フィリップス等が選ばれた[34]。4回目の年大会はロンドンで開かれ、35-40人が参加した。クレイを座長として、ボーレイが「経済教育における統計学の位置」を発表した。他にレイトンが「国際連盟の経済会議」を発表したり、ラヴィントンが座長になったり、ショーブが「人口と収穫逓減の法則」を発表したりした。幹事選挙ではベヴァリッジ・クレイ・フィリップス等が選ばれた。

　その後2年間はなぜか不開催で、1930年1月にバーミンガムで5回目の年大会が開かれた。36名出席である。フィリップスが社会保険について発表し、クレイとロバートソンが銀行と産業変動の関係を扱った。ベヴァリッジは「最適人口は語るに値するか」と疑問を呈した発表を行った。オースティン・ロビンソンも続いて発表した。ベヴァリッジは経済学・歴史・政治科学・隣接の領域を専攻して卒業した学部生に、4年目でビジネス管理を学ぶコースの設定が望ましいと主張した。幹事選挙ではベヴァリッジ（長）・アシュトン・ハロッド・A. ロビンソン等が選ばれた。この幹事会で改めて会員資格が話題になっていた。(a) 大学で教えている教師と、(b) 大学教育公開講座 extra-mural の教師である。後者の場合はその都度、資格審査がなされる。

　次の大会は1931年1月にオックスフォード大学で開かれた。マックグレガー・グレゴリーが合理化問題を取り上げた。ヘンダーソンは輸入関税を議論し、ロビンズがこの議論の先陣を切った。輸入関税を支持する意見はごく少数であった。社会生物学教授のホグベンも「人口の生物学的側面」と題して発表した。この回は参加者が今までより多く、あまり巨大な組織にならないようにという懸念が会員の間に広がった。そこで規約が改正され、上記の資格（b）が（a）の数を上回らないようにすることになった。1932年1月

34　ベヴァリッジの後を継いで、LSEの学長になる。

のレディング大会は 60 人以上の参加者であった。ハイエクが「信用循環理論の係争点」を発表した。現在の不況がデフレ政策のせいで、購買力が欠けているからという見解が批判され、資本主義の生産構造の本質を理解すべきと結ばれた。ロバートソンは「イギリスの通貨問題」を、ヘンダーソンは「賠償・戦時負債の問題」を発表した。この大会で名称変更が決定され、「経済学の大学教師協会」The Association of University Teachers of Economics となった。

　この協会はベヴァリッジの強い主導で発展した。この事実は彼が 4 大会連続で幹事（おそらく理事長にも）に選ばれていること、入会資格に経済学の隣接領域——その広がりが LSE の科目名と同じ——まで含んでいることからも確かめられる。この協会は権威的な王立経済学会や、ケインズの主催する閉鎖的な経済クラブ・火曜クラブとまったく異なり、幅広い専攻と大学から構成された。実際、経済史・統計学・経済理論・経済生物学など、横断的な話題提供があった。そして特筆すべきは、非ケンブリッジ系の一流の学者が集っているだけでなく、ケインズを除くケンブリッジの若手も参集していたことである。またその記録は *Economic Journal* に毎年載せられたので、王立経済学会の正式な活動に準じていた。その記録を見る限り、親密で広範で活発な議論が展開されていた。ベヴァリッジはこのような経済学者集団の組織化の中心人物であった。

　ただし 1931 年以降は、その組織化がベヴァリッジの望む方向に進まなかったと推測される。まずベヴァリッジ自身が幹事に当選したかどうかのみならず、出席したかどうかも記録がない。特に 1933 年以降は簡単な開催告知しか載らなくなったので、幹事も論題もわからなくなった。そして 1931 年に大学教師以外を制限し、1932 年に名称変更したことは、大学に所属する専門的経済学者の力が強くなり、むしろ純化という形で自分たちの集団を作っていったことを意味する。この協会は戦後も長く続くが、ベヴァリッジの

35　Coats（1993: 142）によれば、保守的な王立経済学会のやり方や主導に挑戦する教師協会という位置づけになる。K. Tribe 氏からの情報によれば、1960 年代に前者が後者の機能を吸収した。

参加記録は1930年を最後に途切れている。この事実は、ベヴァリッジの意図した経済学者の組織化が、まさに若手の経済学者の台頭によって別の傾向に変更されていったことを強く示唆する。

第4節　ロビンズとの対抗合戦

　ピグーが教授就任後ほどなく不朽の名作を世に出したように、ロビンズも『経済科学の本質と意義』(1932)でその名声を確立した。本節ではこの本をベヴァリッジとの対抗関係という面から再考する。なぜなら、オーストリア学派の影響という通説とは異なり、本書は第一義的にイギリスにおける経済学の本質論争に批判の重点を置いているからである。例えば、ロビンズはホートレーの『経済問題』(1926)の書評を行っている。ホートレーは「経済学は倫理学から切り離せない」と論じたが、ロビンズは科学と意見を峻別しなくてはいけないと反論した(Robbins 1927a: 174, 178)。この見解は『本質と意義』でも繰り返された。なお本節の最後で、ポパーという当時の到達点を意識することで、経済学に関する両者の理念・方法を明瞭にさせる。

　この本を見る限り、ベヴァリッジの影響はむしろ友好的に見えるが、ロビンズの自伝からはまったく違う印象が浮かび上がる。『本質と意義』でロビンズはベヴァリッジに3箇所触れる。まず最初の注で、経済学の定義がイギリスの権威ある著作でバラバラであることを示すために、大御所のマーシャル、ピグー、ダベンポート、キャナンと共に、ベヴァリッジの講演記録「大学一般教育としての経済学」(1921)を引用した(Robbins 1932: 2)。次に、経済学の物質的定義(富の研究)を批判するために、ベヴァリッジの上記論文

36　流布された邦題は正確に期せば、経済学ではなく経済科学 economic science となる。経済学の科学性を問題にしているので、あえてこの邦題とした。
37　Wiseman (1985: 148)はオーストリア学派の様々な影響を論じている。
38　この判断はHowson (2004: 440)の結論と一致している。それによれば『本質と意義』の発展段階は3つに分かれた。(1)1928年までに定義問題。(2)1929-31年に方法論問題。(3) 1932年の最終段階でハイエクの影響。(1)や(2)が示す初期目的は、イギリスの論者への対抗である。
39　自伝等の明記はないが、ロビンズは新入生としてこの講演を聴いていた可能性が高い。

を好意的に引用する (ibid.: 31)。最後に、価格統制の実際例としてベヴァリッジの『イギリスの食糧統制』(1928) が挙げられる (ibid.: 73)。他に言及されているのは名をなした経済学の大御所ばかりであり、これらの例示だけでもロビンズの中にベヴァリッジの議論が自然に入っていたことがわかる。ただしここまでは友好的な引用だった。自伝によると、この本は「ベヴァリッジや彼のような人々に『事実をもって語らしめる』という単純な信条がまったく誤りであることを説得しようとした」(Robbins 1971: 149) ものであった。

　なぜこのような対抗が生じたのか。「ロビンズ教授『経済科学の本質と意義』へのノート」(1932年頃)というベヴァリッジのメモを参照して答えよう。経済学の定義、効用の個人間比較、データの検証可能性の3つの話題で、両者は鋭い対照を見せる。第1に、ロビンズは経済学史上初めて、経済科学の主題を「稀少な手段の処分に際しての人間行動のとる諸方式」(Robbins 1932: 15) に限定した。これを核とすれば、例えば合理人の仮定も補助的なものに過ぎない (ibid.: 90)。富という物質に関係なく、所与の目的に関してどのような代替的な実現手段を選択するかというミクロ的な人間行動に限定されたのである。ベヴァリッジは次の4例を挙げて、ロビンズの定義は狭すぎると抗議した。今日の失業の原因。イギリスよりアメリカの生活水準が高いのはなぜか。なぜ出生率が落ちているのか。1850年以来、なぜ利子率が変動しているのか。もしこれらの問いに答える必要がないならば、「経済学者は保存に値しない」。もし答える必要があるならば、データを研究しないで、こうした疑問に答えられるのか？　確かにロビンズの議論は経済学の発展にとって感謝すべきだが、目的に関してすべて除外するのは好ましくない (Beveridge 1937a: 462)。ロビンズがミクロ的経済主体の行動に限定したかった時、ベヴァリッジは社会問題というマクロ的関心に焦点があった。第2に、

40　この本はベヴァリッジがロビンズへの私信で触れている。1930年10月30日の手紙、Harris (1997: 313) による。

41　Howson (2004: 414, 426) の最新研究によれば、この定義は1928年まで遡れる。しかもオーストリア学派は関係なく、もっぱらウィクスティード『経済学の常識』(1910) の影響による。

42　BP, 2b-32, "Notes on Professor Robbins' Essay on the Nature and Significance of Economic Science", undated [c. 1932], 1-2.

効用の個人間比較の否定は、ピグー厚生経済学やフェビアン社会主義の所得再分配政策の非科学性を暴く試みであった。ベヴァリッジはこの限定を、「形式には正しいが、むしろ衒学的 pedantic」として首肯しなかった。ただしその理由は説得的に展開されていない。第3に、データの検証可能性について、ベヴァリッジは「経済学のデータは多様性があり変化することを認めても、…それゆえもっとデータ研究をするのだ」と言う。対するロビンズの立場は揺れている、あるいは曖昧なので単純な要約を許さない。1932年以前の講義ノートによれば、実験で証明できるか否かが科学命題である。ただし社会科学の場合、実験は事実上不可能だが、物事の進行を知覚する conceive ことはできるとあった（Howson 2004: 429）。しかし出版された初版ではオーストリア学派流の先験的な本質主義 a priori essentialism に強く影響を受け、経済法則は歴史的事実や心理学から帰納されないとした（根井 1989: 154、Barry 1983: 480）。しかし第2版ではその部分を改訂し（Robbins 1971: 149）、元々の持っていたイギリス経験主義に近い立場になった（Robbins 1935: 122）。すなわち経済学の仮定もそこから出てきた結論も、現実に近似しているとみなすのである。それに対して、ベヴァリッジはもっと単純に、実証主義の立場を堅持した。ハックスレーを単純化して理解したウェッブと同様、経済理論は「新たな観測による検証 verification」（Beveridge 1955: 247）を必要とし

43　後に見るように、ロビンズは「応用経済学」という分野で、政策に応用される経済学の知を認めた。この用語は『本質と意義』（第2版）に既に見られる（Robbins 1935: 149）。馬渡（1990: 273）によれば、ロビンズには規範経済学はない。しかし、応用経済学はある種の規範を含むので、1935年以降ではそのように断定はできない。
44　BP, 2b-32, 注42の文献、1。
45　BP, 2b-32, 注42の文献、1。
46　Wiseman（1985: 153）も同様の見解。馬渡（1990: 272）によると、ロビンズは検証や反証を不要とする立場であり、実証主義者ではない。O'Brien（1988: 34）はロビンズの立場を、本質的にヒュームと同一（安定した実証上の規則性がない）とみる。
47　ただし Caldwell（1982/1984: 104, 106）はロビンズにこのようなレッテルを貼らない。主観主義、方法論的個人主義、経済学の基本命題が自明だという信念という要素がロビンズの立場と理解するので十分であるとする。
48　猪木（1987: 83）はロビンズに中庸性（イギリス経験主義の伝統）を見いだしている。根井（1989: 153）も参照せよ。
49　この立場にもロビンズは満足していなかった。Robbins（1971: 149）。

た。ロビンズの慎重かつ多様な態度は、単純化した実証主義を堅持したベヴァリッジと非常に対照的であった。以上の3点で、両者は経済学の理念・方法について大きく対立していた[50]。

ただし、こうした1920年代・30年代の方法論争は、ポパーの登場で陳腐なものになってしまったように見えた。彼はハイエクやロビンズの賛意で[51]、1945年にLSEに招聘された。ポパーは『ベヴァリッジ報告』を「とても興味があるので、すぐに手に入れた」と証言したが、これは自分の学部とは関連ない場合の社交辞令であった。ポパーの意識では、ベヴァリッジの科学的方法論はすべて拒否すべき遺物であった（Dahrendorf 1995: 423）。ベヴァリッジはウィーン学団とは独立に、論理実証主義を唱えていた。この考えは、科学（意味のある命題）から形而上学（意味のない命題）を排除すること、検証可能性、統一科学という三重奏から成立している（馬渡 1990: 243）。統一科学という意味は、社会科学でもどの科学でも、自然科学と同じ原理が成立することである。前述のように、ベヴァリッジはこの3つをすべて満たしていた。ポパーはこの考えを粉砕したと自覚していた。論理実証主義の難点は、1つ1つの観察結果（単称命題）から一般的な言明（全称命題）が導けない点にある（「ヒュームの帰納」問題）。換言すれば、自然の斉一性——条件が一様で、非連続性がない——を仮定しなければ、両者をつなぐ検証が完了しないのである。そこでポパーは検証に代えて、反証可能性を科学の条件とした。反証されてある命題が棄却されたならば、より良い（大胆な）仮定を提示し、反証されない間はその仮説を暫定的に保持する。これが科学的態度である。ベヴァリッジは反証可能性という方法論の最前線を最後まで無視し、1960年の段階でも元々の検証可能性の立場を堅持した。それは素朴な実証主義への信仰と言える態度であった。他方、ロビンズは経済学の一般命題の科学性に関して、もしポパーを知っていれば「私の本のこの部分はまったく違ったように書かれていただろう」（Robbins 1971: 150）と認めた。

50　O'Brien（1988: 36）は両者の対立を正しく捉えている。
51　ポパー前の重要な人物にハチソンも欠かせない。LSE研究生時代にロビンズの方法論の不明瞭な点を批判し、論理実証主義を経済学に完全に導入した。ただしここではこれ以上触れない。

以上のように、両者ともに経済学の科学性を追究したのだが、その見解はまったく分裂した。しかも後年には古い方法論として唾棄されてしまった[52]。いずれも LSE の内部で発生した出来事であった。ここではベヴァリッジを媒介にして、LSE における経済学の方法論争に光を当てた。

第5節　ケインズへの反発

　方法論上の対立はひとりロビンズに向けたものではない。むしろケインズとの論争——というよりも一方的な挑戦——は、もっと先鋭化されたものだった。ベヴァリッジは生涯、3回に渡ってケインズと論争を行った。1923年からの人口論争、1931年からの関税論争、そして1936年からの失業論争である。これら論争の大部分は別の箇所で触れるが、ここでは最後の論争のうち、経済学の方法論に関わる部分のみを取り上げる。

　ベヴァリッジはケインズの『一般理論』出版後に、大きな関心を持って本書を批判した。それは3種類ある。1936年3月にウェッブ夫妻とマジョルカ諸島で休暇中、『一般理論』も読破した[53]。それから第1に、17ページに渡る批判的メモを書き、それをハイエクセミナーで発表した。そのメモを1936年7月9日付けでケインズに送付している[54]。題名は「雇用理論と失業の事実」であり、出版はされなかった。第2に、部会Fで発表され、後に Economica 誌上に3回に渡って掲載された「失業の分析」（1936.11, 1937.2, 1937.5）がある。第3に、1937年6月24日に行われた LSE 退任記念講演である。これは「人間知識における社会科学の地位」と題して『ポリティカ』

52　ただしポパーの立場も二重に安泰ではない。第1に、反証不可能な命題もあること。第2に、その後の経済学方法論は、クーン・ラカトシュ流の「知識の動態的成長主義」が支配的になったこと。馬渡（1990: 259, 263, 334）参照。

53　大学行政に疲れ切ったベヴァリッジを、ウェッブ夫妻が誘った。Harris（1997: 299）、BP, 2b-35, ベヴァリッジからケインズへの手紙、1936年7月17日。

54　KP, Reel 33,GTE/2/1/4, ベヴァリッジからケインズへの手紙、1936年7月9日。CW（vol. 14: 55-56）に再録。

55　イギリス科学推進協会 British Association for the Advancement of Science、部会Fは経済学および統計学。

Politica（1937.9）に掲載された[56]。純粋な経済論争である第1・第2の批判論考は第7章と第8章に譲り、ここでは第3の論文だけに絞って考察する。経済学の理想像に対するケインズへの批判だからである。

　ベヴァリッジは1936年当時、専門的経済学者の論争にまったく失望していた。その象徴が指導的経済学者ケインズによる『一般理論』である。ベヴァリッジは次のように論じた。ケインズは非自発的失業という概念の定義から出発する。つまり観察に基づく事実から出発していないし、検証による事実への回帰もしていない[57]。これはケインズだけの非ではなく、書評者もすべて同様である。これでは経済学が社会現象に関する科学ではなく、中世の論理学という亡霊だと一般の人に思われてしまう。ロビンズは『本質と意義』の中で、分別ある人の間では経済学の目標が確定したと述べた。その言葉は信じたい。しかし『一般理論』を巡る論争を眺めていると、「私は分別のない人間の側にいると自分を記述しなければならない。そして死ぬまで分別のないままだろう」（Beveridge 1937a: 467）。哲学者は命題から議論を始め、抽象化された演繹法を使う。リカード・マルクス・マーシャル、あるいはオーストリア学派・ストックホルム学派、またはヴィクセルやウィクスティードもこの哲学者の立場と同じである。それは *Economic Journal* の最新2ヵ月分を見ればわかる。「このように言うことによって、敵を作ると分かっている。私は経済学 political economy 100年の伝統に挑戦しているのである[58]。そこでは事実は理論制御としてではなく、挿絵として取り扱われてきた」（*ibid*.: 467）。マーシャルを頂点とする経済学権威に対するベヴァリッジの激しい攻撃がわかる。

　当時のベヴァリッジとケインズの絶望状況は、ウェッブ夫人が正確に描写している。ケインズに批判コメントを送ったのと同日に、ベヴァリッジはウェッブ夫人にも同じメモを送った。その中で「私の批判が正しいのか

56　Routh（1975/1989: 18-19, 306）がこの論争を取り上げている。
57　1940年6月の段階でも、ベヴァリッジは労働一般を抽象的に扱うケインズに反対している。*The Times*, "An Employment Policy", 17 June 1940.
58　シドニー・ウェッブも個人主義的な経済学とマーシャル学説の独占を憂いていた。Durbin（1985: 100）。

間違っているかをセミナーの議論で、期待していたほどは了解できなかった[59]」と嘆いている。またケインズへの手紙でも、「私は未だにタイプライターから遠ざかっている。何を書いても、1つ以上の理由で知的に見えそうにない[60]」と絶望した。夫人は返答して、「ケインズの抽象的な議論とあなたの回答を理解する限り、あなたの批判に同意する。具体的な事実をさらに調査する必要性を説いた最後の段落に関して、心からまったく同意するのは言うまでもない」とある。さらに「過日、ケインズ夫妻と昼食した時、彼は自分の本の反響に非常にめげていた。そして抽象的な経済学者の意見不一致に絶望していた[61]」と書いた。つまり両者はそれぞれの意味で、経済学の現状に絶望していた。失業が存在しないという誤った前提を理論では堅持する古典派に対して、また自らも用いていた景気循環論の手法を捨てたことを理解しない新古典派（ロバートソン・ホートレー・オリーン等）に対して、ケインズは孤高の闘いを仕掛けていた。これは経済学の内部からの絶望感である。他方、ベヴァリッジはウェッブと同様に、経済学が観察から始まって検証で終わる実践科学から遙かに遠ざかってしまったことを攻撃した。これは経済学の外部からの絶望感である。ウェッブ夫人は2人の位置を正確に記していた。2人の絶望感はまったく内容が違うものの、後に両者を結びつける契機となったのではないか。この逆説こそ、ベヴァリッジが1938年頃まではケインズ理論を徹底的に批判するのに、1939年頃から急速にケインズに接近する理由の一端を説明する。

第6節　ジェヴォンズ・マーシャルとの遠さ

本節ではベヴァリッジの理想とする経済学と、ジェヴォンズ・マーシャルを比較する。両者を補助線のように用いることで、ベヴァリッジの意図となしえた結果をはっきりと特徴付けることができる。

59　BP, 2b-35、ベヴァリッジからベアトリスへの手紙、1936年7月9日。
60　CW（vol. 14: 59）、ベヴァリッジからケインズへの手紙、1936年8月25日。
61　BP, 2b-35、ベアトリスからベヴァリッジへの手紙、1936年7月13日。

6-1 ジェヴォンズの科学化

ジェヴォンズが経済学の科学化を推進しようとした時、彼は伝統的な二分法の議論を受け継いだだけでなく、多層の二分法を展開していた。ここで伝統的な二分法とは、シーニアやミルによる科学（to be）と当為（ought to be）の区別である。これはまた実証的命題と規範的命題、あるいは科学 science と技巧 art の区分とも言い換えられる。この区分は Hutchison（1964: 18, 訳 10）が指摘するように、ロビンズに至るまで経済学の基本的方法論であった。

ただしジェヴォンズはさらに多くの二分法を多用する。第1に、科学でも厳密さ strict or rigorous と精密さ exact が区別された。前者はある理論モデル内部での論理的整合性や首尾一貫性を指す（井上 1987: 159）。後者は現象を正確に予測しうることであり（佐々木 2001: 307）、正確な経験的データが得られることである（馬渡 1990: 72）。ジェヴォンズは経済学が数学モデルを導入することで、厳密性も精密性も確保しうると考えた。第2に、論理的な科学と数学的な科学の区別である。後者は論理的かつ数学的という意味である。この区分は事象の質と量に関わり、経済学は論理的かつ数学的な科学であるべきとされた。第3に、当為命題もさらに道徳（動機と行為）と立法（行為＝政策）に分かれた。ジェヴォンズは経済学の科学化を訴え、同時にその政策応用も——純粋理論と厳密に区別された形で——考察対象に入れた。道徳はこの場合、「最大多数の最大幸福」または「幸福の総量を付け加えること」（Jevons 1882/1887: 12）と暫定的に目的化される。立法はあくまで手段であり、望ましい結果が得られなかったら「脇に退け、別の手段を採用する」（*ibid.*: 13）。第4に、科学と当為を判定する基準が区別された。検証 verification と論証 proof である。後者は政策の妥当性を判定するもので、説得的な証拠・理由を意味する。統計データは科学の検証にも政策の論証にも寄与する。以上のように、ジェヴォンズは二分法を多層に用いることで、まず経済学の科学化を厳密な形で推進しようとした。そして次の段階で、経済学の有用性も政策応用という形で考慮した。つまり彼は経済学の細分化（分業）を推進することで、道徳や宗教を純粋経済学から追放することに邁進したのである。

ベヴァリッジの経済学に対する態度は、ジェヴォンズとの対照によって次の3つに特徴付けられる。第1に、ベヴァリッジは科学の要件として精密さのみを求めている。演繹的推論よりも観察データの方が圧倒的に重要だからである。第2に、彼は理論と政策の二段階説あるいは二元論は採らない。第1節で詳述したように、ベヴァリッジの経済学の方法は、ミルの「完全な方法」に似る。すなわちある科学的命題の前提も結論も現実性があるので、結論がそのまま政策として提言しうる。Harris（1997: 278）の指摘するように、ベヴァリッジは観察のテーマ選択に前提（価値判断）が必要なこと、社会的事実は理論なしには知覚不可能なこと、この2点を理解しなかった。それゆえ観察は偏見なしに行えて、観察結果の事実はそれ自体で真理を示していた。その真理はすぐに政策に適用可能なのである。第3に、経済学の細分化ではなく、隣接領域との提携が求められた。

以上のように、ジェヴォンズとベヴァリッジが同じく「経済学の科学化」と言っても、両者はほとんど重ならないことがわかる。前者が数学と物理学の混合を経済学に求めたのに対し、後者は生物学を経済学の模範とした。経済学に普遍的な科学的方法を当てはめるべきで、唯一生物学と異なっているのは対象領域が自然ではなく、人間本性と人間をとりまく社会環境である点だった。

6-2　マーシャルの制度化

マーシャルとの対照は、経済学の制度化に限って行うことにしよう。ここで制度化とは次の5種類と定義しておこう[62]。第1に科目の常設。第2に専門の教授職の創設。第3に学会・専門雑誌・教科書の確立。第4に独立した学位の創出。第5に実際にその学位を得て、社会へ巣立つ人材が多数輩出すること。

ケンブリッジ大学における経済学の制度化については、1816年から1903年までそれぞれ上記の分類に対応する段階が存在した。1816年にはプライムに経済学の講義が許可された。1863年にはフォーセットに経済学教授職

62　橋本（1989: 475, 483）や只腰（2001: 45）を参考にしたが、分類は異なる。

(恒久化および有給化）が公認された。1890 年にはマーシャルの『経済学原理』が出版され、以後に教科書として君臨した。同年にはイギリス王立経済学会から Economic Journal も創刊された。教科書・学会・学術誌という「専門化」professionalization の完成である。そして 1903 年には経済学トライポス（卒業試験）の独立がついに成し遂げられた。[63] マーシャルの教授就任から 18 年目、その引退の 5 年前であった。マーシャルはイギリスにおいて経済学会の確立と経済学教科書の流布をまず成し遂げ、最後の仕上げとしてトライポスの独立という意味で経済学部を独り立ちさせた。経済学が社会的に容認されるのは、ピグーやケインズという次の世代ではあるが、マーシャルこそ経済学の制度化に非常に大きな役割を果たした。[64]

　マーシャルもジェヴォンズと同じく、経済学の現状に対して強い危機感を持っていた。流布された古典派経済学の描く世界は——歴史学派によると——事実とは乖離し、経済人の仮定はヴィクトリア朝の博愛精神と合致しなかった。この危機感がマーシャルを「経済学の現状」(1885) の講演に駆り立てた。Skidelsky (1983/1992: 42, 訳 68) はマーシャルの使命感を次の 3 つに要約している。第 1 に経済学を科学として再建し、権威付ける。古典や数学と並ぶ地位の確立である。第 2 に経済学をヴィクトリア朝の政治的・道徳的雰囲気と調和させる。第 3 にケンブリッジの最高の人材に経済学を専攻させる。この使命感は同時代人への対抗もあった。マーシャルはネビル・ケインズに宛てて、「私の味方になってほしい。私は老人だ。…経済学はシドニー・ウェッブやアーサー・チェンバレンのような人物の支配下に置かれ、漂流している」(Skidelsky 1983/1992: 45, 訳 71-72) と述べた。1890 年代以降に勃興しつつあった LSE やバーミンガム大学に対する対抗である。また、歴史学派の事実万能主義に反対し、「事実自身は黙して語ることがない」(Marshall 1885/1925: 166) とした。最も詐欺的な者は事実と数字をして語らせると公言する者である (ibid.: 168)。他方、マーシャルは理論なしで事実認識はできな

63　卒業試験の創設については、Groenewegen (1995: 531) は「ケンブリッジ学派の出発点」、Kadish (1989: ch. 6) は「経済学の解放」と呼んでいる。その他にも Maloney (1985) が必読文献になる。

64　上宮 (2001: 51) はジェヴォンズについて、制度化の中途にいると結論している。

いという立場だった。
　マーシャルとの対照で、ベヴァリッジの特徴を 2 つ指摘できる。第 1 に、経済学の制度化という点で、ベヴァリッジはマーシャルに比類しうる広範な活動を残した。上記の分類で、第 1・第 2・第 4 をベヴァリッジは LSE の学長時代の 18 年間で一気に成し遂げた。第 3 のうちで、学会は設立された。しかし 1937 年にその社会生物学の教授職が廃止されたことが、まさに第 5 段階の社会的な認知が得られなかったことを示している。すなわちベヴァリッジは経済学の制度化をマーシャルとは別の形で押し進めようとし、ある段階までは順調に確立させた。しかし卒業生の輩出、社会的な認知という最終的な段階でその制度化は挫折した。結果として、イギリスではマーシャルの押し進めた経済学の制度化のみが生き残ったと言えるだろう。第 2 に、ベヴァリッジの試みは「マーシャル対ウェッブ夫妻」の代理戦争とも捉えられる。LSE を創設し成功しつつあるウェッブ夫妻に対し、マーシャルは対抗意識を燃やした。ベヴァリッジはその 20 年後に、今度はウェッブ夫妻の後継者を自認し、マーシャルを頂点とする経済学の権威に対抗したのである。

おわりに

　著名な 4 人の経済学者と比較することで、ベヴァリッジと経済学の理想および現実が浮かび上がってくる。ロビンズは『本質と意義』を、ベヴァリッジの素朴な実証主義への論駁の意味も込めて執筆した。ベヴァリッジはデータ収集こそが真理への道だとして、資源の代替的利用というミクロ的視野ではなく、社会問題の解決というマクロ的視野を重視した。ケインズは『一般理論』で専門的経済学者を内部から攻撃した。他方、ベヴァリッジにとってはそのケインズさえも、観察事実から離れた抽象的概念の操作で遊んでいると非難した。これは当時の経済学上の論争からは完全に超越した外部からの批判である。ベヴァリッジと他の専門的経済学者がいかに遠く離れたかを語る出来事であった。ジェヴォンズとベヴァリッジは同じく経済学の科学化、自然科学の導入を謳いながら、両者に噛み合う部分はほとんどない。その理

由は後者が「精密さ」のみを理想的な科学要件とみなしたからである。また、観察者の価値判断混入に無自覚なため、前者の（理論→政策）という二段階説ではなく、（理論＝政策）という一元論をベヴァリッジが唱えたからである。マーシャルとベヴァリッジは経済学の制度化において比類すべき存在である。ただし前者の構想がその弟子の段階で、社会的に認知された——卒業生の輩出と後継経済学者の増加——のに対し、後者の野心的試みは最終的には失敗した。

　1つのエピソードを挿入しておこう。ベヴァリッジの就任演説が *Economica* 初号巻頭に掲載され、退任演説が *Politica* に掲載されたのは、彼の経済学への貢献を暗示していて興味深い[65]。当初の *Economica* は「社会科学の雑誌」A Journal of Social Sciences という副題を付けていた。LSE は正式名称が象徴するように、経済学・政治科学を中核とするが、その周辺の社会科学も包括して発表される場所であった。しかしラスキが政治学教授、ロビンズが経済学教授に任命された辺りから、経済学の限定化、社会科学の中立性を求める動きも露わになった。ベヴァリッジは独自の観点で、経済学の発展に腐心したが、それは両陣営からも疎まれた。1931年11月号まではこの副題は存在するが、その後は確認できていない[66]。ついに *Economica* は分裂し、1934年2月には *Economica*（新シリーズ）と *Politica* が創刊された。前者は経済理論に特化した形で、現在まで一流雑誌として続いている。後者は戦争の影響もあって1939年9月には廃止された。その後は *Agenda* と名乗った僅かな期間（1942.1-1944.11）を経て、1950年5月から『イギリス社会学雑誌』*British Journal of Sociology* として生まれ変わり、現在に至っている。この間に政治学から社会学へ力点が移動した印象を受ける。こうした雑誌の題名変更は、ベヴァリッジの経済学刷新運動について、1920年代の奮闘と1930年代の凋落を同時に浮かび上がらせる。

65　Dahrendolf（1995: 197）は「驚くことではないが」と形容している。
66　この副題を確認できた号は次の10である。20号（1927.6）、21号（1927.11）、25号（1929.4）、26号（1929.6）、27号（1929.11）、28号（1930.3）、31号（1931.2）、32号（1931.5）、33号（1931.8）、34号（1931.11）。ただし合冊製本の関係で表紙が欠落している場合もあるので、明確には言えない。

ベヴァリッジは3つの目標を経済学に設定した。その目標に従って彼は、LSEという場で理想とする経済学の創出という壮大な実験を試みた。しかしそれは経済学の実際の発展と悉く対立した。その理由は大まかには3つある。第1に、ジェヴォンズ・ロビンズとベヴァリッジは共に経済学の科学化を標榜するが、その中身がまったく違ったためである。後者は素朴な実証主義に拘ったため、科学化とは「精密な科学」（データ収集による正確な事象予測）を意味した。同時にベヴァリッジは観察者の価値判断に無頓着なために、集積した事実がそのまま真理となり政策指針となりうると主張した。第2に、経済学の目標には科学化に加えて、公務員養成と市民の教養が加わっていた。これは現代に生きる市民のたしなみとしての社会科学を意味していた。経済学の独立か連携かと問われた時、時代の潮流に反してベヴァリッジは隣接領域との連携を答えとしたのである。第3に、彼の実際の制度化は途中まで成功したが、最後には消滅した。理想の象徴であった社会生物学の講座は消え、同時にLSEの（そして全体の）経済学はロビンズによってベヴァリッジとまったく違う道を歩むことになった。

　ベヴァリッジの試みは1930年代以降、急速に陳腐化した。この意味で彼は経済学発展の「遅れて遠ざかる証人」である。しかしロビンズやケインズに対し、経済学の科学化の面（理想）から対抗しようとしたこと、LSEにおいて経済学の制度化（現実）をマーシャルの線上とはまったく違う形で半ば遂行したこと、この点は経済学の歴史の中で忘れ去られるべきではないだろう。まさにマーシャルの時代（1924年以前）とケインズの時代（1936年以後）をつなぐ中間点において、専門的経済学者の発想とは別個の経済学刷新運動が存在した。ベヴァリッジは経済学の科学化と制度化の多様性を示す格好の存在であった。

第7章　人口論・優生学・家族手当[*]
―― ケインズとの第一論争 ――

はじめに

　ベヴァリッジは生涯に3度、ケインズに激しい論争を仕掛けた。その第1が1923年からの人口論争である。従来の見解では、――第1節の終わりで論じるように――両者の論争は理論的にまったく不毛と断定されていた。しかし、本章では理論的論争の背景にある両者の前提・使命感まで掘り下げて、この論争を後に続く思想的変遷の重要な契機とみなしたい。人口論の背景にあるのは優生学であるが、この面からも従来の研究では――Trombley(1988)を典型として――両者の優生学への関与を指摘するだけに留まっていた。本章ではむしろ両者の優生学に対する態度の変遷を描く。注目すべきは、両者が優生学協会でそれぞれ独立に講演を行っていることである。本章ではケインズの講演（1937）とベヴァリッジの講演（1943）にも着目し、その重要性を喚起する。また両者の思想的変遷の鍵として、家族手当という概念にも光を当てる。本章では全体として、人口論を契機にし、優生学を背景に秘め、家族手当に抽出されるという「福祉国家理念の誕生」を視点に持つ。この視点を取ることで、両者が最終的にその理念に収斂する動態を描く。
　もともと20世紀初頭には、優生学は最も進化した科学と考えられ、様々な型を持ちながら、全体として社会改革の合理的基盤（と信じられたイデオロギー）を支えていた。優生学は特に中流階級の社会改革家を惹きつけ

---

[*] 経済思想研究会（2006.3.27、於・東北大学）および本郷亮・山崎聡・佐藤方宣・高橋聡の各氏コメントに感謝する。初稿が大幅に改訂された。

た。彼らは遺産に依存する怠惰な上流階級でも、悪癖に耽る怠惰な下流階級でもない。シドニー・ウェッブを典型例とするように、自らの能力・努力で富や名声を勝ち取ってきた勤勉な中流階級である。その彼らが時に極端な優生学の応用を見せた。2つの例を挙げる。第1に、優生政策の実施によって、社会福祉を必要とする絶対数が減れば、残った人々により厚いサービスをより人道的に供給できる。第2に、貧困な家庭の子供を救うには、子供を持つべき親の選別を行わなければならない。国家は遺伝的に劣った人々について、強制的断種を行う権利がある[1]。これがミュルダール夫妻の主張であり、スウェーデンにおける断種法制定（1934）の理論的支柱であった。この例のように、優生学と並立する福祉国家の思想もありえた。

　本章では上記の2例に対して、ベヴァリッジやケインズがどのような回答を1940年代までに最終的に示したかを描く。1920年代前半の人口論争を契機として、両者がいかに変化し、そして最終的にある程度は思考の収斂を見せたか——本章の課題はここにある。

　第1節では両者の人口論を詳述し、理論面と思想面からの評価を行う。第2節では両者が持っていた初期思想として優生学を指摘し、多様な優生学という概念でどこに位置するかを確定する。第3節では家族手当に光を当て、異なった値ではあるが両者に重要な意味があると論じる。両者の経済思想が1910年代から1930年代にかけて、大きく変化したことを確認する。結語として、両者における人口論を出発点とする思想の変遷を結論する。

第1節　両者の人口論争

　人口論は1920年代前半、多くの経済学者が注目していた論点であった[2]。キャナンが早くも19世紀末に、人口論の現代的解釈に先鞭をつけた[3]。ブレ

1　詳細はCarlson（1990: 91）を見よ。劣った人物には犯罪の性格を持つ者も含まれる。
2　Dalton（1923: 224）も同様の見解をとり、さらに人口論争によって産児制限に対する議論が広がったとする。
3　最適な人口数について、1人当たり生産量を極大にする人口と定義した。その定義はすでに『初等経済学』（1888）にある。中山・南（1959: 13）を参照。

ンターノの1910年論文は統計データからマルサスの人口論を批判した。本章の3-2で触れるように、この論文はピグー・ケインズに大きな影響を与えた。ケインズは1910年代から人口論に強い関心を持ち、ケンブリッジ大学の授業の中でそれを教えていた。1920年代にはケンブリッジハンドブックの第5巻としてライトの『人口』[4](1923)も出版された。このような中で、ベヴァリッジはケインズに対して、1923年にその人口論を徹底的に批判した。

ベヴァリッジが直接批判の対象としたのは、ケインズの『平和の経済的帰結』(1919)であった。それゆえこの中の人口論の部分のみ、まずその梗概を述べておこう。

その第2章で、ケインズは欧州の発展を4段階で要約している。第1段階は1870年以前で、ほぼ自給自足の生活であり、人口もその状態に適応していた。第2段階は1900年までで、人口の拡大がより一層の食糧・工業製品の拡大を生み出した。主に人間や食糧の欧州外部との相互交流がプラスの効果をもたらした。収穫逓増の状態である。第3段階は1914年までである。1900年頃に「人間の努力に対する自然の産出逓減が、再び出現し始めた」(CW vol. 2: 5)。つまり収穫逓減の再出現である。しかしアメリカやアフリカという外部から大量の安価な諸資源が入ってきたため、穀物の実質費用は上昇するまでに至らなかったのである。ケインズはここまでの段階を「経済的黄金郷、経済的理想郷」(ibid.: 6)と呼んでいる。

しかし第一次世界大戦の勃発で、こうした理想郷は打ち破られ、内在していた不安定要因が一気に吹き出した。ケインズは3種類の不安要因を挙げた。第1に、中欧(ドイツ・オーストリア)とロシアの不安定である。どちらも爆発的な人口増加がおき、特に中欧の圧倒的な経済力に対して、周辺地域が依存関係を強めていた。そこに敗戦・革命という大きな攪乱要因が勃発したので、欧州全体に大混乱が起こるのは必至であった(ibid.: 8-9)。第2に、貯蓄を推進してきた人々を襲う心理的不安定性である。資本蓄積は「二重の威嚇、二重の欺瞞に依存していた」(ibid.: 11)。一方で労働者は分配の不平等

---

4 ケインズによる序文。Toye (2000: 168) はライトの見解はケインズとあまりに似ていたので、ケインズ自身が人口論の本を出版する必要を感じなかったと推測している。

のため、低い賃金に甘んじて消費水準が極小であった。他方で分け前の大部分を獲得した資本家も、将来を見据えて現在の消費を抑えひたすら貯蓄に励んだ。両者の行動によって進歩や成長が可能になっていたのであるが、ここには2つの陥穽があった。1つは人口が資本蓄積を凌駕し続けてしまうこと。もう1つは戦争によって一瞬にして、蓄えてきた資源が破壊されてしまったこと。多くの人は戦争という蕩尽に直面し、禁欲の虚しさを悟ってしまった。この状態で戦前の心理状態を再現することは不可能である（*ibid.*: 13）。第3に、欧州と新大陸の擬似均衡が崩れる不安である。戦前は欧州の資本が新大陸に輸出され、新大陸から大量で安価な食糧が輸入されていた。しかしアメリカも人口が増え続け、ついには輸出に回す食糧余剰が消えかけている。その帰結は物資の不足というより、穀物価格の上昇に現れている（*ibid.*: 14-15）。欧州の食糧調達が新大陸に依存しすぎるという不安定性がある。この3つを主因にして、ケインズは人口増加の脅威というマルサスの悪魔が、半世紀ぶりに鎖を解かれて暴れ回ると予言した（*ibid.*: 6）。

　ベヴァリッジはイギリス科学振興協会の部会F会長として、1923年に「人口と失業」と題する講演を行った。これが両者の激しい人口論争の幕開けとなった。2つの理由から、ベヴァリッジはケインズの人口論に反対した。第1は理論的な見地からである。「失業と過剰人口は別個の問題である。…過去に激しい失業は過剰人口なしに起こってきた。産業の大きさではなく、その組織や方法の関数として発生した」（Beveridge 1923b: 448）。ベヴァリッジはすでに自己の失業論を確立していた。単なる労働供給の過剰からではなく、産業の状態（例：臨時雇用を必然にしている産業組織）によって失業は発生した。そのため、ケインズが人口問題と失業問題を同一視しているのは大いに非難されるべきだった。第2はデータの見地からである。実際の統計値と照らし合わせした後に、最終判定がなされるべきである。調べるべきは「人間の努力に対する自然の収穫逓減」と「実質費用の上昇」の有無である。ベヴァリッジは4つの表を駆使し、いずれもケインズの懸念は観察されないとした。すなわち、欧州の1人当たり（または土地1エーカー当たりでも）の穀物産出量は増加している。そして穀物の実質費用も上昇せずに、

他の商品に対して相対的に低下した。ゆえに過剰人口による経済の衰退が発生しているわけではない。ベヴァリッジは次のように結論した。

「欧州全体に関して、マルサス的悲観主義の理由はない。戦前に過剰人口の影もない。…ケインズ氏の懸念は不必要であるだけでなく、根拠がない。彼特有の言明は事実と合わない。」(ibid.: 459)

理論的にも実証的にも、ケインズの人口論は誤りであると非難された。
　ケインズはこうした激しい批判に戸惑いながらも、論文や私信で反論を試みている[5]。その論点はおよそ次の5つに分類できる。第1に、統計上のデータ取捨や解釈に関する論点である。まず1900年に収穫逓減への転換点があったという点については、データ不備かもしれない（CW vol. 19: 131）。しかし大事なのは正確な日付を確定する歴史的興味ではなく、現状の不安定性の認識である（ibid.: 120）。さらにベヴァリッジの数字を認めたとしても、それは一次産品に関してであり、欧州の工業製品と新大陸の一次産品との交換比率という問題に答えることはない（ibid.: 121,129）。第2に、誤読に基づいた推論である。ベヴァリッジは実際に生活水準が低下していないことを証明しようとしているが、これは無駄である。こちらは生活水準の攪乱可能性を人口増加と結びつけて論じたのみであり、事実として生活水準が低下していないのは認めている（ibid.: 141）。第3に、この誤読を生じさせた定義の違いである。ベヴァリッジは「生活水準が実際に下落するまでは、ある国は過剰人口とは言えない」と定義しているようである（ibid.: 141）。こちらは「人口がもし今より少なかったら実現しえた生活水準が、現実のそれよりも高い場合」を過剰人口と定義する（ibid.: 124）。現実（歴史的事実）よりも、可能性（経済モデルが導く仮説的な点）に重点がある。第4に、議論の仕方である。人口ひいては産児制限 birth control について、「私の生涯で印刷に附したものは一言

5　「人口と失業」（『ネイション』*The Nation and Athenaeum*, 1923.10.6）、「ベヴァリッジへの返答」（*Economic Journal*, 1923.12）、ベヴァリッジへの手紙（1924.2.16）。すべて CW（vol. 19: 120-140）に再録されている。

もない」(*ibid.*: 139)。それをあたかも公の議論として批判対象にするのは誤りである。唯一ほのめかした『平和の経済的帰結』でも、人口論は瑣末な論点なのである。第5に、両者は究極的には同じ懸念を抱いているのに、表面的に激烈な論争に仕立てて両者の断絶を喧伝するのはやり切れないという憤りがある。ベヴァリッジは「私の述べてきたことはマルサスの基本原理を否定するものではない、それが現代科学の教えによって補強されうるならば」(Beveridge 1923b: 473) と認めている。そこでケインズは「この論争を激しい調子で続けると、…我々が基本的問題について実際よりも遙かに大きな違いを持っている」(CW vol. 19: 142) と公衆に信じ込ませてしまうと警告した。

ベヴァリッジはこうした反論に対し、まったく自説を曲げることはなかった。例えばボーレイの統計データに依拠し、ケインズの推論 (1900年頃に欧州と新大陸の農産物に関する交易条件が欧州に不利になったこと等) には裏付けがないと繰り返した。[6]他方、ベヴァリッジはマルサスの懸念を原理的には否定していないから、両者の背後にある見解の同一性に気づいている。しかしケインズという経済学の権威に反駁できる機会と見たのか、批判の手綱を緩めることはなかった。[7]

この論争はどのように解釈できるだろうか。先行研究を理論面と思想面の考察に分け、本章の立場を最後に加えておこう。まず理論的には3種類の代表的な先行研究がある。Moggridge (1992: 345) は一次産品と工業製品の全体同士を比較するのは間違いで、実質費用と関係ある1つか2つの要素の交易条件を鑑みるべきだったとした。山田 (1950/1988: 238) は収穫逓減が1900年前後に観察されなかったのだから、客観的にケインズは誤りであったとした。中山・南 (1959: 117, 123) はシュンペーターとサミュエルソンを引用し、またドールトンの示唆に従って、両者の論争が完全に不毛であるとした。過剰人口に明確な定義が存在しなかったことが最大の原因であった。さらに最適な人口という考えを導入し、人口の悪魔は人口の絶対数に、失業の悪魔は人口の成長率に依存させるモデルを用い、両者が異なった適正概念であるこ

---

6 CW (vol. 19: 138)、ベヴァリッジからケインズへの手紙、1924年1月1日。
7 Beveridge (1955: 212-213) からは、ケインズに勝利した高揚感が窺える。

とを見抜いた (*ibid*.: 160)。以上、理論や統計データの面では、ベヴァリッジに軍配が上げられている。次に思想的には2つの判断がある。Harris (1997: 332) は両者の論争を「表層的」artificial と総括した。両者とも究極的にはマルサス主義（多産への懸念）を受け入れ、合理的な家族計画にも賛成しているからである。Toye (2000: 173) はこの見解を批判し、具体的な対立を顕在化した論争とみなした。両者はマルサス的な圧力の程度、ひいては産児制限の緊急性について意見を異にしたからである。ただし Toye (2000: 180) は論争が純粋学問上だけでなく、背後にある「使命感」に基づいていることも指摘する。

　本章は上記の理論的評価を基本的に受け入れる。ただし1つだけ補足しておく。ケインズが人口増加と主張した時、それが絶対的なのか相対的なのかが曖昧であった。相対的という意味はここでは、異なる階層・異なる人種という部門間の比較である。第2節で後述するように、両者は社会の最良部分の相対的低下を同じように懸念していた。しかし両者ともそれを明示せず、特にケインズはあたかも人口の絶対的水準の増加を警鐘しているような印象を与えた。この曖昧さが論争を不毛に仕立てた別の理由である。

　本章は以上の理論的評価に加え、なお経済思想面からの考慮を続ける。Harris (1997) や Toye (2000) の見解も参考にし、背後にある世界観の内容を吟味するだけでなく、人口論・優生学・家族手当という3点のリンクを示し、明確にその変遷を跡付けようと試みる。

　なお本節の最後に、両者の論争が広く耳目を集めたことも補足として触れておく。1923年からロバートソン、ドールトン、ハロッド、ロビンズなどの著名な経済学者も人口論に参戦した。例えばロバートソンは過剰人口と失業が異なるというベヴァリッジに賛成しているが、同時に人口圧力によって厚生（1人当たりの平均的経済厚生）が損なわれている可能性も指摘し、ケインズ側にも配慮を見せている (Robertson 1923: 203-205)。ハロッドは1922年頃の「経済学クラブ」Political Economy Club で、ケインズがマルサス論を発表した時に、ロバートソンがケインズの懸念する人口増加圧力よりも、むしろ逆の減少を示す統計を見せたと証言している。ハロッド自身はケインズの

懸念は誤りだと感じた（Harrod 1951/1982: 328、訳369）。ロビンズはキャナンの先駆性を讃え、古典派からベヴァリッジまでの人口論を概観した。[8]

第2節　初期思想としての優生学

　人口論の背後にある両者の前提・世界観とは何か。それは優れた種・階層の保存という使命感に他ならない。この事情を明らかにするには、あらかじめ20世紀前半における優生学の流行を確認する必要がある。以下でまず優生学の定義と現代からの評価を簡単に示した後、初期の両者はある種の優生学を強力に肯定していたと論じる。

2-1　優生学の流行

　優生学 eugenics はゴールトンが1883年に生み出した用語であり概念である。1904年の定義によると「人種生来の質を改善するあらゆる影響を扱う科学」（Galton 1905: 45）である。別の年代の定義では、人間の優良な血統を速やかに増やす諸要因を研究する学問的な立場とある。[9]また、将来世代の人種的な質を——肉体的であれ精神的であれ——改良・改善するという社会的制御下にある作用 agencies の研究でもあった。ダーウィンの進化論は変形されて、社会論としても圧倒的な影響力をみせていた。ウェッブ夫妻への影響が典型的である。その後、19世紀末から20世紀初頭にかけて、優生学は、改めて遺伝学という科学的な装いでイギリスでも多くの知識人を惹きつけた。[10]後にドイツ・北欧で断種法という立法措置をもたらしたように、従来、優生学には人種差別・人権無視という評価が不可避的に結びついていた。しかし1970年代後半から研究状況が変化し、優生学＝保守主義　という単純化は許されない事態になった。優生学＝悪　という二元法では、特にイギリ

8　紙幅のため、ケインズとの論争は注で触れただけだが、総じてベヴァリッジに好意的な論評になっている。Robbins（1927b: 127, 131）。
9　米本ほか（2000: 14）と Freeden（1979/2005: 144）による。
10　ここでは詳述しないが、ピグーが経済学者の中では最も明示的に優生学を論じていた。この点は本郷・山崎（2006）を参照せよ。

スの知識人の動向を掴みきれないからである。例えば、福祉国家を熱烈に擁護したティトマス[11]は、すでに1930年代から優生学を民族差別主義から切り離し、知的に一貫した体系にしようと運動していた（Brown 1995: 102）。特にFreeden（1979/2005: 149）はいち早く、優生学と社会主義・社会改革・自由思想とが両立している状況の謎解きを行った。松原（1991: 226）は優生学が専門的中流階級（例：医者・弁護士・大学教員など）のイデオロギーであるという説を紹介した。米本ほか（2000: 11, 278）はさらに一歩進み、福祉国家と優生学は実際には密接に絡み合ってきたと指摘し、優生学の実像は合理的な近代化政策の一種であると結論した。

以上の先行研究を踏まえ、多様性・多層性がある優生学をひもとくために、2つの軸を用意しておこう。まず積極的優生学と消極的優生学の軸である[12]。積極的 positive 優生学は優良な遺伝子を見つけ、交配して子作りを奨励する勧告を持つ。消極的 negative 優生学は不適応者の生殖を制限し、種の中の欠陥発生率を減らそうとする。具体的政策として、保護・隔離と断種がある。さらに断種には自発的断種と強制的断種とがある。この最後の局面こそ、歴史の汚点とされる。次に本流型と改良型の軸がある[13]。本流型 mainline 優生学とは遺伝的要素をすべての決定要因と見るので、人種差別主義の傾向が強い。改良型 reform 優生学とは遺伝をすべての（特に貧困の）決定要因と見る本流を批判し、環境要因を加味して適切な判断を下すべきとする。本流と改良という分け方は、優生学を強い核と弱い防御帯に分ける試みである。後者を認識することで、多くの社会改革者を適切に位置づけられることになる。

本節の結論を先取りしておけば、次のようになる。ケインズもベヴァリッジも優生学の洗礼を受け、生涯に渡って時に積極的に、時に暗黙裏に優生学を支持していた。しかしその厳密な意味は、（微妙だが）ほとんどの期間で

11　ティトマスは優生学協会で活躍し、ベヴァリッジの後任としてLSE学長になったカーーサンダーズと知己を得て、そのきっかけでLSEの社会行政論教授に1950年に就任した。カーーサンダーズはトインビーホールの副館長を務め、優生学教育協会の秘書となっている。
12　この「2つは関連するが、同一ではない」（Teitelbaum and Winter 1985: 45）。
13　松原（1999: 230）が紹介する分類。

積極的優生学を推進し、しかも改良型優生学であった。つまり両者とも白人および中流階級の優位性を心に秘めていたが、初期（この場合は 1900-1910 年代）を除き、だいたいの場合は穏健な進歩思想を採っていた。以下ではその例証を行う。

2-2　ケインズの場合

　ケインズは優生学と密接な関連を生涯持っていた。1907 年に優生学教育協会が発足し（1926 年に優生学協会と改称）、また 1911 年にはケンブリッジ優生学協会が独立に設立された。ケインズは後者の会計官であったため（Freeden 1979/2005: 171）、マーシャルが協会の永久会員申込書をケインズに送っている（Toye 2000: 141）。また 1937 年から 1944 年までは優生学協会の理事であった（1937 年は副会長）[14]。ケインズの優生学への関心はまず統計学者ピアソンとの論争、そして 1910 年代前半の書き物から判明する。書き物とは 1912 年の講義ノートと、1914 年の 19 ページに渡る講義メモ「人口」である。後者は『ケインズ全集』から抜けていたが、該当部分の初版（1972）を訂正する編集記によって存在が明らかになった（CW vol. 30: 164）。そして Skidelsky（1992/1994: 429-430）が付録としてこの文書に触れ、Toye（2000: 53-72）は全文を収録して本格的に論評した。

　ケインズはマーシャル・ピグーの賛意を受けて、1910 年頃にピアソンと論争した。ピアソンはゴールトンの後継者で、優生学者でもある統計学者だった。その一派は飲酒する親としない親のデータを集め、子供の障害は親の飲酒ではなく遺伝的欠陥にあると結論した。ケインズはマーシャルに賛成して、ピアソンの主張を全面否定した。表面上、ケインズはデータの統計的不備を突いた。サンプルに関して、数量・代表性・分類が不適切であると論じたのである（CW vol. 11: 187）。Skidelsky（1983/1992, 225-226、訳 370-371）の指摘するように、ピアソンへの敵意はケインズの個人的信条によっても説

14　Cavanaugh-O'Keefe, J. *The Roots of Racism and Abortion: An Exploration of Eugenics-US-*, Xlibris Corp, 2000.　ただしこの本は日本で入手不可能なので、http://www.eugenics-watch.com/roots/chap02.html の該当箇所を参照した。

明できる。第1に、この時期のケインズは飲酒という悪癖がやがて貧困を生むと信じた。この立場は節酒主義と合致する[15]。第2に、社会問題に対する数学利用への慎重さである。ケインズは同じ親で、禁酒の時の子供とそうでない時の子供の能力を比べる時、その時に限って統計的方法が適切になると結論した（CW vol. 11: 216）。ピアソン等は肉体の退歩が純粋に遺伝的であるとデータで証明したかったのだが、ケインズは統計の不備と未熟な解釈に議論を絞りつつ、飲酒の蔓延という社会的要因も重視した。この論争はケインズが慎重にも、社会問題を単純な遺伝的要因に還元しなかった例となっている。

　1912年の講義ノートはケンブリッジ大学で行った「経済学原理」の準備メモである。それは労働供給の議論から始まる。人口、労働者の生活、労働時間、労働の効率が題目に挙がっている。ケインズはマルサスを最初のケンブリッジ経済学者と名付け（Toye 2000: 37）、その人口論を紹介する。しかしブレンターノの1910年論文により、結婚率の低下と一家族の児童数の減少が例証された。そこでケインズはマルサスの人口問題が去ったと感じ、むしろ次のディレンマを問題にする。すなわち「最も急速に再生産されるのは、人口のうちで最貧かつ最も知的に劣る部分である。最も文明化された国では出生率は最も急激に落ちる」（*ibid.*: 41）。ケインズは異なった人種間での生存競争が偏見や政策を反映していると認める。それが種族保存の原始的な本能だからである。そして人口増加によって、財産の平均水準を押し下げる地点がすぐに押し寄せてくると結んでいる（*ibid.*: 41-42）。ケインズは出生率の低下をはっきりと認識しているから——1923/24年の論争では認識していないように見えたが——、人口の絶対水準を問題にしていない。むしろ相対的な——異なる階級間、異なる人種間の——人口問題を論じているように見える。そして貧困層・貧困国の人口圧力が強いために、その部分に過剰人口の問題が顕在化することを問題にした。裏を返せば、中流階級と白人の相対数の低下が懸念された。

　1914年の講義メモは、後の『マルサス伝』（1933）の最初期の草稿ともみなせる。しかしToye（2000: 48）によれば、このメモは2つの点で異なる。

---

[15] ベヴァリッジもまた節酒運動を支持した（Beveridge 1955: 52）。

1つはマルサス人口論の扱いが詳細なこと。もう1つはインド・エジプト・中国の人口問題に触れていること。この2点は1912年のノートとも異なる部分である。「私の論文の中心テーマは…高い水準の経済厚生と両立する人口密度よりも、さらに大きい状態が存在するか」(ibid.: 62) である。人工的な産児制限は望ましい。この方法（避妊）を上流・中流階級だけでなく、労働者にも広めるべきだ。しかしインドや中国の多産信仰を鑑みると、東洋の人口増加には対抗手段を取らざるを得ない (ibid.: 69)。その手段として、厳しい移民制限や一次産品への制限的介入がある。[16]

2つの草稿からケインズの信念が次のようにわかる。最良の階層と信じている部分が、「酒飲み、無知、深慮の極端な欠如などで徳が欠ける人々…から生まれる人口の比率」(ibid.: 69) によって脅かされている。これがケインズの感じる過剰人口の正体である。ケインズは慎重にも、徳の低い階層（労働者階級）に対して強制的な対策を強く押しつける提唱はしていない。あるいは人種差別と受け取られることを嫌い、「世界主義者 cosmopolitans」を指向すると何度か断っている (ibid.: 71)。ピアソンとの論争も合わせ、1910年代前半のケインズは環境要因にも目配りし、差別には慎重になっている。その限定はあるが全体的に、徳のある中流階級以上あるいは白人世界を防衛する使命感に駆られていた。[17] その現れが過剰人口への懸念であった。

2-3　ベヴァリッジの場合

ベヴァリッジも生涯、優生学に興味を持ち続けていた。ただしその関与は時代によってまったく異なる。この節では、1900年代という初期の関与を取り上げ、それが消極的優生学であったと論じる。

1906年の社会学学会（LSE）における「失業者の問題」というシンポジウ

16　草稿の最後に12人の名前が挙がっている。その中にホブソン・レイトン・ベヴァリッジがある。何の名前であるかは不明だが、参考すべき文献の作者とも考えられる。1914年5月の段階で、既にケインズは人口問題でもベヴァリッジを意識していたことになる。
17　この部分は1923年のロバートソンにも共有されている。「我々の義務はできるだけ多くのイギリス人、英語を話す人、白人が…含むような世界を保障することである」(Robertson 1923: 208)。

ムが重要である。ベヴァリッジは冒頭の演説者として登場した。この学会の重要性については第3章2-3で前述した。繰り返しておけば、ベヴァリッジはここで完全雇用・市民権・自由社会の三者を結びつけていた。これは後期の福祉国家論の最も初期の形態である。ホブソン・ボーレイ等が討論に加わっていたことも重要であった。ただしここでは、最低限生存所得という概念を提唱した直後の文が見逃せない。

> 「一般的な欠陥のために、産業においてそのような〈完全な〉居場所を満たせえない人々は、〈雇用不適格者〉unemployable と認知されるだろう。そのような人々は国家に依存する者とみなされ、自由な産業から取り除かれる。公共施設に適切に保護されるのだが、すべての市民権を完全かつ永久に喪失させる。これには選挙権だけでなく、市民的自由や子を産むこと fatherhood を含む。」
> (Beveridge 1907b: 327)

苦汗産業などの一時的雇用者は徐々に飢えていくのだが、効率的な産業社会ではもはやこの状態はない。公共施設に保護されるか、移民として出て行くか、直ちに飢え死にするか、この選択しかないのである (*ibid*.: 327)。

以上のようなベヴァリッジの言及は、劣等な人々——ただし遺伝によるとは明記も示唆もしていない——を明確に差別し、市民権の剥奪のみならず断種まで及んでいた。つまり消極的優生学の立場であったと判断できる。

1906年の段階では、福祉国家の理念は雇用不適格者ではない人間のみに限定されていた。ただ、この言明は無理からぬとも言える。この学会のちょうど2年前、1904年5月に第1回の社会学学会がまさにLSEで開催されていた。そしてゴールトンが「優生学——その定義、展望、目的」を講演したのである。イギリス優生学の公的な立ち上げと呼んで良い。優生学は社会学者の中で有力な一角を占めており、多くの者が「優生学は社会改革に合理的基盤を与えてくれる」(米本ほか 2000: 29) と確信していたのである。27歳のベヴァリッジはそのような聴衆に向かって講演した。

2-4　両者の共通点

　2-2と2-3の議論から、ケインズとベヴァリッジにある種の共通点が見られる。前提となる恐れ、実証主義、政策の提案、実現性への楽観である。[18] 第1に両者とも前提として、イギリス（欧州）の高潔な伝統が、劣等な部門の相対的増加によって崩れ去るのではないかという恐れがあった。人口論争は第一次世界大戦後に始まっており、戦争による喪失感もその恐怖感を加速化させたはずである。イギリスの場合、大戦の戦死者はおよそ74万4000人であった。西部戦線での死者51万人のうち、一般兵よりも中佐以下の若手将校の死亡率は極めて高かった。アスキスとボナ-ローの両首相はともに息子を失った。戦争による喪失感とは、単に戦死者の絶対数だけではなく、高貴な部分の縮小を意味していた。[19] 第2に実証主義とは、そのような動機から問題視された出生率の増減も、適切な研究によって突き止められる法則を持つと確信していたことである。これは観察可能性と呼べる。第3に政策の提案とは、出生率の問題も適切な政策によって制御できるだけでなく、制御すべきという信念である。これは状況の制御可能性と呼べる。第4に実現性への楽観とは、両者とも様々な媒体を使って、最後は官僚・政治家へ自らの政策を実現させる自信を持っていたことである。人口論における表面的には激しい対立も、優生学という前提を意識することで、両者にかなりの共通点を見いだすことができる。

第3節　媒介としての家族手当

　上述の優生学への志向は、家族手当の熟慮によって徐々に変容を見せた。その過程は両者でかなり異なる。しかし、その隔たりもやがて同一軸に収斂する。両者が福祉国家の理念構築で協働したという主張は、この収斂からも確かめられるだろう。家族手当をいかに位置づけたかが問題になる。

18　Teiteblaum & Winter（1985: 61）の分類を再構成した。
19　以上の数値例はTaylor（1965/1976: 120, 訳109）および松浦・上野（1992: 161）。将校の死亡率は一般兵の約3倍という数字もある。なおイギリスよりも人口の少ないフランスは、イギリスの2倍以上の戦死者を出した。

3-1　ベヴァリッジの変容

　ベヴァリッジはケインズとの人口論争において、相手を論破したと確信しながらも、外部からの批判により別の側面を意識せざるを得なくなった。それが産児制限の議論である。両者の論争は本人達の意図を超えて、産児制限に賛成（ケインズ）か反対（ベヴァリッジ）かに単純化されてしまった。[20] ベヴァリッジはマルサスの悪魔の発動を認めない立場だから、緊急・一律の産児制限には必然的に消極的になった。産児制限に完全に反対したわけでなく、科学的な実験を確かめるまでは全員に無差別に適応すべきではないという理由からだった。逆に言えば、産児制限を積極的に行ってきたのは富裕層なので、その推進はイギリスの伝統的血統を損なわせるとベヴァリッジは懸念したのである（Beveridge 1923: 474）。

　しかし人口論争から触発された産児制限論は、家族手当を巡る論争でさらに次の段階を迎えた。ちょうど1924年、社会改革家・ラスボーンが『権利を剥奪された家族』を出版した。ベヴァリッジは大きな衝撃で彼女の提案を受け止めた。[21] 大家族によって貧困化する事態を、家族手当によって食い止めようとする提案であった。感銘したベヴァリッジは直ちに家族支援協会 the Family Endowment Society に入会し、その協会に新設された審議員となって活躍した。また1925年までに LSE で前述の家族手当を導入した。ベヴァリッジの意識は、家族（特に扶養すべき子供）の貧困を根絶するというテーマに徐々に転換した。それまでは産業にいる独立した労働者が分析の中心だったのである。

　もちろん Harris（1997: 332-333）が挙げるように、次の2つの理由はラスボーンとかなり異なる。すなわちベヴァリッジは家族手当によって、出生率の低下を食い止めようとしたこと。ラスボーンは逆に、生活水準の向上から出生率は下がることを予測していた。さらに彼は家族手当を低い賃金の見返りとみなしたこと。ラスボーンは反対に、家族手当と最低賃金の両立を主張

20　ケインズは両者の論争が新聞にどのように受け取られていたかを例証し、ベヴァリッジが「無知と偏見にその名前を貸した」（CW vol. 19: 137）面を特に非難した。
21　家族手当との関係は赤木（2005: 97, 105）に詳しい。

した。つまりラスボーンとは異なり、ベヴァリッジは家族手当の経済的効能にも注目していた。出生率の低下問題は、ケインズとの人口論争から直接に触発された経済問題であった。高賃金の産業への悪影響については、──第8章4-1で触れるように──石炭委員会や関税問題とも関わる経済効率性の問題である。この限定はあるものの、貧困な大家族の救済というテーマは社会保障（中でも社会保険）の再発見とも言える。1920年代後半から、ベヴァリッジは「失業から貧困へ」とまとめられるような意識の変革を成し遂げた。[22]

それゆえ、家族手当と人口問題を結びつける思考法は、徐々に失われていった。2つの例を挙げる。1つは1924年6月にベヴァリッジが提案した最初の家族手当案の中にある。彼はここで家族手当を健康保険の拠出金で賄おうとした（ibid: 333）。社会保険との結びつきが考えられたのである。さらに自由党夏期学校パンフレットである『万人と万物のための保険』(1924)がこの時期のベヴァリッジを象徴する。本書は包括的な社会保険の萌芽であるが、その一環で家族手当も考慮されたのである。もう1つは1934年からの失業保険法定委員会での経験である。この委員会でベヴァリッジは失業保険基金に関して、大きな権限を握った。景気変動の影響を緩和させるような基金の運用を行ったのである。それだけでなく、この委員会は失業者の実態をつぶさに観察した（ibid: 347）。そして複雑に改変されてきた失業手当や健康保険が実際にどのように運営されたのかを調べた。問題の1つに、低賃金で大家族ゆえに貧困に陥っている者について、就業している時よりも失業している時の方が──失業手当が潤沢なため──所得は大きいという矛盾があった。委員会はその是正を訴える失業者の妻の声を聞き、大いに感銘を受けた。こうした経験から、ベヴァリッジは1920年代中葉の考えを改め、大家族の貧困根絶を最終目標とする手段として家族手当を再解釈するようになった。

ベヴァリッジの思考変化は1930年代初頭に明瞭に確認できる。ここで『家族の変化』(1932)と題するラジオ放送を取り上げよう。これはLSEなどの資金源も使ってBBCの調査番組を作る過程で、家族の変化に関する社会調

---

22 『失業』(1909)は逆に、「貧困から失業へ」とまとめられるような変換である。既に失業問題も見据えているところに、彼の独自性がある。

査を行った BBC 放送記録である。7つの放送のうち、特に「生まれと育ち」Nature and Nurture が重要である。「すべての人間は部分的に氏で、部分的に育ちで作られる」(Beveridge *et al.* 1932: 51)。育ちとはここでは環境の意味である。「何が遺伝するのか何が遺伝しないのかを正確に見つけ出すのは、社会生物学の第一問題である」(*ibid.*: 53)。社会科学は実験がほぼ不可能なので、この問題に対処する時、彼は双子や兄弟に着目する。一卵性双生児の違い、そして長子、2番目の子、末っ子など兄弟間の順序の違いは、遺伝的性質から離れ環境要因を純粋に抽出できることになる。「家族での順番は社会生物学において、最も希望ある進歩への道の1つ…である」(*ibid.*: 64)。育ちによる要因がわかれば、直接に変えられる要素を知ることになる。氏による要因がわかれば、直接は変えられないもの、永遠に受け入れなくてはいけないものを知ることになる (*ibid.*: 64)。ただし遺伝的要素は品種改良 breeding によってゆっくりと変えられるし、絶え間なく変わっていく (*ibid.*: 54)。以上のベヴァリッジは、改良型優生学の立場に分類できる。つまり氏と育ちをはっきりと峻別し、外界の要因にも目を向けている。そしてその環境要因が特定化されれば、改めてその部分を直接的に改善することが望まれる。ここには1906年当時に持っていた断種の提唱（消極的優生学）のみならず、優秀な種を繁栄させる考え（積極的優生学）もまったく姿を表さない。血統の改善は何世代にも渡るものであり、それを直接目指すのではない。確実に変えられる社会環境の影響を特定化するために、社会生物学が提唱されているに過ぎない。つまり結婚相手や子供を産むか否かという家族の決定には介入しない (*ibid.*: 60)。その提唱は、単にいま存在する双子や兄弟の収入・学歴などを比較するという科学調査の要請であった。

さらにベヴァリッジの考えは1940年代に近づくにつれ、徐々に社会保険に適合的になるように変容していった。その変容は『ベヴァリッジ報告』で最終形を迎えた。この報告と家族手当の関係は第11章で記すので、ここでは別の側面から記述する。[23] それが優生学との関連である。『家族の変化』で

---

[23] 1つだけ付加するとすれば、既婚女性の位置づけである。多くの論者（例：大沢 (1999: 102)）が批判するように、ベヴァリッジは働く未婚女性を奨励する保険設計はしていな

第7章　人口論・優生学・家族手当　213

　ベヴァリッジは優生学に対して、慎重な発言を繰り返していた。この慎重さは BBC という広範な媒体での発表のみを理由にしたのだろうか。ここで最後に「家族手当の優生学的側面」(1943) を取り上げて、その答えを探そう。これは優生学協会でゴールトン記念講演として 1943 年 2 月 16 日に行われ、その機関誌に収録された。これらの事実や題名から受ける印象とまったく異なり、この講演はベヴァリッジの優生学に対する消極的な態度を証明する。

　ベヴァリッジはまず家族手当の経済面ではなく、生物面（人口構成員の質）を考慮すると宣言する（Beveridge 1943b: 118）。その上で、ゴールトンの後継者とされる学者の意見を紹介し、自分の立場と対照する。その学者は生物学的な失敗（少産）が経済的成功（富）をもたらすと言う。この因果は遺伝的に決定的である。その学者は逆淘汰の事態を憂慮する。つまり反転したあべこべの出生率が問題である。これは貧しく地位の低い者がより多産で、社会で増えてくる事態である。家族手当はこの出生率の逆転現象を元に戻す試みと解釈する。ベヴァリッジはこうした見解に疑義を唱える。少産と富は、一方的な因果律による決定論では記述できない。逆に、富を得た者が少産を選好することもある。あるいは遺伝とは別の環境要因（良い教育など）も大いに影響を与えうる。ゴールトン派が説く逆淘汰は、何世代もの長い時間がかかるはずだから妥当しない。ただし少産にプレミアムがあることは否定できない。つまり、家族の資源を少数の子供に注ぐことで、社会的地位の向上をもたらしやすい。このプレミアムを中立化させることが家族手当の第一義である（*ibid.*: 122）。ただし『ベヴァリッジ報告』で想定されていた家族手当は、生存最低限の水準であり、換言すれば極貧の大家族のみに適用される。これをもう少し拡大するためには、次の 2 つの方策が必要になる。第 1 は手当の職業的枠組みである。つまり一定の能力を超える人材に関して、その職場で家族手当を新設する。一定の能力は試験で判定され、大学教員、国家公務員、地方公務員、弁護士、医者、会計士などの頭脳労働者の他、肉体労働者も含

い。しかしベヴァリッジの意識では、従来の制度よりもはるかに主婦の地位向上に敏感になっている。主婦は「賃金支払いはされていないが重要な職業従事者」と位置づけられ、夫に従属するのではなく、社会全体の拠出金に依存する。社会の拠出金は夫達だけでなく、男女すべての結婚前と結婚後の拠出からなる。Beveridge (1942: 49, para. 107)。

まれる (*ibid.*: 123)。第2に子供に対する所得税の割り戻し制度 income-tax rebates をそのまま維持し拡充すべきである。熟練工までその恩恵を拡大できるからである。

　こうしたベヴァリッジの議論は通常の優生学が想定するような推論ではない。第1に、「すべての家族に子供の生存手当を」(*ibid.*: 123)と宣言されるように、大家族の貧困を根絶する目的が最優先課題である。別言すれば、子供の多寡をすべて親だけに押しつけるのではなく、国家の介入によって「機会の平等という民主的な考えを受諾」(*ibid.*: 123)させることが最終目標である。家族手当は大家族と小家族のスタートラインを同一にする手段である。第2に、補足される2つの方策は確かに優生学的な効果を持つとベヴァリッジは認める。しかしそれは人種差別・階層差別の観点ではない。彼は「社会のあらゆる部門で、平均以上の知的能力の人を見つけられる、しかもかなりの数の」(*ibid.*: 122)と述べた。また熟練工や肉体労働者の社会的地位向上も考えていた。これは普遍主義とも言いうる思想であり、優生学が必然的に持つ選別主義からは遠い。第3に、以上の方策は「非常に民主的」であって、「結婚相手の選択や子供を養育する際の個人の自由に何も介入しない」(*ibid.*: 123)。ベヴァリッジは何度も「民主的」という言葉を使い、自分の思想は「左翼的」とも言い、すべての人々に適応しうる家族手当制度を提唱した。

　ベヴァリッジは死去するまで優生学協会に加入し、上記のように講演も行ったが、その事実から彼の立場を誤読してはならない。家族手当は確かにエリート層の少子化を緩和する働きもある。この面は積極的優生学に関連する。しかしベヴァリッジの主眼はまず極貧大家族を貧困から脱出させ、その次に職業別家族手当と所得税割り戻しによって、それ以外の中流以上の家族の少子化も緩和することである。順序はこの逆ではない。全員に適応される普遍主義が先で、次に選別主義がある。1943年におけるベヴァリッジは、断種を唱えた1906年とまったく異なっていた。優生学協会という内輪の集まりにもかかわらず、普遍主義の観点を持っていたため、選別主義的な「血統の向上」を唱えなかった。むしろイギリス国民全体の底上げ（生活の質的向上）という文脈で、優生学に言及したに過ぎない。この立場は消極的／積極的優

生学に関与するというよりも、最低限所得保障という福祉国家の理念が全面展開していると判断できる。

3-2　ケインズの変容

　それではケインズは重大とみなす経済問題の内容をどのように変容させたのだろうか[24]。ベヴァリッジとの論争ではまったく妥協しなかったケインズだが、1930年に至るまで、徐々に人口観や経済観を変化させていった。そして1937年の講演で、1924年の人口論を完全に逆転させた。ここではその変容過程を略述すると共に、何がその変容を促したかの推測を行う。

　O'Donnel（1992）はケインズが完成させなかった本や論文を調査しているが、ここではそこに再録された文書を使って、いくつかの推測をしてみよう。その中で1920年代に書かれた「執筆予定書の目次案」5つを取り上げる。まず「世界の経済的未来について」と題されたメモは日付不明だが、1920年代初頭である。その第3章に「人口」、第4章に「風土　対　人種 Climate v. Race、愛国主義」、第10章に「教育, 優生学,…」とある[25]。次に「新社会主義への序言」の題名は1924年6月8日の日付である。そのメモの中で、「国家の第一任務」の欄は筆頭が「人口、優生学」となっている。10の項目のうち7番目に「賃金水準、保険」とある（O'Donnel 1992: 807）。さらに「資本主義の考察」という題名（1924.11）は、理想・現実・可能性に三分割されている。「可能性」の中で、不幸に対する国家給付として、3番目に「国民保険」が挙がっている。6番目には「最低限、人口、優生学」とある（ibid.: 808）。同じ題名のメモは1926年4月6日付で新たな版になっている。上記の三分割は変わらないものの、保険も優生学も挙がっていない（ibid.: 810）。最後の「経済変化の計画」と題する目次案（1927年頃）では、提案の第1・第2に、「賃金を補助する年金」と「健康サービス」が挙げられている（ibid.: 812）。

24　ケインズの人口減少論について、簡潔で要の得た文献に中矢（1997: 第2章）がある。
25　O'Donnel（1992: 806）。ケインズは慎重に適応された優生学は社会の利益になるとみなした（ibid.: 780）。ケインズは『確率論』でも優生学に触れている。

以上のメモから推測されるのは、1924年までの段階では、著作構想の中に人口論や優生学が必ず入っていた。しかし同時にこの年あたりから保険についても言及が始まった。そして1926年から1927年にかけては人口や優生学の項目が消えただけでなく、年金・健康サービスという項目が入ってくる。転換点は1924年から1926年頃までである。言うまでもなく、この時期はベヴァリッジとの人口論争の直後である。これらの目次案から、経済問題に関するケインズの意識では、人口論・優生学が表舞台から隠れ、保険・年金・健康サービスという社会保障論が確実に顕在化した。この変化の表層はベヴァリッジと同一機軸にある。

　実際の言説としては、ケインズの人口に関する考えの変化は、1930年前後の論考に発見できる。いずれも著名な題名を持つ。第1は「我が孫たちの経済的可能性」(1930)である。この論文は1928年に行われた小さな会合で発表された。それを拡充して1930年に出版された。「重大な戦争と顕著な人口増加がなければ、〈経済問題〉は100年以内に解決できる」(CW vol. 9: 326)という言葉が有名である。ケインズはここで子孫の行く末に楽観的だから、「顕著な人口増加」は起こりにくいと考えたはずである。実際、「今後これまでのような急激な人口増加を予想するには及ばない」(ibid.: 325)と判断された。第2は『貨幣論』(1930)である。その歴史的例証の部分で、ケインズは次のように言う。「イギリスは古い国であって、…労働者階級は高い生活水準を持つ。人口はやがて成長をやめるだろう。…このような状態では…自然利子率は急速に低下すると、確信を持って予想されるだろう」(CW vol. 6: 168)。イギリスはすでに成熟した国になったので、人口成長率も止まり、利潤（自然利子率）も低下する。ここには人口・資本に関して、停滞感がある。第3は「マルサス伝」(1933)である。前述のように、この伝記は1914年のノートに起源を持つが、直接的には1922年以降、徐々に補筆された。2つの原稿を比べた場合、後者の完成版ではマルサスに対する解釈が180度違う。当初はマルサスの人口圧力という悪魔を前面に出していたケインズであったが、マルサスが『人口の原理』の第2版以降で（ケインズによれば）立場を変えたのと同様、ケインズも急速に主張を変えていった。すなわち初版は「異

第7章　人口論・優生学・家族手当　217

なった世界と異なった文明に属する」(CW vol. 10: 94) ほど世界観が古かった。そして生産要素の「供給を削減することの〈困難〉に重点」があり、つまり人口は自然に増加してしまうのであった。対照的に第2版以降では、「その供給を削減することの〈重要性〉に重点」が置かれている (*ibid.*: 106-107)。ここで「貯蓄と投資との間のバランスという全問題」が発生し、「過剰な貯蓄が利潤への効果を通じて産出量に与える効果」、つまり「有効需要の不足」が起こる (CW vol. 9: 102, 98, 144)。ゆえに生産要素（特に労働供給）の過剰が発生し、これを阻止するための公共事業の拡大が要求された。ケインズは第2版以降に注目することで、人口論としてではなく、有効需要論としてマルサスに接近している。労働人口の過剰ではなく、労働需要の不足が問題であった。

　この視点の移動は1937年に完成した。この講演「人口減少の経済的帰結」はベヴァリッジと同じく、優生学協会での発表 (1937.2.16) である。そしてベヴァリッジと同じく、優生学にむしろ相容れない思想を参加した協会員に投げかけていた。ケインズは資本に対する需要の寄与要因を3つに分解し、自ら作ったデータに基づいて、次のように推論した。3つの要因とは人口（消費者数）・生活水準・生産期間（資本技術）である。1860年から1913年にかけて実質資本は2.7倍になったが、生活水準および人口の要因が大きな比重を占めていた (CW vol. 14: 128)。しかし最近は人口減少が予想される。この部分に寄与が望めないならば、資本への需要が多くなるような方策――再分配による消費増や、利子率の低下による投資増――が取られるべきである。そうでなければ資本需要が大量に余ってしまう。ここでケインズの関心は完全にマルサスの悪魔P（人口）から、別の悪魔U（未利用資源）に転換していることがわかる。ケインズはマルサスを讃えつつ、次のように結んだ。

　「マルサスの悪魔Pが鎖につながれると、今度はマルサスの悪魔Uが逃げ出しやすくなる。我々は人口という悪魔Pを鎖につないだ時に1つの脅威を免れるが、今度は未利用資源という悪魔Uに前よりももっと晒されやすくなる。」(*ibid.*: 132)

この言明は優生学からは遠い。人口増加の圧力（特に貧困家庭の出生率増加）という形で優生学・生物学と緊密につながっていた人口問題と異なり、失業問題は純粋に経済的手法で解決可能なのである。

上記の転換は「ほとんど気づかれぬうちに」（Toye 2000: 205）行われていたので、その原因と時期を確定することは難しい。ここでは可能性のある要因を列挙する形で答えに代える。それは3つある。

第1に、統計データの取捨選択とその解釈に無理があったことをケインズが事実上認めたためである。ベヴァリッジとの論争では、ケインズは最後までデータ不備や解釈の誤りを認めなかった。しかし土地の収穫逓減にせよ穀物実質費用の上昇にせよ、1900年転換点のみならず、どの時期にも確認できず、その結果として過剰人口を証明できなかった。前述のようにケインズは1912年の段階で欧州の出生率低下に気づいていたから[26]、残された道は絶対的な人口増加ではなく、貧困層の相対的な人口増加を前面に出すか、部門間（例：欧州とアメリカの交易条件）の不均衡や不安定性を憂慮することだった。データ解釈の齟齬を解消するには、その解釈・主張を撤回するのが本道であった。

第2に、失業と過剰人口が異なることを徐々に正しく認識できたためである。2人の影響がありえる。1人は上記のベヴァリッジである。彼は1909年以来、「労働の予備」という用語を駆使し、一時的雇用を好む現代産業の特質として、この失業予備軍の存在を重視していた。この部分は人口の絶対数とは関係なく、例えば景気循環によって増減する。もう1人は山田（1950/1988: 243）の指摘する福田徳三（東京商科大学）である。福田はブレンターノに師事していた。両者とも人口論には相当の関心を持っていた[27]。ブレンターノの1910年論文がピグーやケインズに大きな影響を与えたことはす

---

[26] 直接のきっかけは、福田徳三の師・ブレンターノの1910年論文である。Toye（2000: 40）。この論文はピグーも大いに参照している。本郷・山崎（2006: 73）参照。（ブレンターノ・福田）→ケインズ、という影響関係を推測させる。

[27] 『経済学講義』（下巻、1909）の人口論の部分を書いていた福田は、ブレンターノがその著作『マルサス理論と最近数十年間の人口動向』（1909）を送付してくれたことに非常に喜んだ。福田からブレンターノへの手紙、1909年7月17日。柳沢・西沢（2006: 101）。

でに述べた。さて1925年にモスクワを訪問していた福田はケインズの講演に反論し、マルクスの相対的過剰人口論（産業予備軍）を突きつけた。山田 (1950/1988: 244) は「大胆な憶測」によって、福田経由によるマルクスの失業論がケインズを後期マルサスの問題（有効需要の不足）に結びつけたとする。ケインズ自身、「1925年にモスクワの財政人民委員会において講演した際」(CW vol. 10: 91)、マルクスのマルサス批判を知ったと述べた。ケインズによれば、マルクスの発想はむしろ有効需要が不足するというマルサス自身の思想に似ている。

第3はケインズ自身の失業論の深化である。ケインズは1924年に早くも自由放任主義を批判し、「資源が遊休し、労働は雇用を失ったまま」(CW vol. 19: 228)[28]という状態を、適切な金融政策によって是正するという考えを打ち出した。この基本的着想はケインズがその後ずっと持ち続ける考えである。失業という未利用資源の問題は、人口の増加圧力という生物学的要因ではない。むしろ「金融的要因が失業を発生させる」(ibid.: 186)[29]。失業論は人口論から離れ、金融政策の適切性という純粋に経済学的要因に帰着することになった。以上のような複合的要因によって、ケインズは1930年前後までにマルサスの悪魔Pから逃れた。

ケインズにおける家族手当の位置についても確認しておこう。『戦費調達論』(1940) の改訂作業が重要である[30]。これはインフレ圧力の回避、戦費調達、そして人々の所得の下支えという3つを同時に解決する方策であった。繰り延べ払い deferred pay である。これは家計の資産を凍結して増税を図る代わりに、戦後に自由に利子付きで引き出せる方策である。この案が最初に明らかになった後、数多くの——ベヴァリッジを含む——賛同と共に、実際に増税となる労働者の反対を考慮する必要が出てきた[31]。ケインズは自ら労働党

---

28 「失業の思い切った対策」*The Nation and Athenaeum*（1924.6.7）。
29 1924年3月25日のセミナー「失業の国内的・国際的様相」での講演。
30 戦時金融の問題は国民所得計算と相まって、1941年予算でその重要な部分は実現した。
31 ケインズは加えて、次も賛成していると誇った。コール、ラスキ、バーバラ・ウットン、ハイエク、ロバートソン、ロビンズ、スタンプ、クレイ、レイトン、ソルター。CW (vol. 22: 102)、ドブソンへの手紙、1940年3月11日。

人脈（ラスキ・コール・ベヴィン等）に接近し、あるいはラスボーン等との議論を通じて、家族手当を組み込む改定案を出した。ケインズは経常支出の一部を繰り延べるという第1原則の次に、第2原則として富裕階級への税負担、第3原則として貧困階級への負担軽減を打ち出した。最後の原則の中に家族手当がある。この改定案はヒックス夫妻などに批判された。ケインズのヒックスへの回答が極めて重要である。

「ヒックス教授は私が不当に貧困家族に優しいと考える。…我々は次のようであれば、家族手当を削除したり削減したりできる。もし独身者に家族手当の負担がかかり過ぎると考えるならば。そしてもし貧困層が多いという人目を引く統計を無視するならば。この多さはそうした手当が欠けているためである。」(CW vol. 22: 108、1940年2月28日)

ケインズは一連の提案で、低所得者層の消費水準をほとんど同一に保つこと、（利子所得などの）不労所得に対してもっと厳しい課税をすることを繰り返しヒックスに説いている (*ibid*.: 108, 110)。これは『一般理論』等で提唱された「金利生活者の安楽死」と同一軸の提案であるだけでなく、貧困層への手厚い保護を指向する考えである。また『ベヴァリッジ報告』の作成過程でも、1人目の子供を家族手当から除外するベヴァリッジに対して、ケインズはむしろ政治的困難を鑑みて、減額した上で1人目の子供から支給するように主張した (CW vol. 27: 237)。以上より、ケインズは自らの経済体系に家族手当を組み込めると考えた。家族手当が重大なテーマとみなされたわけではないが、少なくとも家族手当の持つ貧困家族の福祉向上というテーマはケインズの政策案に組み込まれていた。

この時期、ケインズはマルサスの悪魔Uをより重要と考えた。そのため、まず有効需要の不足というテーマから、一般的な労働者の消費減をもたらさ

---

32 夫婦と子供1人を養えない男性の賃金は稀だからである。Beveridge (1942: 155, para. 417)。平均的な男性労働者の賃金は標準家庭を扶養できるという「家族賃金」の考えが仮定されている。

ない方策を必要とした。そしてこの消費減への懸念は不況期だけに限られるものではない。戦時体制というインフレ局面でも必要とされた。この必要性は家族手当の充実とリンクしている。たとえ戦費負担が増えても、家族手当によって最低限所得が確保されるからである。デフレ局面でもインフレ局面でも、一定の最低限所得が保障される体制は普遍的な制度である。結論として、貧困層の人口爆発への懸念という1924年当時の優生学をケインズはほとんど捨てた。そして新しい経済観（有効需要の不足あるいは制御）は、社会保障体系（特に家族手当による貧困層への配慮）と高度に適合的であった。

ベヴァリッジにおいてもケインズにおいても、1930年代後半までに大きな思想的変換を遂げた。それは初期の優生学への拘泥から、経済面・社会面を前面に出した社会経済システムの考察である。そしてこの考察を可能にしたのが——両者で濃淡はあるにせよ——家族手当を鍵とする労働者の福祉論であった。濃淡とは、ベヴァリッジの場合は家族手当をまさに媒介にして、人口論（優生学）から社会保障論へと大きな変貌を遂げた。ケインズの場合、家族手当のしめる位置はより小さいが、それでも有効需要の管理において、自らの政策提言を実現化させる重要な鍵として重要なのである。

おわりに

人口論を契機として、ベヴァリッジとケインズは初めて全面対決をした。この論争は理論的には過剰人口（ひいては最適人口）の定義が曖昧だったこと、最適な人口絶対数と最適な人口成長率を混同したため、過剰人口（絶対数）と失業の問題（相対数）を腑分けできなかったこと、という評価が確定的である。しかしこの論争は両者の優生学への関与を露わにすること、その後の両者それぞれの思想的転換の大きな契機であること、この2点から重要である。表面上の激しい対立にもかかわらず、両者ともに優生学に関与し、貧困層（あるいは劣った人種）の相対的な増加への懸念を秘めていた。しかしこの人口論争を1つの契機として、両者はそれぞれの立場から、人口（そして生物学的な種の優劣）を主たる発想源とするのではなく、社会保障体系

や経済理論を前面に出し始めた。ベヴァリッジはいちはやく家族手当に賛同して強力に推進し、1920年代中葉あるいは1930年代後半から社会保険の中で貧困家族の問題を考え始めた。ケインズは同じく1930年前後までに人口論について大転換を図り、未利用資源の存在の点から人口減少を逆に心配した。また、家族手当も考慮された。両者の立場は1939年から1943年にかけて、非常に接近を見せた。人口問題から触発された家族手当というテーマが、有効需要の管理および社会保障制度という両体系で1つの要の概念となったのである。

冒頭にミュルダール夫妻の例を挙げたように、優生学の発想と福祉政策は極めて接近しうる。Freeden (1979/2005: 150, 158) が1つの有力説として指摘するように、社会改革と優生学には共通の信条・心性がある。人間合理性の進化、未来に向けた指向性、その具体例である計画という3点である。

しかしベヴァリッジとケインズに関して、1920年代から40年代への思考変遷を追いかける限り、「共通の信条」の指摘に留まるだけは不十分である。まず第7章冒頭の2例に対して、ベヴァリッジ・ケインズの思想は、次のようであった。第1に、完全雇用政策が実施されれば、この面だけで失業手当などの社会保障費を減らせる。余った基金で残存する失業者が救える。また社会保障の充実によって、有効需要の下支えにより国民所得が増える。第2に、選別の必要性は救貧法以来の中心テーマであったが、ベヴァリッジの解決は社会保障による国民最低限所得の確立であった。この原則は全市民に普遍的に適応する。唯一、資産調査が残ったが、この方策は二重に制限的である。まず残余の公的扶助のみに限っていること。そして「貧民の汚名」を取り除いた形で実施すること。いずれも「福祉国家形成過程における断種法の制定」という他国の例には繋がらない。これまで論じてきたように、両者においては優生学が持つ選別主義や不自由さ——個人に決定権がない事態——からは遠い。むしろ普遍主義や自由社会を指向している。普遍主義ではどのような人々にも権利が保障される。

普遍主義と自由社会という2点を中心思想として持つことで、両者においては、優生政策が福祉国家政策——端的には完全雇用＋社会保障——に取っ

て代わられた。人種差別・人権無視を包含する優生学から、個人の選択権が十分に行き渡った社会において、人々の生活の外面的・経済的面を扱う経済学・社会保障論への転換である。ここには二重の留保がある。第1に両者の変換は同一ではない。ケインズが有効需要論という経済学の内部から古い人口論を克服したのに対し、ベヴァリッジは家族手当に触発された社会保障論という経済学の外部から人口論を克服した。第2に両者ともに優れた種・部門の維持およびそれ以外の種・部門の質的向上という意味で、限定されてはいるが優生学への関与・関心は残していた。しかしながら、貧者への厚遇と全市民への普遍的機会平等という考えに1940年代に両者は収斂し、またこの考えが優生政策を圧倒した。

　結論として、両者においては、初期から続いていた優生学は福祉国家の理念構築によって抑え込まれたという評価が妥当であろう。

第8章　1920年代から30年代の経済論[*]
―― 雑多な折衷か、複眼的思考か ――

はじめに

　本章は1920年代と1930年代におけるベヴァリッジの広範な著作活動を扱う。その領域は、経済史・人口論・失業保険・関税そして失業論である。これは第Ⅱ部の他章が扱う領域・論題を補足する意味もある。20年にも及ぶ幅広い著作を取り上げるため、統一的なテーマが存在する他章と異なり、本章はやや結束性がなく雑多な印象を与える。これはある程度、やむを得ない。ケインズの主要著作を考えても、この20年間は『貨幣改革論』から『貨幣論』へ、そして『一般理論』へと激変した。その立場も自由貿易論者から国内均衡優先の管理貿易論者になり、デフレの懸念からインフレの懸念まで正反対の論陣を張った。こうした多様な立場は、戦間期という激動の時代を反映している。ベヴァリッジも同様であろう。ただしその多様性の中で、いくらかの一貫性は指摘できる。この20年間の著作活動を「複眼的思考」としてまとめる。

　本章は次のように構成される。第1節では最も大量に生産された論文数の領域、経済史の分野を扱う。関係する限りで、1950年代までも若干触れる。第2節は人口論を扱う。第7章のケインズとの論争以後の展開である。第3節では失業保険を扱う。戦間期に最も激変したのがこの制度であった。第4節はストライキおよび関税を扱う。いずれも輸出産業の衰退に直面したイギ

---

[*]　佐藤方宣氏（大東文化大学）の有益な指摘に感謝する。

リスの苦悩を現している。第5節は失業論そのものを扱う。1930年代のベヴァリッジの認識が焦点である。最後にこの時期の特徴を4点にまとめる。

第1節　経済史への傾倒

　ベヴァリッジはますます経済史（特に物価史）の分野に傾倒していった。これは自覚的にその分野に特化したというよりも、理想の経済学を追いかけて実践するうちに、いつの間にか（今日では）経済史に分類される論文を多く書くようになったという言い方が正確であろう。以下で、この傾倒ぶりが生涯に渡って長く続いたことを示す。いくつかの代表的な論文・著作を挙げ、それを要約する形をとる。

　歴史的時間への注視は1910年代から窺えた。公務員時代の1914年に、早くも「17世紀の職業紹介所」という論文を *Economic Journal* に載せた。それによれば、近代的な職業紹介所は1885年に設立された。しかし、実は1650年にロンドンでヘンリー・ロビンソンなる人物が「出会いの場所」を設立し、「商業・産業生活で、組織された伝達手段の重要性」を見せたのだった（Beveridge 1914b: 376）。画期的な社会装置が実は長い起源を持つという主張は、ベヴァリッジが得意とする論法である。

　次に1920年から1922年に、気象と景気循環の関係を実証した論文が3つある。まず「イギリスの輸出と気圧」では、輸出に規則的な変動があり、それが気圧や収穫と強く結びついていると結論された。約100年間のデータを取り、ベヴァリッジは次の推論を行う。平均より低い気圧（全世界）は多雨を意味し、それはまた豊作をもたらす。さらに農作物から工業製品への波及もある。それゆえ低気圧とイギリス輸出の増加に相関関係がある（Beveridge 1920: 16-18）。ベヴァリッジは述べていないが、豊作によって有効需要が伸び、世界貿易で支配的なイギリスの輸出製品へも需要が伸びるという因果関係なのであろう。彼は天候と景気循環という主題に関してはジェヴォンズに、指数の分析方法に対してはホートレーに、それぞれ負うとされた（*ibid.*: 23, 210）。次に「天候と収穫の循環」ではデータを拡充し、1500年から1869年

までの西欧・中欧の小麦価格の変動を調べた（Beveridge 1921b: 448）。結論として、15.3 年の定期的循環を発見し、この循環がもっと短い循環の一時的な結合であるとした（*ibid.*: 429）。続く「西欧における小麦価格と降雨」（1922）においても、1921 年論文の補強が行われている（Beveridge 1922: 412）。

この 1921 年論文・1922 年論文は、経済史の分野でも時系列を扱う統計学の分野でも、大きな影響力を持った。ベヴァリッジの論文は、戦前では経済史のデータ分析で最も洗練された方法や結果であっただけでなく、時系列分析の分野で最も長大な計算であった。さらに 50 年後の統計学者（その 1 人・グレンジャーは 2003 年度ノーベル経済学賞）がベヴァリッジの集積したデータに基づき、現代的な統計学で処理したところ、13.5 年の定期的循環を再発見した（Granger & Hughes 1971: 413, 425）。他にも経済史の分野で、1990 年代でもベヴァリッジの論文は引用されている。このように失業論や福祉国家論とは無関係な場面でも、彼の分析は大きな影響力を持ったのである。

経済史への興味はその後も持続した。1927 年には中世（この場合は 1208－1453）の穀物産出・価格の研究が行われた（Beveridge 1927: 155）。1929 年には *The Economic History Review* で、教会に残された記録文書の解析を行った。中世経済史と分類できる（Beveridge 1929a: 93）。また別の論文では、物価史の研究者には記録・統計・推理という 3 つの分離した能力が必要だと結論した（Beveridge 1929b: 529）。同年には *The Times* に投書し、オランダで開催される経済史の会議について、相応しい歴史的事物を持っている者に一時的借り出しを呼びかけている。[1] 1930 年には引き続きウィンチェスターの記録文書を用いた研究を行った。興味深いことにその結論によると、中世の穀物には単一市場も共通価格もなかったにもかかわらず、長期的には各地の差異が消えていくと観察されたことである（Beveridge 1930b: 43-44）。

この傾向はケインズ『一般理論』（1936）が出版されてから、いっそう顕著になってきた。ベヴァリッジはこの革命的な本に、当初極めて批判的だった。その反動として、「失業の分析」（1936/37）を直ちに発表した。この論

1　*The Times*, "Economic Europe", 12 April 1929. クラッパム、クレイ、グレゴリー、スタンプ、トーニー、ウェッブなど著名な 13 人の署名。

文の目的は、労働省が発表する失業統計の概説の背後にある隠された詳細を述べることである。「月々に記録される失業者は同質的ではない」(Beveridge 1936/37: 357) という観点が、最大の主張点である。ベヴァリッジは統計上の処理（失業保険制度との関係）、各産業、各地域、失業期間、年齢、性別をそれぞれ考慮し、「1936年8月で12.3％の失業率」というマクロ情報の裏にある非同質的なデータを丹念に記述していく。そして、失業に関する3つの分類が便利であろうと結論した。第1に、労働市場の摩擦と季節的変動による短期の失業がある。これは約8％であろう。第2に、長期の失業がある。これは急激な産業変化か、個人の労働資質（加齢や性格）の喪失のせいである。4％ほどであろう。第3に、循環的失業がある。現在は再軍備の影響もあって消失しているが、6％ほどになることもある。摩擦的・季節的・循環的失業については、失業保険が助けになる。しかし長期の失業に関しては、遊休者に金を払う以上のことが必要である (Beveridge 1936/37: 180)。失業率は戦前の50年以上に渡って4.5％ほどだったが、今後はこの数字は期待できない。統計が正確になったからか、失業保険の行政が変わって失業者の定義が変わったからか、わからない。戦前に比べて摩擦が増えたのか、景気変動が深刻になったのか、今後の研究に委ねたいとベヴァリッジは結んだ (ibid.: 183)。

　データは最新になったものの、この分析の理論的部分は1909年とほぼ同じである。失業が3つに分類されて、それぞれ異なった要因であるという構造になっている[2]。ベヴァリッジは自身の分析を確信していたため、この時点ではケインズの新しい失業論を理解しようとしなかった。最大の批判点は、新しい理論が失業や需要の内実に多様性を認めていない点である。理論的な批判は第5節でも触れる。

　第二次世界大戦の直前や戦中でも、経済史への傾倒は変わらなかった。3つの出版物がある。「景気循環における失業」(1939) では、ここ10年の失業率を精査し、景気循環との関係から新しい傾向を2つ見出した。第1に、特に輸出依存型の産業の中に、他の産業に先駆けて不況を経験したり脱した

---

[2] 上記の第1分類が労働の予備、第2が労働能力の喪失、第3が産業変動にほぼ対応する。第4章を参照。

りする集団がある。第2に、ある特定の季節に失業率の谷や山を迎える傾向がある（Beveridge 1939a: 52, 60）。次の『イングランドの物価と賃金』(1939)は長大な物価史の著作である。続刊が予定されて一次文献も蓄積され続けたが、ついに2巻目すら出なかった。その序文で、物価史・賃金史への興味は、1920年頃にたまたま物理的要因を示唆する景気変動の規則性を発見したからだと述べている（Beveridge 1939/1965: vii）。この本は全756ページである。最後の「1850年以前のイギリス景気循環」(1940) では、1785年までデータを遡って、この時期にも景気循環が存在したことを掘り起こした。10年前に『失業』(1930) で出した結論と異なり、経済活動を示す実物データを集めれば、貨幣的要因に還元できない循環を見つけることができる。つまり現代的な景気循環は少なくとも産業が現代の形——工場で機械を使った仕事——になった時から発生しているのである（Beveridge 1940: 74. 101-102）。以上、3つの出版物とも膨大な時系列データから、ある種の法則や傾向を発見するスタイルを貫いている。

　このスタイルはここで途切れたわけではなかった。1955年にはウェストミンスターの賃金史を上梓した。その論文でベヴァリッジは15年ぶりに経済史の仕事を復活させたと言う。そして男女間の平等な賃金支払いは今年始まったのではなく、600年前にすでに実現していたという結論を導いた（Beveridge 1955: 18, 34）。1957年と1960年には統計学の専門雑誌に寄稿し、[3]やはり物価史を論じた。ベヴァリッジにとって、物価史という「仕事の完成は社会科学への貢献として、重要と思われる」(Beveridge 1957: 3)。それは3つの理由がある。蓄積された資料は、まだ歴史家・経済学者の誰も使っていない文書であること。その文書から多くの統計表を生み出し、過去の生活状況に光を当てること。今日のインフレという中核の問題に、過去の物価史が貢献すること。

3　*The Incorporated Statistician.*　1948年に設立された団体の雑誌。ベヴァリッジが初代会長であり、1950年の創刊号に次の巻頭言を載せている。「社会科学の顕著な性格は…仮説を検証するための制御された実験の困難性にある。そのため統計的方法の使用は多くの自然科学よりも社会科学で重要である」(Beveridge 1950: 3)。後にこの団体は王立統計学協会に吸収された。

以上からわかるのは、ベヴァリッジが物価・賃金を中心とした経済史について並々ならぬ関心──1914年から1960年まで──を持ち続けていたことである。論文の総ページ数からすれば、物価史・賃金史が他の領域──失業論や社会保障論さえも──を凌駕している。確かに経済史と統計学の分野では、先駆的なデータ集積という点で、これらの研究は単独でも評価されている。ただしベヴァリッジ研究全体からすると、別の考察も必要であろう。それは膨大なデータからある法則を抽出する作業が、ベヴァリッジの理想とする経済学の科学化への道であったという説明である。その理想を自ら実践する義務感が彼を突き動かしていた。この説明によって初めて、ベヴァリッジがなぜ時間的にも量的にも多大な労力をこの領域に割いたが明らかになる。そしてまさにこの理想の実践こそ、彼の初期・中期・後期の経済思想に一貫した側面の1つなのである。

第2節　その後の人口問題

第7章第1節で詳述したように、ベヴァリッジはケインズに論駁するため、1923年に「人口と失業」を著した。ここではその後の論文を取り上げ、持続する彼の関心を追う。

「欧州人種における出生率低下」という1925年論文がある。ここでベヴァリッジは2年前の会長講演「人口と失業」がやや具体的データに欠けていたことを認め、統計的な証拠を集めるとした (Beveridge 1925: 10)。各国のデータを集めた後、彼は次のように結論した。1880年から欧州は出生率の劇的な低下を経験した。これは主に計画的な避妊のためであり、──子供の数の制限といった──経済的条件の変化とは関係しない。結婚率も同じように低下したが、これも避妊法が普及したためであろう (ibid.: 24)。

続いて「出生率の低下：欧州人種の変動」という1927年の *The Times* 寄稿記事がある。次のように論じられた。ここ50年、信条・職業・社会階級・人口密度とは関わりなく、人類は出生率の顕著な低下を経験した。異なった国でもほぼ同じ時期にこの現象が始まっていることから、単一の経済現象で

説明できない。そしてイギリスに孤立的な現象でもない。効率的な避妊技術が発明されたからであろう。結婚率の低下もおそらく同じ要因である。どちらも自然（本能）を克服する人間の力が増えたと言えるだろう[4]。

　出生率への関心は1930年代にも続いた。「結婚と出生の季節」という論文が1936年にある。出生は春に最大になり、秋に最小になる。19世紀半ばまでは今とは違う変動の型であった。出生の季節変動は心理的要因というよりも社会慣習による。結婚の季節は――特に都市では――祝日という制度に依存する。出生の変動は結婚の変動から導き出される、という仮説はかなりありえそうである。結婚の9ヵ月後に子供が生まれるという傾向は、ヴィクトリア時代よりも今の方が適合する。ベヴァリッジはこのように結論し、次のように加えた。「社会科学一般と同じく、結婚と出生の季節を説明する際にも、統計的概観調査 survey が唯一の第一歩であり、次にその分野で直接の精査 investigation を行うべきだ」(Beveridge 1936c: 161)。

　これらの論考からベヴァリッジの特色が滲み出てくる。3つの点を指摘しておこう。第1に、分析対象は今日では社会現象と呼べるような広範な現象であった。ここでは結婚や出生の季節的な変化、および数十年に渡る国別の時系列変化である。第2に、彼の方法は他の場合と同じく、生データを徹底的に集積し、ある一定の法則を見出すことであった。何らかの理論をあらかじめ前提としているわけではない。第3に、第7章第2節で論じたように、欧州人種という最良部分の低下に対する危機感を暗に秘めているが、直接的な言及は皆無である。出生率低下を悲しむべきか否かについては、ここでは触れないと1927年の記事では述べた。以上の3点いずれも、ベヴァリッジが理想とする経済学の研究そのものであった。広範な社会現象、理論に先立つ統計的データの収集、価値観からの中立性。これが彼の目指した経済学である。この面で経済史と人口論への関心は、同根の動機から発生している。

4　*The Times*, "Falling Birth-Rate: Variations among the European Races", 29 January 1927.

第3節　失業保険

　1920年代は失業保険の拡大と崩壊という二重性が現れた。一方で失業保険は普遍的に拡大し、最低限所得を守るといった「権利としての給付」が意図せざる形で実現しつつあった。当然に1924年と1929年の労働党政権はこの事態を後押ししたが、その間の保守党政権も拡大という基本的な流れには逆らわなかった。他方で、失業保険基金は収入と支出の両面で崩壊の危機に瀕した。1911年の国民保険法が持っていた拠出原則が、無定見にはずされたためである。この法律の生みの親であるベヴァリッジが、この分野に大きな関心を払い続けたのは当然であろう。彼には常に1911年に帰れという基調があった。ただし時代の変化にも柔軟で、拠出原則と最低限保障という両面の平衡を図ることにも腐心していた。

　戦時経済からの解放は当然に激しいインフレを生み、その反動として1920年には厳しいデフレが出現した。それだけでなく、膨大な戦費債務はポンドの不信任を生み、基幹であった輸出産業を没落させることになった。地域別・業界別に見ると好不況にはかなりの濃淡があるのも事実だが、イギリスは全体として1920年代から深刻な不況に悩むことになる。平均して10％前後の失業率がこの事態を裏打ちしている。覇権の移ったアメリカが、株式ブームに沸いていたのとは対照的であった。

　この混乱により、1920年には失業保険の性格が二重に激変してしまった。[5] まず一般市民に適用される普遍保険を指向したが、むしろリスクの高い職種を包含してしまったこと。1911年の国民保険法は失業保険適用の職業を限定して、約225万人の適用者だった（Beveridge 1924b: 18）。しかし1916年法の部分的な拡大の後、1920年には約1200万人の肉体労働者（年250ポンド以下の賃金の場合）をカバーする普遍保険（ただし失業率が高い階層に偏

---

[5] 「失業保険が名前を維持して本質を変えた一方で、紹介所は本質を変えずに名前が変わった」（Beveridge 1930a: 295）。1916年9月から職業紹介所はLabour ExchangeからEmployment Exchangeに代わり、翌年には商務省から新設の労働省へと管轄が代わった。失業保険の拡大はHarris（2004: 204-207）。

る）となった。戦後の不況が迫っていたため、拠出と給付が同日に開始された。当初 2200 万ポンドあった失業基金は 6 ヵ月で底をついた（Bruce 1961/1968: 199）。次に拠出原則を無視したこと。これは当初の保険原則の重大な逸脱となった。2 つの例を挙げる。第 1 に「寄贈計画」donation scheme である。この概念は戦争終結直後の混乱から、非将校の元軍人や公務員に対し、拠出の裏付けを欠いた「離職者手当」out-of-work donation の給付を始めたことである。[6] この計画は戦後混乱という不可避的な要因から発生したが、後に失業手当が「施し」dole であり「気前よい寄付」largesse と呼ばれる原因となった。第 2 は「無契約給付」uncovenanted benefit である。これは請求者が給付に基づいた正当な（契約上の）権利を持っていない場合である。この場合でも、大臣の裁量によって、給付権を使い果たしてしまった者にも失業給付が可能になった。例えば、1920 年法では次の 3 つが定められていた。(1) 12 週間以上の保険料を拠出して受給資格が発生する。(2) 6 週間の拠出で 1 週間の給付を受け取る（one in six）。(3) 年間の最大給付は 15 週までになる（大沢 1986: 265）。歴代内閣はこの原則を緩和していくが、中でも (1) の「特例」給付が無契約給付と呼ばれる。以上のような保険の普遍化と無定見化は、一面で社会保障給付という意味で意図せざる福祉国家体制の始まりと呼べる。[7] 他面、保険数理を無視した財政支出の無軌道な拡大は、失業基金を瓦解させ均衡財政を危うくさせた。[8]

実際の失業保険運営は資格緩和と制限というジグザグを歩んでいる。1921 年法では「求職の誠実性テスト」と「無契約給付」が同時に導入された。1924 年の労働党政権によって後者が緩和された。しかし同時に前者の厳格適用も歴代内閣で考えられていた。ボールドウィン内閣の下で組織されたブラネスバーグ委員会 The Blanesburgh Committee（1925-1927）は秩序立った失業保険を目指したが、どの陣営からも批判された。この報告書で拠出と給付の比例関係を基礎に置く 1911 年法の理念が完全に崩れた（Fraser 1973/2003:

6　Beveridge（1930a: 273）、Lowe（1986: 136）を参照のこと。
7　「失業寄贈」は「イギリスの歴史で最初の国家による直接救済プログラム」（Garraty 1978: 147）であり、「戦後福祉の歴史で新しい方向の動きを示し」（Gilbert 1970: 60）た。
8　1929 年に明示された「大蔵省見解」はこの現実に対する対抗声明である。

203）。この制度を勧告せざるを得なかった理由は、未だに救貧法が廃止されていないためである。つまり、困窮者が貧民の刻印を押されないためには、無制限施しとも言える「過渡的給付」を救貧法外で作る必要があった。委員会は6％という実現不可能な失業率を前提にしているので、「例外的な失業」はすぐに去るという無理な想定をせざるを得なかったのである。

このような現実に対し、ベヴァリッジ自身も2つの原則を掲げ、その平衡に苦悩していた。

第1に、拠出原則を厳格に守るべきという原則を重視した。彼はブラネスバーグ委員会およびそれに基づいた1927年法を次のように批判した。委員会は2つの相反する見解に直面している。それは（1）拠出と給付に何らかの比例的関係を保つべきというもの。（2）失業に陥っている限り、労働者を支えるべきというもの。必然的に（2）の部分は一般財源（税金）で財政を支えることになる。委員会はこの両極を避け、第三の道を歩もうとしたが、ベヴァリッジによれば両極の中間ではなくむしろ「非拠出型」にずっと近くなった（Beveridge 1930a: 283）。1911年法の失業保険は2つの意味で契約的であった。第1に、大臣の裁量やその他の資質と関係なく、加入者は法的な権利を持つ。第2に、加入者ごとに拠出に基づいた権利を持つ。しかし「1918年から1928年の10年間混沌によって、いずれの意味でも失業保険は契約的ではなくなった」(ibid.: 289)。1927年法は「無契約給付」を廃止したことで、(1)の側面を回復したが、(2)の面は遺棄されたままになった。彼は初期・中期・後期いずれの段階でも、保険の拠出原則に則って失業保険は運営すべきであると強調した。この面は生涯通じて一貫しており、財政規律・自助努力を好む原則が色濃く出ている。

ただしベヴァリッジは財政の規律のみを原則としているわけではない。むしろ第2に、保険の普遍化にも大いに賛成しているのである。例として『万人と万物のための保険』（1924）を挙げる。ベヴァリッジは所得と社会責任、稼得と生存を結びつけ、もし稼得の中断すなわち失業が生じたら、人間の責任を全うできないと論じる。所得中断は（1）仕事上の事故、（2）病気、（3）失業、（4）老齢、（5）寡婦によって生じるので、この5つをすべて包含し、

かつ重複しない社会保険が望まれる（Beveridge 1924b: 4-5）。これらのリスクは現代社会では不可避で、しかも個別の貯蓄では応じられないほど大きい。そのためこうした共同体への不確実性は、集計的に管理される必要がある。それが社会保険――均一拠出の国民保険――である（ibid.: 6）。この時代、寡婦問題を正面から取り上げ、社会保険の必要性を論じたのは革新的と評価できるだろう。壮大な計画を持っていながら、執行上の細部まで目配りするという彼の特質は、このパンフレットにも伺える。ただし給付水準は生存最低限賃金ではなく、私的貯蓄の呼び水にすぎない。また「万人」の定義はある所得以下という意味で、市民全員ではない。こうした不十分な点はあるが、後の『ベヴァリッジ報告』を一部彷彿とさせる内容を含んでいる。ただしこのパンフレットは政府に無視された。

　1920年代という混沌とした10年は、「契約から資格（身分）へ」from contract to status(Beveridge 1930a: 289)とまとめられる[9]。これは形を変えた院外救済――もちろん給付は権利なので、貧民の汚名は払拭されている――であり、地方自治体（救貧法）ではなく国家が事業を行い、雇用者からの一般財源・税金によって支えられる[10]。まさに救貧法体制の瓦解に伴う新しい体制、すなわち権利としての失業者扶助であった。これは保険原則が徐々に無定型に緩和されたという意味では、意図せざる変化であった。しかし福祉国家の成立には重大な契機であった。ただし権利の側面を前面に出し過ぎると、拠出と給付の適正化という経済問題は脇に退けられてしまう。ベヴァリッジはこのことに気づいており、両者のバランスをいかに取るかという点で苦悩していた。

第4節　ストライキおよび関税

　この節では全国ストライキ（1926）と関税問題を取り上げる。いずれも基幹産業の没落に直面したイギリスの国内的な対応である。

9　この表現は法学者メーン H. J. S. Maine（1822-1888）の標語の逆である。
10　「偽装された院外救済」（Fraser 1973/2003 :201）という表現がある。

4-1 ストライキの衝撃

　失業保険の条件緩和は、悪化する一途を辿っていた労働問題への現実的対処という側面を持っていた。経済全般に影響を及ぼしたものは、1925年の金本位制（旧平価）復帰が大きかった。ケインズは反対したものの、ポンドの信任を守るという対外的な目標が優先された。しかしそれは国内にデフレ圧力をさらにかけ、失業者の増大という犠牲をもたらした。こうした経済の混乱が翌年のゼネスト勃発をもたらした。

　ゼネストを調停しようとした王立石炭委員会（サミュエル委員長、1925-26）で、ベヴァリッジは4人の委員の1人として活躍した。これは生涯で最も強烈な仕事であったが（Beveridge 1955: 211）、この時期の一知識人の心情をよく現している。義弟トーニーは炭坑夫側で国有化の案を出してきた。労働時間の延長と賃金の引き下げのうち、ベヴァリッジは後者を選択した。なぜなら第1に、賃金の低下は好況になれば取り戻せること。第2に、炭坑夫の貧困は賃金ではなく大家族制によるものであって、家族手当の創出がむしろ急務であること。賃金の伸縮性は、労働者の全厚生の中で考慮されていた。サミュエル委員会報告書は石炭産業の労使を調停させられず、その全面的衝突という破滅的な結果を導いた。

　ケインズはこの報告書が曖昧であり、特に「経済的な係争点がもっとはっきりと強調され」（CW vol.19: 532）るべきと批判していた。このストは労働者側の完敗に終わり、逆に1926年の労働争議法を作り出し、――1906年法とは反対に――組合の力を制限させることになった。1926年のバルフォア委員会（商工業に関する委員会、1925-29）での証言でも、ベヴァリッジは賃金切り下げを勧告した（Harris 1997: 333）。この時期から1930年前後に至るまで、彼の意識はそれまでの国家統制に対する信頼よりも、自由放任経済に傾斜していた。これはピグーやロビンズの影響でもあり、官僚として疲弊した彼自身の実感でもあった。他方、ケインズはバルフォア委員会への参加を断り、証言も拒否していた。金本位制復帰のお墨付きやガス抜きに使われない配慮からであった。[11] ケインズの根底にはこの時期、賃金を含む価格メカニ

11　CW（vol.19: 382-383）。ケインズは金本位制復帰後に委員会で証言した。

ズムへの不信感があった。両者はそれぞれ代表的な見解を代表していたと考えられる。

　1929年には地方自治体法が成立し、救貧法体制の根幹であった643の教区連合と貧民保護委員会が廃止された。その代わりとして145の地方自治体（州と市）に救貧行政が移管されたのである。これは名称の変更と領域拡大により、公的サービスの均一化を狙ったものであった。1920年代の失業保険給付の拡大が実質的に意図せざる社会保障給付となったのに対し、この法律は名目的に福祉国家への大きな制度変更となったのである。

4-2　関税

　1920年代のイギリスでは悪化する経済状態を背景に、関税改革も大きな争点になっていた[12]。1903年の関税改革運動は退けられたが、1915年のマッケンナ関税 McKenna Duties の導入によって自由貿易体制は揺らいでいた。ボールドウィン保守党内閣は関税改革を総選挙（1923.12.6）の争点にした。1932年のオタワ会議で関税政策が一応の完成を見るまで、紆余曲折を経ながらイギリスの自由貿易体制は瓦解していく。ベヴァリッジはこの流れの中で、古典的な自由貿易主義に軍配を上げていた。

　「失業：関税に影響される産業」という The Times 寄稿記事が参考になる[13]。ベヴァリッジはここで総選挙に向けたボールドウィンの主張を吟味する。失業を重大な国内問題と認定したことは正しいが、関税による解決方法はどうだろうか、誰が失業しているのか、と持続的に問わなければならない。鉱業・鉄鋼・造船・綿工業・建設・輸送・飲食・流通などの産業に失業が集中している。この場合、保護貿易によっても失業は改善しない。競合する輸入品によってその失業が発生したわけではないからである。むしろ国際貿易の回復こそが唯一の解決策である。ベヴァリッジは労働省のデータを用い、失業率の高い産業と低い産業を二分し、ボールドウィンの関税改革案が誤りであると指摘した。

12　概観は秋富（2006）を見よ。
13　*The Times*, "Unemployment: Trade affected by Tariffs", 27 November 1923.

投票日前日に掲載された「保護下の雇用」[14]も重要である。ベヴァリッジは自分を「一般的には自由貿易論者」と定義した。関税に関係する当該の産業には有益だろうが、他の産業に対しては間接的な害悪が見込まれると考えるからである。その他の論者は、輸入と輸出がパイプで繋がっている如く相互依存していることを忘れている。現状で最も不況なのは輸出産業であり、輸入産業はましである。もし逆であれば関税による輸入産業の救済は、全体的な効果はプラスであろう。しかし現状の失業原因は輸出産業にあるのだから、外国貿易の復活が急務である。失業に対して有効な救済策をうつためには、まず失業の研究が必要である。ベヴァリッジは産業を二分して、それぞれに関税がどのように効くのか、全体には正負どちらかという類推を行った。ここでも具体的な産業別の失業率表に基づいて事実が判断された。

　自由貿易の指向はロビンズとの出会いと支持によって強化された。『関税』(1931)がその代表例である。ケインズはマクミラン報告書(1931)で保護貿易を有力な視野に入れた。本書はそれに対抗して――ロビンズに説得されつつ――自由貿易を守るための報告書である。ヒックス・ロビンズを含むLSEの俊英たちも集め、ベヴァリッジが編者となり半分以上自ら執筆して、論争に一石を投じた。若手は高度な国際経済学の手法を用い、ベヴァリッジは一般的な読者を想定して平易に解説した。

　本書の分析も救済策も、最も伝統的な経済学の立場から導かれている。失業の原因、その理由付け、保護主義への対抗、国際主義という観点から説明しておこう。ベヴァリッジは失業原因を4つに分類した（Beveridge 1931b: 62-63）。労働市場の未組織化（臨時雇用および若年労働者の誤導・季節的変動・循環的変動・産業構造の変化）、戦後期の特殊な損失、1930年の大不況、失業保険の拡大という行政的な要因である。このうち2番目と3番目が特に重視されているようである。イギリスは自由貿易体制から最大限に利点を引き出してきた。特化された生産、大規模な輸出、安価な輸入である（*ibid*.: 231）。しかし今や状況は変わった。国際競争力は地に落ちて、輸出市場を失った。生産性に見合わない不当に高い賃金を支払っていたせいでもある。以上の診

14　*The Times*, "Employment under Protection", 5 December 1923.

断には伝統的な経済学の裏付けがある。経済学の最初から、価格は調整要因であった (*ibid.*: 91)。長期には需要と供給は調整される。生産は価格の動きによってのみ方向付けられる (*ibid.*: 240)。異なった賃金は異なった労働生産性を指す (*ibid.*: 40)。生活水準を守るために関税を提唱する人もいるが、逆の結果になる。結局、慢性的な失業は異常に高い水準にある賃金が硬直的で、下方に修正されない故である (*ibid.*: 71-72)。ケインズは1923年には保護主義を非難していたのに、今は反対のことを言っている。今こそマーシャルの精神を見習うべきだ (*ibid.*: 52, 242)。一般的な関税は輸出を犠牲にして国内市場を守るだけである。すべての国は経済的に結びついているのだから、国際協調が必要である。経済国民主義と国家介入主義が台頭している。このままでは経済戦争を導いてしまう(*ibid.*: 3-4, 243)。[15]

Robbins (1971: 158) は『関税』のベヴァリッジ原稿を「一字一句直した」と証言している。確かにベヴァリッジは比較生産費、相互需要、価格と賃金の関係などが未知の領域だったのだろう。演繹的操作を自ら行うことはなかった。ただし1920年代の2つの記事からわかるように、イギリスの苦境が輸出産業の衰退であり、賃金などの調整不良にあったという基本線は堅持していた。この点はロビンズ等との診断と共通であり、それゆえロビンズやヒックスと共に『関税』を完成させた理由である。1920年代の状況や失業の原因に共通点があったため、ベヴァリッジはロビンズを頼り、そしてその正統派経済学を丸抱えした。これが1931年の状況であった。

第5節　失業の理論

失業の理論もベヴァリッジの持続的な関心であった。1921年には「産業の問題」と題してLSEで講義が行われ、第6講目が失業論であった。その講義ノート[16]によれば、基本的に1909年の立場を踏襲している。失業対策と

15　この議論は連邦主義につながる。詳しくは第14章を見よ。
16　BP, Reel 4, Item 17, Eight Lectures on The Problems of Industry, Lecture 6, 24 May 1921.

して働く週の短縮——現代の用語ではワークシェアリングに当たるだろう——、欧州貿易の回復、公共事業、臨時労働者への最低賃金法が挙げられた。以下では、その後の３つの時期から、失業論の理論的側面を取り上げる。1930年、1931年、1936年である。それぞれの異同を——1909年の失業論も意識しながら——明らかにしていく。

5-1 『失業』の改訂

ベヴァリッジは『失業』を1930年に改訂した。第１部は1909年版をそのまま載せ、第２部を新しく付け加えて出版したのである。規定が改正され、ロンドン大学で公職に就くためには、博士の学位が必要とされた。ベヴァリッジはロビンズを公式な指導教官と試験官に頼み、この第２部を博士論文として提出したのである（Beveridge 1955: 212）。書評したロバートソンは「抽象的分析と統計的証拠…が完璧に釣り合っていて、経済問題に関する最良の本の１つ」と述べ、『国富論』や『ロンバート街』に匹敵するほど歴史に残り、色褪せないと讃えた（Robertson 1931: 74）。

ただし作成の経緯とその内容から、従来、本書はロビンズの影響を強く受けた著作と認定されてきた（Harris 1997: 312）。本節ではその評価を半分だけ受け入れる。なぜならそこには伝統的な経済学に親和的な部分だけでなく、ケインズ派にも接合可能な議論を見出せるからである。総合的な評価として、ベヴァリッジの失業論はいずれの学派も取り入れつつ、独自の立場を堅持していると結論する。

まず伝統的な経済学の影響を受けた部分を確認する。それは労働供給と賃金の関係を明示し、しかも賃金による労働市場の清算を「規範」normとする考えを全面的に受け入れたことである。ベヴァリッジはこの改訂で、賃金と雇用の関係を考慮に入れた（Beveridge 1930a: ix）。過大な賃金が失業の一般的な原因であることは、ピグーの「賃金政策と失業」（1927）で初めて明瞭に述べられた（ibid.: 360）。この理論的な可能性は否定できない。「完全

---

17 本郷（2006: 63）はこの論文が、ピグーの転換（労働需要側から労働供給側への強調変化）を示すと論じた。

な賃金の伸縮性は、理論では失業をまったく防いだはずだった」(*ibid.*: 368)。1920年代には2つの賃金下方硬直性の要因があった。1つは労働組合との団体交渉であり、もう1つは失業保険の普遍化である。実質賃金は労働の生産性に比べて、著しく高い水準で留まっていた。この不均衡を解消するためには、生産性、賃金、その賃金で雇用を探す人々の3点を鑑みて、4つの理論的方策がある。人減らし（移民）、生産性上昇、賃金の直接カット、物価上昇による賃金の間接カットである。第1は最も困難であり、第4はインフレによる余波が怖い。そこで第2と第3のどちらかになる(*ibid.*: 416)。ベヴァリッジは失業の大きな要因として、賃金による労働市場の清算機能が働いていないことを重視した[18]。また、信用と物価は短期には不安定だが、長期には安定するとみなした(*ibid.*: 330)。いずれも市場が清算された状態を長期均衡と置き、短期の現象はそこに収束する過程であるという経済観がある。これは長期を「規範」とする伝統的な経済学そのものである。

　ただしケインズ派に親和的な部分も3点は存在する。第1に、ベヴァリッジはホートレーの貨幣的不安定性に強く影響された[19]。20年前、景気変動論に関する説明は不適切であった。その後、ロバートソン・アフタリオン・ミッチェルという秀作が相次いで出版された。戦後もケンブリッジ学派の景気循環論が開花した。その中でもホートレーの議論は注目に値する。信用は本来的に不安定という世界観があり、商人の行動が着目された。ベヴァリッジは物価・利潤・企業・信用という独自の用語を使い、その議論を図示してまとめている(*ibid.*: 329)。利潤の増大は企業を刺激し、信用を拡大し、物価を押し上げる。さらにこの過程は累積的に続く。貨幣は常に不安定な均衡にある。貨幣量に見合う財が生産されるが、しかし多くの貨幣が創造されて均衡から離れてしまう。ただしこれは短期である。長期では銀行が信用創造へのため

18　この文脈でピグーの『失業』(1913)が回顧されている。ベヴァリッジはピグーの診断「失業はすべて賃金の調整不良」を不十分としながら、「逆説だが、大いに教訓がある」と賛意を示した(Beveridge 1930a: 371)。この心変わりは1914年の書評と対照的である。
19　BP 2b-26。ラウェリン-スミスへの手紙、1927年4月26日。1920年には食糧価格の指数分析をホートレーから示唆された(Beveridge 1920: 210)。1940年には、10年前にはホートレーの景気循環論の影響下にあったと認めた(Beveridge 1940b: 101)。持続的な影響が窺える。

らいを見せる。金本位制では金が枯渇し、利子率が上昇する。最大の債務と現金準備には一定の関係があるだろう (ibid.: 330)。信用は現金準備に拘束され、長期には安定になる。こうしたベヴァリッジの議論は、ホートレーを通じたヴィクセルの累積過程の受諾である。1930年のケインズも貨幣的な不安定性という世界観を共有していたことに留意しよう。

　第2に、不況の特殊性が認識されている。ベヴァリッジは上記のホートレー経済論を受け入れつつ、重大な一点を批判した。それは不況から好況へ、好況から不況へという転換点の説明が曖昧すぎることである (ibid.: 331)。特に不況からの回復は好況の停止よりも自動的でないし、新たな刺激が必要になる。低金利政策だけでは不十分である。[20] 第3に、それゆえ、ベヴァリッジは「大蔵省見解」をきっぱりと拒否した。「明らかにこのドグマは…不適切である」(ibid.: 414)。雇用への支出に可能な資源は一定ではなく、成長している。公共支出は民間支出と同様に、失業を減らせるのである。次の2通りが大事になる。遊休残高から行う投資が魅力的になり、消費者の未消費余剰 unspent margin が減少する場合。[21] 公共支出がなければ創出されなかったような銀行信用の創造を導く場合。ホートレーはこれらを理論的可能性のみとみなしたが、ベヴァリッジは現実に起こりうると想定した。商人は物価下落を恐れており、この状況では公共事業は信用創造が可能になる (ibid.: 415)。以上の3点はケインズの主張にも通底する。

　さて伝統的経済学とケインズ派の併存は、無節操な折衷主義であると断罪すべきだろうか。ここではベヴァリッジ独自の立場を堅持し、それを強化する範囲でどちらの学派も取り入れたのではないかと解釈する。彼の立場は労働市場の組織化・完全化であった。「労働市場の効率的な組織化は、20年前よりも今日の方がさらに必要となっている」。[22] ベヴァリッジにとって1909年や1911年の法案は誤っていなかった。それが大きな成功を収めなかったの

20　ホートレー自身が「信用の梗塞」credit deadlock という用語で、その事態が起こりうることを認めている。Hawtrey (1931/1933: 54)。
21　ホートレー独自の用語で、流通している現金＋未決済の銀行信用。
22　Beveridge (1930a: 402)。「1909年の建設的な主要政策──労働市場の組織化──はかつてよりもっと確実に喫緊に必要である」(ibid.: 406)。

は、思考が間違っていたからではなく、正しく実行されなかったからである(*ibid.*: 401)。1920年代の苦境を観察して、彼は「生産を生活水準に、あるいは生活水準を生産に調整」(*ibid.*: 418)すべきという診断を付け加えた。しかしこの追加を行っても、1930年の失業は1909年と同じく産業の問題である。生産性と賃金の不調和を解消させることも、労働市場の組織化の一種である。またベヴァリッジは、民間の投資では雇えない人々に対して、公共事業が雇える可能性を指摘した(*ibid.*: 415)。様々な理由でそのままでは新しい産業に移れない者や適応できない者に、幼稚産業の保護と同じ理由で補助金を与えて配置換えを促進することは、犠牲以上の利益がある。問題は場所や特徴にきちんと合った人を見つけられるかであろう。この論法はケインズ流の有効需要の増大が、民間企業だけでは不十分な労働の移動を促進させると解釈できる。1944年にベヴァリッジはこの立場を完成させる。その萌芽がここにあった。伝統的な立場（賃金の伸縮性）やケインズ的な立場（公共事業の増大）も、労働市場の完備に資する限りで、大いに取り入れられたのである。[23]

5-2 『失業の原因と対策』

ベヴァリッジは1931年5月と6月に、BBCで6回に渡るラジオ講演を行った。それが『失業の原因と対策』と題する講演録である。一般聴者向けに読まれたために、平易な文章になっているが、『失業』(1930)よりも進んだ考えも垣間見える。ここではその付録も合わせて考慮する。

失業に対する基本的な捉え方に関して、本書は1909年と同一線上にある。失業は病理diseaseではなく、兆候symptomと捉えられる（Beveridge 1931a: 1)。失業は表面に現れる現象であり、もっと深層に原因があるからである。失業者とは働く能力と意思がある者のみである。失業はいくつかに原因が分かれるが、1人の失業者は複合的な要因で失業する。失業は個人の性格でも過剰人口のせいでもなく、産業が適応しようとする方策、つまり産業の一部である(*ibid.*: 14)。長期には労働需要と労働供給は歩調を合わせていく。一般的な調整欠如ではなく、質・場所・時間に調整不良がある。産業構

---

23 実際、この2つは『失業』(1909)の診断でもある。第4章第4節。

造の変化、季節的変動、循環的変動、労働市場の非組織化という4つの不良である。このような認識は 22 年前とほとんど変わっていない。

1909 年のみならず、1930 年の著作からも進化が見える点もある。まず失業の歴史段階による説明である。(1) 戦前では労働市場の非組織化が目立っていた。現在も引き続き、同じ問題はある。(2) 1922 年から 1929 年までは経済構造の硬直化が出現した。この場合、賃金の伸縮性を回復するのが一番である (*ibid.*: 56)。(3) 1930 年の大不況は全世界的な信用・物価の崩壊である。これは 19 世紀の循環的不況と同じく、金融制度によって作られた (*ibid.*: 35)。過剰生産ではなく、貨幣供給の変化のみで説明できる。こうした不況は貨幣の便宜と引き替えに払う代償である。(4) そして最後に行政上の要因が挙げられる。行政上の要因とは、国家による失業対策が逆に失業にどのような反作用があるかという意味である。主に失業保険が問題である。20 年のうちに最初の計画は——保険から永続的な救済へと——まったく違う性格になってしまった。最大の効果は失業の痛みを取り除いたことだが、手当の支払いは麻酔に過ぎない。失業の治療にはならない。また保険の完備は人々を失業状態にさせる誘因がある (*ibid.*: 44)。ただし、この個人的仮病よりも社会的仮病 social malingering がもっと危険である (*ibid.*: 45)。責任は労使双方にある。保険制度ができる前、労働組合は失業にも責任があった。団体交渉は収入増（賃上げ）と罷業（工場閉鎖による収入減）の両面を抱えていた。しかし保険制度が罷業の費用を下げた。失業への責任を失って、賃上げの力を得たのである。使用者側も保険制度がなければ、なるべく定期的に労働者を雇おうとした。確かな労働力を確保したかったからである。しかし保険制度は罷免の費用を下げ、労働者の賃金を考慮する必要がなくなった。このような新たな対応が保険制度で生まれる。これが行政的要因である。

労働という財の特殊性も初めて議論された。通常の財と労働は 2 点において異なる。第 1 に、その価格が高い場合である。それでも買う時は、不当に利潤が高いと感じるのが通常の財である。労働の場合は決して高すぎることはない。必要を超えてもっと快適な生活ができるようになるのが、物質的な進歩である。この点で労働は異なる。ただし高すぎるので買わない場合は、

需要が制限されるという意味で、財も労働も同じである。第2に、その価格が低い場合である。ある財が原価割れの値段で売られても、その財が無価値になるわけではない。しかし労働の価格が――生存水準を超えて――低すぎる場合、労働者とその家族は退廃してしまう。ここに最低賃金法の根拠がある（*ibid.*: 24-25）。1909年ではむしろ、労働を通常の財と同じ分析に載せるという方向であった。ここでは1909年以来の最低賃金法の普遍化に従って、むしろ国民最低限保障を積極的に認める方向も垣間見させた。賃金の伸縮性の影に隠れているが、この面は見逃せないだろう。

　この方向は付録でも窺える。これは1931年3月20日にベヴァリッジが王立失業保険委員会（グレゴリー委員長）で行った証言録である。彼はここで失業者を3つの階層に分けた。(1) 短い期間の失業者。元の仕事場に再び仕事を見つけられる者。(2) 働く意思もあるが、短い間では元の仕事場に仕事を見つけられない者。(3) 仕事に不適合な者、働く意思のない者。この中で本来は(1)のみが失業保険の対象である。しかし現実には(2)を含んで失業保険の給付金が救済のように使われている。もし失業保険が健全になるならば、すべての産業を含み、統一した給付で、自弁体制になっていなければならない（*ibid.*: 69）。ただし長期的な失業に陥っている者、そして給付の権利が消失している者は自分の不運だけを責める必要はない。産業構造の変化や不当な賃金政策という個人では動かせない経済的要因の犠牲だからである（*ibid.*: 70）。ベヴァリッジは保険と救済を峻別し、保険の自弁システム（拠出＝給付）を推奨する。ただしこのことが短期的失業者以外の切り捨てには繋がらない。むしろ国家の責任によって長期的な失業者も救済する余地を残しておくべき、と示唆しているようである。この側面はさらに1942年の社会保障体制に合致する要素である。

　わずか1年後ではあるが、本書には『失業』(1930)よりも進化した思考があった。失業の歴史的説明と、国民最低限保障を積極的に認める方向である。

5-3　「雇用理論と失業の事実」

　3番目はケインズ『一般理論』に対する理論的な反論である。ベヴァリッ

第8章　1920年代から30年代の経済論　245

ジは1936年4月か5月までに反論をまとめ、LSEのハイエクセミナーで発表した。それが「雇用理論と失業の事実」と題する17ページに渡るタイプ打ち原稿である。日付も不明で公表されなかったが、1936年7月9日にケインズ（およびウェッブ夫人）に送付された（第6章第5節）。現在はキングズカレッジに保存されている。ここではこの原稿に基づき、1936年当時の両者の理論的相違を解釈したい。主な論点は失業の定義、乗数、貨幣賃金と雇用、利子率の役割、一般理論の一般化である。ケインズの反論も時に添える。

　ベヴァリッジが最もこだわったのは、非自発的失業という用語の定義であった。この定義は二重に誤りである。まず抽象的すぎる。どの産業、どの場所でこの範疇の失業が存在するのか、ケインズはまったく説明していない (2)[24]。次に論理構造としてもおかしい。ケインズは季節的変動、技術的要因（特定産業の衰退や技能変化）、離職してから就職するまでの間の失業という3つを摩擦的失業と名付けているようだ。また景気循環（特に不況）や賃金政策（労使交渉）で発生する失業を自発的と名付けているようだ (1)。しかしケインズの定義から考えると、通常の摩擦的失業も非自発的失業に分類されるはずである。他方、彼は摩擦的・自発的・非自発的の三者を互いに排反と見て、重なり合うと考えない。ゆえに定義に混乱があり、「理由なく前提を立てることによる虚偽」[25] *petitio principii* があり、「不確かな用語法」である (3)。それに対してケインズは、循環的失業という言い方は——非自発的失業の一部に過ぎないから——用いないと反論した。古典派は本質的には均衡理論であり、景気循環を議論しているようで、実際にはそれが存在しないような仮定（完全雇用）で語っていた[26]。

　乗数に関しては、穴掘りという無駄な公共事業が非難されている。これは

---

[24] 断りがない場合、この節の引用は次から。"Employment Theory and the Facts of Unemployment", by Beveridge, c1936, KP GTE/2/1/5-21, 1-17.
[25] ケインズは古典派が所得一定という前提を隠していることに対して、「論点相違の虚偽」*ignoratio elenchi* と非難した（CW vol.7: 259）。ここでのベヴァリッジの用語は、その意趣返しである。
[26] CW (vol. 14: 56-57)、ケインズからベヴァリッジへの手紙、1936年7月28日。

インフレをもたらすだろうが、ケインズはそれを考慮していない。乗数という概念は魔術である (6)。ケインズは追加的に雇用された労働者に直接的効果があるだけでなく、その所得増が消費増を導くことで、間接的な効果が期待できると反論した。古典派は完全雇用を仮定しているので、ゼロの供給弾力性である。穴を掘るというのは皮肉のための表現であり、生産的な投資に労働を雇うことが本意であった。もし生産的な投資が残っていなかったら、所得再分配をしてでも消費を増やすべきである、とケインズは述べた。[27]

　貨幣賃金と雇用の関係では、ベヴァリッジは貨幣賃金の引き下げ効果を議論した。それは企業者にとって費用削減を意味する。ゆえに不況を回復させる手段となる。「遅かれ早かれ、不況は終わる」のである。ケインズは下がりつつある価格を重視するが、むしろ下がった価格を見るべきだ。前者ではさらに物価が下がるという期待から、買い手はさらに下がるのを待つことになる。後者では市場の清算に向かう。もしケインズの主張するようなデフレ期待の持続性があれば、「市場経済に基づく体制は、始まる前に壊れてしまっていただろう」(9)。貨幣賃金をなるべく下げないという実際的な考慮はわかる。自分自身も賃金変動を経済調整の主手段としないようにしてきた。しかしその考慮は正義観念であり、「経済理論の問題としては厳密には不適切である」(9)。

　流動性選好と利子率の役割も論点であった。ケインズの議論はある種の硬直性を支持しているようで、例えば利子率がある点で止まってしまえば、完全雇用に欠ける投資になる。しかし70年間のデータを観察しても、そのような現実はない。また利子生活者がどのように安楽死するのか、その過程も語られない。貯蓄という経済的な誘因はまだ必要である (11-12)。低金利が推奨されるが、貨幣賃金のカットとどこが違うのか。どちらも企業者の費用削減であり、購買力を下げるだろう (13)。

　全体として、ベヴァリッジは『一般理論』の接近方法も論理も結論も否定した。投資から所得・雇用へという把握は、我々が知っている経済システムの実情と合っていない。「もし経済体系の要素すべてが流動的 fluid ならば、

---

[27] CW (vol. 14: 58)、同上。ここは珍しく平等主義的なケインズの考えである。

その体系は自己調整的であろう」(15)。ゆえにケインズは固定的な要素を見つける必要があった。実際に、彼は2つの硬直性を見つけた。1つは流動性の中であり、もう1つは労働市場の中である。しかしこのような議論は理性（論理展開）にも経験（実際のデータ）にも反する。現実は100人の労働者のうち、14人が失業状態である。彼らがどこでどのように失業しているのか。経済学が科学ならば、失業の一般理論は一般的な理由付けではなく、事実と事実に関する理由付けで説明されなくてはならない。労働や失業を全体としてas a whole 語ってはいけない。「失業は…未だに産業の一部として現れ、外側にあるのではない」(17)。

　以上の論争からベヴァリッジの特徴を浮かび上がらせておこう。古典派への接近、方法論的差異、理解の水準の3つである。古典派への接近として、労働市場清算の捉え方、貯蓄先行型、長期のノルムがある。

　非自発的失業の定義と図示から、労働市場の清算に関して、両者の相違点をはっきりさせておこう。ケインズは言う。「賃金財の価格が貨幣賃金に比してわずかに上昇した場合に、現行の貨幣賃金で働こうと欲する総労働供給と、その賃金における総労働需要とがともに、現在の雇用量よりも大である

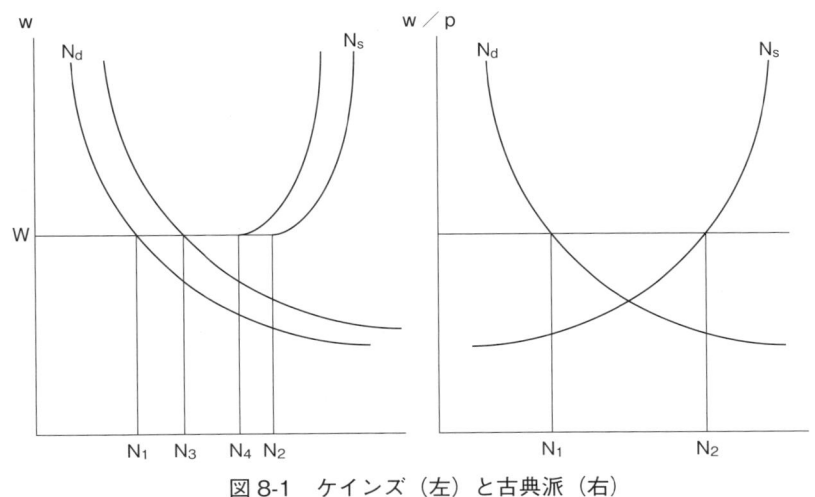

図8-1　ケインズ（左）と古典派（右）

ならば、人々は非自発的に失業しているのである」(CW vol.7: 15、原文すべてイタリック)。この定義は難解であるが、古典派とケインズの発想の差を明確にしてくれる。

　左図がケインズの場合で、右図が古典派の場合である。まず現行の賃金 w が存在し、総労働需要曲線 N_d と総労働供給曲線 N_s が存在する。縦軸は左図が貨幣賃金、右図が実質賃金であることに注意する。(ケインズの解釈する) 古典派の説明では、労使は実質賃金の自由な交渉によって、最適な実質賃金と雇用量が同時に定まる (*ibid.*: 11)。それが完全雇用の点である。もし失業 (N_2-N_1) が存在すれば、それは現行の賃金が高止まりしているためである。それは自発的な失業 (低い賃金を拒否) か摩擦的な失業 (調整の遅れなど) でしかありえない。

　他方、ケインズの説明はまったく異なる。労使交渉で定められるのは貨幣 (名目) 賃金のみで、実質賃金は制御できない。物価水準に影響を及ぼすことができないからである。この時、労働者は実質賃金と労働の限界不効用を一致させる行動が取れないので、古典派の第二公準は否定される。ゆえに名目賃金が与えられて (その下の N_s は存在せず)、N_d との交点である N_1 で雇用は定まる。いま物価水準が上昇すると、N_d は右方に、N_s は左方にそれぞれシフトする。その結果、ケインズが定義したように、N_3 も N_4 も共に N_1 より大きくなる。この状態が非自発的失業の存在である。

　古典派では代表的個人の合理的行動がマクロ現象をも覆う。ゆえに労働供給とは完全に雇用されている者の労働時間の伸縮で行われ、ここに労働の限界不効用が逓増し、労働供給が右上がりとなっている (反転可能性は無視する)。ケインズの場合は労働者が過少雇用 under-employment ではなく、本当に失業 unemployment しているために、遊休していた労働者の限界不効用が逓増しない部分がある。これが名目賃金の水準で水平になっている労働供給曲線である。また、物価の変動も期待を変化させ、(有効需要や所得などの) 他のマクロ的変数に影響を及ぼす。ゆえに N_d も N_s もシフトする。このように労働市場の清算は古典派のように単純明快ではなく、他の市場に依存して曲線がシフトしたり、水平部分が存在したりとなっている。失業を単な

る賃金の固定性のせいにする発想は、古典派による失業解釈そのものである。ケインズはその解釈を採っていないことをここでは確認しておこう。そして1936年のベヴァリッジは完全に古典派の発想で失業を認識していた。

　他にも随所に古典派的な発想がある。乗数の議論で、ベヴァリッジは9/10だけ消費することを1/10だけ投資すると言い換えた（4）。この場面は、ケインズならば貯蓄への脱漏が1/10と言うはずである。しかしベヴァリッジは貯蓄がすぐに投資になるという見方であった（連結する証券市場の仮定）。また『一般理論』のような投資＝貯蓄という式では、利子率が上昇したら貯蓄が減ってしまう。なぜならば同一になる投資は減退しているからである（6）。ここでのベヴァリッジは利子率と貯蓄を直接に結びつけている。また貯蓄奨励もまだ必要とされたので、利子生活者の安楽死政策も疑問視された（12）。また全体を通じて、何も障害がなければ市場清算が常態になると論じ、市場経済に関する長期的な信頼感が見える。ただし現実は多くの攪乱があるので、その均衡からは外れた場所にあるという認識も同時にある。その攪乱こそ、十分に研究に値する。このような短期（現実）−長期（収束すべきノルム）という二分法の発想は、典型的な（新）古典派である。また経済全体の集計された変数を用いるのではなく、産業ごと地域ごとの分類にも拘った。これはマクロ概念の拒否である。さらに抽象から出発する方法論にも反対であった。データの開示が失業論の最初の章にあるべきなのである（17）。

　ベヴァリッジの『一般理論』に対する反応は、ピグーやロバートソンにある面で非常に似ていた[28]。こうした人々は景気変動の中での雇用問題・物価問題を論じてきたのだから、ケインズの古典派批判を論外とみなした。ただしベヴァリッジを含めて彼らは、ケインズの完全雇用の概念が摩擦的失業や自発的失業を除外していると理解できなかった[29]。その完全雇用の点でも失業はゼロでないのである。彼らが完全雇用（いわゆる最小限度の失業＝自然失業率）

28　似ていない点は、専門的経済学者が独自の景気循環論を前面に出すのに対して、ベヴァリッジは理論というよりも実証データを先に持ってくる点である。
29　CW（vol. 7: 15-16）に明言されている。

と失業＝0の間にある現象を徹底的に議論していたのに対し、ケインズはそれを等閑視し、有効需要の不足による非自発的失業のみを主要問題とみなしたのである。ベヴァリッジもこの点をこの時は理解しなかった。さらにベヴァリッジは理論を常に現実のデータでチェックすることを重視した。この側面はヘンダーソンとも近い。ゆえにベヴァリッジの立場は、ピグー・ロバートソン・オリーン等の産業変動重視派と、ヘンダーソンの現実重視派の混合とみなせる。

1930年と1931年にはケインズにかなり親和的な部分を持っていたベヴァリッジが、なぜ1936年に全面否定になっているのか──この謎は説明しにくい。可能性ある説明は、1936年当時のベヴァリッジにおける職業上の危機であろう。すでに考慮したように、彼はLSEから追い出されつつあった。その疎外感が経済学の権威に対する必要以上の攻撃につながったのではないか。実際、この攻撃性はやや一過性と考えられる。第11章で議論するように、1939年頃からは個人的にケインズとさらに親しくなり、1944年にはその理論を完全に理解して受容した。その要点は自らの診断と彼の有効需要論が結合した点にある。ここでは全面的なケインズ批判に見えるこの未公開原稿にも、次の一文があることを確認しておこう。「摩擦は雇用に対して、絶対的ではなく相対的な障害となる。労働需要がぐっと増えれば、さしあたり摩擦は克服され、摩擦的な労働準備は減るだろう」(3)。

おわりに

1920年代から30年代にかけたベヴァリッジの思想について、次の4点にまとめられる。いずれも表面上は多くの雑多な議論があり、しかもその中で年代によって揺れがあるが、常に複眼的な思考があるという点では一貫性がある。

第1に、経済史と人口論が典型であったように、理想とする経済学に邁進する姿があった。それは大まかには2つの観点を含む。1つは膨大な時系列・クロスセクションデータを発掘し、そこから一般法則を見出すという帰納法

の採用である。もう1つは天候や出生率がそうであるように、広範な社会現象を経済学の対象とし、経済史への傾斜を深めたことである。ロビンズ・ヒックス・カルドアを輩出する1930年代の経済学と異なり、反抽象化・反限定化という特徴を持っていた。

　第2に、崩壊しつつあった失業保険に関して、二面性が窺えた。ベヴァリッジはあくまで1911年の理念であった保険の拠出原則を根本では貫いた。この面はどんな時代でもぶれない一貫性がある。ただし同時に『万人と万物のための保険』がそうであったように、保険の普遍化も指向していた。つまり権利としての給付という考えである。財政的な裏付けを持ちながら、どのようにして人々に普遍的な給付が可能かという問題設定があった。

　第3に、イギリス経済の大混乱に直面し、産業上の硬直性（特に貨幣賃金の高止まり）を認識したことが、逆に長期ノルム（均衡）を持つ正統派経済学へ頼る事態となった。これはストライキ・関税・失業の各論点で顕著であった。この時期、ベヴァリッジはロビンズ等の影響もあって、市場清算の理論的正当性に大いに頼った。しかし同時に、ケインズ派に親和的な部分も多く存在する。賃金削減を補う家族手当、不安的な貨幣経済観、大不況の特殊性、大蔵省見解への反対、摩擦的失業を解消する有効需要などである。正統派経済学に最も頼った時も、相反する要素を彼は抱えていた。

　第4に、当代一流の貨幣理論に追いついているばかりでなく、自らの失業論も拡大させて発展させた。1930年における景気循環論の理解、その中でもホートレー経済学の的確な要約と弱点の指摘があった。そして1936年には理論的な観点からケインズの非自発的失業・乗数・流動性選好・貨幣賃金の作用を論駁した。いずれも最先端の経済理論に十分深い理解がなければ不可能な作業である。通説と異なり、ベヴァリッジの経済学理解はかなり進んでいたと結論することができる。そして1930年代の失業論は、1909年のそれを包含しつつ拡大した。それは失業原因の分類に現れる。1909年には産業変動・労働の予備・産業構造の変化が指摘された。1930年代にはこの3つを労働市場の未組織化とくくり、戦前からある原因であり、しかも未解決であるとされた。さらに賃金の高止まり（生産性との不釣り合い）、1930年の

大不況（貨幣的ショック）、失業保険（行政要因、個人と社会の仮病）が付け加わり、全部で４つの原因に分類された。昔の診断が今や一部に埋め込まれ、本質的な部分として残りながら、なお時代に応じた新しい要因が付加された。これはベヴァリッジの包括的把握を示す典型的な思考発展である。

　以上の４点とも、ある一方の観点だけを取り上げない複眼的思考の具体例となっている。1920年代初頭から20年間、ベヴァリッジは多くの話題を論じながら、経済理論の最先端を吸収した。それは雑多な折衷主義とも捉えられるが、理想とする経済学を自ら形成し、特に包括的な失業論を完成させるためには必要な吸収であった。様々に揺れ動く中で多くの要素を抱えたことは、逆に後期思想でそれらを一気に再構成するための準備、蓄積期間となる。

第9章　ハロッドとの交錯[*]
――経済学の方法と政策への応用――

はじめに

　ハロッドはベヴァリッジをオックスフォード大学で「最善の人物の1人」と激賞し、その社会科学方法論に「完全に同意する」と述べた。他方、ベヴァリッジも英国学士院 The British Academy の会員推薦で、1946年にはジョーン・ロビンソンを第1位に、ハロッドを第2位に置いて、両者の推薦を積極的に支持した。[2]

　なぜ両者は互いに高い評価を与えたのか――本章の直接的な課題は、この問いに答えることである。そして同時に、間接的な課題として、両者が活躍した1930年代・40年代当時の経済学の状況および政治との関係の一断面を、両者を主人公として描き出すことである。以下で展開するように、ハロッドは4つの観点から、ベヴァリッジに同感を抱いた。そしてその観点は、同時代の経済学者の交流関係や位置づけを明らかにするものである。ここにベヴァリッジ研究として、ハロッドに登場してもらう意義がある。Harris

---

[*] 京阪経済研究会（2006.8.10、於：龍谷大学）でのコメントに感謝する。特に中井大介氏・久松太郎氏・牧野邦昭氏には、草稿を内容面・表現面から詳細に検討して頂いた。
1　本章の注25、27を参照。
2　「ハロッドは英国学士院に完璧にふさわしい経済学者だ」、KP, Reel 74, BA/1/208、ベヴァリッジからケインズへの手紙、1946年2月15日。ただし『自由社会における完全雇用』の執筆を手伝ってもらったジョーン・ロビンソンの方を高く評価している。実際には、ハロッドは翌年の推薦で会員となった。主な人物の入会年度は次である。マーシャル1902年、ピグー1927年、ケインズ1929年、ウェッブ夫人1931年、ベヴァリッジ1937年、ヒックス1942年、ロビンズ1942年、ハイエク1944年、ミード1951年、ロビンソン夫人1958年。http://www.britac.ac.uk/fellowship/directory/dec.asp?type=ord

(1997) や Besomi (1999) を筆頭とする先行研究では、両者の交流のみならず接点すら俎上に載ったことはなかった。

　本章は次のように構成される。第1節では1932年と1933年における *The Times* の署名記事に注目する。この記事を巡って、ハロッドとベヴァリッジは——確認できる限り——最初の文通を行った。第2節では *Economic Journal* におけるピグーの『失業の理論』(1933) の書評者決定の事情を明らかにする。ベヴァリッジが最初の候補者であったが、その降板によってハロッドが取って代わった。第3節ではベヴァリッジの LSE 退任演説 (1937) を巡るハロッドの反応を取り上げる。その内容は社会科学方法論であり、必要な限りでヒューム・ケインズの帰納法に触れ、またロビンズとも比較する。第4節では主にハロッドの政治活動を扱う。慈父の役割を果たしたリンデマン教授（チャーウェル卿）が重大な触媒であったことがわかる。経済学の政治利用という大枠の中で考える。最終的に以上の議論をまとめ、冒頭の課題に答える。

第1節　1932年の混迷

　ハロッドは平均的経済学者よりも——おそらくケインズよりも——はるかに政治活動に熱心であり、「熱烈な自由党員（自由主義者）an ardent Liberal」(Brown 1980: 18、訳110) であった。大恐慌の最中にあって、彼は経済学者には正しい道筋を示し、緊急の対策を打つように政府を動かす責任があると感じた。その1つの具体性が *The Times* への署名記事である。ハロッドは同僚ミードやケインズと連携し、数度に渡って経済学者の一致団結した政策勧告を取りまとめた。ここでは2つの記事を取り上げておこう。

　第1は1932年7月5日の「物価の回復：支出のための新たな貨幣を[4]」と題した記事である。この2年半でイギリスは激しい卸売価格の下落を経験し、

---

[3] 当時はオックスフォード大学ハーフォード校講師。戦後、LSE に勤めた後、ケンブリッジ大学教授になる。
[4] *The Times*, "Restoration of Prices: Fresh Money for Spending", 5 July 1932.

経済全体で深刻な調整不良が起こっている。経済システムの中心にいる政府は、物価安定を目的に減税と開発計画への貨幣支出を行うべきである。このように述べた署名記事はオックスフォード大学から――ミードを含む――13 人、ケンブリッジ大学から――ケインズ・カーン・両ロビンソン・ショーブ・ギルボー・フェイを含む―― 13 人、その他から 15 人の合計 51 人を数えた[5]。この記事を作成する過程で、ハロッドはベヴァリッジにも署名を頼んだ。しかし、物価について何をなすべきか確信が持てないという理由から、ベヴァリッジは署名を断った[6]。これが記録に残っている中で最初の書簡による交流である[7]。

第 2 は 1933 年 3 月 10 日の「もっと流通貨幣を:資本勘定への支出」と題した記事である[8]。政府予算を経常勘定と資本勘定に分けなければならない。前者は通常通り、収支を一致させる。しかし後者は借入によって資金調達し、能動的な信用流通を投入するために明示的に用いられなければならない[9]。このような主張の記事は、全国の経済学部教員 37 人によって署名された。この場合もハロッドはケインズやミードと綿密に打ち合わせ、署名を集めた。ケインズは「繁栄への道」という別の記事を準備していたので、今回は署名していない。この記事に関してもハロッドは、再びベヴァリッジに署名しないかと誘っている[10]。しかしベヴァリッジは「私は現在の危機について、その本質と因果がまったくわからないので、どんな救済策にも署名することはできない[11]」と返答し、再び署名を断った。

---

5 Brown（1980: 16、訳 111）は 40 人としているが、誤りである。
6 Besomi（2005）、ベヴァリッジからハロッドへの手紙(249Z)、1932 年 6 月 16 日。「ハロッドのページ」http://economia.unipv.it/harrod/frames/indexfr.htm による電子版。これは Besomi（2003）の補遺である。
7 第 6 章第 3 節で論じたように、1930 年 1 月には既に顔見知りであった。
8 *The Times*, "More Money in Circulation: Spending on Capital Account", 10 March 1933.
9 この部分は、1940 年代前半にケインズやベヴァリッジが議論した「二重予算」の先駆として評価すべきだろう。
10 Besomi(2005)、ハロッドからベヴァリッジへの手紙(277Z)、1933 年 3 月 1 日。電子版。
11 Besomi（2003, vol. 1: 206）、ベヴァリッジからハロッドへの手紙 (291R)、1933 年 3 月 2 日。

2つの記事に関する応答は、両者のこの時代における経済学への態度を示す格好の例である。新進気鋭のハロッドは経済学の政策応用に関して、30代前半という若さにもかかわらず、積極的に関与した。ハロッドは1922年にケインズに初めて会い[12]、その後はエッジワースにも師事した。このため2人の新旧 *Economic Journal* 編集者から、経済学の純粋理論と現実の経済への感覚を同時に磨いたと推測される。ケインズが1920年代中葉から失業問題に積極的に関わっていくのとほぼ同時に、ハロッドも実際的な政策への関与を強めていった。他方、ベヴァリッジは逆にこの1932年という時期に、自らの直観について失望し、混迷を深めていた。第8章で論じたように、『失業』改訂版は上梓したものの、『関税』はまったく影響力を行使できずにいた。彼はロビンズの影響によって経済学の正統的な思考法を支持してみたものの、大恐慌という現実の前ではたちまちそれが色あせてしまったように思えた。同時に、LSE学内で理想の経済学を建設するベヴァリッジの試みは挫折し、激しい反発を招いていた。ハロッドへの署名断りの返答には、その焦りと絶望感がよく窺える。

第2節　新旧の書評者

　次の関わりはピグー『失業の理論』（1933）の書評を巡る顛末である。*Economic Journal* の共同編集者であるマックグレガー[13]は、ベヴァリッジにピグー本の書評をほぼ自動的に頼んだ。この選択は当然であった。ピグーの『失業』（1913）を書評したのもベヴァリッジだったからである。しかしもう1人の編集者であるケインズは別の意見を持っていた。ハロッドとの書簡でそれが明らかになる。次の3つはいずれもケインズからの発信文である。

12　篠崎（1994: 6）に未公開の手紙がある。ハロッドはケインズの指導を熱望して、実現した。その時の事情は Harrod（1951/1982: 317、訳358）も見よ。
13　ピグーと同期で、トリニティカレッジのフェローからオックスフォード大学経済学教授に転出した。1925年から1934年までケインズと共同編集者。CW（vol.10: 268）、CW（vol. 12: 855）。『産業合同』（1906）が主著。

「ピグーの本へのコメントを EJ でどのように扱っていくか、あまりはっきりしない。マックグレガーがベヴァリッジに書評用の本を送っている。しかし題名とは区別される本書の本質からすると、これはもちろんあまり適切ではなかった。ベヴァリッジは何の進歩もしていないように思う。おそらく彼は放棄してしまうだろう。その場合には私が自分で書評を引き受けてもよい。…／…ピグーの議論は、深刻な誤りのために完全に無効である。[14]」

　「本はベヴァリッジに書評用に送られた。しかしそれは彼の分野の外側にある。彼は書評をよこさずにアメリカに行ってしまった。[15]…ベヴァリッジの書評が3月に来たとすれば、その書評とは別に、あなたと私がコメントを加えるべきだと提案する。私はピグーの議論をそのままの形で扱い、あなたはもっと一般的な形で扱うことになる。[16]」

　「予想した通り、ベヴァリッジはピグーの失業論を書評しようとする試みを放棄した。マックグレガーがその代わりをあなたに頼むだろう。[17]」

　以上のケインズの手紙から、様々な判断が可能である。ケインズはピグーの『失業の理論』が経済学の純粋理論に属し、題名の印象と違って、ベヴァリッジが書評可能だとは考えなかったこと。つまりピグー『失業の理論』とベヴァリッジ『失業』には、題名の類似性にもかかわらず、大きな隔たりがあることがケインズにしっかりと認識されていたこと。[18]逆にハロッドに対しては全幅の信頼を置いていること。ピグーへの完全な反論を自ら試みなければ

14　Besomi (2003, vol. 1: 226-227)、ケインズからハロッドへの手紙 (320)、1933年10月10日。強調は引用者による。
15　ロックフェラー財団の資金で、アメリカのニューディール政策を視察した。その成果は Beveridge (1934) にある。Harris (1997: 317)。
16　Besomi (2003, vol. 1: 229-230)、ケインズからハロッドへの手紙 (322)、1933年10月27日。強調は引用者による。
17　Besomi (2003, vol. 1: 259)、ケインズからハロッドへの手紙 (337)、1933年12月30日。
18　これはピグー自身が、ベヴァリッジからどの程度引用しているかからもわかる。Pigou (1913a/1999) では5回以上の引用があるが、Pigou (1933/1999: 269) では一箇所に過ぎない。しかも前者は本質的な部分での引用だったが、後者は些末な部分である。

ならないと感じていたこと。この手紙にはケインズによる他人への様々な評価がある。

それではベヴァリッジ自身はどのように感じていたのか。再びハロッドとの文通が決め手になる。ベヴァリッジは言う。

「あなたが親切・勇敢にも、ピグーの『失業の理論』を書評すると理解している。この雑駁なメモ——ある観点で（書評者として相応しくないと最終的に判断する前に）作られた——があなたに有益だとは思わないが、その時のために送っておく。」[19]

ハロッドは次のように答えた。

「メモを送ってくれてとても感謝する。大きな関心で読んだ。いくつかの困難については同意する。他の部分は（とても長く研究したので！）解けたと思う。／…P［ピグー］はすでに2人の注意深い読者を得た。これ以上得るだろうか！彼は極めて上手な解説者になれるのに、とても残念だ。」[20]

ハロッドははるか年長のベヴァリッジに対して、丁寧にしかもユーモアを込めて返答した。上記の手紙は、ピグーという経済学の権威を巡る新旧両者の交流である。実際、ハロッドはケインズの期待に応え、見事に『失業の理論』の書評者[21]としての役割を果たした。他方、ベヴァリッジはピグー『失業』(1913)を書評し、しかもケインズに大きな影響を与えたのに、今回は立ち去らざるを得なかった。20年の月日は新旧の書評者を残酷に際立たせる。ベヴァリッジは経済学の演繹的理論に対してさらに意固地になり、数年後にはその矛先をケインズにも向けることになる。

---

19 Besomi (2003, vol. 1: 264-265)、ベヴァリッジからハロッドへの手紙 (344)、1934年1月29日。
20 Besomi (2003, vol. 1: 265)、ハロッドからベヴァリッジへの手紙 (345)、1934年2月1日。
21 Harrod (1934) として結実した。

上記の文通にある「メモ」とは「ピグー：失業の理論」という7ページに渡るタイプメモである[22]。日付はなく、公表もされなかった。このメモの特徴を挙げておこう。これは書評の準備のために書かれた覚書であり、ほとんどの場合、本文からの数行の抜粋と、それに続く部分的・断片的な走り書きで構成されている。例えば、この記号は何か、誤植、定義がない、前のどこに説明があったのか、間接的な影響は何か、などの走り書きが連なっている。当然に、全体的な視点から本書を批判的に振り返ることはなされていない。それゆえ、ケインズが予想し、ベヴァリッジ自身も認めざるを得なかった「書評者としての不適切さ」は正当と判断できる。

　しかしこのようなメモでも、1つだけ指摘しておくべき論点が存在する。ピグーがその『失業の理論』でなした貢献の1つは、短期の雇用状態（景気変動の影響）と長期の雇用状態（賃金政策の影響）を峻別した点にある[23]。ベヴァリッジもこの点を重要視した。労働需要が変動してもいったんある点で確立すれば、賃金政策——法的には最低賃金法の遵守——の存在で、現実の賃金体系が求人ー求職の比率を固定化するように——つまり長期の失業率が一定になるように——調整されてしまうとピグーは言う（Pigou 1933: 272）。これは次の原因による賃金政策の変化を無視している、とベヴァリッジは反論した。すなわち失業の責任と賃金政策の制御を分離させてしまうような失業保険の存在。物価が下落して、貨幣タームで施される政策が変更される場合。結局、ピグーは景気変動という短期的な要因を除けば、失業率の平均は長期にはある値に落ち着くと主張するのだが、ベヴァリッジは「摩擦と季節による失業という相対的に大きな要素を無視している」と反対するのである。そして労働需要の平均的な状態は失業問題とは無関係とする原著188ページの部分が、本書全体の結論の前提であると見抜いた。結論は原著の「拡張的政策の長期的影響は、…失業と関係ない」（*ibid.*: 250）という政策に対する示唆

22　この資料の存在はBesomi（2003, vol. 1: 265, 注3）で明らかになった。その閲覧について、Daniele Besomi氏に感謝する。

23　この点は本郷（2006: 68-69）に詳しい。なおここでの賃金政策とは、1900-1910年代の最低賃金政策というより、1920年代の労働組合による持続的な賃上げ要求を含んだ状態を指す。本郷（2006: 73、注2）。

の部分であった。ベヴァリッジは他の要因も挙げ、単純に短期と長期に効果を二分するという発想を批判した。理論上に見事な二分法は、ベヴァリッジの着想とは異なっていたためであろう。

論題は失業論、著者はピグー、編集者はケインズ、書評者はベヴァリッジという配役は、20年を経ても同じだった。しかしこの間の月日は経済学の性格を激変させ、ベヴァリッジを書評者の地位から転落させた。代わって登場したのは新鋭のハロッドであった。この書評を巡る挿話は、不変のベヴァリッジと変容した専門的経済学者の対照・明暗をはっきりさせてくれる。

第3節　社会科学の方法

次の関わりはベヴァリッジのLSE退任演説（1937.6.24）である。第6章で詳述したように、彼はLSEからオックスフォードに転出した。ハロッドはその演説に感激し、次の手紙を送った。

「あなたの演説をとても楽しんで読んだ。必ずしも同意できない2つの点がある。ケインズ本への扱い…と、我々の政治活動に関する…過剰な足かせである。…／しかし社会科学の方法と現状というあなたの主要な主張に対しては、完全に同意する。それは真実であるだけでなく、とても重要で適切だと思う。この論文が広く知られて影響を持つように願っている。」

ベヴァリッジも喜んで次のように返答した。

「あなたが社会科学に関する私の演説の議論全般に関して、気に入ってくれてとても嬉しい。…水曜日にその施設で会えると期待している。時間があれば、

24　Beveridge（1937a）として公表された。
25　Besomi（2003, vol. 2: 728-729）、ハロッドからベヴァリッジへの手紙（708）、1937年10月24日。強調は引用者による。

会合の後にお茶でも飲もう。」[26]

ハロッドは親しい教授に、もっと直截的な感想を述べた。

「同封した論文［ベヴァリッジの演説］で、2つの点には同意しない。彼はケインズの本を正当に扱っていないし、…不当なほど厳格に我々の政治活動を抑制しようとしている。／さらに、論文には特に独創的な点はない。／しかしそれにもかかわらず、これは通しで読んで欲しい。あなたはベヴァリッジに関してまったく間違った考えを持っているし、この論文を読めばその考えを正さざるを得なくなるだろう。そして正されるべきものは私が重要だと思っていることである。なぜなら私の判断では、ベヴァリッジはここ［オックスフォード大学］で今や・最・善・の・人・物の1人だからである。」[27]

以上の文通から判明するのは、ハロッドはベヴァリッジの演説に極めて高い評価を与えている点である。もちろん『一般理論』や学者の政治活動に関する部分には、反対している。それにも関わらず、そこは枝葉の部分とされて重視されなかった。それよりも「社会科学における経済学の地位」という主要部分に関して、ハロッドはベヴァリッジに完全に同意した。これはどのように解釈すべきか。

　この事情に関しては、1938年当時の経済学方法論を想起する必要があるだろう。『一般理論』出版直後から、その応用が喫緊の課題とみなされていた。ティンバーゲンは国際連盟の助力で、マクロ経済の計量モデルを開発しつつあった。ハロッドはイギリス協会の部門F会長講演を「経済学の範囲と方法」と題し、経済学の新しい発展を吟味した。その中で彼はティンバーゲンの試みも「興味深い調査」(Harrod 1938: 409) と評価した。ケインズはこの件に

26　Besomi (2003, vol. 2: 731)、ベヴァリッジからハロッドへの手紙（714）、1937年11月1日。その施設 the Institute は不明。学会か学内の場所か。
27　Besomi(2003, vol. 2: 730)、ハロッドからリンデマンへの手紙(710)、1937年10月24日。強調は引用者。リンデマン F. A. Lindemann (1886-1957) はオックスフォード大学物理学（実験哲学）教授。Brown (1980: 16, 20、訳109, 112) も参照。

関して、有名な手紙をハロッドに出した。

> 「経済学はモデルによって思考する科学 science と、現代世界に適切なモデルを選択する技巧 art との結合である。…ロビンズとは異なり、経済学は本質的に総合人文科学 a moral science であり、自然科学ではない。つまり内省 introspection と価値判断を行使する。」(CW vol. 14: 296-297)

> 「経済学が総合人文科学であるという点を大いに強調したい。…私は経済学が動機や期待や心理的不確実性を扱う、と付け加えるべきだった。」(ibid.: 300)

それに対して、ハロッドは次のように答えた。

> 「経済学を自然科学と考えることに対するあなたの敵意には、私は全面的に同意するとは断言できない。」(ibid.: 297)

ケインズは計量経済学による経済予測に不信感を持った。その方向性は自らの理論を契機に発展していたのだから、さらに危機感を募らせていた。計量経済学のモデルが自然科学を模し、時間を通じて係数が不変で、しかも原因と結果に人間の動機が介在できないからである。つまり経済関係に自然の斉一性 uniformity を期待してはいけないと彼は考えた。それに対して1938年頃のハロッドは、ケインズよりも新しい経済学の方法に寛容だった。彼は次

---

28 計量経済学者ティンバーゲンへの批判なのに、ここではロビンズが直接の槍玉に挙がっている。伊東(2006: 50)は両者が「対象を不変なものとして取り扱う点で同一なものと解したのであろう」と推測している。
29 社会科学および人文科学をすべて包括した学問領域。ここでの moral は physical = natural に対置される概念である。人間を対象とする学問全般であり、経済学・社会学・法学・歴史学・心理学・倫理学などすべてを包含する。道徳科学という訳では、義務論・倫理学のみを指すという誤解を生じさせる。三上(1986: 18-19)の示唆による。「総合人文科学」という訳は本書の独自。
30 ケインズからハロッドへの手紙、1938年7月4日。
31 ケインズからハロッドへの手紙、1938年7月16日。
32 ハロッドからケインズへの手紙、1938年7月6日。
33 ティンバーゲンへの直接的な批判は CW (vol. 14: 286-287) あたりにある。

のように、まず功利主義の復権を試みていた。

　「私は帰納法に同意する。この方法で、功利主義者は諸目的の確立を追求した。そしてその目的に対して、道徳的行為の体系が向かおうとしているのである。」
（Harrod 1936: 156）

功利主義の擁護は、――ムーアの教えと異なり――善を定義可能なものとし、確率を数値的に決定的なものと考えることによって可能になった[34]。ハロッドは動態的経済学を提唱し、豊富なデータ収集によってそれが可能になると論じた（Harrod 1938: 410-411）。ケインズはこの点ではまったく反対で、経済現象は斉一的であるという仮定を安易に導入せず、またベンサム流功利主義を嫌悪した。経済学を擬似的に自然科学とみなす点において、ハロッドはケインズよりもベヴァリッジにはるかに近いと言えるだろう。ベヴァリッジも帰納法を科学の要件として第1に重視した。

　ここでケインズとハロッドの「帰納法」に対する態度を一瞥しておこう。帰納法とは大まかには、日々の経験に積極的な意義を見出す思考であり、経済学者の系譜としては、D. ヒューム、J. S. ミル、ケインズ、ハロッドが主な提唱者であった[35]。ヒュームは「帰納の問題」を直視した。この問題――単称の観察言明から全称命題が導けるか――を回避するために、彼は自然の斉一性を仮定し、同時に「事物の一般的なりゆき」the general course of things を注意深く観察することを哲学者に課した。経験的事実を大量に観察し、慧眼を磨くことによって社会科学を確立しようとしたのである。帰納法には原因と結果という因果関係が重要であり、その論理的な関係を確立しようとしたのが、ケインズの『確率（蓋然性）論』（1921）であった。彼の新しさは帰納概念を、純粋（単純）帰納 pure / simple induction と比喩 analogy・類似 similarity に二分したことである。前者が事例の数に依存す

34　この点は齋藤（2001: 140）による。
35　この単純化された整理は岡本（1978: 96）による。ミルについては、ここでは帰納法の定式化に貢献したとだけ明記しておく。

る──確率の頻度説＝量的判断──のに対して、後者は確率の質的判断を意味する。彼は後者を重視し、単純な頻度説を退けた。確率──ケインズによれば命題間の論理的関係──が質的な事象であるために、自然な斉一性は単純には仮定できない。ケインズは「独立した多様性が有限である」という追加的仮定を置いた場合に、帰納法が有益になると説いた。ある前提からある結論が必然的に導かれると主張したい場合、その結論を導く別の前提がごく例外的であることが必要である。「多様性の有限」とは、ある結論を導かない別の前提の数が限られていて、観察事象を多くすればそれらを排除可能である、という仮定である。逆に言えば、ある現象が有機的複合体 organic complex の場合、帰納法が適用できないのである。つまりケインズは帰納法が成立する条件を厳しく限定した。それに対してハロッドはむしろ「経験の原理」という用語を用いて、過去の経験的事実はこれからも継起的に持続すると確信できると論じた。結論として、時間・空間について、ある種の連続体が経済現象にも起こると想定し、自然の斉一性を最終的には採用した。帰納法の正当性・適用可能性について、ハロッドはケインズよりも楽観的だった。

　さらにロビンズも考慮し、この時期の4人の経済学者について、整理を施せば次のようになる。第14章で詳述するように、ロビンズは経済学の本体に──特にイギリス伝統の功利主義という──価値判断を混入させることを1932年に拒絶した。ケインズは逆に、経済学にも科学の側面と技巧の側面があることを論じ、後者の切り落としに反対した。さらに、不確実性の世界が常態なので、経済関係においては斉一性の観測が著しく困難で、ゆえにティンバーゲン流計量経済学の効果を疑った。この両者に対して、ハロッドとベヴァリッジはある面でケインズに近く、ある面でロビンズに近いという意味で、共通性のある立場に位置づけることができる。ケインズとの親和性は「強

36　前提から結論を導くことを推論 argument と呼ぶ。推論には確率と「重み」weight が存在する。「蓋然性が低い」という確率を持った命題が適切に数多く見出せれば、その推論は「極めて確実」となる。CW（vol. 8: 77）。
37　『貨幣論』から『一般理論』への質的転換を遂げた一因に、この複合体概念がある。「同じ平均価格でも、その構成が異なれば、投資量も異なる」（CW vol. 13: 399）。これこそマクロ経済学の概念である。平井（2003: 348）も参照。
38　これらの点は岡本（1978: 103）、齋藤（2001: 129, 139）を参考にした。

烈な現実主義と根強い常識」(Harrod 1971: 94、訳 162) にあるだろう。すなわち、幅広い教養に裏打ちされた現実志向の政策提言である。ハロッドに関しては、政策指向が窺える例を3つ挙げることができる。1930 年代初頭の *The Times* への署名記事、戦時中のチャーチルによる首相統計部での勤務、マクミラン首相 (1957–1963) の助言者である。ベヴァリッジに関しては第6章で論じたように、経済学の理想のうち2つ——社会問題を解決する官僚養成として、市民の教養として——がこの方向と合致した。逆に言えば、両者は経済学の使命として政策提言を重要な要素として挙げ、ロビンズほど純粋経済学の独立性——純粋に演繹的・論理的な学問体系になること——に魅力を感じていない。他方、ロビンズとの親和性は、経済学にある種の自然科学的な要素を投射することである。ハロッドは帰納法の有用性を証明するために、社会現象の擬似自然現象化（斉一性）を容認した。ベヴァリッジは生物学を理想とし、観察・帰納・演繹・検証という4段階を科学化の要件とみなした。逆に言えば、両者はケインズほど経済現象の特殊性を——少なくともこの時期は——言い立ててない。以上のように、ロビンズとケインズという位置関係を用いることで、ハロッドとベヴァリッジの親和性の一端を説明することが可能である。

　ただし急いで留保条件も——少なくとも2種類は——必要だろう。ロビンズの側とハロッドの側である。まずロビンズについて、第 14 章で示すように、上記のステレオタイプ理解は誤りである。ロビンズは確かに純粋経済学の場面では、効用の個人間比較の否定など、価値判断の混入を拒んだ。しかし彼は同時に応用経済学や政治経済学という領域を用意し、実際の政策提言の場面では、何らかの価値判断を純粋経済学の結論と混合させて、最終的な判断を下すことを積極的に認めている。具体的には、福祉国家的施策（累進課税など）はイギリス功利主義の伝統から容認されるのである。実際、ロビンズはハロッドとの「不一致という見せ物を喜んでいる人に、いかにそうした差異の実践的な含意が極めて小さいかを明らかにする」(Robbins 1938: 635) と宣言している。もう1つはハロッドについてである。彼は晩年に至る過程で、1938 年当時の考え——あるいは、少なくともその強調点——をかなり変化

させたように思われる。『社会学・道徳および神秘』(1971、邦題『社会科学入門』)に注目しておこう。ここでハロッドはむしろ経済学の純化あるいは科学化に反対している。科学というのは研究 study の一分野に過ぎず、経済学やその他の部門は自然科学ではないし、それを模倣して喜ぶべきではない (Harrod 1971: 115、訳 197)。経済学は——オックスフォード大学の近代学科 Modern Greats［哲学・政治学・経済学］のように——むしろ他の人文研究によって補われてきた (ibid.: 75、訳 128)。社会科学には「事実に関する情報と、人間性の深い理解との微妙な混合物」(ibid.: 112、訳 191) が重要なのである。以上の言明は、帰納法の妥当性を主張する昔ながらの部分とは対照的に、1938 年頃の言明からはかなり異なる。むしろ人文部門との連携を描いていたケインズに非常に接近したように見える。以上の 2 点は留保として付けておく。人々の経済思考を分類する作業がいかに難しいか、つまり異なった論点と異なった時点で、それぞれある種の分類が不能になる可能性を常に秘める。[39]

　この留保条件を別として、ハロッドは科学的方法論について、次の 2 点でベヴァリッジに強い親近感を抱いた。1 つは経済現象の擬似自然現象化の仮定であり、それゆえの帰納法の積極的採用であり、事実観察の重要性である。[40]もう 1 つは観察された事実を集積し、それを政策に応用するという経済学の最終目的での合意である。この 2 つがあったため、両者は大いに接近した。

第 4 節　政治と経済的知

　最後に、ハロッドの政党政治との関わりを 3 点記述しておこう。もちろんベヴァリッジとの何らかの因縁を秘めた部分のみである。

---

[39] 齋藤 (2001: 141) の表現を借りれば、1930 年代初頭から「長い揺籃期を経て」『帰納論理学の基礎』(1956) が完成した。そして晩年の『社会学・道徳および神秘』(1971) に至るまで、すべて帰納法の有用性・正当性が主張された。
[40] Besomi (1998) が明らかにしているように、ハロッドは「オックスフォード経済調査」(1936-1939) においても主導的役割を果たした。この調査は経済理論を実際の実務家の行動で検証しようとする試みである。

第9章 ハロッドとの交錯

ハロッドは2つのルートからチャーチルに接近した[41]。1つはその息子ランドルフの個人教授 tutor であったことから、しばしばチャーチル家の教育相談にのったことである。もう1つは尊敬していた先輩教授リンデマンを通じてである。前述のリンデマンは科学者としてチャーチルの信頼を勝ち取り[42]、またハロッドも惹きつけていた。チャーチル海軍大臣は1939年の開戦直後に、リンデマンを個人的な助言官に任命し、新設の海軍統計部を統括させた。そこに全員20代の経済学者が6人ほど送り込まれたのである（MacDougall 1951: 58）。ハロッドの推薦で、その弟子マクドーガルも一員になった。この部門は「特別部（統計部）」S Branch と呼ばれるようになり（Harrod 1959: 190）、統計データをチャーチルに集めるという重大な役目を果たした。1940年5月にチャーチルが首相になると、貴族としてチャーウェル卿となったリンデマン教授[43]は1942年に支払総監 Paymaster-General として内閣に入った。ただしチャーチルの個人的助言官という性格は変わらず、「特別部」は「首相統計部」に移動することになった。ハロッド自身もそこに加わった[44]。マクドーガルの回顧によれば、「特別部」は純粋な統計学だけでなく、統計から導かれる結論まで関与し、それゆえに一般的な経済政策の選択まで行った（MacDougall 1951: 59）。第10章で論じるように、これはスタンプ調査や内閣経済部と同じく、政府による経済学者・経済的知の活用を意味する[45]。本書で

---

41 自由党の支持者であったハロッドが保守党に接近した理由の1つは、専制者（ヒトラー）に対する断固たる抵抗という共通の目的があったためであろう。Brown (1980: 20、訳112) も参照。

42 「私は彼を大臣にしたい。なぜなら彼の心は一般水準よりはるかに上で、ほとんどいつも正しい見解だからである。w. s. c. 7. XII」。チャーチルの直筆メモ。PRO, CAB 21/781, "Appointment of Lord Cherwell as Paymaster General: staff and duties", 4 December 1942. なお直筆の「7. XII」は12月7日にチャーチルがメモを書き添えたという意味である。

43 「教授」'the Prof.' と呼ばれた。ハロッドは同名の題で、チャーウェル卿の伝記を書いている。本書はチャーチルに捧げられた（Harrod 1959）。

44 「特別部」は23人の課員を抱えた。給与が年400ポンド以上の課員は7人おり、そのうちハロッドが最高給の1300ポンドだった。チャーウェル自身は1400ポンド（うち政府からは1000ポンド）である。PRO, CAB 21/781, "Appointment of Lord Cherwell as Paymaster General: staff and duties", 4 December 1942.

45 Middleton (1998: 86) も見よ。

の主題に即すと、経済参謀の一環であった。ハロッド自身もその内部にいたが、短い結論のみを要求される「特別部」での勤務は、豊穣な言葉による説得を好むハロッドには合わなかった (Brown 1980: 20、訳 113)。それゆえに彼は 1942 年に「特別部」を辞任した。

　チャーウェル卿とベヴァリッジの関係について、一言必要であろう。第 11 章で見るように、彼は『ベヴァリッジ報告』の場面でも『雇用政策』の場面でも、ベヴァリッジ案を徹底的に低く扱い、その態度がチャーチル内閣の政策を大きく左右させた (毛利 1990: 240, 264)。彼の嫌悪感がどこから生じたのかははっきりしないが、とにかく先のハロッドの手紙「あなたはベヴァリッジに関してまったく間違った考えを持っている」という部分から、その毛嫌いは遅くとも 1937 年まで遡れることがわかる。チャーウェル卿はドイツ生まれだが、複雑な葛藤からドイツを逆に嫌悪し、宥和政策にも反対した。第二次世界大戦中はドイツ都市の絨毯爆撃など、市民を巻き込む総力戦の戦略的爆撃計画を提唱した。その政治信条は典型的な保守主義であり、1926 年のゼネストにも反対した。このような保守主義から、ベヴァリッジ[46]のような福祉政策に嫌悪感が生じたのは自然である。

　微妙なのはハロッドである。彼は先の手紙で、チャーウェル卿のベヴァリッジに対する嫌悪感を諫めて和らげようとした。Brown (1980: 16、訳 109) は、チャーウェル卿の卓越した経験と才能がハロッドの慈父として機能したと推測している。両者は政治信条も生活スタイルも相反していた。ハロッドはチャーチルにも親近感を持ち、しばしばその元で働きたいと願い、一時期は実現した。ベヴァリッジは逆にチャーチル内閣からは疎まれ、在野で失意の底にいた。政権の中枢にいる者と在野の者。ハロッドはベヴァリッジの思考を第一級と認め、それが政府でも活用できるようにと願ったのではないか。経済的知の活用を強く願っていたハロッドは、ちょうど両者の橋渡しを試みる役割であったと判断できる。

---

[46] ケインズとも様々な場面で軋轢を起こした。1つは戦時の動員計画 (1940 年) であり、もう1つはアメリカとの工業製品の交渉 (1944 年) である。前者は CW (vol. 22: 187-189)、後者は Harrod (1951/1982: 588-589、訳 647-648)。

第 9 章　ハロッドとの交錯　269

さて、「特別部」の辞任は政治の世界からの離脱を意味しなかった。いやむしろいっそう、自らの信念に基づいた経済政策の実現をハロッドは目指した。そのため元々自由党に密着していた彼は、ついに自ら国会議員として立候補することを決意した。その1つの理由は、ベヴァリッジ報告の拡充であると推測される。ハロッドは1943年に次のような論文を書いた。ベヴァリッジ計画は 8.5％の失業率を許容し、その上で社会保障を行う。しかしこの計画による失業給付では生存賃金とは言えず、「普通のしかるべき労働者が望ましい人生計画を立てることができない」(Harrod 1943: 331)。ケインズ卿や他の経済学者の提唱に沿い、利子率を下げて適切な公共事業を行えば、平均失業率は 8.5％以下になり、例えば2％を実現できるかもしれない。そうならばベヴァリッジ計画から失業保険を取り除くことも可能であり、財政の健全性も保障されることになるだろう (ibid.: 332)。さらに国際通貨基金の原案を1943年3月に初めて読んだとき、債権国が国際収支の不均衡状態を解消する義務を負うという条項にハロッドは目を奪われた。兵士で満杯のオックスフォード行夜行列車で、彼は次のように叫びたかった。[47]

「私は諸君がベヴァリッジ計画を非常に重視していることを知っている。しかしそれは一片の紙に書かれたものに過ぎない。もしわが国が深刻な不況と貿易上の困難に直面したならば、その計画はすっかり崩壊してしまうだろう。ここにあるのは本物だ。なぜならそれは我々を不況から救い、ベヴァリッジ計画などすべてを永続的にするからである。」(Harrod 1951/1982: 545、訳 602)

この2つの事例とも、ハロッドがベヴァリッジ計画（社会保障論）の基本線を賛辞しつつ、なおその拡充・修正を狙っていることを示している。つまり失業保険という手段はあまり問わず、政府の助力で望ましい経済状態を達成するという基本線を承認しているのである。この同意を1つの理由として、

---

[47]　この場合は公表直前のホワイト案とケインズのメモ。ハロッドはケインズ案（国際清算同盟案）については、1941年12月の段階で既にケインズと意見交換している。CW (vol. 25: 95)。

ハロッドは自由党から立候補した。特筆すべきは、ハロッドがベヴァリッジの応援演説を受けたことである。1945年6月26日、選挙区ハッダースフィールド Huddersfield でのことであった（Beveridge 1955: 345）。ハロッドはベヴァリッジ報告にあまり演説の時間を割かないで欲しいと前もって申し入れた。ベヴァリッジは快諾したが、いったん演説が始まるとその約束は反故にされた（Harrod 1959: 248）。さらにハロッドもベヴァリッジ自身も落選した。

最後の因縁はマクミラン内閣（1957-1963）の時である。ハロッドは1945年に二重の不満を持った。1つは空位となったドラモンド教授に選ばれず、政策的にも正反対のヘンダーソンが選ばれてしまったことである。もう1つは政治の世界で経済助言官となる野望がほとんど満たされなかったことである。ハロッドは1946年から1948年まで自由党の「影の内閣」に所属したが、やがて見解の相違により辞任してしまった。今度は保守党の候補になることまで画策した。しかし経済政策観の違いから、保守党にも馴染めなかった[48]。このように政治の中枢にいつも入っていきたがったハロッドであったが、その熱意はほとんど叶えられなかった。唯一の例外はマクミラン内閣の出来事である。マクミラン首相は大方の官僚・経済学者の助言と異なり、国際収支を改善するために国内経済を犠牲にするデフレ政策に疑念を持っていた。この疑念がハロッドの勧告と類似し、首相は彼を重用したのである（Brown 1980: 30、訳119-120）。マクミランが住宅大臣の時、ベヴァリッジと衝突したことは第1章第6節で触れておいた。

3つの事象はいずれも、ハロッドが政治的実践活動への強い関心を示している。この強い関与の理由は、1つには経済学を政策に応用することを直接訴えようとしたためである。もう1つの理由は、経済参謀として政治家に重用されたいという野心を抱えていたためであろう。第10章で論じるように、2つの側面はどちらもベヴァリッジと大きく重なる。ハロッドが保守党の政治家にも接近したため、ベヴァリッジの天敵であるチャーチルやマクミラン

---

[48] 保守党は国内デフレをもたらす政策に性急すぎ、また第三世界からの輸入制限を受け入れることになるローマ条約（EEC設立、1957）の調印を求めすぎていた（Brown 1980: 29-30）。

も重用されかけたという挿話もつく。この因縁も含めて、政治への接近という意味で、ハロッドとベヴァリッジは似た心情がある。

おわりに

　以上をまとめ、冒頭で提起した問題に答えよう。1930年代からのベヴァリッジとハロッドについて、次の4点を摘出することができる。

　第1に、大恐慌の余波で金本位制再離脱に揺れる時期に、両者が経済政策の確信度について鋭い対照をなしていたことである。新進気鋭のハロッドは1932年と1933年に *The Times* への経済学者署名記事を組織した。いずれも財政政策・金融政策の両面で、政府の積極的な姿勢を求めた内容だった。ハロッドはミード等と図ってこの記事を組織し、ケインズやカーン・ロビンソン等と同一機軸で運動を展開した。この意味で、ケンブリッジ大学とオックスフォード大学の一部は連携していた。この連携にハロッドはベヴァリッジを引き込もうとした。しかし経済学の現況に不満を持ち、また自らの分析能力に自信を失っていたベヴァリッジは大恐慌の原因と救済策に確信を持てず、その申し出を2回とも断った。この出来事は彼の苦悩の深さを浮き彫りにしている。

　第2に、ピグー『失業の理論』を巡って、新旧の書評者が交錯した。旧型のベヴァリッジはケインズからも見放され、自らもこの本についていけないと心情を吐露した。ただしベヴァリッジがピグー流の長期と短期の単純な二分法に異議申し立てしている点は注目されてよい。短期の景気変動を除いても、摩擦的失業や季節的変動があるので、賃金政策のみに失業の原因を求めてはいけないという警告であった。この点を除けば、ベヴァリッジは失業論でも専門的経済学者の議論に追いつけないと悟った。書評を引き継いだハロッドは、文通の中でベヴァリッジに丁寧な応対を見せ、そのメモに感謝している。そして同時にケインズの期待に応える見事な書評を執筆した。ハロッドとケインズの交流は『一般理論』の校訂段階でさらに密になっていく。失業論を巡る新旧の接近方法の違いが、ピグー本への書評で明らかになった。

第3に、最も重要だが、社会科学の方法論に関して、両者は大きな共通点を持っていた。それは自然科学に似た事象として経済現象を考えること（擬似斉一性による帰納法の有益さ）、経済分析による結論を政策として応用すべきと考えること、この2点である。この共通点を明らかにするためには、1938年前後の経済学方法論争の中で両者を位置づける必要がある。そこで本章ではロビンズとケインズという対立者も考慮した。両者に比べ、ハロッドとベヴァリッジはいずれにも近い要素があるという意味で、共通性がある。ロビンズには自然科学を範とした経済学の科学化要求があり、ケインズには技巧に支えられた科学、強烈な現実主義という両面があった。ハロッド・ベヴァリッジともにこのような側面を持っていたため、両者が親近感を持ったと考えられる。

　第4に、経済的知の政策利用という点でも、両者に類似性が窺えた。ハロッドはチャーウェル卿を通じてチャーチルに接近し、実際に首相統計部で戦時中に従事した。まさに経済参謀の役割である。ベヴァリッジも審議会の議長など、多くの臨時的公職に就いた。いずれも経済学を政策へ応用しようとする強い意志で、自ら志願した結果だった。しかし、両者ともに経済参謀としての役目は不十分に終わった。ハロッドは「特別部」をすぐに辞めてしまい、大学に戻った。ベヴァリッジは大がかりな勧告を何度もしたが、その都度、政府から冷遇された。両者ともに自ら希求しながら、経済参謀としての役職が不満のうちに打ち切られた。そしてチャーウェル卿とチャーチルが両者に大きく関わっていた。このような類似の心情や体験も、両者の緊密な接近を説明する。

　以上の4点から、ハロッドはベヴァリッジに大いなる親近感・共感を持った。そして両者の交錯は経済学の歴史の中でも、重要な位置づけを与えられるべきである。その位置とは主に、経済的知の政策利用という次元（*The Times* の署名記事と経済参謀運動）、経済学の純化に向けた様々な経済学者の議論という次元（失業論の専門化、自然科学に似せた社会科学）においてである。

第10章　経済参謀論[*]
——序曲・提言・流布・変容——

はじめに

　本章の目的はベヴァリッジによる「経済参謀」an Economic General Staff の重要性を喚起することにある。経済参謀とは、経済の専門的知識を有する者が公務員として政府に常駐し、長期的・包括的な視野から内閣に助言をする少数の集団である。ベヴァリッジはこの概念を最初期に強力に提案した。この概念の意義は次の2つのレベルで考慮されるべきだろう。第1に、ベヴァリッジ自身の経済思想を考慮する際に、「経済参謀」が重要な鍵となるからである。ベヴァリッジは1920年代から1940年代にかけて、この概念を強力に提唱し続ける。ところがその内容に見逃せない変容が見出せる。その変化に注目することで、ベヴァリッジの経済思想の変遷を特徴づける大きな柱が摘出できる。第2に、経済政策への助言という新しい役目は戦間期のイギリスにおいて、非常に流行した概念であった。そこで、ベヴァリッジの提唱が他の経済学者や実際の政府にどのような影響を与えたかを確定する必要が出てくる。事実、ケインズ等を通じて1930年代から、経済諮問会議や内閣経済部などを具体例として、経済的知の政策利用について公式なルートが確立したのである。

　両者のこの視点を通じ、本章は次のような結論を導く。「経済参謀」の考えは初期思想（失業問題研究）や後期思想（社会保障研究）の帰結と同じく、

---

[*]　本章の素案を経済学史学会・全国大会（2003.5.24, 於：同志社大学）で発表した。特に柳沢治氏（明治大学）・栗田啓子氏（東京女子大学）に感謝する。

ベヴァリッジと専門的経済学者（例としてケインズ）の間にある重層的な構造を見定める格好の材料である。ここで重層的とは、「前者が後者に影響を与えた」というような単純な構造ではないという意味である。すなわち、(1)ベヴァリッジが最初に独自の概念を強力に提唱する、(2) この提唱を触媒として、有力な経済学者（ケインズ等）がその概念を引き継ぐ、(3) しかし途中から専門的経済学者とベヴァリッジの間に齟齬が発生する、(4) そして最後はベヴァリッジ自らが最初の提唱の実行者となる、という枠組みである。この構造を理解して初めてベヴァリッジの経済思想について、適切な評価が可能になるだろう。

　ある論者が指摘するように[1]、経済学はその初期から経済政策と密接に関連し、経済学者の主たる関心の1つは——経済問題を解決したいという情熱に支えられ——経済領域に関する国家の立法機能にあった。それでも——特にイギリス[2]においては、19世紀後半からの連続性は少なからずあるとは言え——20世紀の特殊性[3]として、政府の機能拡大の希求とその実現は特別な考慮が必要である。その中で専門的経済学者が政府の中で登用されることは、もはや20世紀的生活の一側面として受け入れられつつある（Booth & Coats 1980: 177）。それでは、その常識を導いた起源はどこにあるか、という問いが必要であろう。その答えの1つがベヴァリッジである[4]、と本章は主張する。ベヴァリッジの「経済参謀」概念は、内的（彼自身の思考変化）にも外的（現実の政府機能および専門的経済学者への影響）にもどのような重要性があるか。これが本章の課題である。

　本章は経済思想と政策の関連を探る研究の一環である[5]。もちろん両者の関

1　Winch (1969: 13)、Blaug (1980/1992: preface 22)。
2　バジョットによれば、イギリス憲政の隠された本質は、行政と立法のほぼ完全な混合にある。行政と立法が他国より密接な関係になっていることが、ベヴァリッジなどの官僚が政策デザインを容易にした可能性も否定できない。
3　社会において経済の状況は国家の第一の責任になった（Winch 1969: 16）。
4　この点では Booth & Coats (1980) が最も有用だが、本章のようにケインズへの影響までは扱っていない。
5　最も網羅的な視点は Winch (1969: 13-25) にある。また自身も政府に登用されていた Cairncross (1986: 1-57) も有益である。経済学における知識そのものを扱う論考は Hutchison (1964) や Hutchison (1977)、経済学の方法を問う論考は Blaug (1980/1992)

係は直線ではない。Furner & Supple (1990: 4) の言葉を借りれば、国家を経済的知の消費者（受動的な受け手）であると共に生産者（積極的な発生源）であると捉える視点も必要になる。ちょうどベヴァリッジやケインズが嘆いたように、専門家の科学的知識がそのまま政策に応用されることはほとんどない。Winch (1969: 19) の指摘するように、目的と手段、存在と当為、純粋科学とその応用などという綺麗な二分法はあり得ないからである。あるいは経済学の言説で両者を解き分けることは不可能に近い。それゆえ、こうした研究には経済学・政治的決定・イデオロギーの全域捜査が必要になる（ibid.: 21）。本章と第 12 章ではこの複雑性をできるだけ織り込むために、次の 2 レベルの記述を時系列に従って行う。第 1、ベヴァリッジ等の原典を引用し解釈する。第 2、政府機能の拡張について、本質的な変更や提言をまとめる。

本章のテーマは 1910 年代から 1940 年代まで連続している。ただし中期の思想を抽出するために、便宜的に論考を 2 つに割る。1930 年代後半までの「経済参謀の変容」までを本章で、1940 年代前後からの「経済参謀の完成」を第 12 章で考察する。以下、第 1 節は経済参謀の前史として、ホールデン委員会を取り上げる。第 2 節はベヴァリッジによる経済参謀の提言 (1923/24) を特徴付ける。第 3 節は経済参謀の流布として、ケインズ等がこの概念をどのように引き取ったかを論じる。1930 年までの現実への影響力も追う。第 4 節はベヴァリッジ自身、1930 年代に 3 段階で思考の変化が起きたと論じる。経済参謀の変容である。最後に暫定的なまとめを行う。

第 1 節　ホールデンの序曲

経済参謀という概念の前史として、政治家ホールデンをまず取り上げなければならない。ホールデンはアスキス首相・グレイ外相と共に、自由帝国

に詳しい。20 世紀の政府機能拡大を扱う基本文献は Chester & Wilson (1957/1968) が最も古典的であり、最近の研究では実証データも扱った Middleton (1996: 177-211) が包括的である。国家と経済的知の関係については Hutchison (1968)、Furner & Supple (1990: 3-39) を参照せよ。

主義者the Liberal Imperialists として有名であった（Himmelfarb 1991/1992: 365）。キャンベル‐バナマン内閣（1905-1908）とアスキス内閣（1908-1915）の元で、戦争に係る大臣 War Secretary or Secretary of State for War に任命された（任期 1905-1912）。この間にホールデンはドイツに倣い、帝国軍の近代化を推進した。その例が帝国参謀 Imperial General Staff（1906）、国防義勇軍 the Territorial and Army Volunteer Reserve（1908）などである。戦時中に辞任を余儀なくされたが、1918 年には労働党に鞍替えし、1924 年の第1次マクドナルド労働党内閣では改めて大法官に任命された。このように保守党・自由党・労働党にかなりの影響力を持った傑物だったのである。

　ホールデンは早くから古い自由主義の欠陥を指摘し、「新（社会的）自由主義」の立場を明らかにしていた。1888 年には自由放任からの離脱は真の自由のために必要だと力説した（Freeden 1978: 34）。あるいはフェビアン協会に密な関係を持つ Progressive Review に「新自由主義」（1896）と題する論説も寄せている（Himmelfarb 1991/1992: 381; 464, note 3）。また進歩主義者の集まりである「レインボーサークル」Rainbow Circle にも 1902 年 3 月 5 日にゲスト講演者として参加している。この時は「ヘーゲル」と題し、その哲学の貢献は「自由は国家から離れて獲得できるものではなく、国家を通じて獲得される」ことを明らかにしたと結論した（Freeden 1989: 98）。

　こうした思想的立場はウェッブ夫妻やベヴァリッジとの交流を生んだ。「相互に知性の磁力」（Johnson 1968: 43）が働いたようだった。1895 年のロンドン大学 University of London 創設には資金援助も行っている。また 1898 年のロンドン大学法 the London University Act の元で、ロンドンの大学憲章が制定された。シドニー・ウェッブとホールデンはこの憲章の主な考案者であった。特にホールデンは時の保守党内閣に働きかけて、庶民院でもこの憲

6　自由党にありながら、海軍増強・帝国防衛という帝国主義の立場を標榜していたのである。この時期は自由主義・帝国主義・社会主義が三つ巴の角逐を演じていたため、様々な立場の折衷がよくなされていた。
7　志願兵の予備軍。なお 1914 年の時点で正規軍は約 20 万人、国防予備軍と特別予備軍は併せて約 50 万人であった（松浦・上野 1992: 144）。ホールデンはこの功績で 1911 年に子爵が与えられた（Viscount Haldane of Cloan）。
8　LSE のパスフィールド文書 Passfield Papers には 2 人の文通が残っている。

章を認めるように尽力した（Beveridge 1955: 187）。ホールデン自身、「ウェッブ夫妻とは今でも最も暖かい友情を育んでいる」（Haldane 1929: 114）と証言している。あるいは1907年にベヴァリッジがドイツに調査旅行に出かけた時、ベルリン大使宛の紹介状を携えた。この手紙はホールデンによるもので、ウェッブ夫妻に斡旋して書いてもらったのである（Beveridge 1955: 56）。この紹介状が最も重要であったとベヴァリッジは回顧している。

特に後述の政府委員会との関係で、ウェッブ夫人の日記と手紙から引用しておこう。まず1918年3月1日の日記からである。「我々は昨日ホールデンと、もう1人の客…首相［ロイド‐ジョージ］と共に夕食をとった。…そこで政府部局の再組織についての政府機能委員会で私が回覧したメモについて、議論しようというのである」（MacKenzie 1984: 299）。夫人は後述する「政府機能に関する委員会」委員7人の1人として、委員長のホールデンを支えていた。また、夫人は中央政府の再建に関し、ケインズの意見も訊いている。ケインズは大蔵省が政府支出の管理能力を失ったのは、首相ロイド‐ジョージのせいであると断言した。ウェッブ夫人は「大蔵省の威信を増大させるのが最も大事というあなたにまったく同意する」（MacKenzie 1978b: 104）[9]と述べた。この時期、大蔵省の支出管理能力に対し、両者が同等の危機感を持っていたことは興味深い。ただしケインズは科学的知の政策利用については、何の回答もしなかった。

個人的交流は別として、ホールデンが見逃せない人物なのは、彼が戦時中に「政府機能に関する委員会」（1917年7月発足）the Haldane Committee on the Machinery of Government の委員長として活躍したことである。この委員会は再建省 the Ministry of Reconstruction の下に作られた。[10]その目的は政府機能の改善を勧告することであった（PRO, MUN5/27/263/22, part 1:

---

[9] 1918年3月14日、ウェッブ夫人からケインズへの手紙。なお、シドニー・ウェッブは1918年初頭、ケインズにケンブリッジ大学選出の労働党議員に立候補しないかと誘っている（MacKenzie 1978b: 98）。ケインズは断ったが、ウェッブ夫妻のケインズへの執心ぶりがわかる。彼女のメモに対するケインズのコメントの一部は Skidelsky（1983: 348）にある。

[10] この時の大臣はアディソン C. Addison（任期1917-1919）であった。ただしこの大臣は内閣のポストではない（Searle 1992: 214）。

para. 1-2)。後述のように、第一次世界大戦によって、政府の実際の業務が著しく拡大し、不可避的に新しい省庁が次々と誕生したのである。この委員会はそのような現実を振り返る形で、政府の機能はいかにあるべきかを整理することになる。その仕事ぶりは「息をのむ命令、すばらしい仕事、しかし馬鹿げた［未実現の］帰結」(Johnson 1968: 43) と評された。

　ホールデン委員会は1918年に報告書を提出した。委員会は結論として、政府機能を次の10に分割・再編すべきとした。財政・防衛と外交・研究と情報・生産・雇用・配給・教育・健康・司法である (MUN5/27/263/22, part 1: para. 55)。この中で研究と情報 Research and Information が重要である。これは政策決定の前に、事実を手際よく集める調査を行い、思考を体系的に応用することを行うことである (ibid.: para. 12)。特に新しい考えではないが、今以上にすべての部局が情報収集の重要性を認め、それに専属する組織を新たに作り、そのための新人雇用を行うべきなのである (ibid.: para. 14)。つまり約10年前に委員長が帝国軍隊に行った改革と同じく、調査を行い思考する組織を創設せよと謳ったのである。ただしこの報告書の中では、特に経済学の知や経済に特化した情報の重要性を指摘しているわけではない。むしろ科学的調査を産業に応用しようという試みであった (ibid.: para. 45)。

　それにもかかわらず、次の両人がこの委員会の重要性を証言している。第1に、ベヴァリッジの深い関与である。それは次の3点で明らかになる。まずベヴァリッジ自身がホールデン委員会で証言を行った (Howson & Winch 1977: 10n)。また彼は再建省による別の小委員会（失業保険に関する委員会）で委員長になり、1918年2月12日に報告書を提出している (Beveridge 1943a: 13-14)。さらに彼は別の「経済学者委員会」(1917年指名) a Committee of Economists で、「経済参謀」の概念が最初に断固として推奨されたと覚えている。ベヴァリッジはこの委員会のメンバーではなかったが、後に自分が経済参謀の考えを主張した時に、無意識のうちに剽窃したと

---

[11] 実際、16項目の提言の最初に「経済参謀」の設置が求められている。ただしその役割は戦時に多くの省庁に乱立・重複して命令されてきた様々な部門を、統一的に制御するという方策である。経済学者の役割などは触れられていない。

回顧した（Beveridge 1930a: 410, note 1）。

　第 2 に、当時の商務省次官 Permanent Secretary であったラウェリン - スミスもホールデン委員会で証言を行っている（Howson & Winch 1977: 382, note 5）。彼は産業の状態を捕捉したり予測したりする専門官が必要だと訴えたのである。どちらのケースにせよ、軍需省や再建省によって設置された戦後対策委員会によって、経済知識を内閣に効率的に伝える考えが明確化していったことがわかる。ホールデンは新（社会的）自由主義の立場から、政治家は理想家だけでなく、実務の人 men of business でなくてはならないという信念を持っていた（Freeden 1978: 250, note 5）。理想とは政府の介入と古典的自由を両立させる新しい理念であり、それを実行させる実現可能性も十分考慮に入れられるべきだった。この柔軟な委員長の下で、そして「政府機能の熟慮」というテーマの下で、ベヴァリッジとラウェリン - スミスという社会改革派の官僚が集ったのは偶然ではない。この委員会によって経済参謀という概念が生まれる契機になった[12]。Howson & Winch (1977: 7) も少なくとも省庁のレベルでは、第一次世界大戦中、戦後の混乱を予測したホールデン委員会の提案の中に、経済参謀の必要性は見出されるべきと結論している。Johnson（1968: 500）も平和時の経済問題に関する「参謀」は、戦前のホールデンから生まれたと判断している。

　ホールデン委員会が設置されたのは現実の追認という側面もある。その現実とは、経済学的思考を持った人物が省庁に雇われ、彗星のごとく頭角を現したということである。その例として、ベヴァリッジを除く 5 人を挙げておこう[13]。ケインズはインド省を辞めてケンブリッジの学究生活に戻っていたが、戦争勃発の後 1915 年に大蔵省に請われて一時的に入った。金融問題を扱う「第 1 課」（のちに「A 課」に分化）の一員として活躍し、パリ平和条約では

12　「経済学者委員会」の周辺のメモは PRO, LAB 2/1491/ED30572/2/1917, Employment Department and Employment and Insurance Department: Concerns the Report of the Committee of Economists on the probable state of industry after the war with particular reference to employment にある。レポート自体は BP, Reel 9 にある。委員長はチャップマンで、委員にアシュリー・キャナン・クラパム・ピグー等がいる。

13　Hubback (1985: 64) はこの 6 人にさらにロバートソン・サイモン・ラウントリー等を付け加え、戦争中に影響力を持った「自由急進派」Liberal Radicals と名付けている。

大蔵省主席代表にのし上がった。スタンプは内国収入庁の補助次官として戦時を過ごし、尊敬すべき人物として認知されてきた。ソルターも傑出した官僚として戦時経済を助け、戦後、賠償委員会の秘書長や国際連盟の経済部長を歴任することになる。レイトンはマーシャルの嘆願を断ってケンブリッジ大学講師を離れ、戦時中に商務省統計局で頭角を現した。彼はラウントリーの地方自治庁で少し働いた後、ベヴァリッジの誘いによって商務省に入った。この過程でチャーチルとロイド-ジョージの右腕となった。ヘンダーソンはレイトンの下で商務省に勤務し、やがてマンチェスターに派遣されて綿産業の合理化問題専門家となる。以上のような6人は大部分が自由党の支持者として、進取と中庸を掲げる官僚的知識人であった[14]。しかもその知識は経済学を中核としていた。

第2節 「経済参謀」の提言

1923年12月6日に行われた総選挙で、労働党は自由党を抜き、第二党にのし上がった（松浦・上野 1992: 付録31）。この結果、1924年1月に労働党が初めて政権を担うことになった。この総選挙は、失業を減らすためには保護関税をかけるべきとする保守党の主張が敗れた形になった。勝った労働党も経済情報の重要性を認識していた。例えば、党幹部のアレンが内閣の秘書 Deputy Secretary to the Cabinet のトム・ジョーンズに経済参謀の創設を進言している（Howson & Winch 1977: 10）。

2-1 ベヴァリッジの論文（1923/24）

そしてまさにこの間隙に、つまり総選挙の終了から組閣の間に、経済学の政策利用について極めて重要なベヴァリッジの論考が発表された。その題名はずばり「経済参謀」である。これは自由党の機関誌 *The Nation and Athenaeum* の12月29日号と1月5日号の2回に分割されて書かれた。こ

---

14 日本の戦時中にも「経済参謀」と呼ばれる人物が活躍した。その例として、秋丸次郎（1898-1992）や松井春生（1891-1966）がいる。日本については小峯（2005）を参照せよ。

の論文の背景について、まず簡単に2点を指摘しておこう。第1に、論文の発表後に経済参謀という名称が非常に普及すること。第2に、*The Nation* はヘンダーソンを新しい編集者として迎えており、ケインズも取締役会議の議長として深く関与していたこと。この両者とベヴァリッジの相互影響関係も見逃せない。ベヴァリッジの主張は次のとおりである。

　どの党も気付いていない重要性が残っている。経済参謀の必要性である。これは政府と行政という我々の機関を統合するものである（Beveridge 1923/24: 485）。これまで我々は体系的な研究に対する何の組織も持っていなかった。戦時の軍事参謀に対応すべき、経済問題での思考機関を有していなかったのである。現在でも各省庁に経済問題を担当する人物はいるだろうが、経済学の訓練を受けている者は少ないし、どちらにせよ各局に縛られていて一般的・継続的思考ができない。その結果、経済問題への対処がまったく妥当ではない。その例が戦後の失業問題である（*ibid.*: 485）。その他、帝国関税・通貨・農業・人口・景気変動の問題もある。これらは各省庁にまたがる大問題である。もちろん経済的利得と損失とは別に、国内外の政治を考慮すべきだろう。しかし問題なのは、前者の経済的損得をきちんと計算していないということである（*ibid.*: 486）。これは今までの王立委員会方式でも解消されなかった欠点である。

　言ってみれば、日々の実際的経済問題を専門的に調査する機関や、内閣に技術的な点を助言する適切な機関が欠けているのである（*ibid.*: 509）。そこで経済委員会 an Economic Committee を創始すべきだ。その中身は内閣のメンバー何人かと恒久の事務官 certain permanent officials である。後者を経済参謀と呼ぼう。彼らは行政に従事したり、1つの省庁に所属するわけではない。主導権を持って、あるいは政府からの要求を受けて、日々の経済問題の解決案を模索するのである。スタッフにはもちろん主席が必要で、彼は経済学 the science of economics の権威であってしかも公共部門 public service の権威でもある。スタッフはせいぜい2-3人で十分で、何台かのコンピューターと助手も必要となる（*ibid.*: 509）。スタッフは省庁から人員を招集できるだけでなく、外部から（特に大学から）専門家を招ける。異論も政

府の耳に入れておきたいからである。1915年の委員会勧告で設置された科学的・産業的研究局 the Department of Scientific and Industrial Research は十分ではない。経済科学の分野が排除されているからである（*ibid.*: 510）。もちろん経済参謀という考えには反対も上がるだろう。第1に各官僚からの嫉妬。しかし一般的な状況から経済問題を見ることは不可欠である。第2に経済政策を単一の恒久事務官に委ねて良いかという深刻な問題。しかし経済参謀は最終決定を行う責任を持っているわけではないことを理解せよ。政府に助言するだけである。第3に経費。無駄な総選挙よりはよっぽど安い。あるいは恐慌の前に無策のままでいるより、景気循環での失業を持続的に考えることにわずかでも支出した方が良い（*ibid.*: 501）。

　ここにおいてベヴァリッジの考えは明確化した。ホールデン委員会での議論は確かに大きな契機だが、触媒に過ぎない。なぜならその委員会では経済学・経済的知という特化はなされていなかったからである。ベヴァリッジはさらに進めて、恒久的な助言母体の存在を強く提案した。言わば経済参謀という名称を有名にすると同時に、詳細な内実を与えたことになる。ベヴァリッジにおいては、この経済参謀とは専従職で高給の官僚である。もちろん大学の経済学教授との密接な接触も不可欠とされている。しかしどちらかと言えば、自分自身をイメージしたような概念であった。つまりあくまで官僚に軸を熾き、しかも喫緊の経済問題に現実的な解決方法を与えるという「有能な官僚像」であった。

3-2　市民研究委員会（1925）

　実はホールデンも1920年代になると1918年頃より柔軟になり、科学的知と経済的知の協調を模索するようになっていた（Chester & Willson 1968: 322）。科学の政策への応用という広範な文脈である。そしてホールデンは1924年に入閣する際、先の委員会報告書を実行したいという気持ちをマクドナルド首相に伝えている（Haldane 1929: 323-324）。彼の奮闘に対応して、大蔵省は「経済調査における予測と協調」というメモを執筆した。これは閣内で1924年7月に議論された。情報収集官の重要性を含む官庁の再編に意欲を燃やす

ホールデンが、1924年頃までに政府に影響を持ったと言えるだろう。ただし大蔵省メモの強調点は統計情報に偏っていた (Howson & Winch 1977: 11)。しかも労働党内閣は約10ヵ月で短期のうちに瓦解してしまう。

　次の保守党内閣はこのメモに沿って、1925年6月に市民（行政）研究委員会 the Committee of Civil Research を発足させた。ボールドウィン首相の主導であった。この委員会の経済的な側面は、主席経済助言官 Chief Economic Adviser を通じて、商務省の行動と関連づけられるべきとされていた (Chester & Willson 1968: 322)。しかしこれは経済参謀の概念とはほど遠いものであった。最初から植民地や科学の関心が主であり、ボールドウィンの熱意も消えたので、1927年までにはこの委員会の重要性が失われた (Chester 1982: 129)。Laski (1938: 265) によれば、この委員会は長所と欠点をそれぞれ持っていた。長所とは柔軟性であり、この委員会は帝国防衛軍委員会をモデルにしたため、首相が決意したあらゆる議題をすぐに議論することができたのである。短所も柔軟性と同義であり、正しい問題が正しい人物によって議論されるとは限らなかった。首相の熱意だけに研究が依存してしまう危険性を秘めていたのである。「明らかに、首相は長期の重要性よりも短期の重要性に言及しがちであった」。結局、次の経済諮問会議が発足することで、市民研究委員会はその役割を終えることになる。

第3節　「経済参謀」の流布

　ベヴァリッジの提言は、第一次労働党内閣の瓦解によって潰えたように見えた。しかし自由党の人脈で、その提言は脈々と受け継がれていた。再び労働党が1929年に政権を獲った時、経済助言集団という新しい機関が創設される。

3-1　『イギリス産業の未来』(1928)

　経済参謀を巡る現実の計画が瓦解する一方、ベヴァリッジの提唱する概念

自体は広範な浸透を見せ始めていた。その強力な影響力の一端が『イギリス産業の未来』(1928) にある。

　労働党の伸張を前にした自由党は広範な支持を獲得しようとして、1920年から自由党夏期学校を開催していた。特に本格的になった 1921 年夏には、ホブソンやベヴァリッジが基調講演を行った。この時の参加者は 95 人だったが、翌年の大会には 600 人、次の年には 1000 人を超える聴衆が集まった (Moggridge 1992: 390)。そしてロイド‐ジョージはさらに、自由党産業調査 Liberal Industrial Inquiry を 1926 年に組織するのである。彼は自由党夏期学校に頭脳集団のような働きを求めた (Searle 1992: 158)。これにはレイトンを議長として、ケインズとヘンダーソンなどが加わった。サイモンらはマンチェスターの急進的ビジネスマンとして参加した。この報告書が『イギリス産業の未来』*Britain's Industrial Future* である。この書はケインズのアイデアが随所に満載された報告書として有名であり、特にケインズの貢献は「本質的である」(Moggridge 1992: 458)。それに加えて、ここでは経済学の知の活用という点からも重要であることを指摘したい。

　その第 10 章はタイトルどおり「経済参謀」そのものを次のように扱う。現代では不可避的にどのような政策も産業に影響を与える。しかし内閣には経済問題について熟練した助言を与える主体がない。審議会の報告書は遅すぎて、熟した機を逃してしまう。そこで現代の国家には行政機関の中に（内閣に直結する内的機関 inner ring として）思案する部局を創設しなければならない (Yellow Book 1928: 116)。現代の問題はより技術的になっているので、専門的知がどうしても必要になる。専門家に政策を決定する義務があるわけではない。しかし決定する者は専門家の分析を十全に用いる義務がある。政府の失敗は単に準備に欠け、無知であるために発生する。現代では次々と新

15　本文で挙げる以外に、保守党の改革派マクミラン（後の住宅相、首相）も経済参謀の概念に触発されていた。『産業と国家』(1927) に産業全体の情報・統計をつかみ、適切な政策を勧告できる経済専門家 an Economic Staff が提唱されている (Macmillan *et al.* 1927: 55, 64-65)。また『中道』(1938) においても、計画経済を担当する経済会議 the Economic Council が提唱されている (Macmillan 1938: 292-294)。後に両者が住宅問題で対立するのは皮肉である（第 1 章第 6 節、第 9 章第 4 節）。

しい問題が発生している。他国の通貨崩壊の影響、金本位制への復帰、関税や国民自己効率性の政策、農業、主要産業の輸出、外国貸付の効果、資源開発、家屋問題、失業などなど。これらはすべて一省庁では解決できない (*ibid.*: 117)。

そこでベヴァリッジに従い、経済参謀を提唱する (*ibid.*: 117)。その義務は次の4つである。(1) 現代の経済問題を持続的に研究すること。(2) 政府や議会が必要とする統計その他の情報を完遂すること。(3) 内外の変化について、積極的に内閣に注意を向けさせること。(4) 例えば貿易・失業・資源開発について、経済困難の根元的な解決案を政府に示唆すること。業務の実行のためにはスタッフに極めて大きな威厳がなければならない。特に主席経済参謀はかなりの官僚 a considerable officer of the State でなければならない。任期は5年だが、通算して15年を超えないようにする。そして経済参謀は首相・内閣にも経済官庁にも接近している必要がある。ゆえにその構成は、主席、副官、大蔵省事務次官、商務省・労働省・健康省・農業省のトップ（または副）からなる。経済参謀の事務局人員は極めて少数で良い (*ibid.*: 119)。

最後に経済参謀を機能させるために、経済政策委員会 a Committee of Economic Policy を設立すべきである。その構成は首相・大蔵大臣・商務大臣・労働大臣・健康（厚生）大臣・農業大臣である。経済参謀の主席はこの委員会の秘書の役目をすべきである。他の経済参謀のメンバーや大蔵省の金融局長などは、問題に応じて出席すべきである。現行の王立委員会方式はあまりに遅すぎる。経済政策委員会と経済参謀という両輪で、政府は複雑な経済問題に対処できる準備が整うはずである (*ibid.*: 120)。

以上の内容を総括すると、1928年までの時点で、ケインズはベヴァリッジの考えを完全に受け入れている。その傍証は次の3つである。第1に、少なくとも1926年7月の時点でケインズはベヴァリッジの1923/24年論文の存在を認め、その中身に完全に同意している。1926年にケインズは『自由放任の終焉』を出版した。*The Westminster Gazette* という雑誌がケインズの本を書評し、ベヴァリッジの経済参謀が必要だとコメントした。ケインズは直ちにこの雑誌の編集者に投稿し、「これ［経済参謀の必要性］が正し

いのは確かだ。…現代の政治家は——公共部門からはわずかに違い、それに付加する——何者かで補充される必要がある」(CW vol. 20: 567, 17 July 1926)と応えた。第2に、第10章「経済参謀」を含む第2部のほとんどを、ケインズが草稿を書いた[16](Moggridge 1992: 458)。もちろん『イギリス産業の未来』は多くの知による合作であるが、ケインズが支配的な委員であることはよく知られている。実際、ケインズ全集の編者（モグリッジ）は、ケインズが「第10章「経済参謀」についてはウィリアム・ベヴァリッジ卿と合作したcollaborated」という表現まで使っている（CW vol. 19: 731, note 4）。また、ケインズによる新提案3つのうちの1つがこの経済参謀の概念であった（Moggridge 1992: 459）。第3に、その内容がほとんど両者の間で同一である。いずれの場合も、首相を議長とする大臣級の政策決定委員会と、専門家のみで構成される経済参謀という二重構造である。それぞれの名称がベヴァリッジの場合は経済委員会、ケインズの場合は経済政策委員会と異なるだけである。この二重性は、後に第二次マクドナルド内閣の下で発足した経済諮問会議（全体会）と経済情報委員会または経済学者委員会（その下部組織）に引き継がれる。

3-2　ケインズのメモ（1929）

　1929年6月に労働党が再び政権を取った。さらに悪化する経済状況の中であった。すでに総選挙に向けて、労働党は国民的な経済委員会を発足させることを公約していた。科学的な知識が産業の構造や改善させ、経済効率が高まり、生活水準が上昇するように加工されるべきという内容である（Chester 1982: 130）。政権を再び獲ったマクドナルドは、保守党が設立した市民研究委員会の成果を調査させようとした。そこで著名な経済学者やビジネスマン・労働組合指導者を夕食に招き、率直な意見交換を果たした。夕食は1929年11月22日、12月9日、16日の3回に及んだ。招待された経済学者はクレイ、ケインズ、コール、スタンプ、ホブソン、レイトンであっ

16　ケインズの1929年メモ（後述）も『イギリス産業の未来』とほとんど同一である。

た。これらの経済学者は経済参謀の考えを好ましいと考えていた（Howson & Winch 1977: 20、Hubback 1985: 99）。何人かはメモの形で首相に提出した。

中でもケインズの提案が重要である。彼は2回目の会合の翌日にメモを書き、首相に届けた。それは公文書として首相ファイルの中に保存されている[18]。このメモが興味深いのは、ケインズの表現が『イギリス産業の未来』第10章をほとんどそのまま借りていることである。この事実からも第10章の草稿が、ケインズ自身によるとみなして良いであろう。そしてさらに、『イギリス産業の未来』より発展した内容になっていることである。ここでは付け加えた部分を中心に記述しておく。

まず経済参謀の義務は国内の経済政策に影響を与える今の問題について、持続的研究に従事することである。その内容として産業および商業の発展・組織化に加え、新しく国内金融と富の分配が指摘されている（CW vol. 20: 22）。そして政府に解決案の提案をすることとされるが、その内容として国内資源の開発の他、慢性的失業、輸出産業の困難性、合理化を妨げるものが新たに加わっている[19]。最大の変更は2つある。第1に18もの具体的な例が加わったこと。第2にスタッフの性格が微妙に——しかし見方によっては、かなり本質的に——変化していること。

第1に、その18点とは次である。海外の通貨攪乱がイギリスに及ぼす影響。関税と国内自己効率性政策の効果。金本位制への復帰。無制限である外国投資の効果。信用と産業（マクミラン委員会で議論されていることすべて）。住宅。産業への割当問題。失業。農業。主要産業の輸出。産業ごとの合理化阻害要因。石炭産業。教育・年金などへの人口増加率の影響。直接税。内外の労働条件。労働組合の制限。企業。投資の方向。このように詳細な例を挙げることによって、いかにそれまでの内閣がこうした経済問題への対処に失敗してきたかが浮き上がる。

第2に経済参謀の内容である。具体的に12人以下となっている（CW vol.

17　中にはスタンプのように官僚経験の豊富な者もいる。
18　PRO、Prem 1/70, P. M. C. 10、同時にCW（vol. 20: 22-27）。
19　「慢性的」という表現が新たに加わっている。

20: 25)。『イギリス産業の未来』との変更点は、恒久公務員方式に否定的であることである。他の官僚と同一の地位である必要はない。むしろ問題ごとに「純粋に一時的」(*ibid.*: 26) でも良い。関連する三者——経済参謀、外部の学界、通常の政府部局にいる経済スタッフ——の間で交流を果たすべきである。経済参謀のメンバーは出身母体の大学その他と完全に関係を切っておく必要はない。最新の学術的仕事や若者と接触しておくためである。

　経済参謀の概念におけるこの変更は重要である。『イギリス産業の未来』ではベヴァリッジの原案をほぼそのまま踏襲しているように見えた。参謀の性格までは詳述されていなかったのである。しかし1929年11月の時点でケインズは自分自身の投影として、経済参謀の概念をはっきりと打ち出した。経済政策委員会（全体会）への言及もないことに注意したい。そこには経済学者に軸足を置いた一時的な雇われ官僚というイメージが出てくる。これこそケインズが第一次世界大戦中に、大蔵省に従事した経験に基づいていた。

　さらにケインズは経済参謀の確立が、政府機能の変化に結びつくことを十分に自覚している。「なぜならそれ［この方向に動くこと］は、国家の機能や目的についての我々の概念を移行させてしまうだろう。そしてこれは我々の経済生活の進歩にとって、思慮深く目的に富む道標となるべき最初の手段になろう」(*ibid.*: 27)。経済参謀は純粋に助言する団体であり、最終決定をする者にとって必要不可欠な機関なのである。1928年の段階——共同執筆という匿名性に隠れていた段階——と違って、1929年12月の段階ではケインズ独自の考えが織り込まれるようになった。当初はベヴァリッジの概念をそのまま借りてきたケインズではあったが、マクドナルドの諮問をうける段階で、経済学者の政府部内での貢献により接近していった。経済参謀の身分は大学と完全に切れていない一時的雇用が望ましかった。ただしその期間は公務員としての職務に没頭しなければならない。

　ケインズ等のメモはいずれも「経済参謀」と題していた。この時期、数多くの論者——特に経済学者——がベヴァリッジの発案による経済助言官を大いに議論していたことがわかる。そしてその議論の帰結は、1930年初頭に具体的な形となって現れる。

3-3 経済諮問会議（1930）

1930年1月に発足した経済諮問会議 Economic Advisory Council は、（1）経済問題について、政府に助言する。（2）産業全般について（内外の金融政策を含む）持続的な研究を重ねる、という二重の役目を持っていた。この会議は政策担当部門に経済的知を効果的・完全に伝えるという本来の役目には失敗したものの、限定的には大きな役割を果たした。それは経済学者が重大な実際問題について議論し、答申するために大きな正式ルートを開拓したことである。その答申が完全に実行されることはむしろあり得なかったが、経済学的知から見て何が正当か、あるいは経済学者の中でも何が論争的かを少なくとも官僚や政治家がつぶさに観察できた。この意味でケインズは「ここ10年で経済学者に起こった最も価値あること」（Howson & Winch 1977: 164）と1942年に振り返ったのである。Howson & Winch（1977: 154）はこの経済諮問会議の失敗を、科学集団 technocratic と国民代表 representative の2つに分裂したためと推測している。ケインズは早くも全体会の機能停止を予測し、前者（経済学者など非利害関係者）だけを集めた小委員会の発足を主張した。それを受けて、経済概観委員会[20] Committee on the Economic Outlook（1930.2-1930.5）、経済学者委員会 Committee of Economists（1930.7-1930.10）、経済情報委員会 Committee on Economic Information（1931.7-1939.7）が発足する。最後の経済情報委員会は報告書を8年間で27回も提出するなど、最も頻繁に開催された（Howson & Winch 1977: 362-366）。1人だけであった主席経済助言官の制度や経済諮問会議に代わり、助言機関としての役割を最も果たしたことになるだろう。大蔵官僚のホプキンスは経済諮問会議の設置を、経済学者が優勢である会議で、経済助言のみに特化した中央政府の最初の母体と評価した（Hopkins 1951: 3）。

しかしラスキはこの経済諮問会議をあまり高く評価していない。この機関は全体会と小委員会に分かれている。数々の欠点がある。第1に、委員が絶対に合意できない前提について、混合した母体が合意に達するはずがないこと。第2に、行政的責任を負わない委員にこの種の議論を押しつけること。

---
20 ただしこの委員会はスノーデン蔵相が入るなど、経済学者だけではない。

すでに行政機関がその議題に対処しているのである。第3に、全体会と小委員会、全体会と省庁について何の有機的な関連もなかったこと。これでは今までの王立委員会と変わりがなかった（Laski 1938: 266-267）。ラスキは経済学者の政策への関与に非常に悲観的であった。

第4節 「経済参謀」の変容

1930年代は大恐慌を発端とする経済混乱の時期である。労働党・自由党だけでなく、保守党に基盤をおく人物も、——マクミランやモンドSir Alfred Mondのように[21]——次々と社会主義的「計画化」の改革案を発表した。ベヴァリッジもこの変化に敏感であった。

4-1 助言から計画へ

ベヴァリッジは経済諮問会議に関わっておらず、その存在に懐疑的だった。[22] 公的立場としてはLSEを離れて、1937年にオックスフォード大学に赴任することになる。また1935年からは失業保険法定委員会 the Unemployment Insurance Statutory Committee の委員長となった。このような実務をこなす傍ら、あるいはアメリカのニューディールを意識しながら、ベヴァリッジはイギリスの実状に大いなる不満を持っていた。この不満によって、1935年頃から1938年頃にかけて、ある大きな転機が訪れることになる。第1の場面と第2の場面を分けて考えよう。

第1の場面は1935年3月5日のBBCラジオ放送である。彼はその胸の内を次のように吐露している。題名は再び「経済参謀」であった。ロイド-ジョージがマクドナルド首相に意見を聞かれたのは好ましいことだ。ロイド-ジョージは失業を減らすようにと要求した。しかしその計画は彼の意図以上に政府の機能を変更させるものである。まず、彼は内閣に助言すべき経

21　Booth & Pack（1985: 55-93）に詳しい。
22　経済学の訓練を受けた者の数が多くなっても、官僚が大臣に政策を助言する役目は弱まらなかった（Chester 1982: 141）。

済的な専門家による恒久的な集団の設立を求めた。次に、彼は内閣の改造そのものを求めた。「こうした種類の機関は最も必要なものの1つである。そしてこれは確かに我々がいま持っていないものだ」(Beveridge1935a: 55)。11年前、経済参謀を提唱したが、その時は失業問題と帝国関税問題が念頭にあった。今日ではそれに加えてさらに、輸送と住宅の関係、雇用と教育の関係、人口の趨勢なども加わる。この概念が1917年に生まれてから、政府はこの要求を満たしたことがない (ibid.: 57)。もちろん政府は今や助言する機関を持っている。主席経済助言官と経済諮問会議である。前者については助言される領域が狭すぎる。後者については的はずれである。最も多忙な人々を委員として集めても、職務に専念できない。「求められているのは経済問題について考えるように訓練されている人々による、堅く持続的で公平無私な研究と思考である」(ibid.: 58)。

　ベヴァリッジは1935年の時点でも、自らが提唱する経済参謀が実現されたとは考えていない。公務員として恒久的に従事し、包括的な観点から経済を見た上で内閣に助言する、という条件が数多の助言官に欠けていたためである。ここまでは従来通りの主張である。

　ところが1938年に出版された論文「民主主義下の計画化」によると、経済参謀という概念の位置づけがやや拡大されている。これが第2の場面である。この論文はサイモン編『建設的な民主主義』の一編として書かれた。他の著者にはアトリー、ヘンダーソンなどがいる。この本は1937年7月の講演会を再録したものである。サイモンによれば、民主主義者と独裁者の間で民衆が揺れている状況で、現代はどのような民主主義が可能であるかを問いかけるものとなっている。

　ベヴァリッジは具体例を挙げつつ、これまでのイギリス政府が大問題について対処に失敗したと非難する。「もし計画化を欲し、公的な問題に関心を向けたいと思うならば、やらなければならないのは公的な問題を考え、予測する適切な機関があるかどうかを見ることだ。…経済参謀である」(Beveridge 1938: 141)。経済諮問会議はまったく性格が異なる。最も忙しい人を集めているだけである。彼らは他人のプランを判断することはできようが、自分

たちで計画を作る時間がない。他の助言官僚も違う。彼らは政府を代表して、海外の会議に出向かなくてはならない。経済参謀とは公務員の集団である。4人か5人で十分である。将来のことを考えるだけで良い。何の日常業務もない。政府に細々としたことを答申しなくて良い。考えることだけが要求される。十分な資金を持ち、調査する人員を雇える。大学にいる経済学者の心を変えさせ、どこか他の世界の問題から現在の世界の問題へ帰って来させるべきだ。そして政府に影響力を持つように権威が必要となる。政府のあらゆる情報・資源に接近できなければいけない。自由放任主義 laisser-faire（純粋な価格機構）とは1つの計画であり、社会の中で人間活動を調整する工夫である（ibid.: 125）。ほとんど全員がこの自動的機関さえも何某かの監視 watching が必要であり、ある程度の国家介入と意識的な計画化に同意するだろう。民主主義下の計画化とは、水面下の息継ぎのようなものである。息継ぎ（計画化）なしにはやっていけない。同時に水（民主主義）を除去することもできない（独裁者は水を除去しようとしているのだが）。もしこの状況が不可避ならば、水面下で息を継ぐ方法を習わなくてはいけない。それには協調された見解と予測を行う機関、つまり経済参謀が必要である（ibid.: 143）。

　上記のベヴァリッジの見解は重要である。民主主義という枠内で、しかも経済的困難を解決するにはかなりの程度の計画化が必要だと考えているからである。彼は計画化も民主主義も不可欠の要因としている。ここに見られる経済参謀は、強力な権限と権威を持っている。わずか5人以下の人員で、イギリスの計画経済をグランドデザインすることになる。このスタッフはベヴァリッジ自身が1905年頃に経験した雇用形態を模倣している。当時の彼はトインビーホールに居住しながら、十分な奨学金と給料を使って、失業調査を設計できたのである。彼には考える時間と、それを可能にする資金があった。そのスケールを拡大したのが経済参謀と言えるだろう。ナチスの脅威が具体化したこの段階で、強力な経済参謀こそが民主主義を壊さない——なぜならば最終決定は首相・内閣にあるから——で経済的困難を解決する手段だとベヴ

23　この捉え方はロビンズ『経済計画と国際秩序』（1937）と同一であり、その影響を感じさせる。第12章第1節。

ァリッジは確信した。「経済参謀」とは単なる経済助言に留まらず、包括的計画化の担い手に昇格したと言えるだろう。

この時期の仕事として失業保険法定委員会の議長を挙げておこう。この委員会があたかも「経済参謀」の実現例とみなせる。ベヴァリッジ自身、この委員会を「まったく新しい型の政府の機関」であり、「事実上、常設の失業保険に関する王立委員会」（Stocks 1970: 167）であるという自負を持っていた。そして10年間（1934-1944）の議長職に就いている間、ベヴァリッジはこの委員会を単なる年報を発表する機関から、「公共財政に関連する失業の全問題に関して、長期の政策形成集団に…変更した」（*ibid.*: 168）のである。つまり委員会は当初、失業保険基金の需給バランスを大臣に報告する義務だけを負っていた。しかしベヴァリッジはこの委員会の潜在能力に気付いた。そして失業のトレンドを予測し、不況時に備えて基金を貯めておく自由度を獲得したのである。中期に渡る均衡財政主義であるとも言えるが、別の面では失業給付を不況緩和の手段として積極的に用いた（Harris 1997: 347）。いずれにせよ、当初の目的をベヴァリッジがかなり拡大解釈して、基礎データ収集や政策助言というより、長期的経済計画の立案・実行を行ったことになる。ある意味で、ベヴァリッジ自身が「経済参謀」そのもの――しかもその拡張版――に昇華した。失業保険法定委員会での経験は、次のベヴァリッジ委員会でも遺憾なく発揮されることになる。

4-2 1930年代の3つの態度

上記の事情を理解するために、ベヴァリッジと計画化という大きな論点を略述しておく必要があろう。1930年代は彼にとって大きな転換点であった。その時期は正統派経済学への過度の依存（1931年頃まで）、資本主義システムへの懐疑（半ば）、計画化への強力な推進（後半）の3つに分けることが可能である。第1の立場は第8章第4節で論じたので、ここでは触れない。

第2の立場はすぐに訪れる。1932年に自由市場に対する懐疑が現れた[24]。

---

[24] これは Harris (1997: 314) の見解であるが、第9章第1節で既にハロッドへの返信（*The Times* 署名記事への断り）で、苦悩するベヴァリッジを跡付けておいた。

通貨危機・金本位制再離脱・改善しない雇用など、大不況の深刻化が一因である。1932年にウエッブ夫妻がソビエト視察旅行から帰還して以来、彼らは計画化の熱狂的な支持者となった。長年の友人であるベヴァリッジは常にその熱狂に晒されていたが、最後まで社会主義の計画化を盲信することはなかった。むしろ完全な社会主義と完全な自由放任主義は、どちらも放棄するという立場であった。さらに当初はケインズ等の立場である集産主義的自由主義という中間的な立場も拒絶した (Booth & Pack 1985: 157)。つまりこの時期はどの立場にも懐疑があり、揺れ動く黎明期であった。

　第2の立場は「ソビエト共産主義」(1936) という題の論文に最もよく現れている。これは直接的にはウェッブによる『ソビエト社会主義：新しい文明？』(1935) への書評である。ベヴァリッジはソビエトの革命は単一によるものではなく、5つの複合的な革命だとみなす。技術的・経済的・政治的・宗教的・家庭的と形容される革命である (Beveridge 1936b: 347)。技術的革命とは産業・教育など要するに近代化の推進である。他国に比べて急速であるものの、ロシアにとっては重要だが他国にはそうではない。経済的革命とはマルクス主義の適用である。疎外・搾取などの概念を使いながら、価格メカニズムを廃止することである (*ibid*.: 348)。この実験がうまくいくかを注視しなければならない。政治的革命とは議会制民主主義を捨てたことである。これは過去の歴史との断絶である。宗教が公共の場で教えられることはなくなった。家庭的革命とは家族機能の改変である。家族の役割を社会に解消しよう（引き受けよう）とする試みである。ただし養育費の負担など、現状のソビエトはこの革命が不完全である。

　ベヴァリッジは論文の中で、経済的革命に議論を集中する。ソビエトの実験は生産と分配を中央から統御できることを確認した。しかしその計画は経済問題以外から任意にもたらされたものに留まっている (*ibid*.: 362)。ウェッブは社会主義によって雇用問題が解決したと書いた。この点にベヴァリッジは反駁する。重要な要因は、国家による無制限の労働需要創出（投資と国防）だとみなしたからである (*ibid*.: 365、Booth & Pack 1985: 159)。もしそうならば大量失業は資本主義の中でも——特に戦時には——解決できる。つまり大

量失業の持続は資本主義に内在する欠陥ではなく、イギリスの歴代政府が機能不全に陥っていたためなのである（Beveridge 1936b: 366）。政府は不況の深化する地域に、何らかの手を打つ力を持っているはずだ。もしソビエト当局が経済構造や資本主義社会の機能を正しく理解しようとしていれば、また私心のない経済学者がソビエトの体制を客観的に研究していれば、共通の課題（大量失業などの経済問題）への解決が図られていたかもしれない（*ibid*.: 367）。

　この論文に伺えるのは、ソビエトの体制にもイギリスの体制にも満足しない懐疑主義の立場である。ソビエト当局は議会制民主主義を破壊し、しかも経済問題を熟知していない。だからと言ってイギリスの政府が優位にあるわけではない。戦後歴代の内閣は、政府機能の適切な発揮に失敗してきた。中央当局による生産・分配の制御は可能である、とベヴァリッジは認めつつあった。ただしそれはイギリス議会主義の伝統の中で行われなければならない。そして計画の担い手も経済問題を十分よく知っていなければならない。ここに経済参謀の設立意義が出てくる。この主体によって純粋な価格メカニズムより効率的な配分――貨幣的攪乱を避け、所得の平等化を行い、労使の協調を目指すこと――が可能であれば、自由主義の欠陥を乗り越えることができる。しかしこの体制とソビエト社会主義はどこが異なるのか。ベヴァリッジは独裁制の有無を指摘する。圧制という政治上の欠点は、経済的効率性の長所を覆い隠してしまうのであった。ベヴァリッジは 1935 年の時点で、非常に悲観的である。価格メカニズムと計画化の併存は「不可能ではないかと不安な気持ちになる」（Beveridge 1935b: 93）。

　しかし 1937 年には戦争の可能性が高まったこともあり、今度は計画化が不可欠であると確信するようになった。これが第 3 の立場である。戦争が始まるとベヴァリッジはさらに強力な国家管理が必要と考え、1939 年 10 月には再び経済参謀と戦時内閣が必要だとするキャンペーンを張った（Addison 1975/1977: 64）。これこそ上記の「経済参謀」（1935）から「民主主義下の計画化」（1937）へ、ベヴァリッジの思考が変化したことを示す。後者において、計画化と経済参謀を直接に結びつけることになった。政治家も官僚も経済的

知を正しく用いていないから、幾多の失敗を重ねているとベヴァリッジは考えた。この事情は次のようにまとめられる。「ベヴァリッジにとって経済参謀の創設は、政治家が体現している耄碌・不適切さ・近視眼について、一刀両断する本質的な手段であった」(Booth & Pack 1985: 162)。

　この時期のエピソードについて3つ触れておこう。1936年にヒトラーがロカルノ条約を破棄してラインランドに進駐した。ベヴァリッジは戦争の危機が迫ったことを実感する。政府も直ちに食糧割当の小委員会を設置し、ベヴァリッジを議長に指名した（5月）。10月には報告書が公開された。ベヴァリッジは報告書に付けて、1人だけ署名した補遺を作成した (Beveridge 1955: 241)。単なる食糧割当（限定されたミクロ）の問題を超えて、食糧制御（マクロ経済全般）の必要性を説いたのである。この補遺が大臣の目に留まり、LSE 学長の地位を離れて公務員に戻らないかという誘いを正式に受けた。しかし年金や賃金を大蔵省の官僚と交渉しているうちに、大蔵省事務次官のワレン・フィッシャーが年金の接続なし、賃金半額と申し出てきた。これを断ったところ、公務員復帰そのものが破棄されたのである。ベヴァリッジは大臣の正式な申し出が大蔵官僚によって引っ込められたと嘆いた。彼は食糧管理の仕事自体に興味を覚えたのではなく、「かつて私が政府の内部で考える機関 the Government thinking machine だったように、戦争の国民的な側面を計画するという経済参謀に、どうにかしてなりたいと望んでいたのである」(*ibid.*: 243)。このエピソードはベヴァリッジが割当という単なるミクロ的軍務ではなく、より広範な経済問題・社会問題を志向し、しかも自らを経済参謀としてふさわしいと考えていたことを如実に示している。

　第2のエピソードはチャーチル首相への私信にある。「我が国のためになるならば、私には用意がある。ご存じのように私は特殊な経験を積み、政府機能の新しい型を考案してきたのである。それは新問題に対処するため、例えば失業保険や食糧配給のような問題であった。…私は戦時や平時に政府機関がどのように機能するかを熟知している…。私が使える［失業中である］

25　退職した1919年の挿話は第1章第3節を見よ。

ということをあなたに知っておいて欲しい」[26]。しかし首相の返事は素っ気なかった。心に留めておこうと返答したのみだったのである。ベヴァリッジの手紙からはイギリスのために経済の計画化を進めなければならず、それが十全にできるのは自分のみという自信と焦燥感が窺われる。

　第3のエピソードはウェッブ夫人の日記にある。ダンケルクから英仏軍が撤退し、戦況は一気に緊迫化した。ロンドン大空襲直前の1940年8月11日に、彼女はベヴァリッジについて次のように記述している。

> 「これほど…意気消沈している彼を見たことがない。…もっと個人的に気を滅入らせているのは、彼が無視され続けていることだ。行政官としてのサービスは徴用されていない。…もっと興味深いのはベヴァリッジが次のことを気が付いていることである。もしイギリスが戦争に勝つつもりならば、*生産と消費の計画化を行わなければならない*。…彼は社会の経済構造において、革命が起こらなければいけないと同意している。しかしそれは訓練され知識のある人々によって導かれなくてはいけない。つまり彼自身と彼が同僚として選んだ人々によってである。」[27]

　この観察眼は正確である。ベヴァリッジの計画化はウェッブ夫妻のように労働組合や労働者ではなく、官僚によって主導されることを見抜いている。また自らが戦時経済の立案・実行の能力があるのに——つまり経済参謀として適任なのに——、政府から無視され続けている不満も明らかである。このように戦争突入はさらにベヴァリッジの計画熱を上昇させた。Addison (1975/1977: 117) も1940年夏の戦況悪化によって、ベヴァリッジがますます中央計画化に傾斜したことを指摘している。この傾斜はベヴァリッジのみならず、政府高官の気分でもあった。戦時の社会的一体感と平和への希求が政府の大がかりな計画を導いたのである。もちろん政府の立場は一様ではなか

26　BP, 2B-39、1940年5月23日。首相の返事は5月25日にある。
27　PP, Beatrice Webb Diary, British Library of Political and Economic Science (LSE)。Addison (1975/1977: 117-118) も同じ箇所を引用しているが、省略された部分は原典で補った。傍点の原文はイタリック。

ったが、労働党がこの変化を最大限の活用し政権に向かっていった(Laybourn 1988: 100-101)。それと同時にベヴァリッジ計画も実現化に前進した。

おわりに

　より完全な結論は第12章にまかせ、ここでは1920年代から30年代までを通じた経済参謀論の意義について、2つをまとめてみよう。1つは初期の思考法との類似性であり、もう1つは中期の特徴についてである。

　ここまで明らかになったのは、ベヴァリッジと経済学（経済的知）の政策関与について、次のような3段階が窺えたことである。すなわち（1）ベヴァリッジが最初に独自の概念を強力に提唱する。（2）この提唱を触媒として、有力な経済学者（ケインズ等）がその概念を引き継ぐ。（3）しかし途中から専門的経済学者とベヴァリッジの間に齟齬が発生する。ケインズ等が大学人の一時的活用を考えていたのに対して、ベヴァリッジは独立した官僚が永続して助言官になるべきとした。さらに第12章の結論を先取りしておくと、（4）そして最後はベヴァリッジ自らが最初の提唱の実行者となる、という道程も後ほど明らかになる。（1）は先駆者として、最も光を当てるべき一事象（スポット）である。ただしベヴァリッジの貢献はその点だけではない。むしろ（2）から（4）までの重層的な発展の意義を重視すべきである。（2）は、政策助言のルートが確立することである（ベヴァリッジからケインズへ）。経済参謀は様々な段階を経て、政府の内部に設置されていった。（3）は、自らの体系が経済理論と密接に絡まっているにもかかわらず、その枠内に収まらないことの証明である（ベヴァリッジの進化）。これは専門的経済学自体がマーシャルの時代と比べても大きく変化したことの裏返しである。（4）は自ら提唱した概念を、自らが就任することである。この実現可能性もベヴァリッジの特異性である。

　このように整理された経済参謀論は、初期の失業論を巡るベヴァリッジの内部の進化および外部への影響に対して、類似的な構造を持っている。（1）彼は労働市場の完全化という理念を核にした。そして失業の防止機構（職業

紹介所）と緩和機構（失業保険とその他）を、国民最低限保障の観点から政策提言した。中核に据えられたのは職業紹介所という政府機関である。ベヴァリッジはこの人工的な政府機関の創出によって、逆に労働市場の十全な働きを保障しようとした。この考えは極めて独自なものである。(2) こうした失業の捉え方は専門的経済学者（特にピグー）が引き継ぐことになった。彼はベヴァリッジの失業対策をすべて肯定し、市場の失敗の是正という独自の立場から政府の経済介入を正当化した。(3) しかしその過程で、ベヴァリッジの考える失業問題と経済学者のそれが乖離してくる。前者は数量データを歴史的に膨大に集めるという記述式執筆スタイルを取った。それに対し、専門的経済学者の発想は、むしろ単純化され抽象化されたモデル構造を前提とした上で、変数同士（例えば実質賃金と雇用量）の関係を類推する方法を採った。両者の乖離である。(4) ベヴァリッジは商務省に入って、自らが考案した職業紹介所や国民保険を実際に運用した。

　このような4点の類似を鑑みると、思考発展とその影響について、初期と中期で連続性が観察できる。それだけでなく、発展性も窺える。初期の失業論が労働市場に限定されていたのに対し、中期では経済のあらゆる領域（経済史・人口論・失業保険・経済学の方法論）に拡大されていた。それゆえ政府の機能も職業紹介所という一箇所だけでなく、経済全体を見渡す助言官が必要とされた。連続性と発展性が同時にあるという意味で、経済参謀は職業紹介所（の役人）を原型prototypeとするだけでなく、その発展型になっているのである。

　さらに経済参謀論はベヴァリッジの中期思想を代表する。第6章から第10章で示してきたように、彼はこの時期、経済学のほとんど全域に手を染め、自ら理想とする経済学の制度化と具体的生産（論文化）に腐心していた。しかしその道は挫折の連続であった。1つは現実世界が急激に変化してしまうからであり、もう1つは徐々に確固たる形成になってきた「専門的経済学者集団」から乖離してきたためである。大いなる理想を持ちながら、現実に疎外されたために焦りと思想のブレ・揺れがある。伝統的経済学への過度な信頼とその後の遺棄は、この揺れの象徴であろう。市場への信頼から計画へ

の礼賛まで大きく振れたことから、経済参謀も単なる経済助言から包括的な設計まで、その性格を大きく変動させた。ただし経済的知識を政策に転嫁させる装置として、いつでも経済参謀が最終の頼み last resort として存在した。経済参謀は現実の困難を一気に解決する主体なので、現実――経済現象とベヴァリッジの置かれた立場の両方――が厳しければ厳しいほど、それに頼ることになった。

　ベヴァリッジの経済参謀論は初期思想の相似拡大形であるだけでなく、中期思想を代表する思考法である。

第Ⅲ部

後期の思想

第11章　社会保障と完全雇用[*]
―― ケインズとの協働 ――

はじめに

　本章は『ベヴァリッジ報告』(1942) と『自由社会のおける完全雇用』(1944) を一対の思索活動として取り上げる。実は第15章で明らかにするように、これらに『自発的活動』(1948) を加え、「後期三部作」として一括した考察を行う。本章はその前段階として、最初に二作の内容と形成過程を熟考する。その両面でケインズの影響力がいかに強いかを確認することになる。従来の研究でも大まかなレベルでは、ベヴァリッジとケインズの協働作業は確認されてきた。しかしそれらは原典に基づいた詳細なものではなく、またベヴァリッジがなぜケインズの考えをこの時期受け入れたのか、正確な答えを与えたものでもなかった。本章では結論として従来研究を原則として是認しながら、その回答に厚みを加えようと試みる。[1]

　本章は次のように構成される。第1節は1938年から1942年までの、ベヴァリッジとケインズの交流を考察する。第2節の前半は『ベヴァリッジ報告』の重要な特徴を扱い、後半はその形成におけるケインズの関与を見る。第3節の前半で『自由社会における完全雇用』の形成過程を扱い、後半で

---

[*]　本章の一部はローマ大学のセミナー (2006.3.1) で発表された。特に A. Roncaglia 氏 (University of Rome)、A. Rosselli 氏 (同) に感謝する。また小峯編 (2006: 第8章) の修正版でもある。

[1]　Winch (1969)、Cutler *et al.* (1986)、Tomlinson (1987)、毛利 (1990)、Abel-Smith (1994)、地主 (1995)、Harris (1997)、Dimand (1999)、平井 (2003) などがケインズの影響を考察している。

ケインズ理論の観点からその内容を扱う。第4節は2つの著作を自由社会という大枠から一対のものとして整理する。最後にまとめを行う。

第1節　1938年からの交流

　本節はベヴァリッジの『一般理論』批判(1936)と、『ベヴァリッジ報告』(1942)の間隙を埋める。主に書簡・未公開メモに依拠し、ケインズとベヴァリッジの関係がどのようなものであるかを探究する。

　1938年の状況を見てみよう。前年まではケインズ理論への激烈な反対意見が記録されていた。ところが1938年にはむしろ友好的な手紙の論調になっている。ケインズが『一般理論』出版後に重い心臓病を患ったこと、ベヴァリッジも連鎖球菌による高熱で床に伏せっていたことが、おそらくそれ以上の論争の精鋭化を阻んだ一因であろう。ベヴァリッジはすでに王立経済学会の理事として、ケインズと手紙のやり取りをしていた。8月にはその学会講演として、「景気循環における失業」を公表した。これを *Economic Journal* に転載する交流が大事である。ケインズはこの論文は「経済史ではなく、そうあるべき姿の経済学だとあなたは言う。しかし私はあるべき姿の経済史だと思う」[2]と述べた。ここに経済学の本質を巡る両者の立場の違いが浮き彫りになる。ただしケインズはこの研究領域を排除するのではなく、むしろ尊重している。この論文が印刷所に向かった段階で、「あなたの結論を喜んで受け入れたい。投資の変動が最初の発動機という私の理論に、それはとてもよく合致する」[3]とケインズは褒めた。ベヴァリッジは自分が『一般理論』を激烈に批判したのに、ケインズの側は「何の敵意も抱いていなかった」(Beveridge 1955: 260)と回顧し、「私の論文から出てくる示唆の少なくとも

---

[2] BP, 2b-37, ケインズからベヴァリッジへの手紙、1938年8月29日。ケインズはベヴァリッジに「経済史は年寄り向きだから、あなたには若すぎる」という主旨を語った。ベヴァリッジはケインズが経済史に手を染める前に死去したことを嘆いた。BP, 9a-52, "Some Memories of Maynard Keynes", 1, c1952。

[3] BP, 2b-38, ケインズからベヴァリッジへの手紙、1939年2月2日。

いくつかが、あなた自身の結論に合致して喜ばしい」と返答した。ベヴァリッジは 1938 年秋の 3 ヵ月間、細菌による歯痛のために床に伏せっていた。ケインズは自分も同じ菌に罹患して体調不良だった——さらに心臓に負担をかけた——と述べ、偶然性をおもしろがっていた。当時の書簡を見ると、ケインズが『一般理論』への悪口を気にしなかったことで、ややほっとしているベヴァリッジの雰囲気が伝わってくる。雪解けの兆候であった。

1939 年には劇的な変化が訪れた。9 月 3 日の対独宣戦布告による第二次世界大戦の勃発である。両者は急速に接近した。ソルター・レイトン・ヘンダーソンと共に、「古強者」the Old Dogs の会合を結成したのである。初回は 1939 年 9 月 12 日であり、ロンドンのケインズ邸で、政府の無策ぶりを批判する検討会が開かれた。特に 9 月と 10 月はほぼ毎週のように集まり、各々が戦時体制について報告した。大きな話題は警防団、疎開、大陸封鎖であり、ベヴァリッジは連邦同盟運動や戦争目的について述べ、ケインズはアメリカによる復興基金を議論した。ケインズはこの集まりを「とても興味深い会合」と呼び、政府が喫緊にすべき事柄の具申案を議論した。ベヴァリッジは特に政府官庁の疎開案に激怒し、大蔵省事務次官に次の内容の抗議を送った。次のような疎開案があると仄聞した。大臣と事務次官のみ一箇所にいて、その部下達は別の場所に行く。戦争に関係ある省庁はそれぞれ別の場所に行く。先の戦争の経験からすると、この案は非常に非効率である。ソルタ

---

4 *ibid.*, ベヴァリッジからケインズへの手紙、1939 年 2 月 3 日。
5 *ibid.*, ベヴァリッジからケインズへの手紙、1938 年 12 月 21 日、およびケインズからベヴァリッジへの手紙、1938 年 12 月 31 日。
6 Beveridge (1955: 268)。他方、ケインズ全集の編者は 9 月 20 日としている。9 月 20 日に会合が開かれたのはヘンダーソンへの手紙（注 8）で明らかだが、そこでは「再び」と表現されているので、1 週間前に始まった可能性をみて 12 日とした。
7 Harrod (1951/1982: 489, 訳 543)。興味深いことに、ベヴァリッジはハロッドが「古強者」という呼び方を発明したとみなしている (Beveridge 1955: 268)。しかしこれはケインズがベヴァリッジ宛の手紙で自称している表現であった。BP, 2b-39, ケインズからベヴァリッジへの手紙、1940 年 5 月 15 日。
8 KP, Reel 36. W/2/2、ケインズからヘンダーソンへの手紙、1939 年 9 月 21 日。
9 Sir Horace Wilson (1882-1972)、元労働省事務次官。当時は全官庁の長 Head of the Civil Service でもあった。チェンバレン首相の懐刀として、宥和政策を取り仕切った。

一・レイトン・ケインズも同様に憂いている。ケインズはこの抗議文を読んで、「すべてまったく同感だ。このような狂気の案を思いつける頭脳が大事なことを司っているとは、かなり恐ろしい」と述べた。ベヴァリッジは次の書簡で、「ウィルソンの示唆で、水曜日にこの狂気の案を作ったとされる大蔵省の人物——彼が責任を負っているとは思えないが——に会う。／戦争目的 peace aims に関する過度に長いメモを完成した」とケインズに伝えた。

　両者の関心はさらに交錯する。ベヴァリッジによる The Times の記事「無駄なき戦争：中心での効率性」(1939.10) を見ておこう。ここで彼は今日の戦争とは、全面的な統制経済（全体主義）totalitarian であり、計画された経済には2つの有機体的機関 organs が必要だと説いた。それは情報の機関と決定の機関である。適切な戦時内閣と、それに従属する経済参謀が未だに存在しないのであった。他方、ケインズは大陸封鎖 blockade について、物質を過度に封鎖すると自国の金融資源を大きく損なうという危険性を指摘した。また、この件をウィルソンに話したが、まったく聞く耳を持たなかった。「戦争は我々の側でも全面的な統制経済の方法で実行されるだろう、という示唆が彼には気に入らない」とケインズは嘆いた。官庁や政府が考えている小手先の統制ではなく、広い範囲での包括的な経済統制が必要とする点で、両者は完全に一致していた。

　ケンブリッジ大学選出の国会議員に欠員が出そうだったので、保守党人脈がケインズに接近し、無所属として立候補しないかと誘った。無風の選挙区

10　KP, Reel 36, W/2/12-15、ベヴァリッジからウィルソンへの手紙、1939年9月21日。ケインズにも写しが送られた。

11　*ibid.*, W/2/16-17、ケインズからベヴァリッジへの手紙、1939年9月30日。外国為替を扱う大蔵省の観点からも反対すべきだ、と付加してある。

12　*ibid.*, W/2/18、ベヴァリッジからケインズへの手紙、1939年10月2日。BP, 2b-39 にも収録あり。

13　*The Times*, "War without Waste: Efficiency at the Centre, the Two Necessities", by Beveridge, 3 October 1939. 翌日の社説でも賛意が得られた。

14　Beveridge（1939b: 30）は逆に全面的な封鎖を説いた。

15　KP, Reel 36, W/2/72、ケインズからベヴァリッジへの手紙、1939年10月15日。なお、totalitarian を全体主義ではなく、「全面的な統制経済」と訳している。一党独裁という政治の側面を押し進めているわけではないからである。

だったので魅力的な申し出だったが、「ウェストミンスターの日々の生活から離れて初めて、私独自の線を効果的に実行でき、完全な影響力を及ぼせるだろう」[16]として、最後には断った。その過程でケインズは、主治医のみならずベヴァリッジ・レイトン・ヘンダーソンにも相談した（CW vol. 22: 38）。

ケインズの『戦費調達論』（1940）は理論的にも重要である。このパンフレットの原案は The Times での2回の投稿記事にある。この中でケインズは「繰り延べ払い」[17]を提唱した。インフレが現実化する中で、所得の一部を戦時中は凍結し（強制貯蓄）、戦後の不況期にその口座を（利子付きで）開放することで総需要の調整を図る工夫である。インフレ圧力を抑えるために、労働者の賃金への課税が不可避になる。ケインズは投稿記事の改訂過程で、不利益を被る労働者に、できるだけ安定した生活を送れるように腐心した。それが補助金政策による家族手当と、必需品の安価な割当である[18]。実質的な購買力を保つように、労働者団体が受け入れやすいようにという配慮であった。この案は各方面から絶賛された。パンフレットを寄贈されたベヴァリッジも The Observer で書評した。ケインズは「とてもすばらしい書評をありがとう」[19]と謝辞を述べ、また「…ベヴァリッジ…から熱烈な同意をもらった」[20]と確認した。ケインズの総需要管理とベヴァリッジの国民最低限保障が密接に関係し、しかもそれをお互いに是認している好例である。

両者の密接な関係はさらに続いた。1940年3月19日、王立経済学会の理事会でベヴァリッジがピグーの後任として、会長に選ばれた。ケインズは学会の強大な取りまとめ役として、数々の手紙を理事に出していた。「あなたが指名を受諾して欲しい」、そして「受諾してくれて嬉しい」という手紙をベヴァリッジに書き、続けて会長講演の算段をしている。ベヴァリッジは「人的資源 man-power の組織化に関する若干の考え」と題して、ケインズの示

16　CW（vol. 22: 39）、ケインズから主治医への手紙、1939年11月24日。
17　平井（2003: 718-719）も参照。
18　モグリッジは労働党人脈との交渉で、家族手当の提唱が出たとする（Moggridge 1976/1980: 125-126, 訳149-150）。ハロッドも必需品の価格安定化を指摘している（Harrod 1951/1982: 493, 訳547-548）。
19　BP, 2b-39、ケインズからベヴァリッジへの手紙、1940年3月4日。
20　CW（vol. 22: 102）、ケインズから The Times 編集長への手紙、1940年3月11日。

唆に従って戦時体制の問題を講演したいと応えた。ケインズはこの学会でも英国学士院でも、他の委員に頻繁に調整・根回ししており、その強力な推薦によってベヴァリッジが会長に選ばれたことが強く推測できる。

　1940年5月と6月のダンケルクの戦いは、決定的な転機になった。英仏軍が敗走するのを受け、多くの論者がさらに危機感を募らせたのである。ケインズは労働を組織化する必要性を訴えるベヴァリッジに「心から同意する」[21]と述べた。中でもベヴァリッジのメモ（1940.7.27）が重要である。その第1部では経済組織について、資本主義に代わって国家社会主義 State Socialism を、戦争で個人的な利益を得ようとする動機に代わって奉仕の動機が必要であるとした。第2部は様々な不備が露呈している政治組織についてである。中央に権威がなく、経済計画がなく、官庁間の連携もない。思考と行動に完全な分離がある。国民兵役庁を作るべきだ。本当の戦時内閣、すなわちすべての領域を考慮する決定組織が切望される。さらに大枠の批評・計画を立てる経済参謀が必要である。イギリス連邦の生き残りのためだけに戦っているわけではない。勝利の後の世界に必要な実像が求められる。それはドイツの勝利がもたらす図柄より魅力的でなければならない。まず経済目的のために武力行使しない世界である。次に個人的な危険や貧困を根絶させるために国家権力を用いる。科学の進歩でこれらの害悪が取り除かれるはずである。最後に戦争目的は大胆・単純に述べられるべきである、とベヴァリッジはメモを結んだ[22]。これをケインズに送る時、「国家社会主義と呼ばれようと、賃金や所得の問題に対処するには、実業部門を国家勘定に取って代わる」ような大胆な手段が必要だと述べた。ケインズは次のように答えた。

　「あなたの陰鬱なメモ…に関して、ほとんどの部分で完全な同感を抱く。意見の主な違いは――もし1つに絞れば――社会主義的組織を要求する第1部は、官庁間の問題を扱う第2部がうまく対処されなければ、実際的にならないと私

21　CW (vol. 22: 186)、ケインズから *The Times* 編集長への手紙、1940年6月14日（全集では13日となっているが、誤りである）。
22　KP, Reel 36, W/1/54-58, "What is wrong with the Conduct of this War in Britain", by Beveridge, 27 July 1940.

には思えることだ。…実際、集中すべきは第2部である。」[23]

　戦時内閣の政策が不十分とみなした点で両者は一致したが、優先権の部分で違いを見せた。ベヴァリッジは民間経済の完全統制まで視野に入れていたが、ケインズはむしろ政治体制の組織化を優先した。ケインズはすでに7月から大蔵省の顧問となっていた。そこで彼は事務次官補ホプキンスにベヴァリッジのメモを渡し、第2部に反応すればおもしろいだろうと誘導した。[24] ベヴァリッジはケインズがメモを口外してしまったことに少々慌てて、悪名高い問題だから「当座は多くの敵を作りたくない」[25]と弱音を吐いた。ケインズは詫びたが、ホプキンスは信頼できるので心配しなくてよいと返答した。8月6日に火曜クラブが開かれ、ホプキンスが「政府の機能」と題して発表するので、客として来ないかとベヴァリッジを誘った。ケインズはホプキンスが「ベヴァリッジは…重要な点にもちろん触れている」と漏らしたことを伝言した。[26] ケインズが大蔵省高官にベヴァリッジを橋渡しする役目をしていることがわかる。

　この文脈でケインズのメモも重要である。[27]「戦争目的に関するケインズ教授のメモ」(1941.1.13) である。ここでケインズは「社会保障が戦後の国内政策の第一目標であるべき」と断言し、「休戦後の飢餓、欧州の通貨混乱、戦間期のここ20年間あまりの苦難をもたらしてきた雇用・市場・物価の無法な変動、これらを防ぐのが、何にも増して我々の責任とすべきである」とし、「我々のみがこうした政策を実行できる立場にある」と主張した。[28] 雇用の問

23　*ibid.*, W/1/59-60、ケインズからベヴァリッジへの手紙、1940年8月1日。最初の文は原文では二重否定になっている。強調は引用者による。
24　*ibid.*, W/1/62、ケインズからホプキンスへの手紙、1940年8月1日。
25　*ibid.*, W/1/63、ベヴァリッジからケインズへの手紙、1940年8月2日。
26　*ibid.*, W/1/64、ケインズからベヴァリッジへの手紙、1940年8月5日。
27　平井 (2003: 759、注16) もこのメモに留意している。
28　PRO, PREM 4/100/5, "Professor Keynes' Memorandum on War Aims", 13 January 1941. 閣内閲覧の印は1941年3月5日。その間に、大蔵省と政治家の手によって改変を受けた（ただし上記引用はケインズの原文のまま）。大蔵省は第5段落の議論を弱めようとし、政治家は「ある政治的な文章」を削除した。チャーチル首相はむしろケインズの原案を見せろと要求し、大蔵省の改変は認めず第5段落はそのまま原案を残した。ホプキンスはこのメモを「歓迎、いやむしろ熱狂」したので、彼が首相に直談判する前に、慌てて首相補佐官が改変した原稿を首相に見せた。

題を解決するためにも、社会保障政策が最優先で必要だという立場がはっきり述べられている。このメモは3月には閣内に閲覧されて、正式な文書となった。ケインズとベヴァリッジが社会保障を重要視し、しかもそれが政府に一定の影響力を及ぼしかけていると判断できる。

　両者は断続的に私信のやり取りも行っていた。1940年11月には王立経済学会の理事会について、[29]1941年4月には再び学会の会合で、ベンサム全集の準備や理事欠員の補充などが話題になった。[30]1942年1月には英国学士院の会合（主に欠員補充の候補について）の話題が加わった。[31]そして1942年3月にはついに、ベヴァリッジからケインズへ初めて社会保障案の相談が行われたのであった。

　以上、1938年から1942年までの書簡・未公開メモを精査すると、ベヴァリッジとケインズが多くの点で共同歩調を取っていたことがわかる。社会保障政策への共感と統制経済の必要性が共通点であった。これが『ベヴァリッジ報告』の前史である。

第2節　『ベヴァリッジ報告』

　『社会保険および関連サービス』は1942年12月1日に出版された。イギリス国民は熱狂的にこの「戦後の再建計画」[32]を受け入れた。3時間で7万部が売れ、1年間で62万5千部売れたと言われる。2週間後の世論調査では、この報告書を知っている者は95％、賛成の者は88％、反対の者は6％であった。[33]この『ベヴァリッジ報告』は戦時にあって、将来計画の提示という手段でイ

29　BP, 2b-40、ケインズからベヴァリッジへの手紙、1940年11月25日。ベヴァリッジからケインズへの手紙、1940年11月26日。

30　*ibid.*、ケインズからベヴァリッジへの手紙、1941年4月16／19日。ベヴァリッジからケインズへの手紙、1941年4月17／24日。

31　KP, Reel 74, BA/1/71、ケインズからベヴァリッジへの手紙、1942年1月15日。*ibid.*, BA/1/80、ベヴァリッジからケインズへの手紙、1942年1月17日。

32　「地上の楽園計画」New Jerusalem の一環である。Durbin (1985: 5)、Cockett (1995: 59)、Clarke (1997: 146)。

33　数字に関してはCockett (1995: 60)、毛利 (1990: 220) より。大蔵省はアメリカ版を急遽印刷し、5000ドルの純益を上げた (Beveridge 1955: 320)。

ギリス国民を統一したのである。以下では、まずこの報告書の内容を略述し、ついでケインズとの協働関係を指摘する。

2-1 報告書の内容と前提

『ベヴァリッジ報告』は包括的・野心的な社会設計計画である。その計画はすべての事象に目を配りながら、濃淡が付けられた対策群がひとまとまりになっている。ベヴァリッジはまず人類の五大悪を分類する。窮乏 Want、疾病 Disease、無知 Ignorance、陋隘（不潔）Squalor、無為（怠惰）Idlenessである（Beveridge 1942: 170, para.456）。別の手段を組み合わせた社会政策で5つの巨悪を倒すべきだが、順序も重要である。窮乏は最悪の悪徳だが、同時に絶滅させやすい。ゆえに国家は「窮乏からの自由」を第一目標とする（ibid.: 7, para.11）。この窮乏を根絶する手法は社会保障 social security である。社会保障とは具体的に、収入の中断・稼得力の喪失・特別支出の時に、最低限度の所得が保証されることであり、できるだけ速やかに所得の中断を終わらせるように措置を講じることである（ibid.: 120, para.300）。ただしここに重大な前提がある。報告書の提案を完遂するには、(1) 児童手当、(2) 包括的医療サービス、(3) 完全雇用　が前提とされなければならない（ibid.: 120, para.301）。(1) は 15 歳または 16 歳以下の児童に対して支給される。賃金が夫の労働に専ら基づいている限り、大家族は相対的に窮乏化する。そこで別枠の児童手当が必要になる。(2) は疾病の予防・治療および労働能力の回復であり、できるだけ速やかに労働市場に市民を戻すことを目的とする。失業は最悪の浪費形態だからである。(3) は長期の失業に権利としての無条件現金支給を行うことは、道義心を低下させるために好ましくないという判断である。単なる所得保障は人間の幸福には不十分であり、完全雇用という平等の機会がなければ、この原則を貫けない。

この前提の下、次の3つを統合させた制度が社会保障体制となる。この体制は国民最低限保障を原則とする。ここに、比重の違う三段階分類というベヴァリッジの特徴が最大限に出現した。以下で3つの特徴と関連性を述べる。

第1に主の手段として、基本的必需品 needs に対する社会保険がある。

これは強制的な拠出原則を持つ。保険料の拠出と引き替えに、市民全員が最低限生活水準 subsistence までの所得保障を権利として持つ。社会保険を実行するために次の6つの原則を守るべきである。均一給付（最低生活費）、均一拠出（保険料）、行政責任の統一、給付の妥当性、包括性、被保険者の分類である（*ibid.*: 9, para.17）。1番目の均一給付とは、所得の多寡にかかわらず、最低限度の生活費のみを国家がどんな時も保障することである。4番目の原則と共に、これは最低限度の所得保障を意味する。国民最低限保障の一形態である。この水準はラウントリーやボーレイ等の外部専門委員によって具体的に算定された。例えば失業給付は週に40シリング、退職年金も同額であった[34]。これが全市民に保障される権利である。ただしこの給付水準は同時に、市民の義務も含む。なぜなら最低限水準以上の保障は行われないからである（*ibid.*: 121, para.304）。私的な保険の余地が残り、市民は豊かな生活のため、自ら精進しなければならない。2番目の均一拠出とは、資産の多寡にかかわらず、すべての市民（そして使用者）が同一の保険料を払うことである。ただし、16-18歳という若年層は割引されている（*ibid.*: 152, para.403）。この2つの均一原則を持つ社会保険ならば、個人においても国家においても支出と収入が釣り合う。個人は拠出の義務を負った上で、給付の権利を獲得する。また増大する福祉予算は、保険料の拠出と給付で均衡するように設定される。つまり、社会保険はある程度勤勉で、自立可能な標準的市民像を想定している。その上で労働者の生存権を保障する体制でもあった。

　しかし、すべての市民が保険の拠出を行えるわけではない。例えば身体的・精神的な理由で、社会保険の網からこぼれ落ちる人々がいる（*ibid.*: 12, para.23）。そこで第2に従の手段として、特殊事例に対する公的扶助がある。これは国庫から支払われる現金給付である。救貧法の伝統を持つイギリスは、資力調査に強い抵抗があった（*ibid.*: 11, para.12）。救貧法による施しが「貧民の汚名」を伴ったからである。しかしこの公的扶助は、厳格な資力調査を伴わなければならない。保険より望ましくないからである（*ibid.*: 141, para.369）。

---

[34] 1938年価格で計算。多くの規定条件があるが、ここでは省く。一覧表はBeveridge（1942: 150, para.401）。

第11章 社会保障と完全雇用 313

国家は打手の小槌ではなく、保険料を支払う者に怠け癖を唆してはならない。具体的には次のような手当・一時金がある。出産給付と未亡人給付（それぞれ13週間まで1週36シリング）、保護者給付、扶養手当（16シリング）、児童手当（8シリング）、結婚一時金（10ポンドまで）、出産一時金（4ポンド）、葬祭、業務災害などである。これらは国家の一方的な給付なので、この場合だけ給付の適切性のため、証明書や資力調査を必要とする。公的扶助は自立不可能な市民に対する生存権保障の体制である。

　第3の補完手段は、報告書全体を貫く原理と関係する。まず補完とは、基本的な措置に付加する私的貯蓄の奨励である（ibid.: 143, para.375）。これは自助努力の働く余地を残し、最低限生活の上に自由に生活設計できることである。この手段は次の思想（第3の指導原理）と密接に関連している。すなわち、社会保障は国家と個人の協力によって達成されるべきである。ただし行動意欲や機会や責任感を抑圧してはならない。また国民最低限保障を決める際、その最低限以上の備えを自発的に行う余地を残し、さらにそれを奨励すべきである（ibid.: 6-7, para.9）。

　『ベヴァリッジ報告』は福祉国家の理念を確立した。社会保障による国民最低限保障がその柱である。しかし同時に、報告書は──補完ではあるが──市民側（労働可能な市民）の義務にも言及していた。個人が国家に過度に依存しないようにという憂慮からだった。実際、社会保障を支える個人・使用者・国家の負担比率は、28：20：50になり（利子が2）、現行の制度よりも個人負担率が増える（表11-1を参照）。この意味で、ベヴァリッジの福祉国家理念は、当初から個人と国家の相互努力を前提にしていたと判断できる。[36]

35　特に Beveridge（1942: 170, para.455）を参照。「我々の計画は…受給者がそれ以後、個人的責任から逃れさせるようなものではない。」
36　福祉国家を安易に批判する一般の論調と異なり、『ベヴァリッジ報告』の研究書はこの点を見逃していない。例として、大前（1983: 226）、毛利（1990: 217）、地主（1995: 46）。
37　Beveridge（1942: 112, 表13）より作成。単位はポンド。割合は切り捨て、利子を含まないので、合計しても100％にならない。

表 11-1　1945 年の予算比較 [37]

	現行の制度	その割合	提案の制度	その割合
国家	2 億 6500 万	61.3%	3 億 5100 万	50.3%
被保険者	6900 万	15.9%	1 億 9400 万	27.8%
使用者	8300 万	19.2%	1 億 3700 万	19.6%
合計	4 億 3200 万	100.0%	6 億 9700 万	100.0%

2-2　ケインズの関与

　スキデルスキーは伝記の中で、「ケインズは決して情熱的な社会改革家ではなかった」とし、「ベヴァリッジ報告の構造に何の影響も与えなかった」と断言している（Skidelsky 2000: 264, 266）。本節はこの見解に反論を試みる[38]。まずケインズが国民最低限保障を明確に支持していることを示す。次にベヴァリッジとの協働作業が決して表面的でなかったことを例示する。

　最初に、ケインズは報告書の国民最低限保障について、まったく反対してない。それどころか積極的に支持している。多くの保守派にとって、この部分は 19 世紀的自由主義から完全に切り離された概念だった。多くの革新派にとって、ウェッブの提唱以来 45 年を経て、ようやく市民権が実現された。他方、ケインズは『一般理論』で「経済社会の顕著な欠陥は、…富および所得の恣意的で不公平な分配である」（CW vol. 7: 372）と喝破していた。そして消費・投資を喚起し不活動資金を減少させる政策によって、「利子生活者の安楽死」（*ibid.*: 376）を願っていた。この基本線はベヴァリッジの提唱と重なる。そのため、『ベヴァリッジ報告』を精査した 1942 年の段階でも、ケインズは様々な場面で貧者への分配を前提にした議論を展開している。第 1 に、ケインズは最低賃金条項の存在を前提にし、この水準を維持しながら費用の安い方策を探している[39]。第 2 に、ケインズは栄養面から見た最低限所得保障についても、ある水準を前提にしながら、より財政負担の少ない選択肢を探

38　スキデルスキーの立場は一貫している。「ハーヴェイロードの規定概念」（社会改革に向かう公的義務感）よりも「ケンブリッジ文化の規定概念」（審美・愛智という私的生活を優先する信条）がケインズには重要となる。遠い将来の壮大な計画は退けられることから、福祉国家への耽溺はありえない。小峯（2004a）。

39　CW（vol. 27: 207）、ミードへの手紙、1942 年 5 月 8 日。

している。第 3 に、ケインズは老齢年金受給者・失業者・その扶養家族すべてに対して、生存水準を与えることを認めている。第 4 に、『戦費調達論』(1940) における労働者の生活安定はすでに述べた。第 5 に、ベヴァリッジ案の検討中にミードが提起した資本課税について、ケインズは「それがさらなる社会改良に融資するために使用される」場合を認めている。つまり利子生活者に重くのしかかる資本課税を行い、貧者に回す「社会改良」が実施されることが想定されている。第 6 に、「給付金や拠出金を全国民に拡張すること」には「賛成すべき事由が非常に多くあるということに私は同意する」とある。この発言は社会保険そのものに対する明確な支持である。以上、すべての場合で、ケインズはベヴァリッジの国民最低限保障（または貧者への再分配）を受諾した議論展開をしていた。

この緊密さは『ベヴァリッジ報告』を巡る交流で、ますます堅牢になった。両者の関与は 1942 年 3 月に始まった。ケインズはベヴァリッジから報告書の計画メモを送付され、次の返事を書いた。

「あなたの覚書を読んで、その全般的な計画に対し私がひどく感激したことを伝えておく。それは非常に重要かつ雄大な建設的計画である、と私は思う。しかもそれが十分に資金の融通面から可能だと分かり、安心した。」(CW vol. 27: 204)

本人への礼状ゆえに、この感想は儀礼的であると反論を受ける可能性がある。そこでミードへの手紙を見ると、「個人的には、私はベヴァリッジの提案がとっている路線に大賛成である」とある。一部に賛成、しぶしぶ受諾、といった態度ではないことに注意したい。それゆえケインズは内閣経済部のミードと

40　CW (vol. 27: 221)、ホプキンスへの手紙、1942 年 7 月 7 日。児童手当の額を削減するかわりに、教育局の給食等を拡張する。
41　CW (vol. 27: 245)、ヘイルへの手紙、1942 年 8 月 24 日。
42　CW (vol. 27: 215)、ミードへの手紙、1942 年 6 月 30 日。
43　もっとも文脈からは、積極的な賛成をしているわけではない。
44　CW (vol. 27: 252)、ホプキンスへの手紙、1942 年 10 月 13 日。
45　CW (vol. 27: 204)、ミードへの手紙、1942 年 6 月 16 日。

社会保険の可能性を議論した後、自らベヴァリッジと接触した。「あなたの提案の最新版を一部いただけないか。…他方で私はそれをめぐる批判を受け取っており、それらに対処していかねばならない。原文の中に何が書いてあるのかを実際に知らないと、まずいことになる[46]」。大蔵省に広がった懸念に対し、ケインズが積極的に関与していることがわかる。大蔵省高官のホプキンスにも「公平に評すると、ベヴァリッジには予算を困らせるつもりはない[47]」と弁明している。1942年8月にはケインズ・ロビンズ・エップス(保険統計局長)・ベヴァリッジの4人で、あるいは2人のみで会い、報告書の細部まで綿密に検討した。ケインズはそれを逐一大蔵省に報告し、「ベヴァリッジがこれらの議論に非常な感銘を受けた[48]」として、有益な討論を振り返った。1942年10月に完成しつつあった最終版に対しては、「その文書は非常にすばらしく、穏当かつ広範囲に及んでおり、極めて説得的で注目すべき方法で論じられている[49]」と手放しで喜んだ。ベヴァリッジ本人にも「この報告書は堂々としたものである」、「本質的な部分があなたの構想したとおりに実質的に採用されることを、私は願っている[50]」とケインズは伝えた。細かい点で意見に違いはあるが[51]、以上の手紙は、ケインズがベヴァリッジ報告の本質に共鳴したことを示している。

　両者の協働は同じ世界観を共有していたためである。その例を次の4点挙げておこう。第1に、ベヴァリッジ報告はケインズのマクロ経済学を前提にして構築されている。画期的な1941年予算(インフレギャップ・総需要・総供給の推計)でも用いられた国民所得推計や、需給関係の両面考慮などが顕著な特徴である[52]。それゆえ「社会保障予算」が組み込まれた報告書が可能になった。第2に、失業を軽減する案に同意がある。ベヴァリッジは当初「解雇税」dismissal tax を提案した。これは解雇した事業主に懲罰的な拠出を

46　CW (vol. 27: 219)、ベヴァリッジへの手紙、1942年6月25日。
47　CW (vol. 27: 228)、ホプキンスへの手紙、1942年8月20日。
48　CW (vol. 27: 239)、ウィルソンへの手紙、1942年8月11日。
49　CW (vol. 27: 252)、ホプキンスへの手紙、1942年10月13日。
50　CW (vol. 27: 255)、ベヴァリッジへの手紙、1942年10月14日。
51　児童手当、年金、退職条項の部分。平井 (2003: 745-760) も参照。
52　Moggridge (1976/1980: 131、訳157) の指摘による。

求めるものである。ケインズはこの案に全面的に賛同した。またミードはベヴァリッジ案を見て、保険料と景気を連動させた発展案を作った。社会保険の体制を景気変動の緩和に用いようとしたのである。ケインズは再考して賛成に回り、失業率8％を基準にして「それ以下では拠出金を増加させ、それ以上では急速に減少させる」(CW vol. 27: 208) という裁量政策を熱心に説いた。第3に、自助努力と国家救済の適切な組み合わせを両者は模索していた。この場面は、友愛組合への支持と拠出原則への堅持に窺える。ベヴァリッジは友愛組合をこの時期は強力に支持するようになっていた。ケインズも同調し、「私は人が病気や不具に備えて最低救援金を上回る額を用意する友愛組合等の組織を奨励したい、という点であなたと同意見である」(ibid.: 205) と述べた。また、「個々のサービス費用を、それが提供される源泉と可能な限り関連づけることが…いっそう重要となり」、「健全な会計を維持し、効率性を測定し、節約を励行…する唯一の方法」(ibid.: 224-225) とケインズは述べた。保険の持つ拠出原則への全面的な信頼である。それゆえ、政府白書『社会保険』(1944) の起草案を見た時、ケインズは大いに嘆いた。この白書はベヴァリッジ案と大きな点で異なっていたのである。

「拠出原則の放棄にも等しいやり方は、我々を海図のない海に導くことになる…。ベヴァリッジ計画が…抜群に安くつくものである…。…これらの提案から乖離しようと決意すれば、ただちに経費の重要な増大をもたらす…。」(ibid.: 263)

第4に、ケインズはベヴァリッジの社会保障体制が、自らのマクロ経済学モデルの中で好循環を招くと自覚している。「我々の国民所得がこの案の元で、

---

53 CW (vol. 27: 205, 207) の2箇所にある。
54 実は保険料と景気を連動させる原型は、ベヴァリッジが議長であった失業法定委員会の報告書にある。Beveridge (1937b: 24-26, 43) も参照。
55 大蔵省の反対で、この案はベヴァリッジ報告から除外された。
56 Beveridge (1942: 144, para.379) を参照。

負債の数倍の速さで増大するのを妨げるものは何もない」。[57] 4つの証言はすべて、両者の重大な社会観が共有されることを示す。

　ケインズはベヴァリッジの最低限国民保障および拠出原則という重大な世界観を共有した。この2点こそ、国家の義務を高らかに謳いつつ、市民の義務や創意工夫を忘れない「新（社会的）自由主義」の神髄である。個人と国家の適切な行動比率を両者は追い求めていた。この解釈をする限り、冒頭のスキデルスキー説は不適切である。

第3節　『自由社会における完全雇用』

　後期三部作の2番目、『自由社会における完全雇用』は1944年11月に出版された。本節では本書が従来の見解よりも、複雑な構造になっていることに注目する。まずその成立過程を概観する。次にケインズの『一般理論』と対比する。

3-1　本書の成立過程

　本書は複雑な成立過程を辿っている。時間の流れ通りに、5つの局面に分けて詳述しよう。

　第1段階はベヴァリッジ自身の強い初期動機である。『ベヴァリッジ報告』で3つの前提を摘出していた彼は、その最大の前提（完全雇用）の研究に自ら立ち向かった。社会保障の「報告書のサインのインクも乾かぬうちに、次の報告に取り組むことになった」（Beveridge 1955: 327）。1942年11月には早くもフェビアン協会で「失業を防げないのが私企業の欠点なのだから、国家計画が不可欠だ」と述べた。[58] 1943年1月19日にはプリマスで「窮乏と遊休からの自由」と題した講演を行った。2月には雇用維持の問題にもっと大

57　CW (vol. 27: 259-260)、貴族院での演説原稿、1943年2月24日。貴族院に初登庁するケインズがベヴァリッジ報告について演説しようとしたが、「大きな圧力」で断念された。ケインズは「大蔵省内の人々と現在の関係を非常に重視している」と述べ、断念の理由をのべている（*ibid.*: 256）。

58　次の記事から。*The Times*, "Economic Reform", 25 November 1942。

第 11 章　社会保障と完全雇用　319

きな関心を寄せていると手紙に書き、3 月には「ベヴァリッジ報告はもはや私の関心対象ではない」と断言するに至った[59]。しかし今回は政府の援助は望めず、完全に私人の立場で完全雇用を研究する委員会を立ち上げざるを得なかった。資金は進歩的なビジネスマン 3 人による匿名援助で何とか賄われた[60]。そして 1943 年 4 月 8 日には非公式な雇用問題調査の設置が発表された[61]。ベヴァリッジの雇用問題への関心は自らの内部から湧き出たものであった。

　第 2 段階は若き俊英の社会科学者・調査家に出会ったことである[62]。私的委員会には 7 人（うち女性 3 人）の構成員がいた。シューマッハ、ジョーン・ロビンソン、カルドア、ウットンの 4 人は経済学者とみなせるだろう。残りのパッケナム、カーリル、メアは社会問題調査家とみなせるだろう。彼らは 14 ヵ月に渡って、毎月 1 回は正式な会合をロンドン中心街で開き、それ以外にも週末はオックスフォード大学ナフィールド校で会合を重ねた。シューマッハはドイツから逃れ、清算同盟案でケインズに注目され庇護された[63]。ロビンソンは言うまでもなく、ケインズの「サーカス」の一員であり、後に異端の経済学者となった。カルドアは当初 LSE ロビンズサークルの影響下にあったが、『一般理論』の出版後、急速にケインズに接近していった。ウットンはケンブリッジ大学で古典と経済学を専攻し、『社会科学と社会病理学』（1959）など多数の本を著した。平等に基づく社会政策・裁判改革が生涯の課題であった。パッケナムは保守党の調査官として出発したが、やがて社会主義に接近して労働党の政治家になった。『ベヴァリッジ報告』では付録 F の各国比較で協力していた。カーリルは商務省時代の同僚で、水力源委員会 Water Power Resources Committee（1919）や倒産委員会 Bankruptcy

---

59　2 月と 3 月の出来事は Beveridge（1955: 328）から。
60　そのうち 1 人が出版人のハルトン。保守党支持であったが、写真報道紙 *Picture Post* を創刊するなど活躍した。
61　*The Times*, "Plans for Employment", 9 April 1943。この記事は政府が公式の委員会を立ち上げるべきだと非難している。
62　この節は全体的に Harris（1997: 432-434）にも依存する。
63　PRO, T 247/101, "Mr E F Schumacher's paper on multilateral clearing", 1943。シューマッハは敵国人として強制収容所にいたが、ケインズが解放し、後に政府関連の仕事も与えた。初めて会った 1929 年 11 月以来、ケインズはシューマッハの高い能力を絶賛していた。Wood（1984: 20,135）。

Committee (1924-1925) の委員として活躍していた。この時はすでに引退し、私人であった。メアは妻の末娘である。彼らは多様な背景と意見を持っていた。ケインズ理論を熟知していたシューマッハ・ロビンソン・カルドアの影響力は見逃せない。中でもシューマッハを——ケインズ同様——ベヴァリッジは大きく頼った。[64]

　第3段階は高級官僚との接触である。[65]ベヴァリッジは官僚の中にも多くの友人や崇拝者がおり、中には省内の政策決定に影響を及ぼせる立場の者もいた。その例として、商務省のワトキンソンと大蔵省のイーディを挙げる。前者はベヴァリッジと燃料配給問題で一緒に働いたことがある。大臣から正式に失業問題を討議する許可を得たので、ベヴァリッジの組織した私的委員会（経済学者の技術委員会 the Technical Committee of Economists）に出席していた。[66]商務省の内部資料によると、ワトキンソンは非常に熱心で、自身だけでなく5人の同僚を連れて会合に参加しようとした。[67]ベヴァリッジも私的委員会設置の直後にワトキンソンに手紙を送り、[68]また別の機会には、完全な私的懇談会だが、誰にでも開かれているのでぜひ来て欲しいと誘っている。[69]イーディは労働省に永年いたが、いくつかの省庁に移動し、最後は大蔵省の合同事務次官補 joint second secretary として10年間働いた。[70]ワトキンソンと同様にベヴァリッジの古くからの知り合いであり、戦間期は失業問題に従事していた。[71]ベヴァリッジの官界への影響力はまだ大きかった。

　第4段階は政府のベヴァリッジ接触禁止命令である。失業保険法定委員会

64　「彼はシューマッハという名の若い経済学者の見解に影響されている」。ワトキンソンのメモ（1943.9.17）。PRO, BT 64/3393。
65　この節はBeveridge（1955: 329）も参照。
66　パッケナムと上司である大臣が話した結果、ワトキンソンは今まで通りベヴァリッジの会合に出席してよい、輸出に関するデータを提供してよいと定められた。PRO, BT 64/3393、ワトキンソンのメモ、1943年10月23日。
67　PRO, BT 64/3393、ワトキンソンからベヴァリッジの秘書へ、1943年6月30日。
68　*ibid.*、ベヴァリッジの秘書からワトキンソンへ、1943年4月10日。
69　*ibid.*、ベヴァリッジからワトキンソンへ、1943年10月11日。
70　雇用問題に大いに関心があり、ケインズの提案にもたびたびメモを残している。Peden（2004: 318）も見よ。
71　賃金率と生活費に関する産業問題の手紙が残っている。PRO, LAB 2/875/I&S525/2/1922。

第11章　社会保障と完全雇用　321

の議長やベヴァリッジ委員会の議長がそうであったように、当初の範囲をはるかに凌駕する政策立案への野心は、本物の政策決定者を激怒させた。チャーチル首相、アンダーソン蔵相、チャーウェル支払総監などが共通の嫌悪をベヴァリッジに感じていた。大蔵省事務次官のホプキンスは官僚のトップとして、政府のどの部門の役人――経済学者を含み――も、ベヴァリッジと失業問題に関して意見交換してはならないと各省庁に通達した[72]。イーディもワトキンソンも従わざるを得なく、ベヴァリッジに断りの手紙を書いた。古くからの知人が枢密顧問官になったことをベヴァリッジは祝福したが、相手は「召喚されることを恐れて、どんな方法でもあなたと接触するのは躊躇した」(Beveridge 1955: 329-330) とようやく返事をよこした。ベヴァリッジが雇用問題について話し合いたいとケインズに提案した時には、禁止を受けている身なので遠慮したいと回答された。ケインズはすでに大蔵省顧問であり、政府による雇用問題の計画に深く関与していたのである。

　ベヴァリッジは知るよしもなかったが、ワトキンソンはこの決定に強く反発し、次の見解を記録に残していた。「私はウィリアム・ベヴァリッジ卿を無礼に扱うことに、最大限の私的な反対を付け加えなければならない。合理的な説明なしに、彼の招待を拒み続けることは、無礼と感じるだろうからである[73]」。この禁止令はマスコミにも漏れ、大きな反響をもたらした。その結果、庶民院でも貴族院でも、政府は激しい非難に晒された。しかし件の枢密顧問官を始めとして、政府はこの禁止令を必死で擁護した。例えば1943年12月7日の庶民院で、アンダーソン蔵相はこの手紙は私が全責任を負う者だが、公務員が守るべき一般的な原則を再確認したに過ぎないとして[74]、まったく撤回の意思がないことを示した。12月10日の貴族院でも、最重要議題として取り上げられ、多くの議員が疑問を呈した。ある議員は政府がこのような文

72　PRO, BT 64/3393、ホプキンスからオーバートーン（商務省事務次官）への手紙、1943年11月2日。
73　PRO, BT 64/3393、ワトキンソンのメモ、1943年11月9日。
74　*The Times*, "The House of Commons, Beveridge Inquiry, the Letter to Civil Servants", 8 December 1943.

書を通達したのは遺憾だとし、書類上はケインズ卿もカットー卿[75]も公務員なのだから、彼らがベヴァリッジ卿と完全雇用について協議できないのは不適切だと断じた。別の議員はこの決定は自由と民主主義に反するとした[76]。マスコミも一斉に政府を批判した[77]。中でも The Economist は厳しく、「この決定は…公式な態度として馬鹿げた例である」とし、「正しい質問に正しく答えるという議論に関し、公式見解と非公式見解が自由に共同できるということが、民主的な意思疎通の強さである」と主張した[78]。

第5段階は「白書の追いかけごっこ」White Paper Chase[79]であった。政府はベヴァリッジとの交流を禁止しただけでなく、自らの手で完全雇用に対する報告書を作成し、先駆けて公表しようとした[80]。彼も禁止令という逆境をバネに、新しい報告書を仕上げるという目標に突き進んでいった。政府は『雇用政策』と題する白書を1944年5月26日に公表した[81]。『自由社会における完全雇用』が印刷所に送られて8日後のことだった。「戦時には私的な出版がなかなか円滑には行われない」(Beveridge 1944/1945: 259) ために、本書が日の目を見たのは11月のことだった。ベヴァリッジは政府白書が自分の報告書の追い落としを狙っていると感じた。確かにチャーウェル卿などはその意図があった。またベヴァリッジが一部の政治家や官僚から煙たがれていた[82]

---

75 Lord Catto (1879-1959)、後のイングランド銀行総裁。当時は大蔵省への金融助言官。
76 *The Times*, "Planning after the War, House of Lords, Task for Sir William Beveridge", 11 December 1943.
77 *The Times*, 29 November 1943, 7 December 1943, New Chronicle, 27 November, 1943, Daily Telegraph, 27 November 1943 など。Evening Standard には風刺漫画家ロウ (David Low 1891-1963) の絵もある。以上のいくつかは PRO, BT 64/3393 の中に切り抜き保存してある。
78 *The Economist*, "Hush, Hush", 4 December 1943.
79 ベヴァリッジ自身の表現。Beveridge (1955: 330)。Robbins (1971: 189-190) はむしろミードと自分が最初に雇用問題を考えていて、それにベヴァリッジが飛びつこうとしたと表現している。実は労働党も完全雇用問題の提案書を出していた。しかも主導者のドールトンによれば、1944年4月公表なので「我々が1番だ」と誇っていた。Durbin (1985: 262)。
80 この事情は毛利 (1990: 第4章) に詳しい。Peden (2004: 308) も参照。
81 ケインズとこの白書の関係は、平井 (2003: 補章2) を参照。
82 PRO, CAB 66/42/15, "Reconstruction Plans. Memorandum by the Paymaster General", 20 October 1943. 毛利 (1990: 267、注22) も同一の文書を参照している。

3-2 若手経済学者の影響力

前節の第2段階について、若干の補足をしておこう。すなわち、ロビンソン・カルドア・シューマッハの影響についてである。

ロビンソンとベヴァリッジは完全雇用下における団体交渉を、ともに問題視していた。ロビンソンは *The Times* に匿名特派員として記事を書き、「平和時には賃金と物価の悪循環が慢性的になるかもしれない」と懸念した[83]。ベヴァリッジも同様に、「賃金は工場閉鎖や罷業によってではなく、理性によって決まるべきだ」(Beveridge 1944/1945: 201, para.288) と言い、買い手市場になる労働市場を憂慮した。ただし同時に、罷業権は法律で認められているとも確認した。彼女の貢献は本を「最終的な形に整えた」(Wood: 162) ことにあった。カルドアは『ベヴァリッジ報告』の形成には何の役割も果たさなかった。しかしその実行は社会に大きな負担をもたらすという巷の見解について、果敢に攻撃した[84]。このように社会保障の実現に腐心していた彼は、今度はベヴァリッジの私的委員会に入り、付録C「イギリスの完全雇用問題における量的側面」を執筆した。ここで彼は政府が完全雇用政策をとった場合の収支計算の推計を行った。この付録のおかげで、ベヴァリッジの完全雇用案が極めて具体的な政策に基づいていると知れ渡った。ただしThirlwall(1987)を含め、カルドアの役割は付録Cに留まっている解釈になっている。カルドア自身もそれ以外の貢献を回顧していない (Kaldor 1981: xviii)。

どちらの若手経済学者も大いに有益であったが、最大の貢献はシューマッハにある。その伝記を書いた娘の見解によれば、当初、ベヴァリッジの雇用政策はシューマッハと正反対であった。論点ごとにベヴァリッジがシューマッハに論争を挑み、1つずつ論破され、受け入れることになった。

---

83 *The Times*, "Planning Full Employment, 2 – Alternative Solutions of a Dilemma", by Joan Robinson, 23 January 1943.
84 この見解はThirlwall (1987: 86) による。

この意味でロビンソンやカルドアの貢献と異なり、シューマッハの貢献は「基礎となる」ものであった。ベヴァリッジは初めての論点でも信じられない速さで要点を会得する能力があり、つまりシューマッハの考えを理解し、自分が誤っていたと認めたからこそ最終的に受け入れたのである[85]。その受諾した考えを具現化したのが、Harris（1997: 434）の指摘によれば「自由社会における完全な生産的雇用[86]」である。これは1943年9月にナフィールド校で開かれた会議において、ベヴァリッジが発表した原稿（9月8日付）である。その考えはシューマッハに基づくと、ベヴァリッジは素直に認めていた。そして市場経済はどんなに組織化されても、需要不足になるというケインズ的な考えが初めて採用された。特に国家所有による失業の根絶という発想が捨てられた。投資の社会化による雇用の管理計画が視野に入ったのである。Wood（1986: 164）によると、シューマッハは経済論争では完全に勝利を収めたが、逆にベヴァリッジの同感や憐憫の情には非常に影響を受けた。そこではベヴァリッジは経済制度の適切な運用に興味がないとされた[87]。総じてこの伝記作家はシューマッハが経済問題、ベヴァリッジが社会問題という具合に分業を行ったとみなしている。

ただしこのような影響を考慮しても、なおベヴァリッジの独自な経済把握を考えてみよう。それが次節の課題である。

3-3 ケインズ的要素との混合

『自由社会における完全雇用』はケインズ理論の受容と言われている[88]。こ

---

85 以上の見解はWood（1986: 162）による。
86 「生産的」productiveという形容詞が付いた理由は、ベヴァリッジがかつて批判したケインズ的な「無駄な公共投資」への対抗ゆえであろう。第8章第5節を参照。この形容詞を脱落させると、後の正式な題名になる。この脱落はケインズへの対抗意識が弱まった結果とも解釈できる。
87 Wood（1986: 133-134）はケインズとの対比も行っている。シューマッハは「ケインズ案」の形成でも交錯した。ケインズには当時は崇拝し、後に自分の案が盗まれたという疑念を持っていた。ベヴァリッジに対しては正反対で、当初は原案を提出した自分の名前が出ないことに不満を持っていたが、すぐにベヴァリッジの影響で、経済学を越えた道徳の問題に刮目されたことを自覚した。
88 例としてWinch（1969: 197）、Harris（1997: 434）。

の節ではその通説を批判的に検討すると共に、主に『一般理論』との比較において何が共通か、何がベヴァリッジの独自かを腑分けする。まずはケインズ的要素と判断されるものを理論分析・政策の両面から考える。次にベヴァリッジ独自の要素を指摘する。

本書はケインズ理論の深い理解から執筆されている。このことを次の3点から確認しよう。

第1に、失業を分析する際に全体の有効需要 effective demand が鍵となり、しかもこの需要が不足しがちという問題意識がある。失業が発生する理由は、有効需要が全体としての労働力に見合うほど十分でないからである (Beveridge 1944/1945: 24, para.20)。ベヴァリッジは有効需要を『一般理論』における難解な定義ではなく、通常に流布されている定義で説明する。すなわち財・サービスを支払う裏付けがある欲求である (ibid.: 404)。彼は第一次世界大戦の前後では、労働市場の問題がまったく変わってしまったことを認識する。そして現在は「総需要の不足は最も重要である」(ibid.: 26, para.24)。

第2に、「雇用は支出に依存する」(ibid.: 131, para.175)。支出 outlay とはここでは消費と投資と定義されるので、総需要と同じである。そして「総支出が雇用可能な全労働を需要するほど十分でない限りは、完全雇用は達成できない」(ibid.: 134, para.180)。ケインズと同様に、総需要側から経済全体の所得（GDP）が規定され、それがまた雇用を規定することが認識されている。このように総需要側を出発点として雇用を終着点とする因果律の見方が本書を貫いている。

第3に、経済が自動調整機能を持っていないと認識される。例えば、利子率が貯蓄と投資を均衡させたり、その結果として労働需要と労働供給を一致させたりすることはない。同様に、ピグーが1913年や1927年に主張した

---

89 総需要関数と総供給関数の交叉する点（ある雇用量から企業が期待できる売上金額）がその定義である。CW (vol. 7: 25, 55)。
90 消費性向・流動性選好・資本の限界効率・賃金単位・貨幣量という独立変数が国民所得と雇用量を決定する (ibid.: 247)。
91 ケインズによれば古典派は、利子率の上下によって貯蓄と投資の乖離が解消するとみなした (ibid.: 328)。

のとは逆に、賃金率の調整によって失業をなくすことはできない（*ibid.*: 96, para.125）。ここでは利子率や賃金率に、均衡への調整機能がもはやないことが明らかにされている。パラメータが不在であったり、誤った機能を見せたり、様々な点で完全雇用を導かないのである。　以上３点いずれも、『一般理論』の中心的命題をベヴァリッジがそのまま受容していることを示している。

　ケインズへの深い理解は理論面だけでなく、政策面にも現れている。再び３点を指摘しよう。第１に、総支出を完全雇用に見合うだけ十分に、国家が責任を持って捻出しなければならない（*ibid.*: 29, para.31）。私的支出が不足するならば、公的支出で補うことで、全体としての需要がすべての人を雇用するのに十分なまで国家が責任を持つ。第２に、「投資の社会化」の提唱がある。ケインズは「投資のやや広範な社会化が完全雇用に近い状態を確保する唯一の方法になる」（CW vol. 7: 378）と述べ、『一般理論』では公共事業よりもむしろ「投資の長期的な安定化」を推奨した。具体的な内容は明らかではないが、投資に関する情報を集中・公開することで、国家の介入と民間の創意工夫を適度に組み合わせることを含むと考えられる。この面でベヴァリッジは完全にケインズと同一線上にある。ベヴァリッジは「有効需要の社会化」（Beveridge 1944/1945: 191, para.271）を明言する。具体的には、国家投資局 a National Investment Board の設置を謳った。投資に関して「情報を入手し、補助を与え、また公私の企業による投資をともに調整する権限をもつ」（*ibid.*: 177, para.241）機関である。つまり政府が直接統制する公共投資とは別に、民間の投資を調整したり誘導したりする仕組みである。補助を与えるとは、国家保証を担保に、低い利子率で民間の金融機関から融資させることである。第３に、予算勘定の新設である。ベヴァリッジは「二重予算」double budget を提唱し、通常予算と臨時予算の峻別を説いた。前者は年々の経常収入によって賄う通常支出についてであり、後者は通常の資本支出や不況時の応急措置を含むものである。前者は収入と支出を厳密に均衡させるべきで

92　「…国家が投資を直接に組織するために今後ますます大きな責任を負う」（CW vol. 7: 164）。ケインズの見解。

93　鍋島（2001: 37-39）はケインズの予算制度改革案（1942-45）も、投資の社会化を目的とすると論ずる。

ある。しかし後者は好況時に余剰を生ませる一方で、不況期は赤字を厭わない（ibid.: 181, para.249）。実はこの概念は——『一般理論』にはないが——ケインズが『ベヴァリッジ報告』や雇用政策を討議する過程で、1942年から1945年の間に活発に用いたものである。ケインズは「所得から支出される通常予算と、いわゆる資本予算との分離」[94]を主張する。そして「通常予算は常に均衡に保たれるべきである。雇用に対する需要と共に変動すべきなのは資本予算の方である」[95]とした。以上より、ケインズやベヴァリッジが赤字財政主義をもたらしたと断定するのは拙速である。むしろ伝統的な均衡財政主義を通常予算の中に残しながら、中長期的な雇用の安定を資本予算の枠組みで機動的に図るという二重性を有すると判断すべきである。資本予算の概念は、ベヴァリッジの社会保障計画をどう予算化するかというケインズの思考から発展したものである。ベヴァリッジがそれを引き取り、自著に反映させている点は興味深い。　以上の3点いずれもケインズとの共通点がある。

　ただし本書はケインズ理論の受諾だけでは終わらない。まず分析の基本的道具立てに関して、少なくとも3点ある。第1に、完全雇用の定義が『一般理論』とは異なる。ケインズは非自発的失業が存在しない状態（つまり摩擦的・自発的失業のみの状態）を完全雇用と呼んだ。他方、ベヴァリッジは次のように定義した。それは社会全体で失業者よりも満たされない欠員 unfilled vacancies の方が多く、かつ個人的にも失業状態が速やかに解消され、失業保険で保護されるが道徳的な退廃を発生させない状態である（ibid.: 19-20, para. 7）。欠員や失業保険と関連づけているのが大きな特徴である。第2に、この特徴はベヴァリッジ曲線（U-V曲線）にもつながる。「職業紹介所に届けられた欠員数は、補充された数よりも常にかなり多い。その差は不況よりも好況の時の方が大きい」（ibid.: 88, para. 113）。この言明は直接、U-V曲線につながる。失業率が低い（好況）時は、満たされない欠員が多いのがこの曲線だからである。第3に、構造的失業という用語が明瞭に定義された。これは経済構造に影響を及ぼすほど大規模な需要変化を受けて、特定の産業・地

94　CW（vol. 27: 275）、ホプキンスへの手紙、1942年4月15日。
95　CW（vol. 27: 225）、「ベヴァリッジ案」、ホプキンスへの手紙、1942年7月20日。

方に生じる失業である（*ibid.*: 409）。構造的失業と摩擦的失業（労働が交代・移動できない理由で発生する失業）は重なる場合もあれば、重ならない場合もある。

　第4に、1909年以来の彼独自の失業論がまだ埋め込まれている。それが産業配置の統制と、労働移動の組織化である。前者は人口・産業に過疎過密があるために、せっかく全体としての労働需要が十分であったとしても、地域ごとに斑の労働需要が見当違いに発生してしまうことである。これを避けるには、国家開発大臣 Minister of National Development のもとで産業を適切に配置する必要がある（*ibid.*: 170, para.228）。すなわち生産拠点という生産の供給側（ゆえに労働の需要側）の要因の制御である。後者は待機している労働力（労働予備軍 reserves of labour）が多く生ずるような場合、または需要に応じて反応できる労働に伸縮性がない場合である。これを避けるには、労働市場を組織化し、移動のための障碍を除去することが必要である（*ibid.*: 172, para.233）。イギリスにはすでに職業紹介所がある。ここで労働の需給情報を集めることができるが、まだ不十分である。労働の移動を容易にする手段として、国家が職業養成を提供すること、また修了者には職を提供すること、長期の失業者には失業給付の条件を厳しくすることなどがある[96]。つまり労働供給側の要因である。産業配置の統制と労働流動性の組織化は、「副次的であるが従属的ではない」（*ibid.*: 125, para.165）。つまり労働需要の喚起が完全雇用への第1条件であるが、これが満たされても直ちに解決されるわけではない。第2・第3の条件を加味しないと完全雇用は達成できない。ベヴァリッジは総需要の喚起というマクロ的側面に加え、他の2条件というミクロ的で供給側の要因も失業分析に加えていた[97]。

　ここから窺えるのは、ベヴァリッジの昔からの分析が、ウェイトは変えながらもなお重要な構成要因として、再びその失業理論に統合されていること

---

[96] 「保険所得の規定からは不当になるほど扶助されてはならない」（Beveridge 1944/1945: 173, para.233）。ここでもベヴァリッジは失業保険の制度に過度に依存しすぎる個人を厳しく諫めている。

[97] なおベヴァリッジは完全雇用政策で労働組合の力が強まり、物価騰貴という悪循環を招く危険性も指摘している（*ibid.*: 199, para.285）。ケインズも完全雇用に達した後のインフレを想定しているが（CW vol. 7: 290）、ベヴァリッジの方がより強いインフレ懸念がある。

である。この構図を理解すれば、ベヴァリッジが単にケインズ学派の失業論を全面的に受け入れたというよりは、自らの失業論を強化し、完成に近づけたという側面と強調することもできるだろう。

第4節　自由社会・社会保障・完全雇用

最後に『自由社会における完全雇用』を貫く社会観と、『ベヴァリッジ報告』との関連をまとめる。

4-1　本書の社会観

上記の失業診断に加え、本書全体を流れる思想の基調を指摘しておく必要がある。それが基本的自由の擁護である。当初は『進歩社会における完全雇用』[98]と題されていた本書は、最終的に『自由社会における完全雇用』に変更された。「進歩的」progressive から「自由」free に変更された理由は不明であるが、いくつかの推測が成り立つ。まず資本主義対社会主義という論争には加わらないと宣言したベヴァリッジ[99]は、「進歩的」＝社会主義　という誤解を避けたのではないか。次に、前述のように政府高官との接触禁止令という「不自由な」環境におかれたベヴァリッジは、政府の権力に最大限に対抗して「自由」の用語を使ったのではないか。自由社会とは「市民の基本的自由権がすべて確保されている条件」(Beveridge 1944/1945: 21, para.11) である。そして「自由社会において完全雇用を維持する責任は、国家に置かれた」(*ibid.*: 192, para.274)。ただし自由の細目が問題となる。ベヴァリッジは自由権に濃淡を付けているようである。まず基本的自由権として、「信仰・言論・著作・研究・教育の自由」は不可侵である。次に「政治その他を目的とする集会・結社の自由、職業選択の自由、個人所得の処分の自由」が主に考察の対象となる (*ibid.*: 21, para.11)。団結の自由が物価騰貴を招かないか、職業選択の自由のために頻繁な離業が横行しないか、個人所得の処分の自由のために過少消費を招か

98　PRO, BT 64/3393、ベヴァリッジからワトキンソンへの手紙、1943年10月11日。
99　Beveridge (1944/1945: 191, para.272; 206, para.300; 252, para.373)。

ないか、という懸念である。ベヴァリッジは社会の恒久的利益のために、こうした自由権の一部を制限することで完全雇用を達成するとした。「すべての自由は責任を負う」(*ibid.*: 23, para.16)。自由権を放棄するのではなく、より高次の目的にためにその中の一部を制限するのである。ただし「社会は個人のために存在する」(*ibid.*: 19, para.5)という社会観から執筆されているので、究極的には個人主義的な自由観だとベヴァリッジ自身は判断している。それゆえ、「市民のあらゆる基本的な自由権を再び認めることがここの提案の本質」(*ibid.*: 191, para.271)と宣言された。

　本書に流れる思想とは、基本的な自由権を堅持しながら、より低次の自由権の一部を放棄し、完全雇用を達成する理念であった。これは基本的自由とその他の自由を腑分けする作業でもあった。

4-2　前著との関連

　ここまでは『自由社会における完全雇用』単独の考察であったが、むしろ特筆すべきは前著『ベヴァリッジ報告』との強い関連である。両者は相互依存し、しかもその目標が達成されれば望ましい循環になる。この循環はベヴァリッジ自身がはっきりと次のように自覚している。もし1942年の社会保障計画が実施されれば、消費支出は拡大・維持される。これは水平的な再分配と垂直的な再分配でなされる。前者は失業の時とそうでない時、子供が多い時とそうでない時、それぞれで社会保険によって所得の水平的平坦化が行われることである。後者は当初は微々たるものだが、やがて社会保障の一部が税で調達されるようになると、幸運な者からそうでない者に所得の垂直的再分配が行われることである。いずれも病気・失業・傷害その他の人に、所得が十分に回る。そこで彼らの支出増によって再び所得が伸び、完全雇用への道がさらに容易になる。逆に、完全雇用が達成できれば、現在8.5％の失業者に向けた保険財源が、3％以下に向けた負担で済む。同じ負担で多額の扶助が可能になる。ゆえに窮乏への戦いは無為(失業)への戦いの第一歩である。[100] ベヴァリッジは結論する。

100　以上は Beveridge (1944/1945: 160, para.213; 255, para.379)。

「社会保険と児童手当による窮乏の除去に伴う所得再分配は、それ自体で産業の生産物に対する需要の維持を助け、それゆえ失業を防止する強い力になるだろう。」（*ibid*.: 255-256, para.379）

　ベヴァリッジの完全雇用論をまとめておこう。ベヴァリッジは『自由社会における完全雇用』において、ケインズ（特に『一般理論』）の理論と政策の本質的な部分を受容した。有効需要論を核として、投資の社会化を提唱したことである。もちろんそこには理論的な精緻さはない。つまり使用者費用・自己利子率など概念のみならず、乗数・流動性選好といった本質的な分析道具も使用されていない[101]。また貨幣愛が究極的には失業をもたらすというケインズの洞察力（貨幣経済論）は共有されていない。しかし完全雇用を達成するために、国家による投資誘導を必須とする全体的な方向はケインズと共有された。ケインズも本書を「極めて優れている」として、「総じて同感の念を抱く」と述べた[102]。さらに完全雇用の診断と処方箋が再び独自である。主たる処方は十分な総需要、従たる処方は産業配置の制御、補完的な処方は労働流動性の組織化である[103]。失業に関して労働需要側（全体としての有効需要と生産の地域性）および労働供給側（流動性）の両面を目配りしていた。そして全体を貫く基調は自由社会の尊重である。ここにもベヴァリッジが得意とする「濃淡のついた三種類の網羅的把握、全体を貫く1つの思想」という思考法がある。そして社会保障と完全雇用の相互補完性と循環性も自覚された[104]。
　ベヴァリッジは1944年にケインズ理論を確かに受容した。しかしそれは

101　この事実が逆に、ロビンソン・カルドアなどのケインズ理論を熟知していた助言者が圧倒的な影響力を持たなかった傍証になる。
102　CW (vol. 27: 380)、ケインズからベヴァリッジへの手紙、1944年12月16日。
103　1909年の診断では主とされた。力点の移動はベヴァリッジ自身が自覚している。Beveridge (1944/1945: 86, para.111, 90, para.115)。
104　この意味で小林 (1999: 266-267) の英米福祉国家の対照は修正の必要があるだろう。それによればイギリスは、国民的統一感という市場とは異質な論理が国民最低限保障を根拠付けた。他方、アメリカは参加可能な人を増やすという意味で、市場論理の拡大化が福祉の原則になった。本書の立場からすると、ベヴァリッジは市場への復帰や円滑性を十分に強調しているため、むしろアメリカ型の理念を強く秘めていたと考えられる。無論、公的扶助を強めたイギリスの現実について、小林 (1999) の理解は有効である。

単なる折伏ではなく、自らの社会保障体系を強固にし、また自らの自由社会を擁護する手段と理解した故だろう。この意味でベヴァリッジは独自の完全雇用論を完成させた。

おわりに

　ベヴァリッジは経済学の素人であり、他人の意見にすぐに左右されたと長年評価されてきた（Robbins 1971: 158、Hayek 1994: 83、訳78）。この通説を適用すると、ケインズ理論に対する拒絶（1937年頃まで）と全面的改宗（1943年9月）をその典型例として挙げることも可能であろう。しかし本章はそのように解釈しない。その理由は2つある。

　第1に、その中間期において、両者は個人的に急速に接近し、共通する心性を醸成させ、最後には世界観を共有したからである。個人的な様々な交流は、特に1939年の戦争勃発から1942年の『ベヴァリッジ報告』形成までに顕著であった。共通する心性とは、統制経済の必要性と戦後計画たる社会保障および完全雇用の政策構築である。社会保障とはこの場合、国民最低限保障に基づき、収支の均衡に注意しながら、窮乏からの自由を図る試みである。完全雇用政策はその前提であるだけでなく、それを強化する働きを持つ。第2に、ケインズ経済学の受容は、ベヴァリッジ自らの失業論の拡大・完成という側面もあった。1909年や1930年の分析・診断を1944年では一部として織り込み、ウェイト付けを再構成することによって、より時代に応じた失業論が完成されたとみなすことができる。『自由社会における完全雇用』には、ケインズ理論だけではない要素も重要な部分として存在した。

　ハイエクはかつてベヴァリッジを過小評価し、次のように述べた。

　「ベヴァリッジの雇用についての本を書いたのは彼［カルドア］である。これはかなりよく知られた事実である。その本にある経済学はすべてカルドアのものである。ベヴァリッジにそのような本は書けなかったはずだ。」（Hayek 1994: 86、訳84）。

以上からわかるように、この理解は二重に誤りである。第1に、カルドアよりもシューマッハの影響が強いこと。第2に、ベヴァリッジはケインズ学派に影響されながら、なお独自の失業論との統合を図っていたこと。

ケインズはベヴァリッジとメアの結婚（1942.12.15）の際に、ペティ『政治算術』の1691年版（初版は1690年）をお祝いとして贈った。そこには次のような言葉が添えてあった。

> 「我々すべてのための社会保障を考案し、そして自分自身の幸せも忘れていなかったこの良き日に、あなたの（そして私の）同学の先達によるこの本をサー・ウィリアム・ベヴァリッジに贈る。」(J. Beveridge 1954: 127)

祝いの言葉ではあるが、「同学の先達」という表現から、ケインズはベヴァリッジ共々自らを科学者・経済学者ペティの後継者とみなしていたことがわかる。この添え書きは両者の交流と相互評価をよく物語ってくれる。

第12章　経済参謀論（続）
——経済助言官から包括的設計家へ——

はじめに

　本章は第10章の続編である。1923年に提唱された「経済参謀」の概念が、最終的にどのような帰結を迎えたか。本章はその結末を記述すると共に、この概念の発展段階をベヴァリッジの経済思想に結びつける。彼の提唱した概念は、——その失業論と同じく——外部への反響と内部の進化というジグザグ過程を辿った。そして、中期の思想が後期の思想とどのような関係になっているかも調べる。

　以下、第1節は1940年前後で、経済参謀の実現を扱う。第2節は1940年代前半までで、経済参謀の完成を扱う。第3節はラスキによる根元的な批判を取り上げる。

第1節　「経済参謀」の実現

　第二次世界大戦は1939年9月に始まった。完全な戦時体制への突入で、経済参謀論も新たな段階を迎えた。内閣経済部が創設され、経済学者を政府で雇用する道筋が完成した。

1-1　スタンプ調査 The Stamp Survey（1939）

　ベヴァリッジが経済参謀の概念を執拗に提唱している間、経済的助言に関して、新しい試みが次々と実際に実現していた。1930年代の成果は経済諮

問会議とその下部組織であった。そして1939年から1940年代の成果として、スタンプ卿の活躍を取り上げておく。

　スタンプは下級官吏 clerk として内国収入庁に入った後、めきめきと頭角を現し、ついには補助次官 Assistant Secretary に昇進した。1917年にはケインズ・ロバートソン・レイトンらと「火曜クラブ」の設立に参加している[1]（Moggridge 1992: 278）。またドイツ賠償問題でもケインズと協働した。その後、鉄道会社の社長を経験するかたわら、政府とも常に接触していた。経済諮問会議にも重要なメンバーとして参会した。全体会の他、ケインズ議長の経済学者委員会に入り、また経済情報委員会の議長──今度はケインズが委員──を務めた。1936年にはLSEの統治委員会の議長として、ベヴァリッジとも関係があった（Beveridge 1955: 240）。その公平無私の態度はどんな職業の者にでも受け入れられ（Cairncross & Watts 1989: 13）[2]、政府の経済助言に大きな足跡を残したのである。1931年には王立公務員委員会 the Royal Commission on the Civil Service で議長を務め、高度に訓練されたスタッフによる小さな部局を提唱した。これは政府機能の協調を目指し、独立した批評研究を包含する（Chester & Willson 1968: 309）。1928年からは終生、イングランド銀行の理事 Director になっていた[3]。1941年に爆撃で死亡した後、空位になった理事職にケインズが就任することになった（Moggridge 1992: 663）。

　戦争が近づくにつれて、再び経済参謀の設立を願う声がソルターなどから寄せられた。国璽尚書 Lord Privy Seal も大蔵大臣もその提案を拒絶した。その代わりとしてスタンプを議長とする戦争遂行のための調査委員会 the Survey of Financial and Economic Plans を作った。1939年7月5日の閣議決定である（Cairncross & Watts 1989: 10）。経済学者として3人（議長・ヘンダーソン・クレイ）、事務局として2人という小さな構成であった。事務局は

1　公務員・経済学者・ジャーナリスト・金融関係者のごく少数の懇談会。
2　著者のケアンクロスは1940年から1941年に経済部に勤務した。後に1961年から1969年まで経済部の統括官（部長）Director になった（Cairncross & Watts 1989: 252）。
3　なお著者のチェスターも1940年から1945年に経済部で働いている。その間、『ベヴァリッジ報告』の委員会（1941-1942）に秘書として出向している（Harris 1997: 371）。

ヘミングとデベナムで、どちらも経済諮問会議の事務局からスライドしてきた。ヘンダーソンを含め、この3人はいずれも経済情報委員会の秘書として、つぶさに政策助言組織の現場を見てきたのである。

スタンプ等は精力的に活動したものの、その意義は限定的である。確かに頻繁に会議が開かれ、半年間で少なくとも150の報告書を提出した (*ibid*.: 14)。しかし何の執行権力も持っていなかった (親展のデータに接近することはできた)。その勧告が大臣の耳に届いたのは稀であった。スタンプは内閣下に組織された経済政策委員会 a Ministerial Committee on Economic Policy のメンバーになった。大蔵大臣が議長である (PRO, CAB 87/72: 2)。

1-2 内閣経済部 (1941)

スタンプ調査が行われる過程で、経済情報を提供する母体が必要となった。スタンプらの提案で、中央経済情報サービス the Central Economic Information Service (CEIS) が1939年12月に設立された。この集団はさらに重要である。経済諮問会議の存在によってごく少数の経済学者が1939年までに政府に雇われていたが、この CEIS の設立によって、さらにその数が多くなったからである。CEIS は大学から統計学者・経済学者を一時的に採用し、スタンプ調査の下で働くという形態になった (Chester & Willson 1968: 324-325)。採用者はジュークス、オースティン・ロビンソン、カンピオンであった。ジュークスは後に経済部の初代部長に就任する。ロビンソンはケインズの弟子で *Economic Journal* の編集を助けていた。直接的には、スタンプ調査は1941年に解体され、CEIS は2つに分裂した。1つが中央統計局 the Central Statistical Office であり、もう1つが経済部 the Economic Section である (*ibid*.: 325)。カンピオンは前者の統括者 Director になった。CSO は国民所得の推計で重要な役割を果たした (Tomlinson 1987: 26)。1940年5月に内閣がネヴィル・チェンバレンからチャーチルに代わってからは、CEIS の役目は著しく拡大した。そして無任所大臣 the Minister without Portfolio の直接的な監督を受けることになった。無任所大臣は経済政策委員

---

4 ベヴァリッジの本を書評したこともあった (Jewkes 1932: 98-99)。

会および生産会議 the Production Council の議長である（PRO, CAB 87/72: 2-3）。

　戦時中の経済部は大蔵省から独立し、枢密院議長 Lord President の開催する委員会で議長として扱われた。戦時中の政策はしばしば経済部から発せられたのである（Tomlinson 1987: 26）。経済学者の一時的な登用は、新鮮な概観を吹き込むという最大の利点を持っていた（Chester 1951: 32）。経済学者が政府の内部に取り込まれることによって、官庁の一環として働き、何が部局の困難であるかを見極めることができる。その結果、立案された案はより現実的になり（ibid.: 16）、しかも官僚内部とは違う視点を持っている。こうした政府における経済機能の拡大は、ケインズが唱えていた方向と合致していた。金本位制の復帰や再離脱をめぐる論争、関税論争、合理化運動、失業保険の見直し、予算の破綻など、1920年代から1930年代にかけて、経済管理という発想がようやく自然になりつつあった。戦時中の経済部の活動は、ケインズの管理経済というイデオロギーの頂点をなすものと考えられるだろう。実際、大蔵官僚のホプキンスでさえ、「経済学者…はしばしばその創意工夫の中で指導的な役割を果たした」（Hopkins 1951: 2）と評価している。彼は戦間期における経済学者の政府登用が、散発的でも偶然でもないとみなしていた（ibid.: 2）。

　経済部は様々な人員を抱えていた。初期の段階では他の組織とダブっていることが多いので、正確な人員は明瞭ではない。しかし1940年7月の時点では、ロビンズ、ファウラー、ミード、チェスター、ジョセフ、ダービン、ストーン、チルバー、デニソン[5]、ウィルソンなどの17人が在籍していた（Cairncross & Watts 1989: 25）。1941年に経済部が正式に独立して発足した際には、ロビンソンとケアンクロスを加えていた。1941年には上記の人員が次々と別の省庁に鞍替えした。経済を戦時移行させるという当初目的の実現がほぼ見えてきたからである。その代わりとして、7人がさらに任命された。その後は戦争終結までほとんどが人員が変わらなかった（Cairncross &

5　なおデニソンはロバートソンの弟子である。ロバートソンは『産業の制御』を単独で出版していたが、第二版を出す時にデニソンを加えて共著にした。

Watts 1989: 39)。

　戦争が終結し、臨時雇用であった大学人はほとんどが経済部を去っていった。[6] 政府の閣僚的機能に関する委員会 a Ministerial Machinery of Government Committee がアンダーソンを議長として開かれた。経済学者は1つの部局に集められるべきか、それとも各省庁に分散すべきか。どのように採用されるべきか。この2点が話し合われた。ロビンズは内閣に基盤をおく経済部の持続を推奨した。ケインズはロビンズに賛成した上で、各省庁は経済学者をもっと雇用すべきだと説いた (Chester 1982: 135-136)。それに対し、ヘンダーソンは反対した。ヘンダーソンは経済理論の統一性・科学性そのものに批判的であった。経済学者委員会で典型的だったように（ケインズとロビンズの対立）、関税や金融政策に関しても経済学者の間で合意がなされない。そのような状況で大臣に諮問した時、政治家は自らの政治的利益になりそうな片一方の見解を取り上げることになる。大臣は専門家の助言を見かけだけ求めるようになるのである (ibid.: 144)。経済部はやがていくつかの統合を経て、1953年には大蔵省の傘下に入る。ここに官庁を超えた助言機関という名目も潰えることになった。

第2節　「経済参謀」の完成

　経済諮問委員会と内閣経済部に関しては、ベヴァリッジは完全に部外者であった。それでは彼は「経済参謀」と無関係になってしまったのだろうか。答えは否である。

2-1　ベヴァリッジ委員会 (1941)

　1940年に英仏が欧州戦線で苦戦している中、チャーチル内閣は戦争目的を国民の前に明瞭にする必要に迫られた。そこで「戦争目的委員会」the War Aims Committee（8月発足）と「戦後再建問題委員会」the

---

[6] チェスターは1945年までに一時登用の経済学者が実務に慣れすぎて、違った観点を出せなくなってしまったと判断した (Chester 1951: 33)。

Reconstruction Problems Committee (1941年1月発足) を相次いで設置したのである (毛利 1990: 195-197)。特筆すべきなのは、委員会で議論されたことが単に戦争遂行の作業ではなく、「戦後のあるべき社会」という理想を明示することだったことである。具体的に言えば、戦後、全階級に機会均等とサービスの均等を与えることをいま政府が保証し、国民を一体化させ、現在の戦争を闘い抜けるようにすることである。イギリスにおいては、戦争中に (あるいは戦争前に) 戦後の秩序を構築しておくことが自然であった。さらに労働運動の高まりもあって、社会改良に関する人々の合意が形成されていた (Harris 1997: 369)。また閣内には社会改良を謳うベヴィンもいた。こうして無任所大臣グリーンウッドを委員長とする「戦後再建問題委員会」は労働補償法と社会保険を調査する特別委員会の必要を認めた。失業保険法定委員会の議長を務めていたベヴァリッジが、その委員長に就任したのも当然であった。

ベヴァリッジ委員会は1941年6月1日に設置を発表された。ベヴァリッジ以外は全員が官僚であった。7つの役所から中堅の役人が出席し、大蔵省や友愛組合の代表も参加した (ibid.: 371)。彼個人の性格からも野心からも、やがてベヴァリッジが議事を独占し始めた。検討課題を厳密に限定せず、広範な「保障」security 一般を論じようとした。こうした議事録に大蔵省が特に反発を見せた。大幅な予算変更を伴う計画を審議するとは予想しなかったからである。政府の思惑を超えて、社会保険全体のグランドデザインが提出されてきたのである。大臣に責任を負う官僚はこのような報告書に署名できなくなった。グリーンウッドも1942年初頭には委員の引き上げを決定した (ibid.: 376)。こうして報告書は議長1人だけの署名になったのである。これは人々に熱狂的に受け入れられ、ベヴァリッジは「この国で最も有名な人物の1人」(Beveridge 1955: 319) となった。

本報告の内容は第11章第2節で詳述した。むしろここでは失業保険法定

---

7 グリーンウッドは1940年に経済政策委員会 Economic Policy Committee の議長を一時務めていた。誰が経済政策の責任者なのか、この時期は錯綜していた。彼の役目は大蔵省から引き継いだのだが、すぐに枢密院議長 Lord President of the Council (アンダーソン) に引き渡すことになった (Chester 1951: 5-7)。

委員会との類似性を指摘するだけに留めておこう。いずれの議長職でも、ベヴァリッジは時の政府の思惑を超えた。単なるデータの収集や解析に留まるつもりはなかった。それよりも自らが長期的視野に立ち、全省庁を巻き込んだ——それゆえ各省庁の代表者だけでは決定できない——総合的な計画を立案したのである。失業保険法定委員会では計画立案だけでなく、政策実行も成し遂げた。この経験は自らが「経済参謀」として君臨したことを意味する。ちょうどベヴァリッジが職業紹介所の有用性を書物で説き、その後に自らが法律の制定を成し遂げたことと対置できるだろう。

　こうした『ベヴァリッジ報告』での経験を踏まえ、ベヴァリッジは1942年に「雇用の維持」と「新しいイギリス」という講演を行った。いずれもイギリスに未だに経済参謀が存在しないことを嘆く内容である。前者では戦後に雇用を維持するため、政府はあらゆる準備をして欲しい（ただし本質的な自由には手を付けないこと）、その計画を立てる経済参謀を設置して欲しい、という2点を要求した（Beveridge 1943a: 51）。後者では「民主主義の本質的な条件」という節の中で、政府の機能が変更できるものと捉えられる。特に雇用を維持するために、国のあらゆる資源をうまく計画的に使う必要が出てくる。これは国家計画と呼べる。このデザインをする者が経済参謀である。どのように計画を実行するかは別の問題である。「最初のステップは、誰かがこの計画を作らなくてはならないことである」（*ibid.*: 92）。今の公務員とは違った人々・違った訓練・違った組織が必要になる。政府活動の拡大を要求する人は、政府機能が変化しつつあると気付くだろう。上記いずれの講演でも経済参謀の必要性が唱えられている。しかもこの段階では、完全雇用を計画的に実施するという計画が最も重要であるとして挙げられていた。

　『ベヴァリッジ報告』の重要な前提として、完全雇用が掲げられていた。社会保障について戦後の青写真を描き終わったベヴァリッジは、次の目標として完全雇用の達成に目を向ける。方向こそ違うが、失業問題と社会保険を結びつけることは彼にあってはごく自然な思考法であった。方向が違うとは、1900年代・1910年代はまず失業の原因という経済問題から説き起こし、次いで健康保険・失業保険というより大きな社会問題に移行したという意味で

ある。それに対して1940年代の方向は、窮乏の根絶・所得最低限の達成という社会保障に関する計画を完成させてから、ケインズの提起した完全雇用の達成という純粋な経済問題に回帰したのである。

2-2 政府機能に関する委員会 (1943)

ベヴァリッジの政府に対する不満は、次の委員会で頂点を迎える。政府は内閣経済部を戦後どうするかを諮問させるため、政府機能に関する公式委員会を1942年11月に招集した。その成果が1943年11月15日の「政府機能における経済学者の役割」と題する報告書である[8]。ロビンズ・ヘンダーソン・ケインズを含む7人が書物を提出した。またリース-ロス・ベヴァリッジ・ラスキを含む9人が口頭で証言をした。ベヴァリッジはその中で、1943年10月[9]に経済参謀の設置を強力に主張した。委員会のメンバーが受け取った解釈によれば、ベヴァリッジは通常の経済参謀を超えた概念を提起しようとしている。彼は2つの代替的な前提を置いた。(1) 現在の政府機能を前提とする。この時に一般的・公平無私な観点から、経済政策を専門に扱う中央母体が必要である。(2) 完全雇用を目指して、国家制御の経済システムを前提とする（ただし完全な社会主義ではない）。この時に大蔵省を吸収し、すべての経済政策をコントロールする省庁が必要になる。ここに専門的経済学者が含まれる (PRO, CAB 87/72: para.17)。

委員会はベヴァリッジの見解を完全に退けた。そして結論として、経済部の存続を決めた。現在の機構に変化を持たせないやり方である。壮大な経済参謀の設立は拒絶された。ベヴァリッジの説く経済参謀は権限が強く、民主主義に抵触すると考えられたからである。政策は国民に選ばれた議会が責任を負うべきで、官庁はそのための手足になる。経済政策を経済参謀とい

---

[8] フラサー B. D. Fraser、ハリス R. M. J. Harris、ウェイド E. C. S. Wade の3人が署名した。CAB 87/72, M. G. O. 32。ただし大元の委員会はアンダーソン Sir John Anderson ら5人である (Booth & Coats 1980: 178)。

[9] 『ベヴァリッジ報告』の公表後、大臣や官僚はベヴァリッジについて、「無視からボイコットへと発展した態度」(Beveridge 1955: 323) を見せた。そのため、この委員会でも報告書の原案が固まってから、最終段階でベヴァリッジを招聘した。

う唯一の政府諮問機関の手に任せることは危険だとみなされた (PRO, CAB 87/72: para.7, 18, 19)。この報告書の段階でも、ベヴァリッジの見解はより強力な政策の担い手(計画のデザイナー)を求めていたのであった。その強力さはしばしばイギリスの民主主義の伝統を逸脱すると危険視されたほどだった。貧困・不潔などの5つの巨悪を廃絶するためには、まず前提として完全雇用・家族手当・包括的医療サービスが必要であった。その1つである完全雇用を達成するのが完全に経済目標となる。この時期、ベヴァリッジは巨悪への危機感が非常に強かったため、政府関係者が危惧するほどに「計画化」を推進していた。経済参謀はその計画化の輝かしい象徴であった。

2-3 『自由社会における完全雇用』(1944)

ベヴァリッジは政府白書『雇用政策』(1944)と競うような形で、『自由社会における完全雇用』を執筆した。そのアメリカ版あとがきにおいて、ベヴァリッジは両者を比べ、政府白書をいくつかの点で激賞している。その筆頭にくるのが経済参謀の設置であった。長くなるが、その核心を引用しておこう。

「白書は…イギリスの政府中央機能が、ついに一般的な経済問題を専門的に研究できる機関を含んだことの実際的な証明である。つまり政府の機能が、再建問題を考察するために指名された経済学者委員会によって、1917年に最初にそして最も熱狂的に推奨しつつ問題提起したもの、つまり経済参謀を含むということである。その時から多くの人によって——その中には1924年の私自身を含むのだが——最初の労働党政府についての保証されない希望の中で、同じような推薦が議論されてきたのである。今や25年後に、そして2度目の世界大戦の勃発の後に、受け入れられた。「経済参謀」という名前に何を思おうとも、それはここにある。そして最初のすばらしい成果を出している。そしてまた続くであろう。〈政府は一時的でないレベルで、少数の中央スタッフを設立しようとした。経済の傾向を測り分析し、その応用を大臣に関心を向けさせるという仕事

---

10 ケインズもこの委員会に提出したメモで、マクロ経済に関する包括的な助言(内閣に直属)を重視している。Booth & Coarts (1980: 190)、PRO, CAB 87/72: para.12, 13。

を負うのである〉。」(Beveridge 1944/1945: 259-260)

このように 1944 年-1945 年で、ベヴァリッジの政府に対する見解は 180 度変わった。雇用に関する政府白書を、経済参謀による成果またはその設置宣言と受け取ったためである。完全雇用を目指す計画化という目標は、この時点で一応完成したとベヴァリッジはみなした。

ベヴァリッジ自身は雇用白書をこの点では大いに評価した。しかし多くの類似点があるものの、両者の異同も指摘される。その違いは「完全雇用」という用語の使用法に象徴的に現れる。白書は「高度で安定的な雇用」という用語しか実は使っていない。完全雇用という用語は 2 回しか使われていないのである (Tomlinson 1987: 77, note 1)。それに対しベヴァリッジの計画は 3 ％の失業状態を完全雇用とみなした。さらにそこに近づけるのが政府の役目だとする明確な目標を持っていた。そして政府自身による長期的で計画された支出 (消費および投資) の増加、民間部門の支出決定に関する政府の役割の増大をその手段としたのである。ベヴァリッジ自身はこの体制が社会主義ではない、資本主義と両立すると主張した。しかし経済部にいたミードもジュークスも、そして大蔵官僚もその楽観主義には懐疑的だった (*ibid.*: 76)。そのため政府白書では、そのような直接的な統制を推進するようには書かれていないのであった。

つまり、この時点でベヴァリッジはかなりの程度、経済の計画化に傾倒しており、その担い手である経済参謀を渇望していた。政府が 1943 年に再び経済参謀の設置を拒絶したように、政府サイドはいかに計画化を薄めるかということに腐心していた。実際、白書の宣言は経済に関するスタッフは経済の状況を分析し、それを判断するという役割のみを認めていたのである。経済的な知 economic intelligence・情報 information は経済的な助言とは異なる (Chester 1982: 140)。前者は単なる景気判断であり、後者はより広い領域 (理論の政策への応用) である。政策に応用するためには、理論の前提にも十分に注意しておく必要がある。ベヴァリッジは白書の宣言が後者まで至っていると判断した。しかし政府の慎重な立場を考慮すると、これは白書のスタ

ンスを誤解したものと考えられるだろう。

　むしろ「投資の社会化」を唱えるケインズは、ベヴァリッジに近いように見える。しかし経済部で働くミードやジュークスは経済の「管理化」までは許せても、経済の「計画化」までには踏み込めなかった。通常、計画化は社会主義を意味するが、ベヴァリッジにあっては社会主義・共産主義は政治上の理念であり、そのためにこうしたイデオロギーに巻き込まれることを嫌った。それを避ける「より技術専門家的な technocratic」方策が「経済参謀」[11]という概念だったのである。経済参謀はあくまで科学的な装いを持った技術官僚であり、イデオロギーとは関係がない。この概念の発明が、困窮に悩むイギリスを救う唯一の手段だとベヴァリッジは考えた。このような解釈で、政府白書と『自由社会における完全雇用』を対置すべきだろう。

　一般に『自由社会における完全雇用』の刊行を知った政府が、急いで同様の政府白書を出版したと信じられている。ロビンズはこの常識をまったく否定し、逆に自分を媒介としてベヴァリッジの方が真似をしたのだと断言している[12]（Robbins 1971: 189-190）。しかしこの断言は二重の意味で軽率である。第1に、政府白書そのものが『ベヴァリッジ報告』(1942)の産物であること。議会を始め、各種の世論は『ベヴァリッジ報告』の完全実施を求めていたのである（毛利 1990: 261）。報告書が前提とする完全雇用の実施に目が向くのも当然であった。第2に、チャーチル首相に当てたチャーウェル卿による次の手紙が決定的である。「政府が早い時期に、どんなことがあってもウィリアム・ベヴァリッジ卿が彼の計画を出版する前に、これ［雇用政策］に関する提案を行うことが非常に望ましい。彼の計画は疑いもなく社会保障計画の時のように新聞で大いに持ち上げられるだろうから」(PRO, CAB 66/42、毛利 1990: 264-265 の引用)。

11　ハリスは1900年代と1920年代において、ベヴァリッジの最大の変化は「官僚的 bureaucratic」装いが弱くなり、「技術専門家的」technocratic になったことと看破した（Harris 1997: 305）。ハリスはこの用語の内容を明らかにしていない。本章に即して解釈すれば、後者は専門的知識を持った設計家ということになろう。

12　Harris (1997: 427n) はロビンズの証言に反する事実を挙げ、「こうした点に関するロビンズの記憶は全く信頼できない」と断言した。

なお経済部も戦後の雇用維持には早くから関心を寄せていた。1940年10月までにはダービンが戦後の再築を重要だと考え、1941年初頭にはジュークスが完全雇用の実現可能性についての研究計画書を明らかにした。中でもミードによる「一般的失業の防止」(1941年春) というメモが有名である (Tomlinson 1987: 47)。このメモは一般的失業を摩擦的・構造的失業から区別し、前者を減らすことで後者2つも減らせるという論理になっている。そこでは所得～支出による雇用政策というケインズ的分析がある。

こうして経済参謀は二重の意味で実現した。1つにはベヴァリッジ自身が失業保険法定委員会やベヴァリッジ委員会での議長に就任したことである。もう1つは政府の完全雇用保障宣言を、ベヴァリッジがそのように受け取ったことである。

第3節　ラスキの根元的批判

ベヴァリッジと他を際立たせるために、LSEの同僚ラスキを取り上げておくのが効果的である。ラスキは『イングランドの議会制政府』(1938) の中で、ベヴァリッジの「経済参謀」の概念を徹底的に批判した。また政府機能に関する委員会の証言でも、その設置を根元的に拒絶した[13] (PRO, CAB 87/72, para.16)。その批判は単にベヴァリッジの概念に留まらず、経済学を含めた社会科学に関し、その政策利用の不可能性を説く点で、根元的な批判となっている。

ラスキの批判は様々なレベルに及んでいるが、まとめると次の2つになる。第1に、社会問題の専門家の知識 knowledge は政治的に利用可能ではない (Laski 1938: 273)。経済参謀という概念は、それが可能であると暗黙裏に仮定している。なぜなら自然科学の真理と、社会科学の真理はまったく内容が違うからである。前者はそのままいつでも応用が利く。しかし後者（スミスの本やケインズの金融問題など）を政治に応用する時は、必ず何らかの改変が必要となる (ibid.: 276)。その改変とは専門家が考慮に入れない「その他の事

13　Booth & Coats (1980: 188, note 40) はこの事態を「十分に奇妙にも」と形容している。

情」・様々な選挙民の意見・利害を熟慮することである。そして熟慮するのは選挙で選ばれた議員、議員から選ばれた内閣である。実行原案を作るのが官僚である。いずれも最終的には議会制政府として責任の所在がはっきりしている。ホールデンはこうした多様な条件をうまく裁く知恵 wisdom があったから、戦争担当大臣として成功した（*ibid.*: 274）。ベヴァリッジは思想と政策・行政の関係を無視しているか、単純化しすぎている。専門家には奥義など何もないのである。さらに政治家が専門家の助けを借りなければ、客観的真理に到達し得ないと考えるのも誤りである。第2に、それにもかかわらず経済参謀の強権を認めると、独裁制を導くことになる（*ibid.*: 278）。省庁にまたがって独立した権威ある助言集団が確立すれば、その集団が考えた1つの価値観・成果（たとえそれがどんなに善意であろうとも）に政府が左右されることになる。しかし価値観の優劣を決定する責任は議会制の本質である（*ibid.*: 277）。大学で行われる大規模な研究（例：貧困調査）などは確かに有用である。政府はもっと基本データの収集に熱心になるべきだろう。しかしそうした調査は政策の基礎となるべき性質のもので、政策そのものではない（*ibid.*: 271）。ベヴァリッジはこの点を誤解している。政治家は基礎データを元に、数限りない異なった考慮を重ねた上で、最終決断するのである。この仕組みを壊してはならない。

　ラスキの立場はむしろ、政治家や官僚のそれとまったく同一である。科学性や客観性の装いが強い知識 knowledge よりも、雑多な価値判断を含む知恵 wisdom を重視する論調もその1つである。計画化を好む社会主義者ならばむしろベヴァリッジの立場に賛同しがちであると予想されるが、なぜこのように徹底的な非難になったのだろうか。ラスキが――実際の社会主義的計画の議論ではなく――政治学者として、権力の根元、政治機構の性質を吟味し、ベヴァリッジの単純な政治理解を徹底的に退けたことがその回答だろう。ただしここでは、LSE に置かれたラスキの立場も考慮しておく。[14]

　1920年、学長としてのベヴァリッジは最初の指名の1人として、ラスキを任命した（Harris 1997: 265、Beveridge 1955: 181）。ハーバードでの窮地――

---

[14] ラスキが『ベヴァリッジ報告』を高く評価した点は、第6章第2節注24へ。

——社会主義者という評判——を救った格好であった。その後、ラスキが昇格するたびにビジネスマンやシドニー・ウェッブやドールトンからの反対が起こったが[15]、ベヴァリッジは政治信条と大学の地位は無関係だとして、いつでもラスキの昇進を後押しした[16]。その甲斐あって、1923 年には教授補 reader、1926 年には政治学の教授 Professor of Political Science に選ばれた（1950 年の死去まで）。しかしベヴァリッジ側に敵意がまったくなかったのに、両者の関係は 1928 年頃から急速に悪化する。これはむしろ LSE 全体の雰囲気の変化であった（Harris 1997: 288）。大所帯であり家族のような雰囲気は失われたこと、大恐慌によって左派がますます極端な立場を明らかにしたこと、経済学教授ロビンズなどの右派が急速に力を持ち出したこと、様々な要因から LSE の知的環境は自由放任主義と社会主義の間で大きく分裂した（LSE の正式名称である London School of Economics and Political Science の中で、経済学教授と政治学教授が互いを排斥するという事態は象徴的である）。統括官としてのベヴァリッジはどちらの立場にも組みせず[17]、外部からの研究費を集めるために中立性を標榜していた。しかしその曖昧な態度がどちらの陣営からも攻撃されることになる。結局、ロビンズからもラスキからも敵意を受け取ることになった。ベヴァリッジは自伝の中で、ラスキにはわずか 2 カ所しか触れていない（Beveridge1955: 181, 264）。しかも素っ気ない記述である。上記のラスキの言説はこのような文脈も考慮すべきだろう。

---

15 ピグーの弟子。LSE でも学び、そのまま経済学の講師になる。ロビンズが 1923 年に就職に失敗した時、ベヴァリッジに推薦状を書き、研究員として採用されるきっかけになった（Robbins 1977: 96-97）。その後、労働党の国会議員になる。
16 労働党に関与している者からも次々と反対が起こった（Harris 1997: 286）。最左派のラスキは右派のドールトンからも嫌われたのである。
17 ただしソビエト型社会主義は嫌悪した。1933 年のメーデーでベヴァリッジはウェッブ夫妻との会食時に、ソ連を「野獣の国」と吐き捨てた。「ソ連を受け入れる人と糾弾する人との間の緊張は、日増しに高まっている。…社交の雰囲気を毒するようだ」（MacKenzie 1985: 302）。ウェッブ夫人の日記より。

おわりに

　経済参謀はスタンプ調査・内閣経済部でもって実現し、『雇用政策』における完全雇用の宣言でもって完成した。ここでも中期から後期にかけた類似性および発展性を指摘しておこう。
　(1) 独自の主張提唱：ベヴァリッジはまず国民最低限保障の思想を背景に、包括的な社会保障体制を考案した。次にそれと完全雇用体制の接合を考えた。この思想は極めて独特である。(2) 経済学者への引き継ぎ：特に社会保障と完全雇用の両立可能性について、ケインズ・ミード等が熱心に議論に加わった。実際、『ベヴァリッジ報告』前後にケインズと議論していなければ、この報告書は予算審議に耐えられる実現可能性の高い計画案とならなかったであろう。(3) 経済学者との齟齬：初期（失業論）・中期（経済参謀論）と異なり、今回はほとんど乖離が目立たなかった。それほど経済学者との協働がうまくいったためであろう。ケインズのみならず、今回はロビンソン・カルドア・シューマッハなどの若手経済学者を内部に抱えていたのも一因である。(4) 自らの就任：ベヴァリッジ委員会の議長であったのはもちろんのこと、今回は自由党から議員に立候補し、当選したことである。本当の政治の世界に入り、議会での演説の力で自らの理想とする政策を直接に実現しようとした。以上の4点から、再び初期・中期・後期で似たような思考の発展形態が窺えた。
　さらに発展した部分もある。それは経済参謀が包括的な「経済問題」を扱うからこそ可能になった論題である。ベヴァリッジの理想とする経済学が「人間知識の一部門の科学」であるのと同様に、扱う経済問題も幅広い社会の中で生じる現象と捉えられた。ゆえに経済学者は抽象的なモデルで思考するのではなく、具体的な事象の観察から一般法則を見つけなければならない。中期において幅広い経済領域をカバーしたことで、——第15章の議論を先取りすれば——後期において国家の義務・市民の権利・市民の義務という三重奏を、経済と社会の接点という視点から捉えることが可能になった。初期においては、労働市場を効率的に機能させることに限定した政府の役割があっ

た。中期においては、労働市場を含むすべての市場が効率的に機能するための政府の役割があった。後期においてはさらに包括的に、経済の領域と社会の領域、市民の権利のみならず市民の義務まで含んだ「福祉社会」の構想があった。このようにベヴァリッジの思考はさらに相似的に拡大した。経済参謀論はその相似形を支える触媒としての働きをした。

　ベヴァリッジとケインズが共にこの概念を強力に推進したのは、偶然ではない。まず経済参謀は経済的知を政策に転換させる装置だから、経済と政治の接点である。次に、幅広い視野の政策――社会保障や市民権の包含――を考案する立場であるから、それは経済と社会の接点でもある。つまり経済参謀は政治 - 経済 - 社会の三層をすべてつなぐ結節点 node の働きをする。両者とも「自由社会における管理経済」を可能にするこの性格付けを熟知しており、それゆえ経済参謀の存在によって「福祉国家の合意」が可能になった。ケインズにとって、経済参謀は内閣経済部などで既に実現していた。ベヴァリッジはまだ不十分と見たが、現実が困難であればあるほど、それに頼りたくなる最後の手段であった。それゆえ経済参謀は最後に包括的設計者となり、初期から後期の経済思想をつなぐ鍵なのである。

第13章　自由主義の三様
―― ヘンダーソン・ケインズとの対比 ――

はじめに

　本章の直接的な目的は、ヒューバート・ヘンダーソンの自由主義に対する考えを抽出することである。そして間接的な目的は、彼が批判の対象としたケインズやベヴァリッジとの思想的位置を探究し、いわばヘンダーソンを補助線として、逆に両者の思考を陰画的に考察することにある。対象は1942年から1944年に限り、次の3つの論考に焦点を当てる。「ベヴァリッジ計画の原則」(1942.8)、「雇用の維持についての覚書」(1943.5)、「ケインズ卿と雇用政策」(1944.3) である。この3人を取り上げる理由は、彼らが著名な経済的知の担い手であるだけでなく、それぞれ強力に「自由主義」に対する思い[1]が窺われるためである。戦間期および第二次世界大戦突入という激動の時[2]代に、彼らは自由社会の運命について何を考えたか。本章の関心はこの線に[3]沿っている。両陣営に本当に本質的な差があったのかという問いを発する。[4]すなわちケインズ・ベヴァリッジが考える「自由主義」と、ヘンダーソンの

---

[1] Winch (1969: 272-273) はヘンダーソンが巨視的俯瞰図という新しい分析方法の発案者の1人だったのに、1940年代はその重要性を把握できずと指摘した。
[2] ヘンダーソンは「始まりと同じく、自由主義者として終わった」(Clay 1955: x xv)。
[3] 平井 (2003: 742) は当時の支配的哲学 (市場社会観) を「ニューリベラリズム」であると指摘し、もっと客観的な光を当てるべきとする。
[4] 平井 (2003: 補章1，補章2) も同じ線上にある。ヘンダーソンについては断片的にFreeden (1986) に様々な情報があるが、大部分は *Nation* 編集者時代に限定されている。むしろ Clarke (1988/1990) が変節前後のヘンダーソンを隈なく探っている。ケインズとヘンダーソン両者に対する研究者の見解は、小峯 (1999b: 第3節) に網羅してある。

信奉する「自由主義」のどこが異なりうるのか、という問題設定である。それには上記3つの論考を俎上に載せるのが最も効果的である。

本章は次のように構成される。第1節では前史として、1929年前後のケインズとの関係を略述する。第2節ではヘンダーソンの3つの論考を要約する。第3節ではそれらを過去の論考やケインズ・ベヴァリッジとも必要な限りで対照しつつ、自由主義の観点から再構成する。最後に結論的覚書を示す。

第1節　前史（1929年前後）

1940年代の議論の前提として、1929年前後のケインズとヘンダーソンの関係を略述しておこう。それは協働から決裂へ変化した動的な関係である。

ヘンダーソンはロバートソンの同級生である。戦時中、官吏の仕事が認められて、1917年には綿業統制委員会の秘書（事務局）としてマンチェスターに派遣された。1919年にはケンブリッジのクレア校に講師として赴任し、教科書『供給と需要』も執筆した。1923年にはケインズの強力な推薦によって、*The Nation and Athenaeum* の編集長になった。この雑誌は自由党の機関誌の役割も果たし、ケインズとの共著「ロイド‐ジョージはそれをなしうるか」(1929.5)もここで発表された。これは総選挙の自由党公約「我々は失業を克服できる」を理論的に支持した論文である。『黄書』(1928)の共同執筆を含め、この当時、両者は極めて近い関係にあった。しかし総選挙後、両者は徐々に分裂した。ヘンダーソンは経済諮問会議に秘書や委員として参加し、次第に大蔵省側の人間として発言するようになった。1934年にはオックスフォード大学に転出し、またスタンプ調査にも参加した。戦争中は大蔵省の顧問となった。

ケインズとの関係はすでに小峯(1999b)、Komine (2000)で詳細に検討した。それによれば、1929年以前、ヘンダーソンはケインズの楽観主義を受け入れ、1920年代の苦境は大規模な資本開発計画によって克服できると考えていた。しかし労働党政権の樹立で、失業保険基金の破綻とポンド失墜の悪影響をさらに憂慮するようになり、大規模な資本計画を放棄する。それ以後、ヘンダ

表13-1　戦後の雇用問題

1941. 6		ベヴァリッジを議長とする省庁間委員会の設置を発表。
1942. 3		ベヴァリッジ、素案をケインズに送付。
	3.17	ケインズ「非常に重大かつ雄大な建設的改革」と誉める。
	8. 4	ヘンダーソン「ベヴァリッジ計画の原則」
	12. 1	政府文書『社会保険および関連サービス』公表
1943. 5.18		「ミードの覚書」復興優先事項に関する省庁間委員会に提出
	5.20	ヘンダーソン「雇用の維持問題についての覚書」*5
	5.25	ケインズ「完全雇用の長期的問題」(CWvol.27:320)
	5.31	「ミードの覚書」復興優先事項に関する閣僚委員会に提出
	7	戦後雇用に関する運営委員会発足（ホプキンス議長）**
1944. 1		同委員会の報告書発表
	2.14	ケインズ「戦後の雇用」***で「抜群の政府文書」と誉める。
	3. 1	ヘンダーソン「ケインズ卿と雇用政策」***で反論
	3.22	ヘンダーソン「勇敢な新世界：内的外的」で反論
	3.27	ヘンダーソン「雇用政策」で反論
	3.29	ヘンダーソン「予算の考察に関するケインズ卿」で再批判
	5.26	政府白書『雇用政策』公表

ーソンはケインズの最も辛辣な批判者になっていく。

　以上を前提にして、『ベヴァリッジ報告』の形成から白書『雇用政策』の完成まで、一覧表表13-1にまとめておく。

第2節　3つの論考

　ヘンダーソンは1939年にはスタンプ議長・クレイと共に、スタンプ調査を組織し、内閣に経済問題を助言するようになった。この役割は戦時中に大蔵省顧問へと地位が移動しても変わらなかった。大蔵省はベヴァリッジやケインズ・ミードが政府の内外から要求する「新しい政府の役割」に対し、次々と対応せざるを得なかった。ヘンダーソンの3つの論考は、このような背景で執筆された。いずれも大蔵省に提出するメモの形である。以下ではこれらの論考を要約し、その本質的な提言のみを取り上げる。

---

5 ＊はHenderson (1943)、＊＊はCW (vol. 27: 333)、＊＊＊はCW (vol. 27: 365)、＊＊＊＊はHenderson (1944a)。

2-1 「ベヴァリッジ計画の原則」(1942.8)

　ヘンダーソンはベヴァリッジ報告の素案に対し、徹頭徹尾、全面否定を貫いた。この態度は大蔵省やチャーチル首相を代弁するものであった。この意味でヘンダーソンの反論は最も大蔵省顧問らしいと言えるだろう。彼によれば、最も唾棄すべき点は、報告書の診断と救済策が対応していないことであり、すでに大きな社会保険が存在しているのに、その欠陥のどこを修正したいのかを示していないことである。報告書は6つの原則から様々な提案を導いており、そのどれもが莫大な財政費用を導くのは明白な事実である(Henderson 1942: 191-192)。

　6つの原則とは次である。(1) 均一の最低生活費給付 flat rate of subsistence benefit、(2) 均一の保険料拠出 flat rate of contribution、(3) 統一した社会保険 unified social insurance、(4) 給付の妥当性 adequacy of benefit、(5) 包括性 comprehensiveness、(6) 被保険者の分類 classification。ベヴァリッジによれば、この6つの原則はすべて「窮乏の廃止」に資する。しかしヘンダーソンはそうはならないと説く。まず第4の原則から取り上げよう。これはむしろ「基本的必需品 needs からは独立な給付の妥当性」と名付けるべきである。ベヴァリッジは資力調査が不要であると主張する。その理由は第1に保険思想と資力調査が両立しないこと、第2に資力調査が不人気であること、第3に倹約を罰するのは好ましくないこと、となる。しかしいずれも理由になっていない。

　「他方、窮乏を廃止するのに本質的な条件は、窮乏状態にいる人の所得を適切な水準まで引き上げなければならず、そしてその水準を超えるのは不必要であるということだ。この目的のために資力調査ほどふさわしいものはない。」(*ibid.*: 196)

包括性の原則も同様である。これは今までの体制では含まれなかった人々をも社会保障で扱うことになる。しかし彼らが窮乏しているのは稀であり、「所得の中断」という概念をとってもむしろ曖昧な考えである。所得の高い層に

6　ヘンダーソンは大蔵省の新しい共同次官イーディに影響を与えた。Skidelsky (2000: 270)。

まで対象者が拡大する恐れがあり、拡大は行政的な困難を生むだろう。業種によっても失業率はバラバラであり、均一の扱いは不公平さを生む。一言にすると、保険を失業救済に使うのは好ましくない。健全な保険は給付（プレミアム）とリスクが互いに連関していなければならない。

こうした例のように、6つの原則は実は互いに関係ないか矛盾するかである。窮乏の除去には結びつかず、莫大な財政費用だけがかかる（ibid.: 208）。

2-2 「雇用の維持についての覚書」（1943.5）

ヘンダーソンの反対にもかかわらず、『ベヴァリッジ報告』は1942年12月に公表され、人々の熱狂的な支持を得た。この事情は内閣経済部に所属するミードの発言がよく示している。

> 「『ベヴァリッジ報告』が受けた公衆からの多大なる支持は、戦後の失業問題に関する同様な報告が当然刊行されるべきであることを私に示唆した。…人々が社会改革のための想像力豊かな構想に対して、以前にはまったくなかったような受け入れムードがあることを示している。」（CW vol. 27: 314）

ミードは「我々が真に必要としているのは『ベヴァリッジ報告』の後に続く『ケインズ報告』の作成であると思う」と述べ、何とかケインズを土俵に引き込もうとしていた。しかし健康問題もあり、ケインズ自身が報告書を書くことはできなかった。そこで今回、ケインズはストーンやミードの国民所得推計、失業率推計をコメントしつつ、側面援護に回った。

しかし今回も壁として立ちはだかったのがヘンダーソンである。ミードが「覚書」を復興優先事項に関する省庁間委員会に1943年5月18日に提出したところ、わずか2日後にヘンダーソンからの反論が執筆された。この論文は彼の経済観が詰まっているものであり、詳述に値する。

まずヘンダーソンは「ミード報告」（あるいはその背後にあるケインズ理論）の失業診断を徹底的に排撃する。彼にとって完全雇用を維持する問題

---

7 CW (vol. 27: 315)。ミードからケインズへの手紙、1943年1月8日。

とは、「資本財が大きな割合の経済から小さな割合の経済に移行すること」(Henderson 1943: 222) である。ケインズ等は資本財の増強を言うので、まったく問題設定が誤りである。確かに戦争中は資本財が足りない。しかし戦後の問題とは、その軍用資本設備をいかに民間の消費財に振り分けるかということになる。次のような数値例を出す。

消費財	6000	消費支出	6000
資本財	1000	貯蓄	1000
総生産	7000	国民総所得	7000

この場合は均衡である。部門間でも全体でもバランスがある。戦後になって資本財が不要になったとしよう。

消費財	6400	消費支出	6400
資本財	600	貯蓄	600
総生産	7000	国民総所得	7000

このように資本財の減少を消費財が補い、なお需要にも合わせられるならば、均衡が成り立つ。しかし現実には次のような数値が実現しやすい。

消費財	5900	消費支出	5800
資本財	600	貯蓄	700
総生産	6500	国民総所得	6500

すなわち資本財の減少は直ちに総生産の減少を招く。また貯蓄はゆっくりとしか減少しない。さらに消費支出も減少していく。この結果、消費財の売れ残りが目立ち、在庫がたまって循環的な失業が発生する (*ibid*.: 224)。消費財と資本財はそれぞれ需給一致が達成されていないが、これを解消する価格メカニズムは考えられていない。ヘンダーソンは資本財の落ち込みがすぐに生産を下げると仮定している。しかも貯蓄の変化はゆっくりしているので、資本財部門では実現されない資源があり、消費財部門では売れ残りが発生している。この世界は基本的に貯蓄から投資への因果関係があり、また貯蓄は資本財需要と同一視されている。この想定からすると、1943年の段階でもヘンダーソンの世界は古典派的である。ただし二部門間で調整機能が働かない経済という点で、特色がある。

この困難に対処するため、ヘンダーソンは3つの救済策を順次考慮する。

第1に、公共事業の拡大である。しかしこれは緩和策としては有用だが、元々の方向性とはずれる。資本財を抑えて消費財を拡大するのが戦後の方向性のはずだからである。住宅を例に取れば、3-4年は政府主導による活況を作り出し、6-9年は高い水準で安定させることはできるだろう。しかし次の10年に衰退は避けられない（ibid.: 226）。こんな状況の時に、住宅にさらなる公共事業を行うべきだろうか。むしろ他産業への転換が困難になる。

第2に、不況時の財政出動である。これは景気に応じた減税や、労使の保険料拠出金の変額を意味する。しかしこの方策に対しては強い反対がある。まず健全財政という本質的な要求を放棄してしまうことである。次に景気の善し悪しを判定する明確な基準が必要である。失業者数を挙げられるが、難点もある。景気に応じて変動する部分は循環的失業だけである。その他にも最低限失業と構造的失業がある。特に循環的失業と構造的失業は不可分で相互依存している。不況の時は構造問題を解決するのが困難である。逆に構造問題は大がかりな財政出動を難しくさせる。結局、公共事業という選択は財政の健全性からも、その力の弱さからも、いずれも重大な不利を抱えている。

そこで第3の方策が好まれる。政府主導による日用品 utility goods 生産・流通の組織化である。究極的には需要は個人から発生し、それは所得と支出習慣に依存する。しかし雇用と活動にまず影響を与えるのは、製造業への注文量である。問題となる時期は、戦後における資本財から消費財への転換期である。この時になったら、政府は卸売商人の役割を果たし、まず大量に注文を出す。製造業者に注文を出し、小売商人に売り、在庫品を抱えるリスクを取る（ibid.: 230）。政府が主導する理由はいくつかある。安価で高質の製品を主導できること。戦時のように日用品を標準化することで、資源の無駄を省くこと。民間と違って、マーケティング（広告や販売）という無駄を省けること。

「雇用の維持は政府がなすべき唯一の目的ではないだろう。たぶん主な目的にもならない。生活基準 standard of life を十全に改善するように我々の生産資源を使うべき、と考えるべきだ。」（ibid.: 230）。

文化・健康・活力。こうした目的のために政府が役割を果たすべきであろう。生産資源のフローを人間の基本的必要に有益な雇用に向けさせることが大事である。「計画化された」社会が何らかの意味を持っているとすれば、政府がこの地位につくということであるべきだ (ibid.: 234)。

ヘンダーソンの議論はケンブリッジ学派の伝統の中にある。生活基準の上昇はマーシャルの用語そのまま[8]であるし、消費財における商人の重視はホートレーの経済観と同一である。消費財と投資財の調整不良という問題はロバートソンが考慮していた。多くの点でケインズに反対したこの時期のヘンダーソンではあったが、根元の所でケンブリッジ学派の思考法が顔を覗かせていることがわかる[9]。

2-3 「ケインズ卿と雇用政策」(1944.3)

政府は大蔵省のホプキンス[10]を議長として、「戦後雇用に関する運営委員会」を 1943 年 7 月に発足させた。その報告書が 1944 年 1 月に発表された時、ケインズは「この報告書でとられている方針・勧告に対して賛成である」と述べ、「公式見解における革命とも言えるほど抜群の政府文書」[11]と激賞した。このメモに対し、再びヘンダーソンは必死に抵抗した。彼は 1944 年 3 月に矢継ぎ早にいくつかのメモ[12]を執筆している。その中で「ケインズ卿と雇用政策」と題するメモが、ケインズ的思考に対する反論として最も明瞭である。

ヘンダーソンによれば、運営委員会の報告書はケインズ学説の支配下にあ

---

8 マーシャルはヘンダーソンの教科書『供給と需要』(1922) の出版を喜んで手紙を書いた。The Henderson Papers, Box 21, Nuffield College, Oxford (以下では HP)。マーシャルからヘンダーソンへの手紙、1922 年 1 月 10 日。ヘンダーソン文書にはマーシャルの講演記録「大学の経済学教育：公的福祉との関係で」も収録されている。HP Box 21。
9 Clarke (1988: 78) も同等の評価。両者は経済学ではマーシャル的伝統に育ち、政治ではエドワード期の新自由主義を共有する。
10 ヘンダーソンと同じく、ケンブリッジ大学のエマニュエル校出身ということもあって、「親密な協働関係をすぐに築いた」(Clarke 1990: 195)。
11 いずれの引用も CW (vol. 27: 364)。ケインズのメモ、1944 年 2 月 14 日。
12 そのうち 3 つは HP Box 3 に納められている。Henderson (1944b) はウォレー Sir David Waley とイーディに宛てられ、ロバートソン・フレミング・ケインズにもコピーするようにとなっている。Henderson (1944d) はイーディとホプキンス宛てである。

る。それは「非歴史的で非想像的で非科学的」(Henderson 1944a: 316-317)であり、抽象的な経済分析の流れにある。単純な仮定をおくことで過去を無視し、表層的な面だけをとりあげて歪んだ像を描いている。その欠点を明示するため、次の7点をとりあげる。[13]

第1に、中心論題として、まず完全雇用または総需要が財政的な浪費（減税・社会保障・公共事業）で支えられると考えることはまったくの誤りである。その結果は通貨の崩壊を導くだけである。[14]第2に、戦間期の事実として、イギリスの失業は主に外的要因（輸出市場の損失、輸入産業による国内産業の没落）から発生したもので、購買力の不足があったためではない（ibid.: 318）。1921年-22年のゲティスの斧や1925年の金本位制への旧平価復帰も、確かに問題を加速化させた。健全財政が失業を悪化させたのも事実である。しかし、雇用を維持するには対外要因に弱い部分を安定化させることである。[15]また、赤字財政でこの弱い部門を補填することは非効率である。第3に、失業の原因として、対外要因の次に投資量がくるのは疑いもない。しかし報告書は公共事業に少なくとも3つの欠点があることに触れていない。まず公共投資が民間投資を引き下げる可能性が大きい（ibid.: 320）。次に輸入が増えることで、国際収支が逆調になる。これは通貨の信頼性を破壊してしまう。[16]最後に蛇口の開閉のように公共事業を景気対策として使うことは、その効率性を減じてしまう。

第4に、赤字財政に関して、赤字は容易に巨大になる（ibid.: 322）。また雇用増加がおこるまで大きなタイムラグがある。いずれにせよ社会保障の拠

13　1936年のベヴァリッジも同様の批判をケインズに向けた。それにも関わらずベヴァリッジがケインズ寄りになったのは、経済学方法論の差異よりも「福祉国家の合意」という心情と理論の同一性を重視したためであろう。
14　Henderson (1944a: 318)。Henderson (1944c: 1) でも「ポンド信任の低下がもたらす反動効果 repercussions」という外的危険こそが、『雇用白書』から欠落している点だと糾弾される。
15　Henderson (1944d: 3) は「輸出の回復が第一に重要」としている。
16　ポンドは多くの国に保有されているので、「確かな資産として」「金融準備の適切な媒介として」みなされなくてはならない (Henderson 1944c: 4)。労働者階級の消費は特に輸入に向かう (ibid.: 6)。「為替減価と価格上昇という悪循環 a vicious circle」(ibid.: 8) が発生してしまう。

出金を景気によって変動させるという考えはあまり武器にならない。第5に、国民所得分析として、2つの点が不十分である。まず労働者の支出はその所得だけに依存するわけではない。株式市場の好不況が消費者の行動に非常に影響を与えてきた。次に労働需要を決める要因として、企業家・製造業者・卸売問屋の注文をもっと重視しなければならない。この注文量が景気循環を生む。財政政策によって消費者の支出に影響を与えるより、この注文の量や場所に直接影響を与えた方が、雇用を維持するには役立つ。第6に、乗数として、あまりに静的すぎて時間要因を無視している（*ibid.*: 324）。乗数は経済が累積的であるという真実を含んでいるが、累積過程には時間がかかることを軽視している。第7に、対外経済の規制として、対内・対外問題を両方見なければならない。個人的には輸出・輸入のフローを制御するのは困難だと感じている。

　以上のようにヘンダーソンはケインズ的な思考を含む報告書を徹底的に批判した。その批判は7つに分かれ、大蔵省の側に立った頑迷な均衡財政主義者というラベル貼りが不可能なわけではない。ケインズやミードもそのようにヘンダーソンを受け取るようになっていたようである。しかし本章では上記のような表面的な反対理由から、むしろ両者に横たわる根元的な思考法の差——そして共通点——に注目したい。

第3節　対立・同調する自由主義

　その差とは、両者が共有する「自由主義」に対する微妙な位置関係に起因する。1940年代のヘンダーソンを追っていくと、ベヴァリッジ・ケインズとの自由に対する考え方が明瞭になってくる。ここではヘンダーソンの与えた論点に限定しつつ3つの領域に分けて、この位置関係を探っていこう。

3-1　個人と政府の規律

　ヘンダーソンには古典的自由主義者が持つ「自律」の側面が強かった。この規律が国家にも個人にも同等に適用されるのである。この意味でヘンダー

ソンはヴィクトリア朝の支配概念であったイギリス財政正統説、および「自由と規律」という道徳を同時に持つと言える。[17]

　第1に、国家も個人の規律と同じく、放漫な行動をしてはならない。上記3つの論文でいずれもヘンダーソンは均衡財政の必要性を訴えている。ベヴァリッジ計画は莫大な費用がかかり、ケインズの雇用維持計画は「健全財政という本質的な要求」(Henderson 1943: 227) を反故にしてしまう。また、いったん緩んだ財政規律は赤字額が容易に巨大化してしまう危険を伴う。抽象モデルではなく実態に即して考えると、景気が回復した時に増税することには実際的な困難があり、むしろ減税などで赤字が拡大してしまう（Henderson 1944a: 322）。第2に、収入＝支出という保険原則を守らなくてはならない。つまり保険拠出額を失業救済の道具に使ってはならない。このアイデアはミードが提出し、[18]ケインズが賛成した。[19]ヘンダーソンは次のように反対する。

「失業を救済するために保険の方法を使うのは、原則として誤りである。保険の本質とは、ある種のリスクを覆って安定になるようにプレミアム（給付）が払われることである。ゆえに確かな保険体系の第一条件は、プレミアムとリスクが互いに適切に関連すべきというものである。」(Henderson 1942: 202)

ベヴァリッジ計画では同一給付・同一拠出なので、リスクが異なる個人が同一に扱われて不公平が生じてしまう。(保険) 収入＝(保険) 支出　という原則が個人の家計と同じく、社会保険でも貫かれなくてはならない。第3に、政府の行動が民間の行動を甘やかすことになる。その例がクラウディングアウト理論である。例えば政府が住宅投資を高く維持すれば、一時的には全体の投資が支えられる。しかし政府がいつまでも同じ水準で投資できるわけで

17　このモラルについては、Himmelfarb (1991/1992: 7) を見よ。節約・深慮・勤勉・自己規律・自己独立という中産階級の価値観が労働者階級にも押しつけられた。
18　1943年3月の第一次案における付論E。社会保険料の景気相殺的な変更が提唱されている。CW (vol. 27: 317)。
19　ケインズは付論Eが大変気に入り、本質を突いているとコメントした (ibid.: 317, 324)。

はなく、いつかは住宅投資を控える日が来る。その時、押し出されていた民間投資はどうなるか。政府投資ばかりに頼らず、長期的には民間投資が支えなくてはいけない。ヘンダーソンには公共事業が一時的なまかやしと映った。

　この立場は1940年代になって現れたものではなく、1930年前後から一貫して堅持していたものである。すでに小峯（1999b）によって、ヘンダーソンの「変節」が無軌道な失業手当の拡大に端を発し、1929年6月の労働党政権の誕生によって助長されたと指摘しておいた。例えば彼は1925年には「無契約失業手当」の拡充に反対し、1929年6月には労働党の失業手当引き上げに反対している。1930年6月には財政状況が「異常なぐらい危険」と恐れ、失業手当の支払いコストが急速に積み上がり、「全体的な秩序がスキャンダルに発展する兆し」を懸念する手紙をケインズに送っている[21]。元々、失業手当は厳格な受給資格に基づいて支給される体制であった。しかし1920年前後から軍隊からの復員問題や急激なデフレ問題に対処するため、その受給資格が徐々に緩和されてきた。拠出の裏付けが薄い部分が「無契約失業手当」であり、2つの資格調査──資力調査と「求職の誠実性」調査──も1930年3月までに廃止されていた。その結果、巨大な財政赤字──失業基金の危機的状況を含みつつ──がもたらされたのである。すべては保険の原則を守らない放蕩さから出発した危機であった。

　均衡財政や保険原則を堅持する姿勢は、個人の規律をそのまま国家の財政にも応用することである。ヘンダーソンにとってベヴァリッジ計画もケインズの雇用計画も、イギリスが培ってきた「自由と規律」を根本から瓦解させる危険な劇薬と映った。この面は均衡財政・金本位制・自由貿易というイギリス財政正統説を支えてきた大蔵省と同じ心象風景である[22]。このため、ヘンダーソンが大蔵省の顧問になり、強力な援軍として活躍したことは理解でき

---

[20] 例えばヘンダーソンは1930年4月には、雇用増加の方策として輸出増加、輸入に向かっていた消費を国内消費に転換、国内総消費の増加、国内資本資産の増加の4つを挙げている。また、低金利政策、労働費用の切り下げ、保護主義、国内開発などを政策としている。この順で重要度があるので、この時期でもケインズ的な国内投資重視の姿勢はなかった。Henderson (1930: 4, 7), HP Box 1。

[21] 以上の傍証などはすべて小峯（1999b: 29-34）を見よ。

[22] 元はClarke (1990: 173) の整理、小峯（1999a: 188）の命名。

る。他方、ケインズはもはやこの伝統に重きを置かなかった。むしろ長期的観点から、「通常予算は常に均衡に保たれるべきだ。雇用に対する需要と共に変動するのは資本予算の方だ」[23]と述べる。資本予算では不況の時に赤字財政になることを許すのである。これは20世紀型の新しい規律とも呼べる。既述のようにベヴァリッジもケインズの考え方を取り入れ、二重予算という概念を導入した。通常予算は毎年均衡すべきで、税から支出を賄う。しかし非通常予算は好況の時の基金から賄い、失業を克服するために緊急に使われる（Beveridge 1944/1945: 181, para. 249）。両者の立場は古典的財政均衡主義のヘンダーソンと対照的である。しかし財政赤字に反対するからと言って、ヘンダーソンをこの面からだけで判断するのは軽率になる。自由主義の別の側面について、次項で説明しよう。

　財政の規律は、個人の規律を援用しつつ拡大したものである。ヘンダーソンの意識では個人の規律は守るべきものであり、国家の財政も社会保険も支出と収入を完全に一致させるべき対象であった（ミクロとマクロの一致）。通貨の信用や自由貿易の立場と同じく、健全財政は19世紀のイギリスの強さを背景にした古典的信念であった。それに対し、ケインズは元々ヴィクトリア朝の道徳を破棄することから出発したのだから、この信念の破壊に余念がなかった。[24]この系として、単年度均衡財政主義から複数年度均衡財政主義（単年度赤字財政）へ、自由貿易から保護貿易一時容認へ、国際均衡重視（シティの願望）から国内均衡重視へという力点の移動がある。しかもケインズは個人の節約行為が有効需要不足を招くことを看破し（合成の誤謬）、むしろ積極的な消費を推奨する。つまりケインズにおいては、ヴィクトリア的道徳の破壊と財政規律の廃止は密接に関連している。この点で、両者にははっきりとした断絶があるが、共にミクロとマクロが一貫している点では変わりがない。

　他方、ヘンダーソンはベヴァリッジ計画の実施が財政破綻をもたらすと断罪したが、ベヴァリッジ自身はそこまで考えていない。むしろ個人の規律

23　CW（vol. 27: 225）、メモ「ベヴァリッジ案」、ケインズからホプキンスへの手紙、1942年7月20日。
24　「ケインズはヴィクトリア朝時代の慣行の崩壊が生んだその落とし子であった」（Skidelsky 1996: 3、訳5）。

という点ではヘンダーソンと同じように、厳しい古典的自由主義観を有していた。2つの証左を挙げておこう。1つは酒類免許法 Licensing Act（1904）に対するベヴァリッジの態度である。飲酒については自由党と保守党の立場が対立していた。自律を重視する者は、道徳的退廃をもたらす暴飲を忌み嫌い、また土地所有を前提とした酒類独占販売に反対し、禁酒運動を行っていた。ベヴァリッジは保守系新聞社に雇われていながら、この問題では馘首を賭けて酒類の販売に制限を付けようとした。これは労働者に対する規律を厳しく要求する態度である。もう1つは最低限所得の解釈である。ベヴァリッジによれば、新しい社会制度は社会保険で覆われる領域（資力調査なし）、公的扶助で覆われる領域（あり）、私的貯蓄で補われる領域に峻別されている。この順で重要度が小さくなっていくのではあるが、それでも最低限所得を貧困線におくことによって、私的努力の発揮できる領域を必ず残しておかなければならないのである。つまり最低限所得によって安楽な生活を国家が保障するわけではない。また、ケインズに助言を求めたように、社会保障計画をいかに少ない予算で実施するかにベヴァリッジは腐心した。この意味でベヴァリッジはヘンダーソンと同じく、古典的自由主義のうち個人・国家の規律を重視したと言えよう。ただし単年度非均衡予算の考え方はケインズと共通する。ゆえにベヴァリッジにおいては、個人の規律と政府の規律は無関係となる。

3-2 多様性の中の設計

ヘンダーソンには個人の尊厳という意味で、経済主体・経済状態の多様性を謳う古典的自由主義の側面も強かった。

　第1に、資力調査が絶対的に必要な理由は、個人の多様性を前提とするからである。ベヴァリッジの原則は国民最低限保障であったので、最低限の保険給付は権利として与えられるものだった。そこには選別主義の原則である[25]

25　ベヴァリッジ案でも特殊事項に対する公的扶助に対しては、厳しい選別主義（資力調査）が貫かれている（Beveridge 1942: 142, para. 372）。ヘンダーソンはこの部分を見逃した。また戦後の福祉国家体制は社会保険よりも公的扶助に支出が多くなったこと、後者には必要であった資力調査がさほど厳しい形で適用されなかったこと、この2点にベヴァリッジ体制からの蹉跌があった。

資力調査はまったく必要なく、むしろ排除すべきである。しかしヘンダーソンはこの資力調査を強力に求める。

「もし我々がもっと公正に、もっと平等に所得再分配をするつもりならば、我々はまず人々がいかに異なっているかを確定しなければならない。これが資力調査を意味する。」(Henderson 1942: 194)

所与の代表的拠出と代表的手当は、社会の違った層には大きく異なりうる。「この差が存在しないかのように進めていくことは、非現実的であろう」(ibid.: 205)。第2に、失業には多数の分類があり、それぞれ異なった救済策を必要とするからである。それをケインズのように総需要の管理一辺倒に還元してはならない。失業は最低限・構造的・循環的という3つに分けられる。最低限失業とは現代の用語では摩擦的失業であり、どんな場合もゼロになることはない。構造的失業とはヘンダーソンにとって、第一次世界大戦後のイギリス産業の惨状を意味する。輸出市場を失い、輸入産業によって国内産業が脅威を受けていることが根本的な原因である。3番目の循環的失業の場合のみ、総需要の不足というケインズ的解釈と解決法が有効である。抽象的な分類はこの通りだが、実際には構造と循環を峻別することは困難である (ibid.: 228)。

以上の2つの理由から、いずれもヘンダーソンは政策の画一的な取り扱いに強く反対した。その理由は個人や集団の差異を無視しているからである。ベヴァリッジ計画は同一給付・同一拠出という点で完全に間違えているし、ケインズの雇用計画は有効需要政策という単一の武器だけを頼りにしている点で非効率である。こうした誤謬は多様性という自由社会で最も大事な

---

26 奇妙にも、ヘンダーソンは3人の中で所得再分配への必要性を最も説く。一連の社会立法は「不平等を減少させることを理念の一部としても含んでいない」(Henderson 1926: 7) し、「金持ちを——特に大金持ちを——貧しくさせるという理念ではなかった」(ibid.: 7)。ケインズは『一般理論』で、経済社会の欠陥は「富および所得の恣意的で不公平な分配」(CW vol. 7: 372) にもあると確かに指摘しているが、再分配を直接的に推進することは考えていない。ベヴァリッジは保険原則を貫いているので、垂直的公平よりは水平的公平(同一個人の生涯間の所得平均化)に集中している。三者の違いは後述の表13-2でまとめられる。

要因を無視していることから生じる。ヘンダーソンが綿業統制委員会に関わり、産業合理化に熱心なのも、産業ごとの個別の政策が必要という信念からである。また、失業の分類についても1930年5月と7月に最初に試みており、経済思想上、最も早い分類の試みである。さらにケインズ『一般理論』(1936)にもヘンダーソンは書評で全面的に反対しており、特に循環的失業以外の分類を無視した政策を諫めている。

多様性の中の設計主義については、ヘンダーソンとケインズは大きく重なる部分が多い。ヘンダーソンにとって、異なる個人を同じに扱うのは多様性の原則に最も反することだった。そして同時に、ケインズ流のマクロ的裁量主義は拒否するものの、ミクロ的な裁量主義はヘンダーソンも認めていた。

ケインズもまず多様性については全面的に擁護する。1926年には「多様性と独立性という美点にたいして寛容で、鷹揚な、正しい理解を必要とし」と述べ、1936年には「政府機能の拡張は…個人の創意を効果的に機能させる条件であるとして擁護したい」と述べ、1944年には「公益に奉仕し、万人の平等な満足を追求していく枠組みの中で、個人の自由・創意および…個性を保持するような中道的な経済生活を発展させる経済生活を発展させること」を支持した。次にケインズは『自由放任の終焉』(1926)の中で、自由主義の2つの源流を自覚している。1つは「保守的個人主義」であり、もう1つは「社会主義・民主的平等主義」である。ケインズによれば19世紀はこ

---

27 ヘンダーソンの初期の職業は、綿業統制委員会の事務局(1917.6-1919.1)だった。合理化とは「労働者1人当たりの生産性を増やすものすべて」であり、慢性的な不況とは無関係だが、一時的な不況をもたらす可能性があり、その速度が速ければ摩擦的失業が増える(Henderson 1932: 1, 9)、HP Box 1。1932年4月16日付の経済諮問会議用メモ。
28 摩擦的失業や失業保険の存在による自発的失業の分類については、クレイやキャナンも先駆的である。Casson (1983: 18-23)。特にクレイはヘンダーソンの遺稿集を編纂するなど、交流があった。
29 「どんな変化でも直接と究極の帰結を峻別することが、経済的考えを明らかにするのに本質的であろう」(Henderson 1936: 1)、ケインズへの手紙、HP Box 10。
30 CW (vol. 9: 311)、「自由主義と労働党」。
31 CW (vol. 7: 380)、『一般理論』。
32 CW (vol. 27: 369)、「戦後の雇用」1944年2月14日。ケインズはロビンズの報告書一部分不同意を支持している。

の2つが奇跡的に融合している時代であった。しかし20世紀には両者は鋭く分裂し、人々は右往左往している。その中にあってケインズは徐々に後者の原則を強めながら、なお前者への憧憬を捨てていない。この後者こそ、ハイエクが「設計主義」constructivism と呼び、自らの自由主義から放逐した概念である。ケインズにおいて両者は自然に融合している。このギリギリのバランス感覚が、多くの人には支離滅裂・豹変と映ったようである。いずれの場合でも、個人の差を大前提とした制度設計をケインズは理想としていた。

　このようなケインズの立場を新（社会的）自由主義と称することもできる。この立場は哲学的基盤として T.H. グリーンの理想主義を始祖する。また、エドワード期の政治的イデオロギーの動態を歴史として持つ。ホブソンの過少消費説も参考にしながら、新（社会的）自由主義に経済学的基盤を与えたのがケインズであり、ヘンダーソン・ベヴァリッジであった。また、その上に社会保障というグランドデザインを付け加えたのが「ベヴァリッジ計画」であった。なるほど個々の論者には様々な差異が存在するのは事実である。しかし、資本主義の欠陥という社会的問題の存在を抉り出し、その解決方法を——個人主義的な道徳の鍛錬のみに向かうのではなく、また自由放任主義に郷愁を感じるのではなく、——国家の経済的役割の拡大に求める点ではどの論者も変わりない。つまり新（社会的）自由主義は 1880 年代から 1940 年代にかけて、多段階の変遷はあるものの次々に新しい要素——道徳的存在としての理想主義、急進的政治活動、管理化という経済理論——を付け加えることによって、現代福祉国家の誕生を促した運動とくくることができる。この点で三者は大枠として、新（社会的）自由主義の完成に大きく寄与した人物であるとみなせるだろう。

　特にベヴァリッジの立場もケインズとかなりの部分を共通する。つまり時代によって多様性と設計の二面に大きな振幅が現れるのである。1900年代の段階では、ベヴァリッジは労働市場の人工的創造という制度設計に大いに

33　CW (vol. 9: 327)。ケインズの自由主義については、鍋島（2001: 第1章）や八田（2001）を見よ。
34　ハイエクの自由主義については、江頭（1999: 第9章）も見よ。

関心を持った。ただしいったん設計された市場の中では、自由な労働供給と労働需要による経済（学）的な調整に信頼が置かれていた。1930年前後にはロビンズ・ハイエクの影響を受け、ケインズに反対して自由貿易を擁護するなど、むしろ市場機能に全幅的な信任を置いた。しかし慢性的な失業と戦争突入の事態に、ベヴァリッジは徐々に——しかしある時点で急速に——初期の設計主義を取り戻していく。その象徴が『ベヴァリッジ報告』であり、『自由社会における完全雇用』であった。もちろんこうした報告書の中でも、「本質的自由」は堅持されている。「本質的自由」とは言論・信条・結社・職業選択の自由、そして個人所得を自由に支出する権利である。これは政治的自由に軸をおく古典的な自由主義と言って良い。また学問の自由については、大いに尊重された。しかしながら、ベヴァリッジ計画は「包括性」——そして最低限所得の保障——を最も重視しており、ベンサム的な平等型効率性が前面に出ている。1942年の段階では結果的に、個人の多様性よりも最低限生活の平等性を重視した形になったと判断して良い。そしてこれこそが戦後社会の支配的体制——福祉国家という管理経済——を直接に生み出したのである。ただし『ベヴァリッジ報告』の後に出版した『自発的活動』(1948) では、やや方向性が修正された。この点は第15章で触れる。

　このようにケインズの場合と同じく、ベヴァリッジも時代によって濃淡が伺えるものの、社会設計という強力な思想と、個人の自発的創意の思想が混然と一体化していたと言えるだろう。また、ベヴァリッジにおいては博愛・相互扶助に等置するものとして、経済的自立が説かれた。ヘンダーソンにもケインズにも自由主義に対して大きな振幅が存在するのは事実だが、ベヴァリッジほど揺れ動く人物はなかった。多様性の中の設計という鍵の概念は、ベヴァリッジの思想遍路を浮かび上がらせる。

2-3 自由放任主義をめぐって

　それではヘンダーソンとケインズ・ベヴァリッジは、思想的にまったく相容れないのだろうか。この設問を解く鍵は、ヘンダーソンの言葉にある。

「ケインズ卿が〈理論的経済分析〉と呼ぶ未来への中心的な処方箋は、経済的自由放任主義 economic laissez-faire への最終的な回帰——多くの制御が必要とされて、しかしそれはとても短いと期待される移行期間の後——と財政的正統性の放棄を結び付けるものである。」(Henderson 1944a: 317)

「完全で安定した雇用を確保するために、主として変える必要があるのは財政的正統性というより、経済的自由放任主義である。前者は単に小さな変更である。後者はもっと過激な変更である。」(ibid.: 318)

極めて興味深いことに、ヘンダーソンは「ケインズ＝経済的自由放任主義への回帰」と断定していことである。そして第一次世界大戦後の政策を、経済的自由放任主義と健全財政の結合と非難している。自らの立場は、健全財政の堅持と経済的自由放任主義の放棄である。通常、ケインズが自由放任主義として非難されることはない。ヘンダーソンの独特な判断はどこから生じたのだろうか。

ヘンダーソンはケインズやベヴァリッジの「一元的計画」こそ、自由社会を毀損すると危険視し、むしろ自由放任主義に近いと考えた。その意味は彼らの設計する制度が、人間——特に民間人——の叡智を発揮させる場面を少なくさせ、制度に埋め込まれた体制作りをしているからである。ヘンダーソンはこの事態を「自動的な計画」と呼び、経済の実態に合わせた裁量（最良）政策ができないとみなす。つまり彼らのマクロ的経済把握と制度設計は、ヘンダーソンの多種多様な経済把握（ミクロ的）と機動的な自由を許す体制と真っ向からぶつかる。次の引用もしておこう。

---

35 次の文章も参照。「経済理論の任務は自由放任主義の制度を正当化することにあるのではなく、まして道徳を事業にもちこむ愚を示すことにあるのではない」(Henderson 1922/1932: 143)。

36 Henderson (1944a: 324)。Henderson (1944b) でも「自動的な計画」や「自動主義」automatism に反対している。総需要喚起という自動的計画が放置されると、その費用が深刻なまでに上昇し、ポンドの信任を壊すからである。Henderson (1944c: 8) でも「失業率の動きへの〈自動的な〉参照」がインフレを導くと指摘される。

「私は一般に失業指数の動きに基づいた〈自動的〉計画に反対する。なぜならこうした計画は行動の過程を請け負っているものの、指標…［の］否認が難しい時、あまりに浅はかになるだろうからである。ちなみに〈自動的〉接近法のすべては自由放任主義に鼓舞された政府への不信を基礎に持つ。それゆえこの主義は、実際の状況に基づいて行動するという裁量を除去しようとしている。これは行き過ぎである。」(Henderson 1944d: 3)

ヘンダーソンが別種類の「裁量」政策を好んでいることは上記の引用からも、「雇用の維持についての覚書」の最終的な議論からもわかる。彼は戦後の雇用問題を生産資源の滑らかな移転――資本財から消費財へ――と捉えている。この移転が自動的には行われないから、政府の主導が必要となる。まず製造業から注文を取り、小売業に売り、売れ残りの在庫を抱えるというリスクを取るのである。つまり問屋業者の注文こそが大事である。国家の役割はここに留まらず、さらに拡大する。

「少なくともある意味では、国家が問屋業者 a wholesale dealer の役割を引き受けるべきと示唆した。しかしこの言い方では本質的思考を突いていない。私が本当に示唆したいことは、国家が最高位の企業家 entrepreneur-in-chief の役割を引き受けるべきということである。これは生産資源のフローを、人間の必要な所に最も資するような利用にしむけるという役割である。現在、我々の経済システムではこの地位は空位である。しかしもっと〈計画された〉社会という曖昧な話がもし何らかの意味を持つとすれば、国家がここを満たすという意味だ。」(Henderson 1943: 234)

「もちろんこのことは政府の経済的な機能において、新しい出発を意味するだろう。多くの人は広範な政治的理由から反対するかもしれない。…個々の企業

---

37 この余白に自筆で、「私は政府 governments をもっと信頼する。指標をさほど信頼しない」と注記されている。
38 1年後もヘンダーソンは「生活の最低限基準のために、国家はますます最高位の企業家の役割を引き受けるべき」(Henderson 1944d: 4) と主張した。しかし生活基準を確保することは直接的に雇用政策としてではなく、「主に〈動機〉のため」である。

の所有や経営に介入しないで、むしろ個々の場合に是非に基づいて介入するならば…、次の10年ぐらい、国家が最高位の企業家の空位を埋めるという取り決めに、暫定協定を見出すとしても良いのではないだろうか。」(*ibid.*: 234、強調は原典)

「たぶん雇用は、幸福と同じく、それ自身を求めない時にもっとも速やかに実現するだろう。本当の問題は、我々の生産力が最大の福祉を保証するために使われるべきことである。…我々の生産資源を組織し管理するという見地から考えてみよう。…それらを浪費することは少なくなるだろう。」(*ibid.*: 234-235)

そしてケインズも広い意味で、裁量主義には賛成する。彼はヘンダーソンの批判に辟易していたが、珍しく上記部分を「多くの英知を示していると思われる二カ所」(CW vol. 27: 324) として引用し、自分の文書「完全雇用の長期問題」の締め括りとしている。ケインズにとっては両者の差は小さかった。消費財であれ資本財であれ、政府が主導して（しかし全面制御をすることはなく）需要を喚起したり方向付けを試みたりしなければならない。しかしヘンダーソンにとって、この差は大きなものであった。問屋業者の役割とは、個別商品の選別であり創意工夫の場である。その商品は戦時経済のように規格化されているので、社会主義政府が後に困惑したように多様な財サービスに合わせる必要はなかった。それに対し、マクロ経済政策は自動装置である。いったん形成されてしまうと——社会保障の給付や累進課税のように——、人間の英知が働く余地はない。そこには理想とする自由社会が双方で重なる部分を共有しながら、なおヘンダーソンの側に許容できない部分があったためであろう。それこそが福祉国家という制度設計であった。

　ヘンダーソンは自由放任主義を捨て、産業ごと場面ごと分類ごとに対策をその都度考えるというミクロ的裁量主義を採択した。その象徴が合理化問題であり、問屋業者に見立てられた政府の経済機能である。その結果、やや供給側を重視した政策に好意的になる。それに対しケインズは、総需要の管理政策というマクロ的裁量主義を採った。総供給側を問題にしても良いが、その前に人々の消費・投資活動が経済全体としての躓きを思いがけずもたらす

表 13-2　3 人の位置関係

	ヘンダーソン	ケインズ	ベヴァリッジ
個人の規律	重視	軽視	重視
財政の規律	重視	軽視	軽視
ミクロとマクロ	一貫性あり	一貫性あり[39]	無関係
多様性	絶対支持	絶対支持	中立、曖昧
所得再配分	積極的	消極的	消極的
裁量主義	ミクロの局面で	マクロの局面で	むしろ設計主義

とケインズは主張した。この立場はヘンダーソンによって個人の創意工夫をなくすものと断罪され、英知が働かないという意味で「自動的な計画」とラベルが貼られ、自由放任主義と同一視されるほどになった。

　ベヴァリッジの立場はむしろ経済的な裁量主義からは離れ、社会制度のデザインを試みる裁量という具合に守備範囲が広がっている。労働市場を人工的に創造したり、社会保障体制を計画してみたり、それを完全雇用体制と接合させてみたり、という具合である。この意味で経済学者の考える「経済問題」よりもはるかに広範な領域をベヴァリッジは「経済問題」と捉えた。今日では「社会政策」と定義できる領域までが経済問題・産業問題であった。

おわりに

　以上の整理は上記の表 13-2 にまとめられている。

　個人の規律と政府の規律に関しては、三者の意見が最も分かれる。ヘンダーソンとベヴァリッジは個人の規律を極めて重視した。ケインズはむしろヴィクトリア的節約行動がマクロ的な経済破綻を生むとつなげた。ヘンダーソンはこの規律を政府にも広げて「イギリス財政正統説」としたが、ケインズ・ベヴァリッジはむしろ短期の赤字予算を許した。

　多様性の中の設計という主題は、極めて微妙な問題を孕んでいる。時代に

---

[39] 個人の規律と財政の規律に関連性があること。合成の誤謬という点では、ミクロとマクロには齟齬が生じる。

よる差、強調による差というのは確かに存在する。それがミクロ的裁量主義なのか（ヘンダーソン）、マクロ的裁量主義なのか（ケインズ）、それとも社会設計なのか（ベヴァリッジ）という具合である。また一元的管理（ベヴァリッジの包括性原則）が強い場面もある。しかし三者ともある種の裁量主義（ひいては設計主義）を持っており、しかも個人の多様性という古典的自由主義の要請とそれが渾然一体となっている思想であった。

　塩川（1999: 514-515）は「計画による社会秩序の形成は必ず失敗するという悲観」と「計画を排除すると自動的に自生的秩序が生まれる楽観」を弁別し、ハイエクの立場（前者）と自動的な自由放任主義（後者）を混同してはならないと警告している。なぜなら、ハイエクは自由な市場秩序を支えるルール・慣習を不可欠な要素とみなすからである。ただしそれら自体への信頼が暗黙裏に強いので、あたかもルール自体が自生的に発生する印象を持たせ、それゆえハイエクが後者と同一視される危険性を誘発している、とも指摘された。

　この議論をケインズ等に置き換えてみよう。「市場による秩序形成は必ず失敗するという悲観」と「計画を行えば自動的に秩序が生まれる楽観」をやはり峻別しなければならない。上記の議論で明らかなように、ヘンダーソン・ケインズ・ベヴァリッジは前者の悲観を共有し、同時に後者の楽観主義を十分に諌めていた。ヘンダーソンは限定された国家の裁量主義に期待を寄せ、ケインズ・ベヴァリッジは自由主義の重要な部分を残した上で、いかに計画の要素と両立させるかを腐心していた。つまりハイエクの側もケインズの側も、通俗的な二項対立では単純化できない。それぞれ何らかの限定条件を付帯した上で、より計画に近いか、自由な市場に近いかという選択を行ったのである。[40]

　ヘンダーソンの論考を精査することで、福祉国家思想の誕生（ケインズ流の経済管理とベヴァリッジ流の社会保障の結合）と多様な自由主義との位置関係も抽出できる。ヘンダーソン・ケインズ・ベヴァリッジはそれぞれ経済

---

[40] ケインズ自身がハイエク『隷従への道』を「堂々たる作品」と呼び、「道徳的および哲学的に、事実上すべて同意する」と評した。ただし経済的言明については、計画化が非効率的とみなし、中道の実行可能性が過小評価されているという理由で、ハイエクに同意していない（CW vol. 27: 385-396）。

的知の強力な担い手であるだけでなく、「自由主義」に対する思い入れが強かった。ほぼ同調する場面もあれば、溝が深いとお互いに認知する局面も多かった。前者の象徴がある種の裁量主義であり、後者の代表が個人と財政の規律という側面であった。しかしグリーン・ホブハウス・ホブソンと続く伝統の中、新（社会的）自由主義というイデオロギーに経済学的な論拠と社会設計の構想を加えることで、三者ともに自由主義の1つの完成態を協同して生み出したと解釈できる。この意味で三者とも、新（社会的）自由主義の完成に寄与した。

41　もちろん多くの場面で、ヘンダーソンはケインズ等の反面鏡となった。「批判的な協働」と分類できるかもしれない。

第 14 章　LSE の連邦主義[*]
―― ロビンズとの協働 ――

はじめに

　本章の目的はロビンズとベヴァリッジの間に、ある種の協働関係があったことを描き出すことである。そのため、両者の連邦主義に題材を絞り、その限りでこの政策提言の裏側にある両者の「自由主義」に対する基本的姿勢を抽出する。従来、ロビンズはハイエク陣営にあり、反ケインズとされてきた。[1] またベヴァリッジとの関係もお互いの疎遠性・断絶性が前面に出ていた。[2] しかし仔細に両者の論考を眺める限り、こうした荒い見解は誤りである。ロビンズとベヴァリッジは LSE という共通の場にあり、本人達が意識する以上に緊密な関係にあった。

　LSE は当初から国際的に開かれており、交流が盛んであった。例えば 1933 年にベヴァリッジは LSE でまず、ナチス政権誕生により追放された教授への支援活動を開始した。これはロビンズ夫妻と共に、1933 年 3 月にミーゼス教授とウィーンで会食したことがきっかけとなっている。[3] ロビンズはベヴァリッジの下で、LSE の学術自由委員会 Academic Freedom

---

[*]　経済学史学会（2006.5.27、於・神奈川大学）で発表した際、山崎好裕氏・堂目卓生氏・若田部昌澄氏のコメントに感謝する。
[1]　紋切り型のロビンズ理解から逃れている文献に、田中（1986: 285）、根井（1989: 第 4 章）、松嶋（2005: 56-57）がある。
[2]　ロビンズ自身がベヴァリッジをあまり高く評価していない。Robbins（1971: 158）など。ハイエクはベヴァリッジを徹底的に唾棄している。Hayek（1994: 83-85）。
[3]　シンプソンという別の人物にベヴァリッジが会ったのが契機だとする証言については、Cooper（1992: 33）を参照。

Committee の実務も担当した。[4]ベヴァリッジはケンブリッジ大学その他にも支援の輪を訴え、1933 年 5 月 24 日には学術支援評議会 Academic Assistance Council を発足させた。その決議文にはケインズ・トレヴェリアン教授ほか 41 人が署名した（Beveridge 1959: 5）。また、1939 年から 1940 年にかけて、連邦主義を巡る議論が活発化した。その主導がベヴァリッジであった。1939 年 1 月には「連邦同盟」Federal Union がロンドン（ゴードン・スクエアー）で発足した。[5]宣言書への署名者は男女 35 人に上り、ロビンズ・ラウントリー・トインビーなどが含まれていた（Mayne & Pinder 1990: 11）。さらに 1940 年 3 月には連邦同盟の中に研究部 Federal Union Research Institute が発足し、ベヴァリッジが議長になった。研究部には憲法部門、植民地部門、経済部門などの部会があった。経済部門の会議はやはりベヴァリッジを議長として、ロビンズ・ミード・ハイエクなどの参加者を集めた。[6]数々の国際会議の報告は『連邦論集』*Federal Tracts* という冊子にも収録された。1940 年の春休みにロビンズはベヴァリッジと共にパリを訪れ、政治的・経済的統合についてフランスの同僚と相談した（Robbins 1971: 167）。後述する連邦主義は、国際的な LSE を軸に展開されていた。

本章は次のように構成される。第 1 節はロビンズの見解をまとめる。第 2 節はベヴァリッジの見解を要約する。第 3 節は両者が連邦主義を提唱する事情をまとめ、最後に自由主義に対する見解を考慮する。

---

4 COLL MISC 0683, Academic Freedom Committee 1933-1957, Section 1, LSE Archives。またドイツ人の学生について、ケインズがロビンズに奨学金の依頼をしている。1935 年 11 月 20 日と 12 月 17 日、Section 3。
5 この団体については Burgess（1995: 140-142）も参照。
6 Mayne & Pinder（1990: 35）。ハイエクも実は連邦主義の経済的条件に関する論文を書いている。Hayek（1939/1949）。そこでは連邦の設立で、設計主義的計画が減少する期待が述べられている。連邦国家によって税や支出が分権化すれば、政府の権能を制限できるからである。Obinger *et al.*（eds.）（2005: 31）。

第 1 節　ロビンズの連邦主義

　ロビンズによる連邦主義の提唱は、重視されてこなかった[7]。しかしこの提唱は彼の――少なくとも 1930 年代後半の――政策論や自由主義観を摘出する上で見逃せない。本節では以下の 4 つの著作を取り上げる。『経済計画と国際秩序』(1937)、『戦争の経済的原因』(1939)、「経済要因と国際的分裂」(1940)、『連邦主義の経済的側面』(1941) である。ここでは著作間の差異は無視し、共通する提案を抽出する。特に経済の見方、一国主義の誤り、戦争原因、理想とする連邦主義という 4 点のみに集中する。

　ロビンズは当時流行していた「計画」planning という概念を、社会主義的傾向よりむしろ資本主義的傾向の中にあるとみなす[8]。ただし計画の適応範囲が一国なのか全世界なのかで、様相は 180 度変わる。ロビンズは通説と違う語法を用いる。希少な財を処分するという経済活動には、必ず計画（目的に従う行動）が伴い、「選択とは経済活動の本質である」(Robbins 1937: 4)。大論争の「計画か否か」という問いは不毛である。なぜなら「問題は計画か無計画かではなく、どの種類の計画かである」(*ibid.*: 6)。ロビンズは計画の主体が誰か（民間か国家政府か連邦政府か）を無意識のうちに不問にした上で、ある種の設計主義が経済社会に貫徹していると認識する。そして、個別の計画が社会の中でどのような帰結を迎えるか、と自問する。すなわち国家計画が国際的な環境で発生した場合どうなるか。彼の結論は次である。「切り離された計画は無秩序や混沌になるかもしれない」(*ibid.*: 4)。あるいは「問題なのは計画全般ではなく、独立した国家による独立した計画なのである」(Robbins 1940: 38、原文すべてイタリック)。なぜこの結論になるのか。

　一国による独立した国家計画 national planning は様々な欠点を抱えている。それだけでなく、戦争の危機を萌芽している。その理由がヒト・モノ・

---

[7] ロビンズ研究で連邦主義を扱うものはほぼ皆無である。わずかに O'Brien (1988: 139-141) が触れているが、国際経済学の一部分の扱いである。Pinder (1998) は両者の連邦主義を取り上げるが、単に抄録だけで何の考察もない。
[8] あたかもランゲ陣営の発想に見えるので、奇妙ではある。

カネの3点から指摘されている。第1に、移民制限の非効率性である。これは労働の移動——低い生産性から高い生産性へ——を妨げる (*ibid.*: 26) という表層の理由からだけではない。社会保障の充実という善意が、ある逆説を次のように抱えるのである。

　「ある計画経済の〈市民〉だけが、働く権利や生存する権利を与えられている。国家計画が生活水準を上げるならば、その上昇は移民によって吸い上げられるべきではないことが重要である。」(Robbins 1937: 37)

労働市場は国内的に保護されている。ベヴァリッジ等の社会保障体制が一国に留まるならば、むしろ他国を排撃する可能性はここで指摘された。第2に、貿易制限の歴史的誤謬である。ロビンズは関税・輸出入制限などを取り上げ、これが現代版重商主義として歴史的にも誤っていると主張した。他国の市場を狭め、達成できたであろう生産性を享受できなくさせるからである (Robbins 1940: 28)。彼は重商主義の本質を一国で完結した「経済計画」とみなす。この文脈でケインズは島国的 insular と非難された (Robbins 1937: 320)。第3に、現在の金融政策がさらに事態を悪化させている。

　「1931年に金本位制を放棄してから、金融的国家主義 monetary nationalism と呼ぶべき時代になっている。これは異なった国家間のバラバラの合意で沈静化されているが、本質的には独立為替および互いに異なる内国政策によって特

9　「国家計画は貿易や投資に関して、自由放任 laissez faire の休止を含むだけではない。人間の移動に対して、通行証 laissez passer の休止を含むのである」(Robbins 1937: 37)。
10　ロビンズは古典派の自由主義の重層を自覚している。確かにヒューム・スミス・ベンサムたちは政府を無用と即断したわけではない。しかし市場法則の発見に囚われていたため、「彼らがしばしば市場を当然とみなしがちで、…制度を適切に動かすことになる法則や秩序という枠組みを、不十分にしか強調しなかったようだ」(Robbins 1937: 226)。
11　関税を高めれば雇用が確保されるというのは、粗雑な誤りである (*ibid.*: 314)。ケインズは一時的に国内経済を国際経済から切り離し、大恐慌の影響を遮断し、ある程度の回復を待って国際協調に転じている。ロビンズはこの二段階解決法を認めない。

徴づけられるものである。」(Robbins 1940: 33)

例えば一国が為替の切り下げによる輸出促進を独立に図っても、他国が可変的に為替を動かせるならば、さらなる切り下げか輸入財凍結という結末を迎えるかもしれない。ヒト・モノ・カネすべての面で、国家的な保護が国際的な経済効率性を減少させるのである。人為的制限によって資源配分が攪乱し、国際的な分業や大規模生産の利益を損なう (Robbins 1937: 55)。国家経済は無意識に自給自足に偏向するのである (*ibid*.: 74)。

ロビンズの戦争原因究明は、次の三重構造になっている。つまり、経済的側面の恐怖、それを生み出す国家主権、それを加速させる経済的要因である。まず、上記の経済的制限は、次の恐怖を生む。

「主たる原因は、他の領域における経済的機会が排除されないかという恐れ fear である。国家権力に対する闘争の存在意義は、—経済的起源に限れば—他国の制限に対する恐れである。」(Robbins 1939: 88)

ただし戦争の根本的な原因は、国家主権の存在である。

「国家的経済利益の衝突をもたらす究極の条件は—これが国際戦争を引き起こすのだが—、独立した国家主権の存在である。資本主義ではなく、世界の無政府的な政治組織が我々の文明の病根なのである。」(*ibid*.: 99)

国家主権があるからこそ、その国民を保護するという名目が発生し、経済的制限という手段が考案されるのである。他国から制限されるかもしれないという恐怖は、不況の時に最悪な事態を迎える。

「雇用が不活発な不況時には、制限を加えることがヨリ明らかな利益を持つように見える。つまり特定の産業で失業を減らすような利点である。…たとえ短期でも制限的な手段は、報復や混乱をもたらすのも明らかである。」(*ibid*.: 89)

つまり不況という経済的要因は、戦争を導く「加速子」と捉えられる。ロビンズはあくまで国家主権という非経済的要因を戦争の究極原因とみなすのだが、それに経済的要因が加わると加速度的に戦争の危機を迎えるとした。

以上の分析を踏まえ、ロビンズは連邦主義を唱えた。「協調する組織、社会的秩序、社会計画 a social plan が必要である」(Robbins 1937: 4)。[12] 彼独自の立脚点は「国際的自由主義」international liberalism である。国際的という形容詞は国家的に対応し、世界の中の一国という協調性を重視することである。自由主義という形容詞には注意が必要である。これは政府（計画当局）の非存在を意味しない。「自由な社会に特徴的な制度は、政府なしには考えられない」(ibid.: 227)。むしろ国際的な自由主義は、強力な計画推進母体を必要とする。その機構によって安全 security を確保し (ibid.: 238)、本当の自由を享受するのである。ロビンズは言う。

「秩序なくして、経済なし。平和なくして、福祉なし。／しかし我々の現行組織が最も顕著に欠けているのは、まさに包括的な国際的計画というこの基本的要求である。世界経済はある。しかし世界統治機構 world polity はない。」(ibid.: 239)
「法と秩序の国際的な枠組みが必要である。…統一国家は必要ない。それは実際的でも望ましくもない。しかし連邦制の組織は必要となる。国際連盟のような主権国家の単なる連合ではなく、加盟する国から紛争を生むような諸力を剥ぎ取る純粋な連邦制である。」(Robbins 1939: 104-105)

ロビンズは連邦制に関して具体的な制度構築に向かうのではなく、むしろ理念的な役割を指摘している。[13] それはやはりヒト・モノ・カネに関する制御である。それは国民国家と連邦国家における権力の分業に関係する。ヒト・モ

---

12 ここで（自然的）「秩序」と（人為的）「計画」という用語が並列されていることから、ロビンズがハイエクから離反していることは明らかである。
13 ロビンズは連邦主義の具体的なイメージをヨーロッパ共同体（イギリス連邦＋北欧＋西欧）に求めた。まずは西欧での戦争の種を消滅させるためである。Robbins（1940: 47）、Robbins（1941: 31）参照。

ノに関しては構成員の国家の自由にすべきだが、お互いの利益衝突がないことが重要である。一般的に「何が連邦の規制なのか、そして国家の規制ではないのか」(Robbins 1941: 11、原文すべてイタリック) を主眼とすべきである。特に関税に関しては、近隣窮乏化政策 beggar-my-neighbour policies にならないことが肝要である (*ibid.*: 13)。制限や裁量という権力を国家に残しておくと、連邦制であっても必ず紛争を引き起こす。ゆえに「許されている裁量は連邦制御の問題となるべきである」(*ibid.*: 16)。カネに関しては共通通貨が良いのか異なった通貨での変動為替が良いのか、どちらの議論もある。問題は複雑なので、「貨幣と資本の動きは本質的に連邦の機能として制御する、と合意しておけば良い」(*ibid.*: 22、原文はすべてイタリック)。連邦当局は課税も融資も可能である。国境沿いなどの場合は、公共事業も行える。不況の時は連邦当局が特別な支出をしても良い (*ibid.*: 25)。[14]

　ロビンズの思考法をまとめておこう。混沌の根本原因は国際的な統治機構の非存在(無政府状態)である。この状況下で、国家主権が従来のまま存在すると、各国の経済的な「国家計画」がお互いの利益を損ない、やがて戦争に発展するほど深刻な利害対立を引き起こす。つまり政治上の不備が根元にあり、経済システムはそれに適応しているに過ぎない。経済の革命よりも政治の革命が最初に必要である (Robbins 1937: 245)。今日の困難は経済的破局に向かう内在的傾向にあるのではなく、擦り切れた政治構造にある。[15] 正しい資本主義は自由と進歩の守護神である。しかし貧困と葛藤をもたらす国家主義は困窮の原因である。社会主義革命ではなく、枠組みを作る自由主義的改革 the liberal reforms が必要である (*ibid.*: 327)。[16] ロビンズは自由主義を標榜するが、それは前世紀までの個人的自由主義ではなく、権力統治機構の経済的介入を認めた「新しい自由主義」である。ただしケインズのように国内均

14　この指摘は重要である。ケインズの有効需要喚起と同一論理だからである。国際当局の裁量的行動という点では、ロビンズはケインズから学んでいたと判断できる。
15　「今日の混沌に責任があるのは、自由な制度ではなく、そうした制度が欠如していることである」(Robbins 1937: 232)。
16　「市場と私有財産の体系に対して、効果的に機能するのに適切な法的枠組みが必要である」(*ibid.*: 258)。

衡優先主義なのではなく、国際的・世界的な視野から人為的制御（法則や秩序という枠組み）が必要とされた。

第2節　ベヴァリッジの連邦主義

　以上のようなロビンズに対し、同じLSEに所属していたベヴァリッジはどのような考えを持っていたのだろうか。ここでは彼の3つの論考を取り上げ、ロビンズとの対照に備える。第1は、ロビンズと同じく連邦同盟から出版された『連邦主義による平和？』（1940）である[17]。これは『連邦論集』の第1巻目として出版された。第2は、「なぜ私は自由党員（自由主義者）か？」（1945）である[18]。これはベヴァリッジがある地域（Berwick-upon-Tweed）から、自由党の候補者として庶民院に立候補した時の選挙演説集である。第3は、『平和の代償』（1945）と題する小冊子である。ここでも著作間の差は無視し、共通する基本的枠組みのみを取り上げる。

　ベヴァリッジは安全securityという用語を全体の鍵とし、戦争の種seedと土壌soilという二重構造で戦争の原因に迫る。

　　「連邦制の目的は巨大国家の権力ではなく、すべての国家にいる市民に対して、また異なった文化に対しても、安全を提供することである。」（Beveridge 1940a: 18）

市民社会に安全を提供するのが政府の役目であったが、国際的視野から見ると今日でも安全は提供されていない。この事情をベヴァリッジは四段階の歴史的発展論で説明する。いずれも個人活動との比喩で、国家活動の軋轢が記述された。1914年までは国際紛争に対処する手段として、2つしかなかった。自衛（軍備増強）と同盟（軍事同盟）である。国際連盟が創出され、ようや

---

[17] この本は1940年2月に私的に回覧された。また1940年1月25日にイギリス哲学会 British Institute of Philosophy で同様の演説を行っている。*The Times*, 26 January 1940の記事による。

[18] ケインズも「私は自由党員か？」を1925年に発表している。そこでも労働党や保守党を選択しない理由が語られている。

く第3の手段も出現した。叫喚追跡 hue and cry[19]である。これは他人の善意に頼る方策となる。国連は加盟国の個別軍隊を前提とした集団保障であった。他国の意見という抑制力を過信しすぎたのである。この段階に戦争の種と土壌が存在する。前者は戦争への恐怖 fear であり、後者が国際的無秩序 international anarchy である。経済条件・野望・復讐などの紛争根元のうち、恐怖が最強である（Beveridge 1945b: 40)[20]。侵略されるのではないか、経済競争に敗れるのではないか、という心理的圧迫感である。この種は国際間における主権乱立で大きく育つ。国際連盟の失敗がこの事情をよく説明する。正義を行使する権力がなかったこと。軍縮と集団的安全保障が両立しなかったこと。正義の要求と各々の国家政策が軋轢を起こしたこと（Beveridge 1940a: 22)。この状況はまさに連邦当局という権威が存在しなかったためである[21]。

　この国際的無政府状態に終止符を打つのが、第4の方策、すなわち連邦政府の樹立である。市民社会では警察権力の確立に当たる。ちょうど市民が法体系の中で自由を享受できるように、国家も従うべきルールがあればより個別国家らしい自由を楽しむことができる。市民の紛争が殺戮につながらないのは、遵守すべき法体系があるからである。国家間でも同様の原則を打ち立てるべきである。「国家間で法の支配 rule of law があることは、国家がまるで尊敬すべき私人であるかのように行動することを意味する」（Beveridge 1945b: 12)。

　「法の支配によって個人が自由を…さらに享受できるように、国家も独立になれる。戦争の恐れ、際限ない軍備の負担、もつれる同盟の圧力などから逃れ、法の支配にある国家すべて、過去の国際的無政府状態だった時より大きく安全な独立を果たせる。」（*ibid.*: 53)

19　イギリス市民法の伝統。犯罪に遭遇した市民が叫び声を上げた時、それを聞いた者は追跡し捕えける義務があった。やがてこの方式は、安全確保を生業とする警察組織にとって代わられた。
20　「実際、戦争への恐れこそ戦争の主因なのである」（Beveridge 1945a: 38)。
21　「すべての国家が受け入れるべき権威は、いまのところ存在しない」（Beveridge 1945b: 9)。

「平和は国家主権という古い概念を抜本的に変えないと達成できない」(Beveridge 1945a: 38)。今まで絶対視されていた国家主権こそ、国際紛争の元凶として、否定されるのである。国際的無政府状態を克服するには、国家間を正義 justice で裁く超国家権威が要求される (*ibid*.: 51)。

ベヴァリッジは具体的な連邦政府の機能（守備範囲と組織）を論じている。まず連邦政府と各国政府の分業体制はどうあるべきか。共通の事象については連邦政府の管轄になるというのが原則である。3つの側面から考えられる。1つ目は防衛と外国問題である。この2つは連邦政府に委譲すべきである。軍隊に関して各国所属は消え、連邦政府が単一の軍隊を所有することになる。各国同士の軍事的葛藤が戦争を引き起こすのであり、連邦政府の最大の利点はここにある。2つ目は属国の扱いである。ある程度までは連邦政府に委譲する (Beveridge 1940a: 14)。植民地の扱いそのものが、過去の軋轢の産物だからである。しかしすべてを委譲することは現実的ではない。3つ目は経済問題である。全面的制御を行うのは難しいが、調停法廷 a court of arbitration を作ることも第一歩である。景気循環など経済活動はすでに国際的である。しかし今の段階では、通貨・貿易・移民に対して最終的な制御を行うことは難しい。連邦が経済問題を完全に仕切ることはまだ理想なのである (*ibid*.: 17)。調停法廷として、例えば清算同盟や国際投資委員会などがある。[22] 経済は自由契約が原則だが、ILO のような助言機関も同時に必要である (Beveridge 1945b: 61)。次に、3つの組織が必要になる。第1（司法）に、法律を言明し解釈する組織であり、何が権利で何が義務なのかを確定する。第2（立法）に、法律を実情に合わせて変える組織である。第3（行政）に、法律を普遍的に迅速に強制する組織である。ただし効果的な民主制は絶対的な前提であるが。[23] 次のような追加的条件もある。まず二院制であること。

---

[22] ベヴァリッジの超国家構想と、ケインズの超国家中央銀行（清算同盟）には類似性が認められる。またカントの平和論に着想を得たことも明らかである。カントは恒久平和を達成するために、自立した個人の自由と平等、世界市民という観点から「絶えず拡大しつづける持続的な国家連合」を重視した。カント（2006: 183）などを参照。

[23] 「連邦主義の地域は制御可能であるだけでなく、すべての加盟国は民主制でなくてはならない」(Beveridge 1940a: 19)。

1つの議院は人口や有権者に応じて市民から直接に選挙される。もう1つの議院は各国を代表する。さらに連邦憲法では言論・結社の自由や秘密投票を守り、政府の平和的移行を保障する (Beveridge 1940a: 19)。

　ベヴァリッジの具体的な連邦提唱は、ロビンズ同様にかなり限定的な内容になる。連邦主義はすべてに共有される共同作業 partnership と定義される。大学・工場・家族のような場所で、共通目的の仕事があるという比喩である (ibid.: 25)。地域の制限が連邦主義の本質となる。具体的に、どのような国家が連邦制に含まれるべきか。イギリス・フランス・ドイツ、デンマーク・ノルウェー・スウェーデン・フィンランド・ベルギー・オランダ・スイス・アイルランド、オーストラリア・カナダー・ニュージーランド・南アフリカである (ibid.: 11)。地域を限定する理由は様々である。まず制御が容易である manageable。次に共通の文化を持ち、比較可能な生活水準で、経済関係が緊密である。さらに人口規模も適切である。そしてドイツを除けば、民主制を採っている。単なる反ファシズム陣営となってしまうので、ドイツは除外すべきでない。現在の中立国も勢力均衡のために必要である。英連邦を入れるのは本質的ではないが望ましい。世界連邦への一歩ともなるからである (ibid.: 12)[24]。ただし世界連邦は当面の視野に入らない (ibid.: 23)[25]。戦争を終結させることが第一目標である。戦争後に人々の心に革命が起こり、より大きな集団化に道が開かれるだろう。

　ベヴァリッジの思考法をまとめておこう。戦争は国際間に法の支配が存在しないために起こる。つまり国際的無政府状態なのである。平和を希求するには、乱立する国家主権の一部を連邦制に委譲する仕組みが必要である。正義という観点から現状が認識されているため、経済的側面はやや後退している。そして世界連邦というのは究極の目標と認めつつ、当面はまずヨーロッ

24　インドは入らない。人口が大きすぎるからでもある。
25　後にベヴァリッジは世界連邦を指向した。特に『平和の代償』では欧州連邦より世界連邦に主張が移っている。戦争の初期と末期では政治状況が異なったためであろう。国際連合の平和憲章が現実になり、欧州だけに限定する必要がなくなってきた。さらに、「世界政府は可能である」と1952年に演説している。BP 7-64, *Federal News*, No. 201, January 1952. 主張の転換点を考察したものに、笹嶋 (2005) がある。

パの連合を望む。地域や文化の近さが決め手であり、連邦政府が制御しやすいからである。欧州戦争を終結させるという目論見もあった。

第3節　両者の比較

本節は両者の比較を直接に行い、それぞれの異同を明らかにする。

3-1　ロビンズの事情

まずロビンズ側の事情を動機・方法・発想の3点からまとめてみよう。

第1に、ロビンズがなぜ連邦主義を提唱したかという動機には、複雑な要因が絡まっている。ベヴァリッジの名を冠して出版した『関税』(1931)は、世間の保護貿易の流れを止められなかった。またハイエクの影響下に書かれた『大不況』(1934)は、大恐慌の理由付け・処方箋ともに完全に誤りだと後に後悔することになった[26]。金本位制離脱・世界大恐慌という現実の前に、オーストリア学派による景気循環論の理論と処方箋[27]は敗れたのである。通常の国際経済学でも景気循環論でも行き詰まったロビンズは、それでもケインズに対抗するための論理を編み出さなくてはならなかった。ケインズの一国優先主義（島国根性、近隣窮乏化政策）には最後まで抵抗する必要があった。

第2に、その抵抗は『経済科学の本質と意義（2版）』(1935)の方法論によって確立された。一般に本書は経済学の希少性定義として知られ、[28]「経済学は究極的な価値判断の妥当性について公言することはできない」(Robbins1935: 147)という命題で有名である。しかしこの言明から「ロビンズが経済学者は価値判断をすべきではないと主張した」とは言えない。むしろ逆である。経済学（科学）と倫理学（価値判断と義務論）の峻別が大事なの

26　Robbins (1971: 154)。根井 (1989: 159) はこの誤りの自覚が、1947年に初めて表明されたとする。
27　理論は貨幣的過剰投資説。処方箋は信用引き締めまたは貯蓄増加（特に自発的貯蓄）。ゆえに投資貯蓄バランスを崩す公共投資増額は徹底的に批判された。
28　ロビンズによれば、経済学は諸目的間には価値中立的である。単に所与の目的を達成するのに希少な手段を用いる場合の人間行動を記述するだけである（Robbins 1935: 24）。

であって、価値判断を語ってはいけないということではない。この方法論を実践したのが『経済計画と国際秩序』(1937) である。その序文で、経済学 Economics と政治経済学 Political Economy が初めて区別された。政治経済学とは経済学と異なり、経済学の分析的な応用装置である。そして経済学の外側にあって、諸目的の実現に向けた大枠を説明する (Robbins 1937: vii-viii)。言わば、経済学では所与とされた価値判断を含む形で 1 つの目的が示され、経済学での分析を——その他の価値判断を含みながら——政策提言に転化する装置である。この方法を確立することで、ロビンズは純粋経済学ではなしえなかった「国際主義の優位性」を説得的な形で提供することが可能になった。それでは『経済計画と国際秩序』でのロビンズの価値判断は何か。

> 「本書を通じて適応される観点は国際的である。説明される多くの計画は、人類全体の福祉 welfare に対するその影響に従って判断される。異なった国家の市民は 1 つの大きな世界共同体の一員とみなされるだろう。」(*ibid.*: 9-10)

つまり国際社会における市民の福祉が究極の価値である。これは狭い国家概念を突き抜けている。

　第 3 にそれにもかかわらず、実際の分析手続きは経済学者に典型的な発想となる。ロビンズは『連邦主義の経済的側面』の序論で次のように言う。

> 「連邦の存在意義は正義と文明の維持である。正義と文明は経済的利益よりも多くのものを含意する。しかしそれにもかかわらず、調和的な経済関係という確固とした基礎がなければ、こうした価値観は危機に晒されてしまう。」(Robbins 1941: 3)

つまり経済的価値よりも上位の概念(正義)が世にはあるのだが、経済学者

29　すでに『本質と意義』の第 2 版で応用経済学という分野が示唆されていた(初版にはなし)。ただしその内容ははっきりしない。Robbins (1935: 149)。また、最晩年の論文でもこの区分を繰り返している (Robbins 1981/1997: 425)。

第 14 章　LSE の連邦主義　387

として前者に集中して分析するという態度である。この態度は厚生全体を考えつつ、経済的厚生に分析を絞るピグーの発想によく似ている。ロビンズはここで、純粋経済学の分析以上の態度に踏み出す（政治経済学の考慮）。ただしその上位概念は序論と結論で念頭に置きつつ、本論の分析はほとんど経済学の論理に頼っている。連邦主義という題材は、経済学と政治経済学を程よく混合させたものと判断できる。

3-2　ベヴァリッジの事情

次にベヴァリッジについても、連邦主義提唱の動機、論理構造、他の著作との関係をまとめる。

1900 年代から学問の自由に敏感だったベヴァリッジは、1933 年のナチス政権誕生にいち早く反応した。亡命学者の支援、「受難からの解放、学習と科学の防衛」（Beveridge 1959: 5）が学術支援評議会の目標だった。世界に開かれた LSE の雰囲気は、ベヴァリッジ自身が最初から持っていたものである。[30] この文脈で連邦主義も考えるべきだろう。

ベヴァリッジの連邦主義は、彼自身の思考とも連続性がある。第 1 に、社会保障論と連続性である。つまり自らが『ベヴァリッジ報告』で示した「市民の安全 security の確保」という一般命題を、国内から国外に拡大している。

> 「主要な点は、個々の市民がその国家内部で内的な秩序を得られるというだけでなく、他国の個人と合意することによって、国家外部の外的な秩序も求めなければならないことである。」（Beveridge 1940a: 20）

国内的に成し遂げつつあった市民への社会保障を、国外にも拡大した概念が連邦主義なのである。社会保障と連邦主義は一見遠そうに見えるが、安全の確保という点では同一の地平線上にある。[31] 第 2 に、社会保障の計画も連邦

30　安井琢磨との対談で、ロビンズ自身が明言している。安井（1980: 214）。
31　ただし社会保障の場合と違って、経済的な側面は薄い。ロビンズと異なり、連邦主義の経済的側面は第一番目の考察対象ではない。

政府の計画も、同じ「経済参謀」が担う。ベヴァリッジは1942年の段階で、経済参謀を確立し、資源を計画的に有効利用せよと主張した。その利用はイギリス一国のためでなく、世界の一員として公共目的にかなうようにということだった[32]。ここで経済参謀論と連邦主義が結びついている。ゆえに連法主義は単独ではなく、ベヴァリッジの思考全体から位置づけられるべきである。

そこで他の著作群との関連性が問題になる。彼の後期三部作が、社会保障・完全雇用・自発的活動の領域を精査したことは、第11章と第15章で述べた。これらはそれぞれ、国家の義務（＝市民の権利）、国家の義務、市民の義務を考察したものである。この線上は表の三部作である。そこには権利－義務に関する市民・国家のなすべきこと agenda があった。他方、最後の著作を『平和の代償』(1945) に代えると別の側面が浮かび上がる。すなわち、窮乏からの自由、無為（失業）からの自由、戦争（および戦争恐怖）からの自由という安全保障三部作である。それぞれ貧困、失業そして戦争から逃れることに対応する。表の三部作が国家計画に限定されていたのに対し、裏の三部作は連邦主義の明示で国際計画まで広がりを持たせた。完全雇用の計画は各国独自に行えるが、平和の構築は各国の発展的解体がなければならない。社会保障と完全雇用という一国での計画が完成した後、次の段階として「戦争回避＝究極の安全」を求めたのは極めて自然な流れである[33]。戦後の問題は平和・完全雇用・社会保障がこの順で重要だが、「まずは最も容易なものから始め、最も困難なものに戻るのが…自然である」(Beveridge 1945b: vii)。このようにベヴァリッジ自身も3つの連動性を自覚していた。連邦主義の位置づけはこのように捉えるべきだろう。

3-3 両者の協働

それでは両者の個別事情を前提にして、両者の協働と判断できる共通点はないだろうか。ここでは現状認識、鍵の用語、究極目標、そして新しい自由

---

32 *The Times*, "Sir W. Beveridge on the New Britain: Need for Economic General Staff", 7 December 1942.
33 ベヴァリッジ自身もこの流れを自覚している。「完全雇用を得るのに、国際的な同意を待つ必要はない」(BE1945: 1 MX 1335, Card 214)。

主義という4つを指摘しよう。

　現状認識は両者とも共通である。国家主権の濫用が国際秩序を乱している。国家の気ままな行動は自生的秩序を生み出さない。むしろ近隣を窮乏化させる政策が一般である。まさに「世界は、私的利益と社会的利益が常に一致するようには、天上から統治されていない」状況である。そこで両者は、恐怖と安全という鍵の用語を用い、何をなすべきかを問う。ロビンズは経済的機会が他国によって排除されないかという恐怖を指摘し、ベヴァリッジは侵略や抜け駆けや経済競争に敗れるという一般的な恐怖を指摘する。両者とも安全という目標を非常に重視している。[34]そして究極の目標は、世界に連邦主義を広めることである。連邦主義は国民国家と国際国家の混合であり、両者の共同統治である。人々はどちらの政府にも属する。連邦制によって国際当局が生まれ、司法・立法・行政がすべて国際的な機関で行われる。単一政府はまだ現実的ではないから、イギリス・ドイツ・フランス・北欧などを中心とした欧州連合から連邦制を出発すべきである。以上の3点において、両者における顕著な共通点が窺えた。しかし共通点はここで留まらない。

　なぜ両者が連邦主義を唱えたのか。可能性ある1つの回答として、両者が「新（社会的）自由主義」に深く関与していたから、と述べることができる。ロビンズは19世紀までの個人主義的自由主義を破棄し、政府の積極的関与を認めた。[35]「秩序なくして経済なし、平和なくして福祉なし」と彼が言う時、市場経済を取り巻く法や秩序という枠組みそのものを創出することを意味する。[36]その秩序立った状態が国際的自由主義である。そこでは各国家が一定のルールを守り、隣国の経済的機会を制限しない限り、自由な活動が保障される。これを連邦制と呼ぶ。ベヴァリッジは1900年代から自由と計画の混合を実践してきた。「秩序の枠組みを再建し、さらに強化する」(Beveridge 1945a: 5) と彼が言う時、職業安定所や社会保険と同様に、国際社会におい

34　Robbins (1937: 37)、Beveridge (1940a: 18) など。詳述しないが、安全の重視は J.S. ミル以来の伝統である。
35　「政府の拡張的機能を否定はしない」(Robbins 1940: 38)。
36　「法の枠組みと強制の方策が、自由社会という概念の本質的部分である」(Robbins 1981/1997: 426)。

ても、(連邦) 政府の主導による国際的な市場経済の円滑化を図る仕組みそのものを創出することを意味する。そこで主権が乱立する無政府状態から脱しなければならない。そこでは各国が法の支配のもと、より安全な独立を享受できる。これを連邦制と呼ぶ。

　ロビンズは従来考えられているほど、ハイエクに近くない。あるいは正確を期せば、1935年以降の段階ではその影響力からかなり脱していた。[37] 2つ補足しておこう。その1つはハロッドへの回答 (1938) にある。彼は自分の哲学を「暫定的功利主義」(Robbins 1938: 635) と呼び、イギリス経験主義の伝統にあると断言した。ハロッドやピグーとの違いは経済学の科学性定義にあり、実践する政策に違いはない。彼らは効用の個人間比較の可能性を経済学の内部に含めるが、ロビンズは外側に置くのである。しかし実際の政策を判断する場合は、「イギリス経済学と功利主義の歴史的結合」(Robbins 1935: 141) によって、例えば累進課税を肯定するのである。自由貿易・不平等緩和も同様の理屈である。[38] もう1つの証拠は、ハイエク『自由の条件』(1960) に対する書評である。[39] ここでロビンズはこの本に最大限の尊敬を払いながら、なお居心地の悪い異議申し立てを行っている。ハイエクが自生的・非理性的要素を主張するのは大事だが、公共利益 public utility の観点からいつも批判的にそれらを精査しないと、「真の」自由主義よりも狭量な神秘主義の基礎になってしまいがちである (Robbins 1961: 71)。さらに福祉国家の是非は単純には答えにくい。まず福祉国家という用語は多義的だからである (ibid.: 77)。40年前の極貧時代から現代を見ると、非常に豊かになった。確かにこれは自由な企業のゆえだろうが、社会保障の領域で国家を通じて貢献した部分もある (ibid.: 80)。累進課税などの福祉政策についても、ハイエクの扱いは一方的である (ibid.: 78)。ロビンズはむしろ政治哲学ではピグー———を含

37　この年度にこだわるのは、(1)『大不況』(1934) 後、(2)『本質と意義』2版の出版年、(3) 新しい連邦主義を思いついた年、(4) 純粋経済学の外側にある経済学という用語の初めての使用、という多くの理由からである。
38　自由貿易も純粋経済学からは望ましさが出てこない。富の増進が (例えば) 軍備よりも望ましいと価値判断された時、初めてそうなる。Robbins (1938: 637-638)。
39　1940年代と1960年代で、ロビンズの考えにはさほど変化がないと仮定している。

めた実践的中道主義者——に近い。ハイエクが回想で「反ケインズ主義だったライオネルは、要するに彼［ケインズ］の味方になってしまった…、政府で仕事をした経済学者はみんな、…結果として堕落する」とロビンズを非難した理由がここで氷解する。

ベヴァリッジもハイエクの『隷従への道』(1944) を批判しつつ、自らの自由主義を明らかにしている。

「自由主義の本質は、本源的自由とその他の自由を分けることである。前者はどんな犠牲を払っても守る。後者は社会正義・社会発展と矛盾しない限りで守る。」(Beveridge 1945a: 34)

自由にも優先順位がある。ハイエクは資本投資まで本源的自由に入れてしまっている。これは２次的重要性である。自由放任な資本投資は（例えば）工場の一極集中をもたらす。これではロンドン以外の地方がスラムと失業で溢れる。人間を失業状態や施し dole の悲惨さから逃れさせるためには、投資過程を安定化させなければいけない（*ibid.*: 35）。あまり重要でない自由を犠牲にして、本質的な自由を守ること、これが真の自由主義である。「自由は政府の裁量からの自由以上を意味する。窮乏や不潔や他の社会悪という経済的苦役からの自由を意味するのである」（*ibid.*: 9）。そのため「国家責任の拡大なくしては社会的害悪を克服できない」（*ibid.*: 37）。計画よりも失業・窮乏を好むのは無意味である。自由と計画を組み合わせることに意義がある（*ibid.*: 37）。ベヴァリッジの最終的な結論は次である。

「我々は次のようなことがないと…社会悪や不正義に終止符を打てない。つまり個別の利益をあちこちで追求している非計画の市場経済に代わって、社会的目的に導かれた計画経済 a planned economy にするという用意がなければ。しかし、計画とは自由への計画である。計画は自由を減らすのではなく、増やせ

40　Hayek (1994: 94)。ロビンズがなぜ戦争中に内閣経済部で奮闘し、国際金融面でケインズと協働したかも、以上の事情から判明する。

るし増やすべきなのである。」(*ibid.*: 36)

　両者の「新(社会的)自由主義」は社会保障の拡大という側面もある。ロビンズは一国のみの社会改革が逆に近隣を排撃する可能性を示唆した。ベヴァリッジは裏の三部作によって、安全確保の国際的な展開を目指した。一国の内部で確立し始めた社会保障を、全世界的な規模に拡大させようと両者とも指向していた。その鍵が連邦主義であった。

おわりに

　以上のように対置してみると、両者の本源的な親和性は明らかである。これは単に共通点と呼ぶべきでなく、両者の「協働」とみなすべきだろう[41]。実際に数々の場面で、両者は共に行動したのである。LSE の連邦主義という題材は、まず戦争からの自由 (freedom) という切実な現実感から出発した。安全を確保し国際秩序をもたらすためには、大がかりな国際的計画が必要である。これはある種の設計主義であり、福祉の国際的展開である。市場の自生的秩序の考えとは対極である。しかし両者とも、本源的な自由 (liberty) の擁護者であることには変わりない。個人・国家の創意工夫や多様性を何よりも重視するからである。ハイエクとの違いは、本源的自由を守るために、2 次的な自由を一時的に犠牲にできる点であろう。本源的自由を堅持しながら、ある種の設計主義を採る立場である。ロビンズはこれを国際的自由主義と呼び (Robbins 1937: 221)、ベヴァリッジは「根本的計画を持つ自由主義」Liberalism with a radical programme と名付けた (Beveridge 1945a: 21)。名は違うものの、両者の立場は「新(社会的)自由主義」である。

　対立ばかりが記録されている両者だが、連邦主義に注目することで、むしろケインズ等の中道的な考え方を LSE において共に醸成し発展させていた。これを「協働作業」と呼ぶのは不適切ではないだろう。

41　ただし意識的か無意識的(＝結果的)かという問題は残る。両者が十分に話し合った末の協働とは言えないが、同僚として多くの活動を協力して行ったという「意識性」はある。

第15章　福祉社会の構想[*]
―― 三部作の統合 ――

はじめに

　第11章において、後期三部作のうち最初の二作を検討した。それは主にケインズとの協働作業であり、社会保障と完全雇用の相互連関性・相互強化性が窺えた。本章ではその二作をさらに包み込む形で、最後の著作および相互の関連を論じる。

　第1節では『自発的活動』の内容を精査する。第2節では独自の図解を用い、ベヴァリッジの後期三部作の構造を解釈する。

第1節　『自発的活動』

　後期三部作の最後、『自発的活動：社会進歩の方法に関する報告書』は1948年4月に出版された。前の報告書同様に私的委員会が組織され、内部者[1]の討論あるいは外部者の証言によって肉付けされた。しかし前の報告書とは違って、反響はほとんどなく、政府からもほぼ無視された（Harris 1997: 460）。本節ではこの報告書の内容を略述し、特に他の報告書との関係をまと

---

[*]　本章の素案は「ケンブリッジ経済学の研究会」（2006.3.21、於：一橋大学）で発表された。R. O'Donnell 氏（Macquarie University）のコメントに感謝する。
[1]　特に内閣経済部にいたチェスター（ベヴァリッジ報告の委員会の書記）、前著に引き続くウットン、社会調査家のラウントリーが目をひく。またハンガリー人でLSE亡命者救済組織を頼ってイギリスに来たマンハイムも委員に秘書として参加した。これらの事情は Harris（1997: 454）に詳しい。

める。

1-1 自発的活動の領域

　まず題名の意味がそのまま本書の内容となる。自発的（民間）活動 Voluntary Action とは、政府の管理下にない私的な行動を指す。必ずしも無償ということでなく、有償であっても外側からの制御がない行動である。自発的団体と公的団体は歴史的には協調してきたことがイギリスの特徴である（Beveridge 1948: 8）。本書ではたとえ自発的でも、営利動機 business motive と個人的倹約 personal thrift は捨象する。社会的進歩を導く公共目的のみが主題だからである。その上で、相互扶助 mutual aid と博愛 philanthropy という行動に絞る。前者は不幸に対抗して安全を確保するため、自らと仲間を守る登録制の自発的団体を作ることである。後者は社会的良心 social conscience を内に秘める。自分が物質的に満足していても、隣人が満足していなければ自分も精神的に満足することはない。これが良心の発露である（ibid.: 9）。

　相互扶助の精神に基づいている団体は、労働組合・生活協同組合・住宅組合・任意保険などがある。中でも代表例が友愛組合 friendly societies である。この組合は17世紀中葉までには成立し、ローズ法（1793）によって細かく規定され、奨励された[2]。数多くの不幸に備えるための基金を蓄える自発的な団体である。1911年に国民保険法が成立した時、友愛組合と国家は競合しないように考慮された。しかし1946年には『ベヴァリッジ報告』の提案と逆に、両者は分裂した。ベヴァリッジはこの分離は好ましくない（ibid.: 84）とし、友愛組合に大いに肩入れする。その理由はこの体制が――社会保険ほど厳密ではないにせよ――拠出原則を貫いているからである。つまり拠出という最低限の義務を果たした上で、プールされた基金から給付を受ける権利がある[3]。彼はこの信念に基づいて、1946年に労働党政権に友愛組合の強化を進言するが、拒否された（Harris 1997: 453）。しかし彼は国民貯蓄友愛組合の資金援助を得て、この報告書を書き上げたのである（Beveridge 1948: 16）。

2　この事情は小山（1978: 102）を参照。
3　「この共済機構による保険システムが持つリスク・プール機能に着目」（林 2002: 109）。

友愛組合への傾倒は信念と資金で裏打ちされていた。

　博愛の精神に基づいている団体は、17種類に分類できる。児童・青少年・老齢者・家なし人・障害者・社会的な疎外者への援助、芸術・地域の振興、女性団体、隣保館などである。具体的にはCOSやトインビーホール、救世軍などがある。ここでは40年後に振り返るトインビーホールのみを取り上げる。ベヴァリッジはここで再び「イギリスは豊かなのに、なぜ同時に貧しさも残るのか」というケアド寮長の言葉を引いている（ibid.: 130）。そしてセツルメント運動は金持ちで余裕のある者と貧しくて肉体労働する者に、都市が分裂するのに対抗する自発的活動であるとまとめられた。ただしこれは結果であって、最初からの本質ではない。むしろ「そこに住む者の目を通じて、経済的・社会的条件を観察」（ibid.: 132）することも大事な役目である。この冷徹な観察眼は、昔と変わらない。

　続いて上記のような団体の先駆者をベヴァリッジは考察する。ウィリアム・ブース、オクタビア・ヒル、チャールズ・ブース、バーネット夫妻、ウェッブ夫妻などである。ウェッブ夫妻のみ述べておこう。ここではLSEを開設したことが自発的活動の一種になる。元は社会主義を押し進めるために「公平な科学的研究」が必要だった。特にシドニーは際だった勤勉性・寛容性を見せた。最初の理事4人は後に国会議員になったが、1人だけが社会主義に分類され、残りは違った（2人は保守党）。彼は1度もLSEの方向性を遮ったことはなかった。ウェッブ夫人の元には巨額な相続金があったので、公共目的のために時間と資金をつぎ込めた（ibid.: 184）。

1-2　三段階把握と社会観

　ベヴァリッジは福祉国家[5]が到来してもなお残る領域を、やはり三段階で把

4　1942年の貧困調査でも手伝ってくれたラウントリーがいない。まだ存命中だったからかもしれない。ラウントリーとの親密さは、ロイド-ジョージやチャーチルに一時的雇用の問題を取り上げさせると意気軒昂な手紙からわかる。BP 2b-13、ラウントリーからベヴァリッジへの手紙、1917年11月17日。
5　ベヴァリッジは「社会サービス国家」という用語を好んで用いた（Beveridge 1948: 217）。国家からの贈り物という意識が強くなる「福祉国家」という用語は気に入らなかった（Harris 1997: 452）。

握する。

　第1に、主たる勧告は残存する一般的な基本的必需品 needs の充足である。これは全市民に向けられるもので、余暇の増大と現代社会の複雑化に対応する。前者は工業化の結果、労働時間が2時間も短縮される事態から派生した。余暇の増大に商業が入り込み、映画鑑賞やギャンブルが横行している。しかし「余暇を無駄に害あるように使うことについて、自由社会では国家の直接行動はできない」(ibid.: 286)。また後者については、市民相談事業所 Citizen's Advice Bureaux の機能が大事である。この組織は1930年代中葉に全国社会サービス協議会 National Council of Social Service の報告書によって提唱された。戦争勃発時には200の事業所が開設され、1948年には600が稼働している。この組織は主に、行政の仕組みを説明すること、行政の不服相談をすること、多くの市民に理性と友情が世にあると感じさせることを請け負っている。相談員には必ずボランティアがいて、仲間の市民として相談に乗る。当局からは独立した自発的団体である。国家は市民相談事業所に物質的な援助をすべきだが、大学に対してと同じく、制御をすべきではない (ibid.: 277-287)。

　第2に、従たる勧告は特殊な必需品の充足である。非典型的な少数派の市民に対しても、目配りを怠ってはならない。例えば遺棄され虐待された児童、心身障害者、慢性的疾患者、未婚の母と子、釈放された元受刑者、不幸な家庭の主婦などである (ibid.: 226)。彼らには貨幣そのものというより、貨幣ではしばしば買えないサービス(奉仕)が不足している。物質的な資源(家屋・病院・訓練所)がまず必要で、それには自発的活動が大いに力を発揮すべきである (ibid.: 266)。

　第3に、補完として、自発的活動を陰から支えるのが国家である。それは直接統制ではなく、器を作ったり、補助金を与えたり、創意工夫を促したりするという間接的援助である。

　本書はベヴァリッジの社会観が陽画的に窺える[6]。これまでの著作では陰画

6　本書は「ベバリッジの国家間、社会観を知るうえで重要なテキスト」(湯浅　1997: 222)である。

的にしか捉えられなかった。それは二重のバランス感覚である。

　第1のバランスは国家と個人の間である。個人には色々な動機がある。個人的な節制と営利（ビジネス）動機には私的な目標しかない。どちらの貪欲も経済的発展の原動力となりうる。しかし、営利動機は召使いとしては良いが、主人としては相応しくない。「営利動機に支配された社会は悪い社会である」(*ibid.*: 322)。他方、国家は民主主義的手法に則っているものの、中央集権的な一元化（直接的な統制）を基本的には目指す。このままでは個人の思惑と国家の権力がバラバラに存在するのみである。社会に人々の絆がない。そこで個人の社会的良心（公共目的）から発した「自発的活動」の領域が、両者の緩衝帯となる。かつては宗教的な共同体が担っていた役目を、例えば友愛組合が取って代わるのである。ここに国家と個人のバランスが回復する。

　第2のバランスは国家と市場のバランスである。市場は独特の営利動機に導かれて、人々に多大な富をもたらした。しかし労働市場が典型だったように、需要と供給が大幅に変動するなど、均衡への安定的軌道が確保できなかった。そこで20世紀前半から国家の統制的介入がなされた。社会保険が導入され、完全雇用が目標と定まったのは大きな前進である。しかし国家の力、市場の力を持っても解決できない領域がある[7]。それが「自発的活動」の領域であり、営利でも統制でもない道であった。社会には自発的活動でしかすくい上げられない一般的・特殊的な基本的必需品が存在するのである。社会的良心に従った自発的活動が、国家と市場の到達できない領域で活躍する。ここに国家と市場のバランスが回復する。

　総じて本書では、社会的紐帯を回復するための方策が考慮された。鍵は社会的良心に従った自発的活動であった。この領域は政治（国家、集産主義）と経済（市場、個人主義）の軋轢を回避させる緩衝地帯であった。それは社会（共同体）の領域である。ベヴァリッジは最終的に三者のバランスを考慮

7　「不幸に対する安全の全領域はかつて自発的な相互扶助の区域だったが、国家と利得追求の私的営利に分裂してしまったとすれば、遺憾であろう」(Beveridge 1948: 296)。

するようになった。[8]

第2節　三部作と福祉社会

2-1　図解

ここでベヴァリッジの社会観について、図15-1を用いて説明しよう。[9]

われわれの「世界」our WORLD は3つの領域から成り立っている。国家 State・市場 Market・共同体 Community である。こうした領域は3つの線

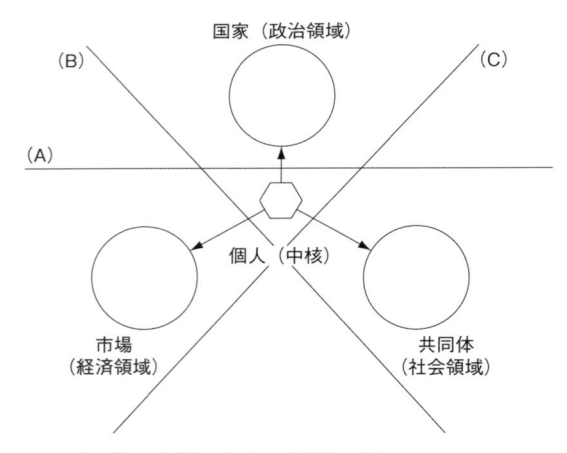

図15-1　良き社会

線(A)：強制的（上）か自発的（下）か
線(B)：私的（左）か公的（右）か
線(C)：国家の義務（左）か市民の義務（右）か

8　この方向は例えば山脇（2004: 4）の唱える「政府の公、人民の公共性、私的経済活動の相互作用」と論点を同じくしている。同様に、近年の研究動向である「公共的人間主義 civic humanism, 共和主義」とも接合可能である。後者については田中・山脇編（2006: 5, 553）を見よ。

9　この図は神野（2004: 268）に触発されたものだが、基準線や個人の位置などは大きく異なる。丸尾（1984: 174）は福祉の供給について、政府・市場・インフォーマルという三部門の混合を説いている。

分でそれぞれ分かれている。基準線（A）は強制的か自発的かという区分である。基準線（B）は私的か公的かという区分である。基準線（C）は国家の義務か市民の義務かという区分である。国家は政治的および公的な領域に位置するが、市民に対して強制力を発揮する一方で、義務として市民の安全に対するネットワークを確立しなければならない。市場は経済的および私的な領域に属するが、本質的に自発性の働く場である。国家はこの市場の効率的な働きを保障しなければならない。共同体は社会的および公的な枠にあるが、自発的な市民の集合として成り立っている。市民の義務は「良き社会」A Good Society を構築することである。

　この枠組みはベヴァリッジの基本的考えをうまく示している。この3つの領域に関して、彼はまず独立にそれぞれを深慮し、次にそれらをすべて1つの結束性のある考えとして統合した。個人は「世界」の中心に位置し、国家・市場・共同体とそれぞれ適切な距離を保っていなければならない。これが彼の「良き社会」の基本像である。

　もし個人が3つの部分領域のいずれかにでも近すぎる（遠すぎる）ことがあれば、それは「悪しき社会」A Bad Society を意味する。例えば、国家が高度に中央集権化された場合、全体主義や社会主義と呼ばれるだろう。市場が個人や国家の制御を越えてあまりに強大な力を持ったときは、それは自由放任主義 laissez-faire になるだろう。個人がある共同体に融合し、独立性が窺えなくなった時は、封建制度あるいは家父長制度と名付けられる。こうした場合は、いずれも自由主義的でも自由でもない。

2-2　三部作の位置

　以上の図解も参考にすると、後期三部作の位置づけを明確にすることができる。3つの報告書はそれぞれ、社会保障・完全雇用・市民社会を扱う。第1の報告書でベヴァリッジは国家の義務——市民の義務も秘めながら——として、社会保障体制を考案した。社会保障という保護のネットワークを国家が創出することで、市民は窮乏からの自由を目指すことができる。仕事がある時とそうでない時、余裕がある人とそうでない人、それぞれの間に所得の

400　第Ⅲ部　後期の思想

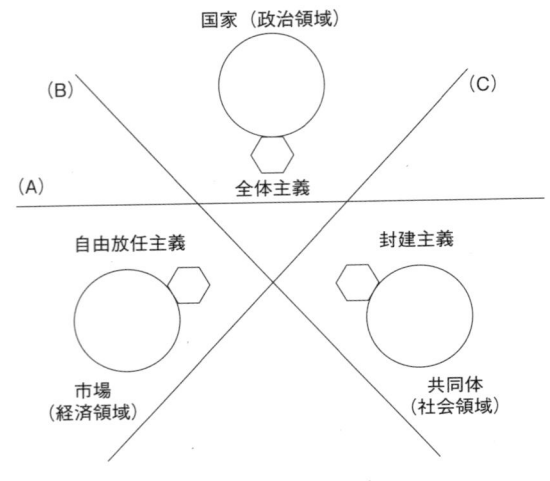

図 15-2　悪しき社会

再分配機能が働き、水平的および垂直的公平が達成される。この案は社会保険・公的扶助・私的貯蓄という3つの（比重は異なる）代表的な手段で構成された。しかしこの社会保障が効率的に動くには、少なくとも3つの前提がいる。第2の報告はその中で最大の前提に立ち向かった。完全雇用の確保である。再び国家の義務が問題とされた。今度は市場を機能させるための国家介入である。特に労働市場において、需給の清算という市場のあるべき姿が追究された。市場は自動調整機能が時には欠けるが、計画経済に全面的に取って代わられるべきではない。その中間的存在として、国家の巧妙な制御による市場機能の発展が目指された。具体的には、有効需要の喚起、産業配置の制御、労働流動性の組織化という3つの（比重は異なる）代表的な手段がある。第3の報告書でベヴァリッジは——これまでは仄めかされていただけの——「市民の義務」に立ち向かった[10]。[11]「2回の世界大戦によって中断され、

10　「国民最低限保障を確立するのに、自発的活動の余地と奨励を残しておかなければならない。それぞれの個人は、自分自身と家族の最低限以上のものを稼ぐというのがその自発的活動である」（Beveridge 1942: 7, para.9)。
11　書評者のコールは正当にも、この本は「本質的にベヴァリッジ報告の続編である」と看破した（Cole 1949: 399)。

その結果停滞していた文明の進歩を、人間性が取り戻せる唯一の条件は、権利の確認よりもむしろ義務の強調である」[12]。良き社会は国家ではなく市民に依存する (Beveridge 1948: 320)。たとえ完全雇用が成立し、社会保障が完成しても、国民最低限保障だけで市民社会が構成されるわけではない。自発的活動という広大な領域が存在する。そこには個人1人でも国家のみでも入り込めない「共同体」「連帯感」という中間項目がある。そしてこれが自由社会である[13]。具体的には、一般的な基本的必需物、特殊な基本的必需物、国家の補助という3つの（比重は異なる）代表的な残存する領域が指摘された。ここにおいてベヴァリッジの後期三部作は完成した。三部作はお互いを前提にしたり発展型にしたり、循環して拡大したりする。ベヴァリッジは国家の義務と市民の義務・権利を描き切った。ここにおいて自由な市民社会のグランドデザインが完成した。

　ベヴァリッジの叡智は現在の福祉国家にも向けられる。「ゆりかごから墓場まで」の体制が確立してから、多くの福祉国家批判がなされてきた。福祉サービスを権利として一方的に与えるだけの「給付型」国家、サービスの一元的供給しかできない「中央集権型」国家、財政の放漫経営をもたらす「大きな政府」などである。我々がベヴァリッジの3つの著作を一体と考える時、これらの批判は想定内にあり、むしろ設計者はより良い「社会サービス国家」を目指していたことがわかる。市民には保険の拠出と自発的活動という外面および内面の義務がある。福祉の供給は国家が一元的に行うのではない。むしろ「国家は国家だけができること、すなわち金を運営して支出を維持することだけをなすべきである。ここを守り、国家はできるだけ多くの市民たちに創意・起業の余地を残すべきである」(ibid.: 319)[14]。国家の役割は社会保障制度の構築と維持にある。市民の役割は自発的活動によって自分の仲

12　Beveridge (1948: 14)、強調は原典。
13　「自由社会の顕著な目印は、自分自身および仲間の生活を良くするために、自分の家庭以外の自発的活動が活発かつ豊富であることである」(ibid.: 10)。
14　ケインズも同様の認識を持つ。「…政府機能の拡張は、…現在の経済様式の全面的な崩壊を回避する唯一の実行可能な手段であると同時に、個人の創意を効果的に発揮させる条件である」(CW vol. 7: 380)。

間たちを支えることにある。両者の役割分担ははっきりしており、しかも双方向に補完的である。どちらかが欠けても社会は機能しない。そして福祉の制度はケインズの想定通り「抜群に安くつくもの」[15]で、拠出原則で主導する限り、財政の破綻をもたらさない。このような国家・市場・市民が相互に依存して発展していく社会を、総合的に「福祉社会の到来」と名付けて良いだろう。ベヴァリッジは狭義には福祉国家の設計者であるが、広義には福祉社会の考案者でもある。我々はベヴァリッジの統一的な勧告を、もう1度精査する必要がある。

「そして人間社会は最後には1つの友愛組合になるかもしれない。大規模なものもあるが、多くは小規模で、自由に人生を歩み、共通の目的とこの目的に資する紐帯によって、それぞれが他すべてと連携する支部連合型友愛組合である」(Beveridge 1948: 324、強調は原典)。

おわりに

ベヴァリッジの良き社会論は、三部作の一体化で初めて理解できる。『平和の代償』に注目すれば国際的な連邦主義になるし、『自発的活動』に注目すれば市民義務の確立になる。いずれにせよ、『ベヴァリッジ報告』と『自由市場における完全雇用』だけでは、ベヴァリッジの経済思想の全体像を捉えられない。3番目の著作との統合によって、彼の思想は一応の完成を見せた。

---

15 CW (vol. 27: 263)、ケインズからギルバートおよびホプキンスへの手紙、1944年5月15日。

終章　ベヴァリッジの経済思想[*]
――福祉社会の可能性――

はじめに

　最終章では今までの議論をまとめる。第1節で初期・中期・後期の三段階でベヴァリッジの経済思想を振り返る。第2節で経済学への貢献について、理論・制度・政策思想の3点から考慮する。他の経済学者への影響も深慮される。第3節で経済思想の独自性を勘案する。それは思考様式、新しい経済思想の型、市場観、良き社会論の4点である。

第1節　経済思想の三段階

　ここではベヴァリッジの経済思想を初期・中期・後期の3つに分けて、それぞれの特徴を簡単にまとめておこう。

1-1　初期

　初期の経済思想は「純粋かつ限定的な揺籃期」にある。純粋という意味は、後にも受け継がれる思想のコアが夾雑物のない形で明瞭に形成されたことである。それは1つの基礎的な理念に基づいた3つの異なる重要性を持つ要素の提唱である。つまり包括的でメリハリの効いた思考の型は、初期から後期に連続的である。限定的という意味は、問題の関心が1つだけに集中したこ

---

[*]　京阪経済研究会（2006.9.18、於：龍谷大学）および経済思想研究会（2006.10.1、於：東北大学）における多くのコメントに感謝する。

とである。この限定は——やがて徐々に解除されていくが——数々の場面で見られる。主たる分析対象が労働市場のみであること、産業の中に生きる普通の労働者に注視したこと、貧困をもたらすものとして臨時雇用の廃絶を目指したこと、事前（偶然）の雇用不適格者のみに国民最低限保障を適応したこと、正統的経済学の長期的正当性を疑わなかったこと、などである。

　この揺籃期は官僚的改革主義の開花も意味した。改革主義という意味は、19世紀後半から続く様々な進歩思想の集大成ということである。貧困観の旋回[1]により貧困を社会要因とみなし、集産主義的な解決方法が目指された。市民権の剥奪された貧民を扱う救貧法ではなく、ごく普通の労働者が対象とされた。ベヴァリッジはウェッブ夫妻をはじめとする様々な進歩思想に触れ、大きく影響を受けながら、なおそれら各々の要素を組み合わせて、「失業問題」に関する分析と救済策を提出した。官僚的というのは、隣保館の管理者やジャーナリストとして、失業問題を冷静に分析し、後に商務省の有能な官僚として実際に取り組むことである。この2つの要素が1900年代に開花し、1910年代に発展した。特に後者では官界で改革主義を実践した。

1-2　中期

　中期の経済思想は「極端な振幅を見せた拡大的な活動期」にある。極端な振幅とは、現実経済の破局的な悪化を受けて、依拠した経済理論に対して過度の信頼から唾棄まで、大きく態度が変化したことを意味する。実際、1930年前後という最も動乱の時期に、逆に正統的経済学（価格機構）に最も信頼を寄せていたのは皮肉である。拡大的とは、ベヴァリッジの関心と活動が多岐に渡り、複眼的になったことを意味する。経済史（統計学）・人口論・家族手当・失業保険・関税・失業論・経済学方法論などであった。この関心の広さは、労働市場に限定された初期と対照的である。活動はLSE学長・王立石炭委員会委員・ロンドン大学総長・失業保険法定委員会議長・ユニバーシティカレッジ学寮長・王立経済学会理事などであった。中でも大学学長がこの時期の特徴である。

1　安保（1982）は世紀の転換点を考察している。

この活動期は官僚的改革主義が学界に向けても発動された。この場合の官僚的というのは、経済学の制度化と経済参謀論を同時に含む。ベヴァリッジはまず理想とする経済学（素朴な実証主義に基づいた科学化）を確定し、それをLSE内部で実現しようと腐心した。この時、大学の行政官の長として、学部の講座を次々と拡大した。次に外部に向けては、経済参謀の概念を発明・流布した。これは経済的知を政策決定のルートに変換させる試みであり、学界と官界を結ぶ知的装置である。彼はこの2つを概念として強力に推進しただけでなく、実際に制度として実現しようと努力した。特に経済参謀論は中期の代表的思想であるだけでなく、初期と後期を結ぶ鍵の概念になっている。

1-3　後期

　後期の経済思想は「危機を克服した安定的な完熟期」にある。危機とは民主主義と資本主義の危機である。全体主義と大恐慌に挟撃されて、イギリスおよび全世界という自由社会は大いなる危機を迎えた。この事態を非常に憂慮したため、ベヴァリッジはまず1930年代中葉から1940年代初頭まで、国家社会主義に立脚した完全なる計画経済を説いた。しかしケインズ理論（有効需要論）を自らの失業論・社会保障論に取り込めることを自覚したため、1943年以降はより中道の立場に戻っていった。これが克服の意味である。安定的とは、三部作を執筆したことで、国家（社会保障、政治）・市場（完全雇用、経済）・共同体（市民権、社会）の鼎立という理念を確立できたことである。

　この完熟期は官僚的改革主義が、官界・学界のみならず、政界に向けても発動された。庶民院ついで貴族院での議員活動、住宅公社総裁としての共同体確保運動、世界連邦に向けた自発的活動が代表例である。いずれも政治の世界に直接関わっている。完熟期とは、初期・中期で蓄積された体験や概念が、後期において拡大して安定したことを意味する。まず上記のように、経済から政治への拡大があった。そして市民権や共同体の議論のように、経済から社会への拡大もあった。連邦主義運動がそうであったように、一国主義が国際主義へ拡大した。『自発的活動』がそうであったように、市民の権利

から市民の義務へ拡大した。国民最低限保障は普通の働く労働者（初期）から一国の全市民そして、全世界の市民に拡大した。いずれも市民の安全が鍵の概念であった。こうした全世界の市民社会は、拡大化の最後に到達した安定性を示す。ここにおいて官僚主義はやや脇に退いた。なぜならば市民相談事務所の役人が典型であるように、個々の役人・相談員は「仲間の市民」としてのボランティアを基本とするからである。

　ベヴァリッジは長い時間をかけて、最後は道徳（市民の義務）の問題に回帰した。その間に国民最低限保障を確立し、経済問題の解決の道筋を穏健な集産主義の手法で提供した。新（社会的）自由主義の完成態である。

第2節　経済学への貢献

　この節ではベヴァリッジの経済学への貢献[2]をまとめる。主に理論面・制度面・政策利用面についてである。先行研究ではこれらを見逃しているか、せいぜいその一部しか顧みていない。しかし彼は多くの経済学者と交流し、互いに影響しあったのである。

2-1　理論

　経済学内部の理論的発展については、3点にまとめられる。

　第1に、現代的な失業論の先駆として、経済学者がこの分野に参入する契機を提供した点である。単純な図式的整理をすれば、19世紀的発想（社会問題、例外的雇用の不規則、人格の向上）から20世紀的発想（経済問題、産業の内部にある必然性、個人的資質の排除）への転換がベヴァリッジによって完了したのである。そしてデータ主義、労働という特殊な財に市場分析（需給調整機能）を持ち込んだこと、景気変動の重視など、専門的経済学者が扱いやすい切り口が提供された。『失業』(1909) はピグーに大きな影響を与えた。このよう

---

[2]　Robertson (1931)、Hicks & Hicks (1943)、Kaldor (1943)、Klein (1944)、Robinson (1945)、Cole (1949)、Pigou (1954) はベヴァリッジの著作を書評している。これだけ著名な経済学者がその著作に注目していた証である。

にその失業論は現代的失業論の出発点である。

　第2に、各段階（1909、1930、1931、1944）での失業論は、そのまま摩擦的失業論・構造的失業論およびU-V分析（ベヴァリッジ曲線）という現代的な理論道具として生き残っている。ケインズ経済学が批判されてからは、経済の供給側に注目する摩擦的および構造的な失業が注目されている。最近では玄田・近藤（2006: 19）が、失業分析において構造変化を伴う大規模な需要変化を重視し、その発想をBeveridge（1944/1945）に帰している。またBlanchard et al.（1989）が論文の題名で用いて以来、「ベヴァリッジ曲線」の名称と道具立ては完全に定着した。労働経済学の分野で求職理論job search theoryと結びつきながら、失業率と満たされない求人率の関係を静態的・動態的に解明しようとしている。需要不足以外の要因から生じる失業を考察したい時、ベヴァリッジの各段階における失業論が未だに参照されている。

　第3に、初期・中期・後期のいずれの期間においても、中世から近代にかけて、膨大な物価史・賃金史が集積された。データの集積という帰納法に基づく一般的経済規則の発見こそ、ベヴァリッジの理想の経済学なのである。この理想は特に中世の経済史の先駆となっただけでなく、その統計的処理方法の初期段階としてそれぞれの分野で評価された。これらに加え、統計学学術団体の創成にも寄与したことは、従来ほとんど無視されていた。

2-2　科学化と制度化

　ベヴァリッジは経済学の科学化および制度化を推進した。ただしその道はジェヴォンズやマーシャルが遺した意義や結果とはまったく異なる。ジェヴォンズは多層の二分法を用いて、まず経済学の科学化を厳密な形で推進し、次にその有用性を実際の政策で証明しようとした。そこでは道徳や宗教が純粋経済学から追放されていた。ベヴァリッジは同じく科学化を標榜しなが

3　なお、この面での有力な助手がウィルソンである。当時はユニバーシティカレッジの経済史講師であり、後に労働党内閣で首相となった。Wilson（1966）はベヴァリッジ記念講演である。

ら、多くの限定性を抱えた。科学の要件として「精密さ」（現象の正確な予測）のみが求められ、「厳密さ」（理論モデルの形式的整合性）は等閑視された。理論と政策という二段階論は意識されず、観察者の非中立性も理解されなかった。経済学の細分化よりも隣接との提携が求められた。マーシャルが作った経済学トライポスは経済学の制度化を完成させ、同時に彼やロビンズの真意とはむしろ正反対に、他の社会科学・人文科学とは独立した科学を指向させた。ベヴァリッジは経済学の権威に対抗する意味もあって、LSEの内外において経済学の制度化に邁進した。それは科目の常設、専門教授の創設、専門雑誌の確立、独立した学位の創出、経済学教師協会の設立と運営という各段階で明らかになった。その象徴が社会生物学の設立であった。しかしその分野の認知という最終段階で挫折したので、ベヴァリッジによる経済学の制度化の試みは完全に潰えた。ただしマーシャルやケインズ以後とは別の路線で、戦間期に経済学の制度化が試みられた事実は見逃すべきではない。

　その意義を解釈するならば、ベヴァリッジは定点として、大きな変貌を遂げた経済学の進化の様を明らかにしてくれる。素朴な実証主義、生物学に似せた理想の経済学、他の分野と連携する教養としての経済学、という諸点は生涯変わらなかった。まったく対照的に、ピグーやケインズを別にすれば、カルドア・ヒックスといった経済学の新世代は、明らかに経済学の方法・範囲を限定していった（ハロッドやロビンズは完全に新世代には踏み込まない）。ベヴァリッジが1900年代から1940年代まで変わらずに1つの立場を堅持しているので、逆に経済学の専門家の激動が露わになる。ピグー失業論の書評を巡る挿話は、その代表例であった。

2-3　経済学の政策利用と方法論

　経済学の政策利用および方法論で、ベヴァリッジは大いに貢献した。

　まず最も重要だが、経済学の知識を政策の現場に伝導する概念について、考案し流布させたことである。経済参謀論である。この概念はベヴァリッジが1923/24年に最初に明確に唱え、ケインズを含めた経済学者・政治家に大いに影響を与えた。実際、経済諮問会議、スタンプ調査、内閣経済部、首相

統計部などが組織され、経済学者の政策関与が頻繁で恒常的になった。ベヴァリッジ自身はこうした典型的な専門家集団の助言団体には加わらなかったが、そのことが逆に自らの権能を審議会などで発揮させる動機になった。失業保険法定委員会とベヴァリッジ委員会の議長がその典型例である。そこにおいて彼は社会を包括的に設計する計画官として振る舞い、実際に「良き社会」に関するグランドデザインを描いた。つまり自らが唱えた概念を自らが実現した。そして彼自身の意識としては、『雇用政策』で高い雇用の実現を宣言した政府に対して、ついに経済参謀が実現したと歓迎した。ベヴァリッジの経済参謀は、経済と政治、経済と社会を繋ぐ結節点にあり、官僚的知が発揮された代表的な経済思想である。官僚的知は彼を始め、ケインズ・スタンプ・ソルター・レイトン・ヘンダーソン・ミード・ロビンズなどによって担われた。

次に、ベヴァリッジは20世紀前半の経済学方法論にも、これまで判明していなかった位置づけがある。1930年代に、ロビンズを筆頭として「経済学の定義」「経済学の方法」がよく議論された。ハロッドやケインズも自らの経済学観を表明していた。その中でベヴァリッジはウィーン学団とは独立に、原始的な形の論理実証主義をイギリスで実践していたと解釈できる。原始的ゆえ、最も単純な形で他の論者との距離関係が掴みやすくなる。ロビンズはベヴァリッジに対抗する意味も込めて、『経済科学の本質と意義』を執筆したと推測される。ベヴァリッジもいくつかの点でロビンズを批判した（同意しなかった）。ベヴァリッジを基準にすると、ロビンズの主張する経済学の主題は狭すぎ、検証可能性については多様で慎重である。またハロッドとは方法論で共通と互いに感じる親和性があった。経済学における帰納法の有用性と、政策への積極的な応用を論じる場面である。この親和性ゆえに、ハロッドはベヴァリッジを「最善の人」と呼び、ベヴァリッジはこの若い経済学者を頼った。

2-4　経済学者への影響

ベヴァリッジの経済学に対する貢献は、彼と関わった経済学者の経済思想

を再検討する触媒となりうる点である。本書によって明らかになった例を以下で挙げよう。

　ピグーに関しては次のように列挙できる。ベヴァリッジの生涯の友人であり、人事情報などでも緊密な書簡が残っていること。失業問題で遅れを取っていたピグーは直接ベヴァリッジから大きく影響を受け、専門的経済学者として失業論を引き取ったこと。その際、国民最低限保障が二重の役割を果たしているので、分裂した思考とも解釈できること。ベヴァリッジの書評がケインズの注目を引き、後のケインズ革命を指向させる萌芽が含まれること。

　ケインズに関しては次の点が重要である。遅くとも1910年から接触は始まり、濃淡はあるにしても、中期においても持続的な交流が続き、特に2度の世界大戦中は緊密な関係になっていたこと。経済参謀論に関して、ベヴァリッジの提唱を受け取り、自らが推進者となって経済諮問会議などの具体的な制度に結び付けたこと。1939年からの「古強者」の会合が重要で、ベヴァリッジと統制経済と社会保障政策の必要性について、ほとんど完全な合意をみていたこと。この共同歩調がケインズの『ベヴァリッジ報告』作成過程での努力――大蔵省や議会に認めさせる改訂作業――の下地となったこと。ケインズとベヴァリッジによる「福祉国家の合意」は、洞察力でも理論装置でも大きな共通点から出発したものであり、個人的な信頼関係にも基づいていること。

　ロビンズに関しては次の通りである。経済学の希少性定義、ハイエク陣営という一面的評価だけでは捉えられないこと。『経済科学の本質と定義』はベヴァリッジへの対抗という側面もあり、ベヴァリッジも論争するメモを残していたこと。純粋経済学と応用（政治）経済学の峻別がなされており、後者の具体例が連邦主義であること。連邦主義はベヴァリッジと共にLSEの場で醸成したものであり、無意識的な協働作業――計画も重視する新（社会的）自由主義の枠内――と認定できること。

　ハロッドについては次の点がある。自らも政党政治に非常に関心があり、チャーチルやその側近とベヴァリッジを調停する意識を持っていたこと。ベヴァリッジからの交代要員でピグーの著作の書評者となり、それが新旧世代

交代を象徴していること。帰納法の重視、経済学の政策利用という2点でベヴァリッジに共感し、専門的経済学者の中で彼を最も高く評価したこと。

　ヘンダーソンに関しては次の通りである。ケインズとの離反は、ベヴァリッジが推進していると判断された給付型失業手当をきっかけとしていること。所得再分配への強調、自動的・マクロ的な裁量主義への批判など、ケインズやベヴァリッジと対照した時に鮮やかな対比となること。それにもかかわらず、「国家は最高位の企業家」という表現である種の裁量主義を根本に持ち、これがケインズ等の新（社会的）自由主義に包含される可能性があること。

　ホートレーについては次の点がある。国民保険法の実施や改訂の中で、大蔵省の担当官としてベヴァリッジと交渉していたこと。指数を用いた分析方法や景気循環論に関して、ベヴァリッジに直接大きな示唆を与え、批判的検討を呼び起こしたこと。

　その他、ホブソン・シューマッハ・カルドア・ロビンソンとも直接交流した。また間接的な影響・対照としては、ベンサム・ジェヴォンズ・フォックスウェル・マーシャル・ポランニー・ランゲ・ボーレイなどに及んだ。スミス・ミルにも若干触れた。これらはベヴァリッジを触媒として、初めて可能になった考察である。

第3節　経済思想の独自性

　序章で述べたように、本書の大きな目的の1つは、ベヴァリッジが経済学の歴史の中で重要であると明示することにあった。以下でこの理由・側面を4つの角度からまとめる。

3-1　思考様式と発展形態

　まずベヴァリッジの特異性として、その思考様式と発展形態に初期・中期・後期という区分を超えた一貫性あるいは類似性があることである。

　思考様式とは、ある時期に、1つの根本思想を土台とし、主・従・補完の三要素を1つのパッケージとして、ある経済問題の分析・救済策が高度に

表 16-1　型の具体例

	主	従	補完	根本思想
1909 理論	労働の予備	産業変動	労働資質の喪失	失業は産業固有の問題
1909 政策	職業紹介所	失業保険	公共事業など	限定版の国民最低限保障
1942 原理	個人と国家が協同	社会保険は総合政策の一部	個別の利害関係を越える	窮乏からの自由
1942 政策	社会保険	公的扶助	私的貯蓄	国民最低限保障
1944 理論	有効需要	産業の配置	労働の移動性	新自由主義
1944 政策	公共事業	投資の社会化	二重予算	新自由主義
1948	一般的必需品	特殊な必需品	公的扶助	市民社会
表の三部作	社会保障	完全雇用	自発的活動	自由社会
裏の三部作	平和	完全雇用	社会保障	世界平和（市民の安全）

結束していることである。彼はまず問題領域を設定し、その中を貫く基本思想を考案した。ついでその問題の分析や解決策について、漏れがないように多くの要素を列挙するとともに大まかなグループ分けを行った。最後にその中から究極的・決定的な要素を取り出し、それを主要素とした。しかしそこに留まるのではなく、主要素を支える従要素を添え、さらに残余部分も補完要素として、問題全体の分析・解決に資するようにした。静態的に考えれば、こうしてひとまとまりのパッケージが完成した。

　このような思考様式は、特に初期と後期で窺えた。表16-1を参照して、具体的な例を挙げる。『失業』(1909)に具現化したベヴァリッジの思考は、理論と政策それぞれで、典型的な様式を初めて見せた。まず失業問題が現代産業に特有な経済現象とみなされた。その要因は、労働の予備、産業変動、労働資質の喪失（産業構造の変化）がこの順で重要である。次にこの新しい事態に対応するため、職業紹介所（予防）を中核として、失業保険（緩和）が支え、公共事業や賃金の季節間平均化（緩和）が求められた。『ベヴァリッジ報告』(1942)の基本原理は「窮乏からの自由」を根本とし、個人と国家が協同すべきこと（第3原理）、社会保険が総合的な社会政策の一部であること（第2原理）、個別の既得権益を越えるべきこと（第1原理）、この[4]

---

[4] ベヴァリッジ自身は3つの原理の重要度を明言していない。ただし逆の順番で重要とみなすと、理解しやすい。Beveridge (1942: 6-7, para. 7-9.)

3つが重要であった。そして政策としては、社会保険・公的扶助・私的貯蓄がこの順の重みで提案された。この政策を貫く基本思想は国民最低限保障である。完全雇用に関する提案も、理論では有効需要論を主としながら、産業配置の統制と労働移動の組織化も従や補完の関係として構成された。政策でも公共事業による有効需要の直接制御、投資の社会化による間接奨励、二重予算による節度ある裁量主義が目指された。理論でも政策でも、自由と統制を統合した新（社会的）自由主義が基本姿勢であった。『自発的活動』(1948)では政策勧告として、全市民に向けた一般的必需品の充足、虐げられた少数派に向けた特殊な必需品、全体に対する国家の補助があった。共同体の紐帯が復活している市民社会が理想とされた。後期の三部作を並べると、いずれも自由社会を守るために、国家・市場・共同体がそれぞれなすべきことを行えるように、国家の側も市民の側も権利や義務を持つという思想が見えてくる。また市民の世界的安全というテーマを前面に出せば、平和・完全雇用・社会保障がこの順で大きな政策目標となる。これが裏三部作の意図であろう。[5]

　思考の発展形態とは、一時点の静態的な思考パターンではなく、時間を通じた動態的な思考の内部的発展と外部的展開を意味する。前者はベヴァリッジ自身の思考が相似・拡大形になることである。後者は彼の思考が、他の思想家や現実に相互関連的な影響をもたらすことである。

　ベヴァリッジの経済思想の内部進化は二種類の動態的な型がある。第1はある分析・政策パッケージ全体が次の時代にはより大きなパッケージの部分集合として包摂され、ウェイトを変えた上で重要な要素として残る場合である。第2はある分析・政策パッケージの中で、主・従・補完のウェイト付けが別の時代には主従などが逆転し、より詳細な分析になる場合である。

　それぞれ例を挙げておこう。まず失業の原因について、1909年の診断を所与とする。1930年の改訂時には、伝統的価格理論、最新の景気循環論、財政政策の優位性という新しい要素が加わっていた。すでにケインズ経済学に親和的な要素が付加されたため、1940年代の受容が円滑になったと推

5　ベヴァリッジ自身は『平和の代償』(1944)の出版で、「三部作の完成」(Beveridge 1955: 335) とみなした。

測される。1931年には失業の原因について、1909年の診断を労働市場の未組織化とくくり、賃金の高止まり、1930年の大不況、失業保険という新しい要素を加え、包括的な理解になった。1944年には1909年でも1930年代でも補完の要素であった有効需要論が主に転換し、逆に労働の未組織化は従や補完に変わった。次に1940年代の戦後計画について、1942年では前提であった完全雇用が、1944年では議論の中心になった。社会保障のみの議論から、完全雇用と社会保障の相互強化という発想に転換したのである。さらに1948年の段階では、これら2つを国家の義務としてくくり、2つの報告書では脇に退いていた市民の義務が前面に出てきた。このような方策で、一国における良き社会像が完成したのである。そして連邦主義の議論を加えると、市民の安全の観点からは平和・完全雇用・社会保障がこの順で大事になる。一国での安全が全世界での安全に拡大したのである。

　このようにベヴァリッジの究極的な包括的設計は完成した。初期の構成要素をウェイトは変えても重要な要素として含みながら、なお時代に応じた新しい要素を加えたり、今まで従や補完だった要素を中心に据える議論をしたり、まったく新しい隣接領域を考察したりして、彼の思考は進化し、包括性を完結させた。それが市民社会であり、連邦主義である。

　他人・現実への外部的な相互影響という点では、次の四段階が抽出できる。(1) ベヴァリッジが独自な概念を強力に提唱する。(2) この提唱に影響を受け、有力な経済学者がその発想・概念を受け継ぐ。(3) しかし——時に論争の中で——途中から専門的経済学者との乖離が露わになる。(4) 最後はベヴァリッジ自身が自らの概念を政治的過程で実現する。この発展様式は次の3例である。まず初期の失業論に関して、労働の予備、職業紹介所を含む失業診断、ピグーへの影響、賃金伸縮を労働市場の清算とする発想の有無、職業紹介所法・国民保険法の制定・運用という段階がある。次に経済参謀論に関して、この概念の提唱、ケインズ・ソルター・保守系政治家への影響、常駐の公務員か臨時の経済学者かという乖離、自らが包括的計画官として君臨という段階であった。最後に戦後の再建計画について、包括的な社会保障論の提唱、ケインズ・ミードへの影響、政治家への立候補となる。ただしこの例

のみは、専門的経済学者との乖離は見えず、むしろ全面的な賛同がある。以上のように、ベヴァリッジの唱えた独特の概念（あるいは経済問題の診断）は専門的な経済学者に根元的な影響を与えただけでなく、自らの思考発展の契機にもなり、しかもその実現に関して政策にも圧倒的な影響を与えたことがわかる。これがベヴァリッジ思考の外部的な展開である。

一時点に限っても時間を通じても、ベヴァリッジの思考には固有の様式と大きな影響力があった。

3-2　経済思想の新しい型

経済学の歴史をひもとく時、その時々の経済思想にはある支配的な型、流行の型が存在する。それは経済学者が「どのような経済主体の」「どのような行動の動機」に注目するか、という論点で明らかになる。まず20世紀までの代表的な型を略述し、ベヴァリッジの形成した経済思想の独自性を顕在化させよう。

最初は「統治」governance である。この問題は古代国家から存在する。アリストテレスは財の配分を正義の観点から論じた。共同体は善を、国家（ポリス）は最高善を目指す。卑しい商業と言えども、経済問題の解決が統治には不可欠である。行動する主体は理想的な政治家であり、哲人である。まだ経済問題は極小であった。中世になるとトマス・アクィナスが典型であったように、商業の発展を受けて、利子や利潤への考察が増えてくる。ただしまだ経済主体は比喩的に言えば透明で、超越的である（経済行動を行う主体が具体化されていない）。そこでは「公正」fairness、「適正」appropriateness が鍵である。適正な価格とは種々の費用に節度ある利益を加えたものである。高利は禁止されていたが、適正な商売は徐々に認められつつあった。

やがて近代を迎えると、市民革命・産業革命によって一気に政治的・経済的自由が開花する。まずは「競争心」emulation や「虚栄心」vanity を動機とした「奢侈」luxury が推奨されるようになる。マンデヴィルはこの文脈で、私悪（利己的な情念）が公益をもたらすという逆説を説いた。やがて今までの宗教的・道徳的な生活と、勃興してきた商業文明との平衡を論じる経済思

想が出現した。鍵は「インダストリ」industry である。自由意思による利益追求ではあるが、勤勉さ（勤労と交易）によってさらなる富の蓄積を期待できる。ヒュームやスチュアートが代表例である。商業文明の正当化はスミスで完成した。その概念は「利己心」self-interest に代表されるが、経済主体は道徳感情である「同感」sympathy を裏側に秘めている。そのため過剰な逸脱行動は起こらず、自生的秩序が形成される。ここにおいて、経済の領域が他と肩を並べるくらいに拡大したのである。この利己心は一個人の視点であり、人間の交換性向から発して、生産と消費を基礎付け、分業体制と相まって資本蓄積を促した。ますますの経済成長が促されたのである。

しかし富の成長は同時に富の偏在を生み出した。貧困問題である。「疎外」Entfremdung に着目された他、「功利主義」utilitarianism も経済学に導入された。一方で利己心を快苦計算として厳密に定式化し、他方で社会全体の幸福も考えられた。ベンサムによれば社会は擬制的な集合体なので、1人1人が原子のように等値されているに過ぎない。そこで功利主義の計算が社会改革にも適用可能になり、ここに設計主義の原点が生まれた。経済の領域が相当に拡大すると、それに対する警戒心や警鐘も出てくる。J. S. ミルはベンサムの方向を一部修正し、人間は社会的共感性を持つ不完全な主体とみなした。そこに「協同」cooperation、「連帯」solidarity、「組合」association の動機が出てくる。一部ではこの方向をさらに純化し、ロマン主義的な「友愛」friendship や「仲間」fellowship が求められた。ほぼ同時に「進歩」progress や「進化」evolution も発見された。グリーンの人格陶冶論やマーシャルの経済騎士道はこの方向で、卓越した徳を求める動きであった。また、フランス思想では「企業」entreprendre の伝統があった。20世紀では革新を担う者（企業家）と彼らに資金を供給する者（銀行家）の分化も考察された。換言すれば、これまでの経済思想家は、統治者・商人・資本家・労働者・企業家・銀行家などの活動を記述したり擁護したりしていた。[6]

ベヴァリッジがコアとして持ち、具現化した経済思想はこれらの類型とは

---

[6] この順で時代と共に力点が移動していくが、もちろん多くの経済学者は経済全体における多様な経済主体の共存を描いてきた。

異なる。それは「官吏」bureaucrat、「管理」management という型である。トレヴェリアン報告をきっかけに、近代的な官吏登用・昇進制度が1850年代から確立した。自由貿易体制の確立の裏側で、救貧行政の中央集権化が進み、また労使紛争も頻発し、中央省庁の官吏の責任が重大になってきたからである。具体的には地方自治庁の設立、インド帝国の発足（インドの遠隔統治）がある。やがて商務省が社会問題の拡大とともに拡大した。そこで今までの清貧・服従・無名という従来型の官吏は時代遅れとなった。世紀の転換点にかけて、もっと積極的な官吏の役割（＝管理）が求められるようになったのである。彼らの活動動機はもはや強い公共心や道徳心ではなく、社会科学の中での「科学性」という新しい武器から生じた。彼らはこれまでのような経済活動（資本蓄積や奢侈など）をするわけではない。彼らは政治組織や産業組織から一応は距離を置き中立を装い、その上で経済状態の観察・調整・管理を生業とする社会的存在である。[7] 彼らが経済社会において重大な位置を占めるようになった。

　それが「官僚的経済知」という新しい経済思想の出現である。その先駆であり代表例がベヴァリッジである。他にはラウェリン–スミス（商務省）、ホートレー（大蔵省）、ケインズ（インド省、大蔵省）、ヘンダーソン（商務省、大蔵省）、ソルター（海軍省、国際連盟）、レイトン（商務省、軍需省）、スタンプ（内国収入庁）[8] 等がいた。第二次世界大戦までになると、ハロッド（首相統計部）、ミード・ロビンズ・ストーン（内閣経済部）も現れた。彼らは官僚的な資質だけでなく、経済（学）の理論的・実地的な知識を有していた。その上で、状態を観察するだけでなく、無数の計画を立案し、利害関係を調整し、結果として経済を広い範囲で管理することになった。この主体は経済と政治の中間に位置する。経済的知を熟知した上で、政策過程に関わっているからである。そして同時に経済と社会の中間に位置する。幅広い視野から経済問題を相対化し、優先順位を付けなくてはいけないからである。このため、

---

[7] 啓蒙時代以来、経済と政治をつなぐ「統治者に助言する経済学者」「経済学をたしなみとするべき政治家」の重要性は認識されてきた。しかし実際に中央官僚として活躍すべき、という視点は20世紀に初めて登場した。

[8] ベヴァリッジによって誘われた。Hubback（1985: 35）。

彼らは必然的に自由と計画の両方に軸足を置かざるを得なくなった。経済的自由主義の利点も熟知しつつ、マクロ的な介入によって経済的な混乱を沈静化させる必要があったからである。つまり20世紀前半の「官僚的知」は必然的に、自由と計画の平衡に腐心する新（社会的）自由主義に依拠することになる。

大きく広がった経済領域の自立的運動は、20世紀前半に頓挫した。その挫折を修正し、再び安定した社会を取り戻すために必要とされた経済主体（の1つ）が「官吏」[9]であった。市場が崩壊しつつあった現実に対して、市場から一歩離れてその再生に尽力する活動主体がいた。ベヴァリッジはその先駆者であると共に代表者である。1900年代から1950年代までの長きに渡って、「官僚的知」を代表した。

3-3 市場観

市場観にも大きな特徴があった。これはポランニーとランゲの対照によって明らかになった。ポランニーの市場観とは異なり、経済的自由と社会からの防衛機構が全面的な衝突を迎える前に、ベヴァリッジの観点では労働者の福祉と効率的な労働市場を調和させる運動があった。それが国家による職業紹介所の創設の意味である。またランゲとの符合では、完全な市場を人工的な装置によって構築するという発想が明らかになった。20世紀前半を代表する思索および論争に関して、ベヴァリッジの独特な位置は明らかである。

この市場観は国家の経済介入の正当性に繋がる[10]。アダム・スミス以来の経済学は、市場が究極的には効率的で、国家の経済への介入が極めて例外的な場面に留まることを証明する歴史であった。しかしこれは20世紀前半までである。ピグーは外部性という市場の失敗の一部を認識し、ピグー課税という救済策を考案することで、初めて経済学の理論として国家の経済介入の一

---

9 公務員一般ではない。一国にわずかしかいない経済参謀を指す。一般の公務員は彼らの指揮下にあって影響を受ける存在とみなしておく。
10 オルド（秩序）自由主義 ordoliberalism を「自由競争と国家介入の思想的な結合」とすれば、その原点とも解釈できる。雨宮（2005: 16-17）を参照。

部を正当化した[11]。ケインズは有効需要の不足という形で不完全雇用均衡が常態として発生しうると指摘し、投資の社会化（財政政策）・低金利政策（金融政策）という形で国家の間接奨励的な介入を経済学の本体に据えた。経済学の長い伝統である「長期正常状態」の概念はピグーによって殻が破られ、ケインズによって決定的に破棄されたである[12]。ベヴァリッジはピグーより先に、労働市場という限定された場面ではあるが、市場が効率的に機能する条件として、国家による職業紹介所の設置を挙げた。つまり市場の効率性を保障するために、自生的に発生しない市場そのものを国家の力で創出させるという試みであった。これはランゲによる市場社会主義 market socialism の雛形と解釈できる。

3-4 良き社会

最後に、ベヴァリッジが理想とする社会はどのような性質を持つのか。この部分は、現代の福祉国家論に若干の示唆を与える。それを最終的に導出するために、LSEの代表的な福祉思想を取り上げておこう。T. H. マーシャル（1925年からLSE）とティトマス（1950年からLSE）である。

マーシャルは市民権 citizenship を鍵概念として、福祉国家を社会政策の観点から解明し擁護した。市民権とは共同体の完全な構成員に等しく与えられる地位・権利義務の総称である。歴史的に市民権は3つに区分される。主に個人的自由を謳う18世紀の市民的権利、参政権と結びついた19世紀の政治的権利、公共圏における文化的生活を含む20世紀の社会的権利である。この把握は単に歴史的推移を現すものではなく、マーシャルによれば現状の福祉国家も3つの要素の鼎立状態にある。例えば民主主義的な政治過程・社会的市場・経済的市場という鼎立もあり、別の言い方では「民主-福祉-資

---

11 単純化した理解であり、例えば労働生産性に与える正の効果を期待して、国家による教育の重要性を説いたマーシャルなどは、ここでは考慮していない。
12 長期と短期を二分し、長期（一般均衡状態）を収束すべき規範とする思考法。一意均衡の存在と安定性が同時に仮定されている。このような経済では、短期においては国家介入がいくらあっても良い。この意味でヴィクセルやロバートソン・ホートレーはこの伝統的思考の内部にいる。

本主義」という「ハイフン連結社会」である。私的所有権と政治的権利の共存・葛藤から出発した現代社会は、20世紀中葉に利他的な福祉セクターという第3の要素がその位置を確立した。マーシャルはこの現状をハイフンで繋がれた不安定な結合状態としたが、同時に3つの価値観が並立可能であると論じた。

　ティトマスは社会政策の理論と実現化過程の研究に心血を注いだ。ここにも3つの要素の鼎立という思考法が潜んでいる。社会福祉政策の型として次の3つが挙げられた。残余 residual 型、業績主義 industrial achievement-performance 型、制度的再分配 institutional re-distributional 型である。1番目は通常の経路では供給されなかった福祉サービスを例外的に認めることであり、2番目はそれが業績・報酬・生産性などと結びつく方式であり、3番目はマクロの制度として貧者への再分配が自動的に行われる仕組みである。これらは社会福祉・企業福祉・財政福祉にそれぞれ対応することもある。また、普遍主義と選別主義の対立もティトマスは考察した。前者は国民全員の権利として、例外なく普遍的に福祉供給を行うことである。後者は経済的効率性を重視し、厳格な資力調査を施してから、その基準をクリアした者だけに選別的に（恥辱感を伴わせて）福祉を供給することである。ティトマスはこの二者択一を批判し[13]、「積極的な優遇」として、社会的必需品が強く需要される者に、恥辱感を払拭させながら、同時に経済効率も損なわない選別を行うべきとした。

　ベヴァリッジとマーシャル・ティトマスは、次の点で共通がある。資本主義（市場社会）を前提にしながら、公共空間における市民の福祉を追求し、国家が普遍的になすべき政策を明示した。そして福祉社会を考える際に、これら3つの要素（市場・共同体・国家）がある程度自立して共存し、時には葛藤を秘めながら結合している状態である。この意味で、三者は大まかには類似した思考パターンを共有している。これをLSEの福祉思想と名付けることも可能であろう。ベヴァリッジはその始祖として、福祉社会（良き社会）

13　ただし経済的市場（交換、利己的）よりも社会的市場（贈与、利他的）の方が望ましいとして、二項対立は用いている。

のイメージを具体化させた。

　ただし後に続く2人に比して、ベヴァリッジは2点で特徴が窺える。第1に、福祉の構成として、市民の義務も大きく強調する点である。それは保険の拠出を行うという納税の義務と、仲間である市民を自発的に助けるという内面精神の義務である。この面はむしろ「公共的人間主義」に接近したと言えるのではないか。つまり、市民社会のような公共世界は、個人の徳 virtue なしには存立し得ない。ベヴァリッジは初期において個人の資質（道徳）を等閑視し、産業の問題として失業を見た。しかし中期では失業保険が現実化し、財政の規律が守れなくなった事態をつぶさに観察していた。そして後期で戦後の再建計画を設計する際に、最後には能動的な市民参加の思想も含まれることになった。この最終段階で個人は1人1人が統治者になれるようなやや高い徳（市民の義務）が求められた。その手段として経済学の修得も、市民の教養として必要とされた。これはグリーンが目指した人格の陶冶にも繋がる。第2に、福祉の前提条件として、失業を含む経済問題そのものにまず着眼している。ベヴァリッジはその初期から失業問題の専門家であり、中期から後期にかけて失業保険基金の景気循環での役割や財政の信用にも注目しており、すべての期間で経済参謀を提唱していた。そして中期から後期にかけて、特にケインズと協働し、資本主義の管理と両立する社会保障の設計を行った。この2つが彼独自の「良き社会」論であった。

　こうしたベヴァリッジの思想は福祉社会の最低限条件を整えるものだった。Spicker（2000: 83）に倣い——しかし用語の変更や重大な補足をしつつ——、福祉（社会的必要が充足された状態）の前提条件を3つ挙げよう。第1に、最低限再生産可能な経済条件の確定である。具体的には、失業という資源（および人間の本性そのもの）の浪費防止であり、「投資の社会化」などによる有効需要の管理・調整である。貧困や社会的排除の廃止に役立つ。第

14　以上の点は田中・山脇編（2006: 2, 553）による。ベヴァリッジの理想とする政治機構は共和制と民主制の混合と考えられる。すなわち少数の経済参謀が重要な助言を行う部分は元老院制を想起させる。しかし同時に、議会制民主主義（民衆選出の政治家による最終決定）を逸脱する体制は想定されない。
15　Spicker（2000: 88）は第3条件として「権利の構造」のみを挙げている。

2に、社会保障の完備である。具体的には、社会保険による所得保障や他の社会政策による住宅・教育・余暇の保障である。また世界平和という究極の安全保障も含まれる。失業と同じく、不安な状態 insecurity は社会の最弱者に重くのしかかるので、社会的公正を損なう逆進的な「課税」となる。第3に、権利と義務の確定である。権利とは市民として普遍的・無差別に持つ国民最低限保障であり、義務とは市民が社会的存在であるための努力目標である。特に義務の観点は徳目・高次な人間存在への進化を包含する。この3つは福祉国家（社会）の復権にとっても、大きな鍵となるだろう。

　本書の議論で明らかになったのは、ベヴァリッジとケインズがこの3つの条件を含む福祉国家および福祉社会の構築を協働して行ったことである。この構築には基本的概念のみならず、具体的な制度設計を含む。もちろん両者の得意とする分野があった。ケインズは第1の条件を、ベヴァリッジは第2の条件を専門的に研究した。第3の条件はベヴァリッジが強く意識していた。この意味で両者に強調の濃淡がある。しかし両者とも3つの条件を主研究ではなくても取り組んだり（ベヴァリッジの第1条件、ケインズの第2条件）、完全に同意したり（ケインズの第3条件）した。つまりお互いの得意な分野を持ち寄り、弱点を補いながら、その相乗効果で福祉社会（=良き社会）の理論と制度を築き上げた。これをベヴァリッジとケインズの協働作業と認定することができる。

おわりに

　ベヴァリッジの経済思想は初期の形をコアに持ち、それが拡大・相似形に発展して進化した。その思想は市場・国家・市民社会のすべてを網羅する壮大な包括的体系になった。この体系は経済学の歴史の中で軽視されるべきではない。また、Harris（1997）のベヴァリッジ研究が政治思想と社会思想のみを独立要素と捉えていたのに対し、本書ではそこからはいったんは分離した経済思想を考察し、次に幅広い「良き社会」論の中に埋め込み直した。その経済思想は彼自身の内部発展にも重要であるし、他の経済学者や現実の政

策決定過程にも肝要であった。特にケインズとの協働は見逃せない。多くの場面で激しい論争を行った両者ではあったが、1940年代には一致して戦後の再建計画を設計したのである。それは完全雇用と社会保障が相互補完的で相互増強的であるということを、両者が明確に理解したためであり、自由と計画の適切な比率を常に真摯に求め続けていた心性が同一だったためである。「福祉国家の合意」が完成したことで、グリーン以来の新（社会的）自由主義は三世代目に完成した。こうした再解釈は、ベヴァリッジ思想の現代性を想起させる。

　ベヴァリッジの人生はまさに包括的であった。法律専攻の大学生、社会事業家、貧困問題調査家、ジャーナリスト、王立委員会証言者、省庁局長・次官、学長、政府委員会委員長、一介の社会科学者、王立学会会長、政治家、貴族、受託者 trustee、平和運動家、そのすべてを体験した。彼は一点に留まらず、絶えず次の包括性を目指した。この活動は動態的である。そして事実観察・理論構成・政策提言・大衆説得・制度構築というすべての面で、卓越した能力を発揮した。この全領域・全活動に比類する人物は、ケインズしかいない。まさに両者が失業と福祉の問題に一定の解答を与えたのは必然的であった。

　国家・市場・市民社会の適切な比率は時代によって変わる。ベヴァリッジが追い求めた比率が現代にそのまま通用するとは限らない。しかしその中道の穏健的な比率を追い求めた真摯な態度は、充分に我々への遺産となるだろう。

　「社会保障は国家と個人との協同で達成すべきである…。…国民最低限保障を確立する際に、自分とその家族への最低限を越えるものを得るように、各個人が自発的な活動への余地を残し、奨励させるべきである。」(Beveridge 1942: 6-7, para. 9)

参考文献

〈1〉未公開資料

PRO, Public Record Office (The National Archives), Kew, London.

BP, The Beveridge Papers, Archives Section, British Library of Political and Economic Science, London School of Economics and Political Science.

HP, The Henderson Papers, Archives Section, Nuffield College, Oxford.
  Box 1: Reports of Committees
    Henderson (1930), EAC (EO) 4, *The Economic Outlook*, memorandum by Mr. Henderson, 3 April 1930.
    Henderson (1932), EAC (PR) 97, Economic Advisory Council, Committee on Problems of Rationalzation, *Rationalzation and Unemployment,* memorandum by Mr. H. D. Henderson, 16 April 1932.

  Box 3, file 3
    Henderson (1944b)"Brave New Worlds: Internal and External", 22 March 1944.
    Henderson (1944c)"The Employment Policy", 27 March 1944.
    Henderson (1944d)"Employment Policy and the Balance of Payment", 31 March 1944.

  Box 10: Papers on Keynes
    A letter from Henderson to Keynes, 18 June 1936.

  Box 21: Correspondence 1922-30
    A letter from Marshall to Henderson, 10 January 1922.
    "Economic Teaching at the Universities in Relation to Public Well-being", by Professor Alfred Marshall, 24 October 1902.

KP, The Papers of John Maynard Keynes, Archive Centre, King's College, Cambridge.

HP, The Papers of Sir Ralph Hawtrey, Churchill Archives Centre, Churchill College, Cambridge.

RP, The Papers of Lionel Charles Robbins, ROBBINS / COLL MISC 0863, Archives Section, British Library of Political and Economic Science, London School of Economics and Political Science.

PP, The Papers of Beatrice and Sidney Webb, PASSFIELD, British Library of Political and Economic Science, London School of Economics and Political Science.

〈2〉マイクロフィルム

State Provision for Social Need, Adam Matthew Publications, 1998-2000.
　Series 2: The Beveridge Papers.
　Part 1: Early Working Papers on Welfare, Labour and Unemployment Insurance, 1902-1944, 35mm microfilm 24 reels, 1998.

BE1945: *Britain and Europe since 1945*, Brighton; UK: The Harvester Press, 1973-, microform.
　1 MX 38, Beveridge, *Notes on Organisations of Federal Union*, 1940.
　1 MX 741, *Federal Union News*[1], No.31, April-May 1940.
　1 MX 1335-1336, *Federal News*, No.117, October 1944.

The Nation and the Athenaeum, [Microfilm]. 1921-1931, British Museum File, British Museum Microfilm Service.

The Keynes Papers, 35mm microfilm 170 reels, Cambridge: Chadwyck-Healey, 1993.

〈3〉ベヴァリッジの原典

Beveridge, W. H. (1904a) "The Vagrant and the Unemployable", *The Toynbee Record*, 16(7), London: The Toynbee Hall, April 1904, 97-105.
Beveridge, W. H. (1904b) "Unemployment in London 1", *The Toynbee Record*, 17(1), October 1904, 9-15.
Beveridge, W. H. (1904c) "Unemployment in London 3: the Making of Paupers", *The Toynbee Record*, 17(2), November 1904, 27-29.
Beveridge, W. H. (1904d) "Unemployment in London 4: the Preservation of Efficiency", *The Toynbee Record*, 17(3), December 1904, 43-47.
Beveridge, W. H. (1905a) "A National Question", *The Toynbee Record*, 17(5), February 1905, 75-77.
Beveridge, W. H. (1905b) "Unemployment in London 5: the Question of Disfranchisement", *The Toynbee Record*, 17(6), March 1905, 100-102.
Beveridge, W. H. (1905c) "The Reform of Trade Union Law", *The Economic Review* (for the Oxford University Branch of the Christian Social Union), 15(2), London: Rivingtons, April 1905, 129-149.
Beveridge, W. H. (1905d) "The Unemployed Workmen Act - and After", *The Toynbee Record*, 18(1), October 1905, 9-12.
[Beveridge, W. H.]?[2] (1905e) "Queen's Unemployed Fund: Mr. Long's Committee Report",

---

1　*Federal Union News, Federal News, World Affairs* は連邦同盟の配布機関誌であり、同一雑誌の名称変更である。それぞれ 1939-1944、1944-1955、1955-1963 に続いた。
2　[ ]は著者匿名を示す。ただし用語などの類似性からベヴァリッジの筆であると推測される。

The Morning Post, 16 November 1905.
[Beveridge, W. H.]? (1905f) "The London Unemployed Fund", *The Toynbee Record*, 18(3), December 1905, 36-38.
Beveridge, W. H. (1906a) "Old Age Pension: Views of the Prime Minister and Mr. Asquith", *The Morning Post*, 16 February 1906.
Beveridge, W. H. (1906b) "Labour Exchanges: Past and Future", *The Morning Post*, 28 February 1906.
Beveridge, W. H. (1906c) "Insurance Against Unemployment: a Foreign Experiment", *The Toynbee Record*, 18(8), May 1906, 112-113.
Beveridge, W. H. (1906d) "Emergency Funds for the Relied of the Unemployed: a note on their historical development", *Clare Market Review*, 1(3), London: London School of Economics and Political Science, May 1906, 73-78.
Beveridge, W. H. (1906e) "Labour Bureaux", *The Economic Journal*, 16(63), September 1906, 436-439.
Beveridge, W. H. (1907a) "Labour Exchanges and the Unemployed", *The Economic Journal*, 17(65), March 1907, 66-81.
Beveridge, W. H. (1907b) "The Problem of the Unemployed", *Sociological Papers* 1906, Volume 3, London: Macmillan, 323-331.
Beveridge, W. H. (1907c) "Trade Unions and Unemployment: A Great System of Insurance" and "Insurance against Unemployment: The Possibility and Conditions of Its Extension, *The Morning Post*, 20 & 23 July 1907.
[Beveridge, W. H.]? (1907d) "The Cost of Old Age Pensions: £11,000,000 to start a limited scheme", *The Morning Post*, 2 August 1907.
Beveridge, W. H. (1907e) "Metropolitan Employment Exchanges of the Central (Unemployed) Body", *The Toynbee Record*, 19(10), July & September 1907, 132-137.
Beveridge, W. H. (1907f) "Social Reform: How Germany Deals with It, 1&2&3&4", *The Morning Post*, 12&17&18&20, September 1907.
Beveridge, W. H. (1907g) "Humanisation of the Poor Law: the Workhouse and it's Alternation", *The Morning Post*, 21 September 1907.
Beveridge, W. H. (1907h) "Settlements and Social Reform", *The Oxford and Cambridge Review*, No.2, London: Archibald Constable & Co. Ltd.,Michaelmas Term, 1907, 108-117.
Beveridge, W. H. (1907/1910) *Appendix*, Volume 8, *Minutes of Evidence*, 6-45 (para. 77831-78370), Appendix No. 86, *Royal Commission on the Poor Laws and Relief of Distress*, Cd. 5066, London: His Majesty of Stationary Office and Wyman & Sons. Ltd, 584-593.
Beveridge, W. H. (1908a) "Public Labour Exchange in Germany", *The Economic Journal*, March 1908, reprinted in Beveridge (1909) 239-254.
Beveridge, W. H. (1908b) "Unemployment and its Cures: the First Step", *The Contemporary Review*, No. 93, London: Horace Marshall & Son, April 1908, 385-398.
Beveridge, W. H. (1908c) "Old Age Pensions by Contribution: Mr Asquith's Objections, 2", *The Morning Post*, 29 May 1908.
[Beveridge, W. H.]? (1908d) "Old Age Pensions", *The Morning Post*, 29 July 1908.
[Beveridge, W. H.]? (1908e) "Unemployment: A Symposium of Platitudes", *The Toynbee Record*, 21(2), November & December 1908, 20-26.

Beveridge, W. H. (1909) *Unemployment: A Problem of Industry*, London: Longmans, Green and Co.

Beveridge, W. H. (1910) *Unemployment: A Problem of Industry*, second edition, London: Longmans, Green and Co.

Beveridge, W. H. (1912) *Unemployment: A Problem of Industry*, third edition, London: Longmans, Green and Co.

Beveridge, W. H. (1914a) "Review of Unemployment by A. C. Pigou", *The Economic Journal*, 24(94), June 1914, 250-252.

Beveridge, W. H. (1914b) "A Seventeenth-Century Labour Exchange", *The Economic Journal*, 24(95), September 1914, 371-376.

Beveridge, W. H. (1917) *Unemployment: A Problem of Industry*, new impression, London: Longmans, Green and Co.

Beveridge, W. H. (1920) "British Exports and the Barometer", / "-- 2". *The Economic Journal*, Volume 30(117/118), March 1920, 13-25, and June 1920, 209-213.

Beveridge, W. H. (1921a) "Economics as a Liberal Education", *Economica*, 1(1), January 1921, 2-19.

Beveridge, W. H. (1921b) "Weather and Harvest Cycles", *The Economic Journal*, 31(124), December 1924. 429-452.

Beveridge, W. H. (1922) "Wheat Prices and Rainfall in Western Europe", *Journal of the Royal Statistical Society*, 85 (3), May 1922, 412-475.

Beveridge, W. H. (1923) "Population and Unemployment", *The Economic Journal*, 33(132), December 1923, 447-475.

Beveridge, W. H. (1923/24) "An Economic General Staff 1/2", *The Nation and the Athenaeum*, 29 December 1923, 485-486, and 5 January 1924, 509-510.

Beveridge, W. H. (1924a) "Mr. Keynes' Evidence for Over-Population", *Economica*, 4(10), February 1924, 1-20.

Beveridge, W. H. (1924b) *Insurance for All and Everything*, London: The Daily News Ltd.

Beveridge, W. H. (1925) "The Fall of Fertility among European Races", *Economica*, 5(13), March 1925, 10-27.

Beveridge, W. H. (1927) "The Yield and Price of Corn in the Middle Age", *Economic History* (A Supplement to *The Economic Journal*), No, 2, May 1927, 155-167.

Beveridge, W. H. (1929a) "The Winchester Rolls and Their Dating", *The Economic History Review*, 2(1), January 1929, 93-113.

Beveridge, W. H. (1929b) "A Statistical Crime of the Seventeenth Century", *Journal of Economic and Business History*, l(4), August 1929, 503-533.

Beveridge, W. H. (1930a) *Unemployment: A Problem of Industry (1909 and 1930)*, London: Longmans, Green and Co.

Beveridge, W. H. (1930b) "Wheat Measures in the Winchester Rolls", *Economic History* (A Supplement to *The Economic Journal*), No, 5, January 1930, 19-44.

Beveridge, W. H. (1931a) *Causes and Cures of Unemployment*, Longmans, Green and Co.

Beveridge, W. H. (1931b) *Tariffs: The Case Examined,* by a Committee of Economists under the Chairmanship of Sir William Beveridge, London: Longmans, Green & Co.

Beveridge, W. H. (1934) "Some Aspects of the American Recovery Programme", *Economica*, new series 1(1), London: London School of Economics and Political Sciences, February

1934, 1-12.
Beveridge, W. H. (1935a) "An Economic General Staff", 54-58, 5 March 1935, in Beveridge (1936a).
Beveridge, W. H. (1935b) "Engineers and Economics", 90-93, 4 June 1935, in Beveridge (1936a).
Beveridge, W. H. (1936a) *Planning under Socialism and other Addresses*, London: Longmans, Green and Co.
Beveridge, W. H. (1936b) "Soviet Communism", *Political Quarterly*, Vol.7, London: Macmillan, 346-367.
Beveridge, W. H. (1936c) "Marriage and Birth Seasons", *Economica*, new series 3(10), May 1936, 133-161.
Beveridge, W. H. (1936/37) "An Analysis of Unemployment 1/2/3", *Economica*, new series 3(12), November 1936, 357-386, 4(13), February 1937, 1-174, and (14), May 1937, 169-183.
Beveridge, W. H. (1937a) "The Place of the Social Sciences in Human Knowledge", *Politica*, London: LSE, 2(9), September 1937, 459-479.
Beveridge, W. H. (1937b) *The Unemployment Statutory Committee*, Politica Pamphlet No.1, London: LSE.
Beveridge, W. H. (1938) "Planning under Democracy", in E. Simon (ed.) (1938) *Constructive Democracy*, London: George Allen & Unwin Ltd. 125-143.
Beveridge, W. H. (1939a) "Unemployment in the Trade Cycle", *The Economic Journal*, 49(193), March 1939, 52-65.
Beveridge, W. H. (1939b) *Blockade and the Civilian Population*, Oxford Pamphlets on World Affairs, No. 24, Oxford: Clarendon Press.
Beveridge, W. H. (1939/1965) *Prices and Wages in England: From the Twelfth to the Nineteenth Century*, Vol. 1, Second Impression, London: Frank Cass & Co. Ltd. (First published by London: Longmans Green & Co. Ltd in 1939).
Beveridge, W. H. (1940a) *Peace by Federation?* Federal Tracts: No. 1, London: Federal Union.
Beveridge, W. H. (1940b) "The Trade Cycle in Britain before 1850"/ "--: A Postscript", *Oxford Economic Papers*, No. 3 and No. 4, February and September 1940, London: Oxford University Press, 74-109 and 63-76.
Beveridge, W. H. (1941) "The Trade Cycle in Britain before 1850: A Postscript", *Oxford Economic Papers*, No. 4, Sep 1941, 63-76.
Beveridge, W. H. (1942) *Social Insurance and Allied Services*, Cmd. 6405, London: His Majesty's Stationery Office.
Beveridge, W. H. (1943a) *The Pillars of Security, and other War-Time Essays and Addresses*, London: George Allen & Unwin Ltd.
Beveridge, W. H. (1943b) "Eugenic Aspects of Children's Allowances", *The Eugenics Review*, London: Eugenics Society[3], 34(4), 117-123.
Beveridge, W. H. (1944/1945) *Full Employment in a Free Society*, New York: W. W. Norton & Company. Inc. (First published by Allen &Unwin in 1944).
Beveridge, W. H. (1945a) *Why I am a Liberal?* London: Herbert Jenkins.

3 　1909年創刊で、1968年に廃止されるまで60巻（号数不明、1年に4号）を数えた。

Beveridge, W. H. (1945b) *The Price of Peace*, London: Pilot Press.
Beveridge, W. H. (1946) "Obituary: Sir Hubert Llewellyn Smith (1864-1945)", *The Economic Journal*, 56(221), March 1946, 143-147.
Beveridge, W. H. (1947) *India Called Them*, London: George Allen & Unwin Ltd.
Beveridge, W. H. (1948) *Voluntary Action: A Report on Methods of Social Advance*, London: George Allen & Unwin Ltd.
Beveridge, W. H. (1949/1974) "The London School of Economics and the University of London", in M. Cole (ed.) *The Webbs and their Work*, New York: Harper & Row Publishers, Inc, 41-53.
Beveridge, W. H. (1950) "A Message from our President", *The Incorporated Statistician*, 1(1), July 1950.
Beveridge, W. H. (1955) "Winchester Wages in the Manorial Era", *The Economic History Review*, 8(1), 18-35.
Beveridge, W. H. (1955) *Power and Influence*, New York: The Beechhurst Press.（伊部英男訳『ベヴァリジ回顧録　強制と説得』至誠堂 1975）。
Beveridge, W. H. (1957) "Wages and Inflation in the Past", *The Incorporated Statistician*, 8(1), October, 1957, 3-7.
Beveridge, W. H. (1959) *A Defence of Free Learning*, London: Oxford University Press.
Beveridge, W. H. (1960a) "Statisticians Sometimes Count", *The Incorporated Statistician*, 10(3), October, 1960, 103-119.
Beveridge, W. H. (1960b) *The London School of Economics and its Problems 1919-1937*, London: George Allen & Unwin Ltd.
Beveridge, W. H. (1960c) "A Few Words on Janet", in J. Beveridge (1960).
Beveridge, J. and W. H. (1949) *Antipodes Notebook*, London: The Pilot Press.
Beveridge, W. H. *et al.* (1932) *Changes in Family Life*, London: George Allen & Uniwin Ltd.
Beveridge, W. H. and H. R. Maynard (1904) "The Unemployed: Lessons of the Mansion House Fund", *The Contemporary Review*, No. 86, London: Horace Marshall & Son, November 1904, 629-638.

〈4〉CW（ケインズ全集）

The Collected Writings of John Maynard Keynes, London: Macmillan and Cambridge University Press for the Royal Economic Society 1971-1989（翻訳・東洋経済新報社）。

CW vol. 2 *The Economic Consequences of the Peace*, 1971(1920).（早坂忠訳『平和の経済的帰結』1977）。
CW vol. 4 *A Tract on Monetary Reform*, 1971(1923).（中内恒夫訳『貨幣改革論』1978）。
CW vol. 5 *A Treatise on Money I: The Pure Theory of Money*, 1971(1930).（小泉明・長澤惟恭訳『貨幣論 I　貨幣純粋理論』1979）。
CW vol. 6 *A Treatise on Money II: The Applied Theory of Money*, 1971(1930).（長澤惟恭訳『貨幣論 II　貨幣の応用理論』1980）。
CW vol. 7 *The General Theory of Employment, Interest and Money*, 1973(1936).（塩野谷祐一訳『雇用・利子および貨幣の一般理論』1983）。
CW vol. 8 *A Treatise on Probability*, 1973(1921).

CW vol. 9 *Essays in Persuasion*, 1972(1931). （宮崎義一訳『説得論集』1981）。
CW vol. 10 *Essays in Biography*, 1972(1931). （大野忠男訳『人物評伝』1980）。
CW vol. 11 *Economic Articles and Correspondence: Academic*, 1983.
CW vol. 12 *Economic Articles and Correspondence: Investment and Editorial*, 1983.
CW vol. 13 *The General Theory and After: Part I, Preparation*, paperback, 1987(1973).
CW vol. 14 *The General Theory and After: Part II, Defence and Development*, paperback, 1987(1973).
CW vol. 19 *Activities 1922-1929: The Return to Gold and Industrial Policy*, 1981.（西村閑也訳『金本位復帰と産業政策―1922~29 年の諸活動―』1998）。
CW vol. 20 *Activities 1929-1931: Rethinking Employment and Unemployment Policies*, 1981.
CW vol. 22 *Activities 1939-1945: Internal War Finance*, 1979.
CW vol. 25 *Activities 1940-1944: Shaping the Post-war World: the Clearing Union*, 1980.（村野孝訳『戦後世界の形成清算同盟―1940~44 年の諸活動―』1992）。
CW vol. 27 *Activities 1940-1946: Shaping the Post-War World: Employmentand Commodities*, 1980.（平井俊顕・立脇和夫訳『戦後世界の形成雇用と商品―1940~46 年の諸活動―』1996）。
CW vol. 30 *Bibliography and Index*, 1989.

〈5〉 英語文献

Abel-Smith, B. (1994) "The Beveridge Report: Its Origins and Outcomes", in Hills, J., J. Ditch, and H. Glennerster (eds.) (1994), 10-22.
Addison, P. (1975/1977) *The Road to 1945: British Politics and the Second World War*, London: Quartet Books (First published by Jonathan Cape Ltd, London in 1975).
Adelman, P. (1972) *The Rise of the Labour Party* 1880-1945, London: Longmans.
Aikin, K. W. W. (1972) *The Last Years of Liberal England 1900-1914*, London: Collins Educational.
Alden, P. (1905) *The Unemployed: A National Question*, London: King & Son.
Alden, P. (1912) *Democratic England*, London: Macmillan.
Ambrosi, G. M. (2003) *Keynes, Pigou and Cambridge Keynesians: Authenticity and Analytical Perspective in the Keynes-Classics Debate*, New York: Palgrave Macmillan.
Aslanbeigui, N. (1989) "Marshall's and Pigou's Policy Prescriptions on Unemployment, Socialism and Inequality", 191-204, in D. A. Walker (ed.) *Perspectives on the History of Economic Thought*, Vol. 1, *Classical and Neoclassical Economic Thought*, Aldershot Hants; UK: Edward Elgar.
Aslanbeigui, N. (1998) "Unemployment through the Eyes of a Classic", 85-99, in J. C. W. Ahiakpor (ed.) *Keynes and the Classics Reconsidered*, London: Kluwer Academic Publishers.
Augello, M. M. and M. E. L. Guidi, (eds.) (2005) *Economists in Parliament in the Liberal Age: 1848-1920*, Aldershot; UK: Ashgate.
Backhouse, R. E. (1985) *A History of Modern Economic Analysis*, Oxford: Basil Blackwell.
Backhouse, R. E. (2002) *The Penguin History of Economics*, London: Penguin Books.
Ball, M. and D. Sunderland (2001) *An Economic History of London 1800-1914*, London: Routledge.

Barbara D. and M. I. Cole (ed.) (1948) *Our Partnership* by Beatrice Webb, London: Longmans.
Barnes, G. N. (1908) *The Problem of the Unemployed*, London: Independent Labour Party.
Barnett, S. A. (1919) *Canon Barnett: His Life, Work, and Friends*, volume 2, Boston & New York: Houghton Mifflin Company.
Barnett, C. (1986) *The Audit of War: the Illusion and Reality of Britain as a Great Nation*, London: Macmillan Papermac.
Barry, N. (1983) "ROBBINS, Lionel Charles", in E. Devine *et al.* (eds.) *Thinkers of the Twentieth Century: A Biographical and Critical Dictionary*, London: Macmillan. (木田ほか監修『20世紀思想家事典』誠信書房 2001)。
Bentham. J. (1787/1841) "Panopticon; or the Inspection-House: Containing the Idea of a New Principle of Construction", 37-66, in J. Bowring (ed.)(1841) *The Works of Jeremy Bentham*, Volume 4, Edinburgh: William Tait.
Berlin, I. (1953) "All Souls," in OEP, 55-58.
Berlin, I. (1969) *Four Essays on Liberty*, Oxford: Oxford University Press.
Besomi, D. (1998) "Harrod and the Oxford Economists' Research Group's Inquiry on Prices and Interest, 1936-1939", *Oxford Economic Papers*, New Series, No. 50, October 1998, 534-562.
Besomi, D. (1999) *The Making of Harrod's Dynamics,* New York: St. Martin's Press.
Besomi, D. (ed.) (2003) *The Collected Interwar Papers and Correspondence of Roy Harrod*, 3 volumes, Cheltenham, UK: Edward Elgar.
Beveridge, J. (1954) *Beveridge and his Plan*, London: Hodder and Stoughton.
Beveridge, J. (1960) *An Epic of Clare Market: Birth and Early Days of the London School of Economics*, London: G. bell & Sons Ltd.
Blanchard, O. J., P. Diamond, R. E. Hall and I. Yellen (1989) "The Beveridge Curve", *Brookings Papers on Economic Activity,* 1989, No. 1, 1-76.
Blaug, M. (1962/1978) *Economic Theory in Retrospect*, third edition, Cambridge: Cambridge University Press, (First published in 1962).
Blaug, M. (1962/1996) *Economic Theory in Retrospect*, fifth edition, Cambridge: Cambridge University Press.
Blaug, M. (1980/1992) *The Methodology of Economics: Or How Economists Explain,* second edition, Cambridge: Cambridge University Press.
Booth, A. (1989) *British Economic Policy, 1931-49: Was There a Keynesian Revolution?* London: Harvester Wheatsheaf.
Booth, A. and A. W. Coats (1980) "Some Wartime Observations on the Role of the Economists in Government", 177-199, *Oxford Economic Papers*, Vol. 32, No. 2, July 1980.
Booth, A. and M. Pack (1985) *Employment, Capital and Economic Policy: Great Britan 1918-1939*, Oxford: Basil Blackwell.
Bridgen, P. (2006) "A Straitjacket with Wriggle Room: The Beveridge Report, the Treasury and the Exchequer's Pension Liability, 1942-1959", *Twentieth Century British History,* 17(1), 1-25.
Briggs, A. （1961） "The Welfare State in Historical Perspective", *Archives Europeennes de Sociologie*, 2(2), 221-258.
Briggs, A. and A. Macartney. (1984) *The Toynbee Hall: the First Hundred Years,* London and Boston: Routledge & Kegan Paul.

Brown, J. (1969) "The Appointment of the 1905 Poor Law Commission", *Bulletin of the Institute of Historical Research,* London: University of London; The Athlone Press, Volume 42, 239-242.

Brown, J. (1971) "The Poor Law Commission and the 1905 Unemployed Workmen Act", *Bulletin of the Institute of Historical Research,* London: University of London; The Athlone Press, Volume 44, 318-323.

Brown, J. (1995) *The British Welfare State: A Critical History,* Oxford, UK and Cambridge, US: Blackwell.

Brown, K. D. (1971a) *Labour and Unemployment 1900-1914,* Newton Abbot, UK: David & Charles Publishers Ltd.

Brown, K. D. (1971b) "The Appointment of the 1905 Poor Law Commission - a Rejoinder", *Bulletin of the Institute of Historical Research,* Volume 44, 315-318.

Brown, P. B. (1980) "Sir Roy Harrod: A Biographical Memoir", *The Economic Journal,* 90(357), March 1980, 1-33.（抄訳「ロイ・ハロッドの知的生涯」『季刊現代経済』（日本経済新聞社）、40号、1980年秋、100-122）。

Bruce, M. (1961/1968) *The Coming of the Welfare State,* fourth edition,London: B. T. Batsford Ltd. (First published in 1961).

Budd, A (1996) "Unemployment Policy since the War: the Theory and the Practice", in Corry (ed.) (1996), 89-135.

Burgess, M. (1995) *The British Tradition of Federalism,* London: Leicester University Press.

Burk, K. (ed.) (1982) *War and the State: The Transformation of British Government, 1914- 1919,* London: George Allen & Uniwin.

Burk, K. (1982) "The Treasury; from Impotence to Power", 84-107, in Burk (1982).

Cairncross, A. (1986) *Economics and Economic Policy,* Oxford: Basil Blackwell.

Cairncross, A. and N. Watts (1989) *The Economic Section 1939-1961: A Study in Economic Advising,* London: Routledge.

Caldwell, B. (1982/1984) *Beyond Positivism: Economic Methodology in the Twentieth Century,* new edition, first published in 1982, London: George Allen & Unwin.（堀田・渡部監訳『実証主義を超えて―20世紀経済科学方法論―』中央経済社 1989）。

Carlson, A. (1990) *The Swedish Experiment in Family Politics: The Myrdals and the Interwar Population Crisis,* New Brunswick, US and London, UK: Transaction Publishers.

Casson, M. (1983) *Economics of Unemployment: An Historical Perspective,* Oxford: Martin Robertson.

Chapman, S. J. & H. M. Hallsworth (1909) *Unemployment: The Results of an Investigation made in Lancashire and an Examination of the Report of the Poor Law Commission,* Manchester: Manchester University Press.

Chester, D. N. (1951) "The Central Machinery for Economic Policy", in Chester (ed.) (1951), 5-33.

Chester, D. N. (ed.) (1951) *Lessons of the British War Economy,* Cambridge: Cambridge University Press.

Chester, D. N. and F. M. G. Willson (1957/1968) *The Organization of British Central Government 1914-1964: A Survey by a Study Group of the Royal Institute of Public Administration,* London: George Allen & Unwinn Ltd.

Chester, D. N. (1982) "The Role of Economic Advisers in Government", in Thirlwall (ed.)

(1982), 126-159.
Clarke, P. (1988/1990) *The Keynesian Revolution in the Making 1924-1936*, paperback, Oxford: Clarendon Press.
Clarke, P. (1990) "The Treasury' Analytical Model of British Economy between the Wars" in Furner & Supple (1990), 171-207.
Clarke, P. (1997) "Keynes, New Jerusalem, and British Decline," in Clarke and Trebicock (eds.) (1997), *Understanding Decline: Perception and Realities of British Economic Performance*, Cambridge: Cambridge University Press.145-165.
Clay, H. (ed.) (1955) *The Inter-war Years and Other Papers: a Selection from the Writings of Hubert Douglas Henderson,* Oxford: Claredon Press.
Coats, A. W. (ed.) (1981) *Economists in Government: An International Comparative Study*, Durham; USA: Duke University Press.
Coats, A. W. (1983) "Half a Century of Methodological Controversy in Economics: As Reflected in the Writings of T. W. Hutchison", in A. W. Coats (ed.) *Methodological Controversy in Economics: Historical Essays in Honor of T. W. Hutchison*, London: JAI Press Inc, 1-42.
Coats, A. W. B. (1993) "The Distinctive LSE Ethos in the Inter-war Years", in A. W. B. Coats (ed.) *The Sociology and Professionalization of Economics: British and American Economic Essays*, volume 2, London and New York: Routledge, 372-392.
Cockett, R. (1995) *Thinking the Unthinkable: Think-Tanks and the Economic Counter-Revolution, 1931-1983,* London: Fontana Press.
Cole, G. D. H. (1949) "Review of Voluntary Action by W. H. Beveridge", *The Economic Journal*, 399-401, 59(235), September 1949.
Collard, D. (1981) "A. C. Pigou, 1877-1959", in D. P. O'Brien and J. R. Presley (eds.), *Pioneers of Modern Economics in Britain*, London: Macmillan.
Collini, S., D. Winch and J. Burrow. (1983) *That Noble Science of Politics, A Study in Nineteenth-century Intellectual History*, Cambridge: Cambridge University Press.（永井義雄・坂本達哉・井上義朗訳『かの高貴なる政治の科学―19世紀知性史研究―』ミネルヴァ書房 2005）。
Cooper, R. M. (ed.) (1992) *Refugee Scholars: Conversation with Tess Simpson*, Leeds; UK: Simbaprint.
Cormack, U. (1953) *The Welfare State: The Royal Commission on the Poor Laws, 1905-1909 and the Welfare State,* Loch Memorial Lecture, 1953, London: The Family Welfare Association.
Corry, B. (ed.) (1996) *Unemployment and the Economists*, Cheltenham: Edward Elgar.
Corry, B. (1996) "Unemployment in the History of Economic Thought: an Overview and Some Reflections", in Corry (ed.) (1996), 1-29.
Creedy, J. (ed.) (1990) *Foundations of Economic Thought*, Oxford: Basil Blackwell.
Crosland, C. A. R. (1957) *The Future of Socialism*, London: Jonathan Cape.
Cutler, T., K. Williams and J. Williams (1986) *Keynes, Beveridge and Beyond,* London: Routlede.
Daalder. H. (1963) *Cabinet Reform in Britain 1914-1963*, Stanford: Stanford University Press.
Dahrendorf, R. (1995) *LSE: A History of the London School of Economics and Political Science*, Oxford: Oxford University Press.
Dalton, H. (1923) "Two More Books on Population", 3(9), *Economica*, 224-228.

Dalton, H. (1953) *Memoirs 1887-1931: Call Back Yesterday,* London: Frederick Muller Ltd.

Darnell, A. (1981) "A. L. Bowley, 1869-1957", in D. P. O'Brien & J. R. Presley (ed.) *Pioneers of Modern Economics in Britain,* London: Macmillan.

Davidson, R (1972) "Llewellyn Smith, the Labour Department and Government Growth 1886-1909", in G. Sutherlland (ed.) (1972) *Studies in the Growth of Nineteenth-Century Government,* New Jersey; USA: Rowman and Littlefield.

Davidson, R. (1985) *Whitehall and the Labour Problem in Late-Victorian and Edwardian Britain,* London: Croom Helm.

Deane, P. (1978) *The Evolution of Economic Ideas,* Cambridge: Cambridge University Press.

Dearle. N.B. (1909) "Review of *Unemployment: A Problem of Industry* by W. H. Beveridge", *The Economic Journal,* 19(74), June 1909, 224-228.

Dearle. N.B. (1930) "Review of *The Past and Present of Unemployment Insurance* by W. H. Beveridge", *The Economic Journal,* 40(160), December 1930, 672-674.

Dimand, R. W. (1999) "The Beveridge Retort: Beveridge's Response to the Keynesian Challenge", in L. L. Pasinetti and B. Schefold (eds.) *The Impact of Keynes on Economics in the 20th Century,* Cheltenham; UK: Edward Elgar, 221-239.

Dostaler, G. (2007) *Keynes and his Battles,* Cheltenham, UK: Edward Elgar.

Drake, B. & M. I. Cole (eds.) (1948) *Our Partnership;* by Beatrice Webb, London: Longmans.

Durbin, E. (1985) *New Jerusalems: The Labour Party and the Economic of Democratic Socialism,* London: Routledge.

Ekelund, R. B. Jr. and R. F. Hébert (1997) *A History of Economic Theory and Method,* fourth edition, London : McGraw-Hill.

Esping-Andersen, G. (1990) T*he Three Worlds of Welfare Capitalism,* Oxford: Basil Blackwell.（岡沢・宮本監訳『福祉資本主義の三つの世界』ミネルヴァ書房 2001）。

Field, F. (1998) "The Beveridge Memorial Lecture, 1998", *The Statistician,* London: Royal Statistical Society, 47(4), 565-571.

Foxwell, H. S. (1886) *Irregularity of Employment and Fluctuations of Prices,* Edinburgh: Co-operative Printing Company Limited.

Fraster, D. (1973/1984) *The Evolution of the British Welfare State,* the second edition, New York: Palgrave (First published in 1973).

Fraser, D. (1973/2003) *The Evolution of the British Welfare State,* third edition, Hampshire; UK: Palgrave Macmillan (First published in 1973).

Freeden, M. (1978) *The New Liberalism: An Ideology of Social Reform,* Oxford: Oxford University Press.

Freeden, M. (1979/2005) "Eugenics and Progressive Thought: A Study in Ideological Affinity", reprinted in M. Freeden (2005) *Liberal Languages: Ideological Imaginations and Twentieth-Century Progressive Thought,* Princeton and Oxford: Princeton University Press, 144-172, first published in *Historical Journal,* 22, 1979.

Freeden, M. (1986) *Liberalism Divided: A Study in British Political Thought* 1914-1939, Oxford: Clarendon Press.

Freeden, M. (ed.) (1989) *Minutes of the Rainbow Circle,* 1894-1924, Camden Fourth Series, Volume 38, London: Royal Historical Society, University College London.

Friedman, M. & R. (1980) *Free to Choose: A Personal Statement,* Harmondsworth; US: Penguin Books. （西山千明訳『選択の自由』日経ビジネス人文庫 2002）。

Furner, M. O. and B. Supple (eds.) (1990) *The State and Economic Knowledge: The American and British Experiences,* New York and Cambridge: Woodrow Wilson International Center for Scholars and Cambridge University Press.

Furner, M. O. and B. Supple (1990) "Ideas, Institutions, and State in the United States and Britain: An Introduction", in Furner & Supple (eds.) (1990) , 3-39.

Furniss, H. S. (1909) "Reviews: *Unemployment* by Beveridge and *Unemployment* by Chapman and Hallsworth", *The Economic Review* (for the Oxford University Branch of the Christian Social Union), 482-489, 19(1), London: Rivingtons, October 1909.

Galton, F. (1905) "Eugenics: Its Definition, Scope and Aims", *Sociological Papers* 1904, volume 1, London: Macmillan , 45-51.

Garraty, J. A. (1978) *Unemployment in History: Economic Thought and Public Policy,* New York: Harper & Row, Publishers.

Garside, W. R. (1980) *The Measurement of Unemployment; in Great Britain 1850-1979 Methods and Sources,* Oxford: Basil Blackwell.

Garside, W. R. (1990) *British Unemployment 1919-1939: A Study in Public Policy,* Cambridge: Cambridge University Press.

Gilbert, B. B. (1966) *The Evolution of National Insurance in Great Britain: the Origin of the Welfare State,* London: Michael Joseph.

Gilbert, B. B. (1970) *British Social Policy 1914-1939,* London: Batsford.

Gray, J. (1986/1991) *Liberalism,* Milton Keynes, UK: Open University Press.（藤原保信・輪島達郎訳『自由主義』昭和堂 1991）。

Gray, J. (1989) *Liberalisms: Essays in Political Philosophy,* London:Routledge.（山本貴之訳『自由主義論』ミネルヴァ書房 2001）。

Granger, C. W. J. and A. O. Hughes (1971) "A New Look at Some Old Data: The Beveridge Wheat Price Series", *Journal of the Royal Statistical Society,* Series A (General), 134(3), 413-428.

Green, J. (1980) "On the Theory of Effective Demand", *The Economic Journal,* 90(358), June 1980, 341-353.

Groenewegen, P. (1995) *A Soaring Eagle: Alfred Marshall 1842-1924,* Hants; UK: Edward Elgar.

Haldane, R. B. (1929) *Richard Burdon Haldane: An Autobiography,* London: Hodder and Stoughton.

Hamouda, O. F. and J. N. Smithin (eds.) (1988) *Economics and Policy: Keynes and Public Policy after Fifty Years,* Aldershot; UK: Edward Elgar.

Hanes, D.G. (1968) *The First British Workmen's Compensation Act 1897,* New Haven; USA: Yale University Press.

Hansen, B. (1970) "Excess Demand, Unemployment, Vacancies, and Wages", *The Quarterly Journal of Economics.* 84(1), February 1970, 1-23.

Harris, B. (2004) *The Origins of the British Welfare State: Social Welfare in England and Wales, 1800-1945,* Hampshire; UK: Palgrave Macmillan.

Harris, J. (1972) *Unemployment and Politics: A Study in English Social Policy 1886-1914,* Oxford: Clarendon Press.

Harris, J. (1977) *William Beveridge: A Biography,* Oxford: The Clarendon Press.

Harris, J. (1986) "Political Ideas and the Debate on State Welfare, 1940-45", in H. L. Smith (ed.) *War and Social Change: British Society in the Second World War,* Manchester: Manchester University Press, 233-263.

Harris, J. (1994) "Beveridge's Social and Political Thought", in Hills, J., J. Ditch, and H. Glennerster (eds.) (1994), 23-36.

Harris, J. (1996) "From Sunspots to Social Welfare: the Unemployment Problem 1870-1914", in Corry (ed.) (1996). 52-68.

Harris, J. (1997) *William Beveridge: A Biography,* revised paperback edition, Oxford: Oxford University Press.

Harrod, R. F. (1934) "Professor Pigou's Theory of Unemployment", *The Economic Journal,* 44(173), March 1934, 19-32.

Harrod, R. F. (1936) "Utilitarianism Revised", *Mind,* New Series, 45(178), April 1936, 137-156.

Harrod, R. F. (1938) "Scope and Method of Economics", *The Economic Journal,* 48(191), September 1938, 383-412.

Harrod, R. F. (1943) "Full Employment and Security of Livelihood", *The Economic Journal,* 53(212), December 1943, 321-342.

Harrod. R. (1951/1982) *The Life of John Maynard Keynes,* London: W.W. Norton & Company (First Published by London: Macmillan in 1951).（塩野谷九十九訳『ケインズ伝（改訳版）』東洋経済新報社 1967）。

Harrod, R. (1953) "The Pre-war Faculty," in OEP, 59-64.

Harrod, R. F. (1959) *The Prof: A Personal Memoir of Lord Cherwell,* London: Macmillan.

Harrod, R. F. (1971) *Sociology, Morals and Mystery: the Chichele Lectures delivered in Oxford under the Auspices of All Souls College,* London: Macmillan.（清水幾太郎訳『社会科学とは何か』岩波新書 1975）。

Hawtrey, R, G. (1931/1933) *Trade Depression and the Way Out,* new edition, London: Longmans, Green and Co.

Hay, J. R. (1983) *The Origin of the Liberal Welfare Reforms 1906-1914,* second edition, New York: Palgrave (First published in 1975).

Hayek, F. A. (1939/1949) "The Economic Conditions of Interstate Federalism", in F. A. Hayek (1949) *Individualism and Economic Order,* 255-272, London: Routledge and Kegan Paul, (First published in *The New Commonwealth Quarterly,* 5(2), September 1939).（嘉治元郎・嘉治佐代訳『ハイエク全集 3 個人主義と経済秩序』春秋社 1990、337-357）。

Hayek, F. A. (1944) *The Road to Serfdom,* London: George Routledge & Sons.（西山千明訳『隷属への道』春秋社 1992）。

Hayek, F. A. (1946) "The London School of Economics 1895-1945", *Economica,* new series, 13(49), 1-31.

Hayek, F. A. (1994) *Hayek on Hayek: An Autobiographical Dialogue,* edited by S. Kresge, & L. Wenar, London: Routledge.（嶋津格訳『ハイエク、ハイエクを語る』名古屋大学出版会 2000）。

Henderson, F. (1953) "Editing *the Nation,*" in OEP, 7-27.

Henderson, H. D. (1922/1932) *Supply and Demand;* with an introduction by J.M. Keynes, revised version, (Economic and social history of the World War; British series), Oxford: Clarendon Press, 1922.（白杉剛訳『需要と供給』紀伊国屋書店、1968）。

Henderson, H. D. (1926) *Inheritance and Inequality: A Practical Proposal,* The New Way Series 15, London: The Daily News ltd.
Henderson, H. D. (1936a) "Mr. Keynes's Attack on Economists," The Spectator, 156(5616), 14 February, 1936.
Henderson, H. D. (1936b) "Mr. Keynes's Theories," 2 May. in Clay (1955), 161-177.
Henderson, H. D. (1942) "The Principles of the Beveridge Plan," 4 August. in Clay (1955),191-208.
Henderson, H. D. (1943) "Notes on the Problem of Maintaining Employment," 20 May. in Clay (1955), 220-235.
Henderson, H. D. (1944a) "Lord Keynes and Employment Policy," 1 March. in Clay (1955), 316-326.
Henderson, H. D. (1949) "The Function of Exchange Rates," *Oxford Economic Papers*, January. in Clay (1955), 357-376.
Henderson, H. D. (1950) "Controls and the Price System," The Herbert Lecture, 14 March. in Clay (1955), 413-424.
Hennock, E. P. (1986) *British Social Reform and German Precedents: The Case of Social Insurance 1880-1914,* Oxford: Clarendon Press.
Hicks, J. R. and U. K. Hicks (1943) "The Beveridge Plan and Local Government Finance", *The Review of Economic Studies*, 11(1), 1-19.
Hicks, J. (1967) *Critical Essays in Monetary Theory,* London: Oxford University Press.
Hills, J., J. Ditch, and H. Glennerster (eds.) (1994) *Beveridge and Social Security,* Oxford: Clarendon Press.
Himmelfarb, G. (1991/1992) *Poverty and Compassion: The Moral Imagination of the Late Victorians,* New York: Vintage Books, A Division of Random House Inc.
Hobhouse, L. T. (1911) *Liberalism,* London: Thornton Butterworth Limited.
Hobson, J.A. (1894) *The Evolution of Modern Capitalism: A Study of Machine Production,* London: Walter Scott, Ltd.
Hobson, J. A. (1895) "The Meaning and Measure of "Unemployment"", *The Contemporary Review*, 67, March 1895, 415-432.
Hobson, J. A. (1896) *The Problem of the Unemployed: An Enquiry and an Economic Policy,* London: Methuen & Co. Ltd.
Hobson, J. A. (1896/1904) *The Problem of the Unemployed: An Enquiry and an Economic Policy,* second edition, London: Methuen & Co. Ltd.
Hobson, J. A. (1896/1911) *The Problem of the Unemployed: An Enquiry and an Economic Policy,* sixth edition, London: Methuen & Co. Ltd.
Hobson, J. A. (1907) "(The Problem of the Unemployed: A Comment)", *Sociological Papers* 1906, Volume 3, London: Macmillan, 332-333.
Hopkins, Sir R. (1951) "Introductory Note", 1-4, in Chester (ed.) (1951).
Howson, S. and D. Winch (1977) *The Economic Advisory Council 1930-1939: A Study in Economic Advice during Depression and Recovery,* Cambridge: Cambridge University Press.
Howson, S. (2004) "The Origins of Lionel Robbins's Essay on the Nature and Significance of Economic Science", *History of Political Economy,* 36(3), 413-443.
Hubback, D. (1985) *No Ordinary Press Baron: A Life of Walter Layton,* London: Weidenfeld and

Nicolson.
Hutchison, T. W. (1953) *A Review of Economic Doctrines*, Oxford: Oxford University Press.
Hutchison, T. W. (1964) *'Positive' Economics and Policy Objectives*, New York: Harvard University Press.（長守善監訳『経済政策の目的』東洋経済新報社 1965）。
Hutchison, T. W. (1968) *Economics and Economic Policy in Britain 1946-1966 : Some Aspects of their Interrelations*, London: Allen & Unwin.
Hutchison, T. W. (1977) *Knowledge and Ignorance in Economics*, Oxford: Basil Blackwell.
Hutchison, T. W. (1978) *On Revolutions and Progress in Economic Knowledge*, Cambridge: Cambridge University Press.
Jevons, W.S. (1880/1883) *Methods of Social Reform and Other Papers*, London: Macmillan.
Jevons, W. S. (1882/1887) *The State in Relation to Labour*, London: Macmillan.
Jewkes, J. (1932) "Book Review of Causes and Cures of Unemployment by Sir W. H. Beveridge", *The Economic Journal*, 42(165), 98-99.
Johnson, N. (1987) *The Welfare State in Transition*, Brighton, UK: Wheatsheaf Books.（青木・山本訳『福祉国家のゆくえ―福祉多元主義の諸問題―』法律文化社 1993）。
Johnson, P. B. (1968) *Land Fit for Heroes: The Planning of British Reconstruction, 1916-1919*, Chicago: The University of Chicago Press.
Jones, G. S. (2004) *An End to Poverty?: A Historical Debate*, London: Profile Books.
Jones, J. H. (1964) *Josiah Stamp Public Servant: The Life of the First Baron Stamp of Shortlands*, London: Sir Isaac Pitman & Sons Ltd.
Kadish, A. (1986) *Apostle Arnold: The Life and Death of Arnold Toynbee 1852-1885*, Duke University Press.
Kadish, A. (1989) *Historians, Economists and Economic History*, London and New York: Routledge.
Kadish, A. and K. Tribe (eds.) (1993) *The Market for Political Economy*, London and New York: Routledge.
Kaldor, N. (1943) "The Beveridge Report 2: The Financial Burden", *The Economic Journal*, 53(209), 10-27.
Kaldor, N. (1981) "General Introduction to Collected Economic Essays", in *Collected Economic Essays*, vol. 1, New York: Holmes & Meier Publishers, Inc.
Kaldor, N. (1982) "Keynes as an Economic Adviser", in Thirlwall (ed.) (1982), 2-27.
Klein, L. R. (1944) "The Cost of a Beveridge Plan in the United States", *The Quarterly Journal of Economics*, 58(3), 423-437.
Komine, A. (2000) "Henderson and Keynes on the Welfare State: Desertion and Integration", Niigata Sangyo University Discussion Paper Series, No. 19, April 2000.
Komine, A. (2001) "Contemporary *Unemployment* [1909]: Beveridge's First Programme", Niigata Sangyo University Discussion Paper Series, No.22, October 2001.
Komine, A. (2002) "Beveridge on Unemployment in 1909: Three Inflows and Outflows", *Bulletin of Niigata Sangyo University Faculty of Economics*, No.25, July 2002.
Komine, A. (2004) "The Making of Beveridge's Unemployment [1909]:There Concepts Blended", *The European Journal of the History of Economic Thought*, 11(2), Summer 2004, 255-280.
Laidler, D. (1999) *Fabricating the Keynesian Revolution: Studies of the Inter-war Literature on Money, the Cycle, and Unemployment*, Cambridge: Cambridge University Press.

Landreth, H. and D. C. Colander (1976/2002) *History of Economic Theory*, fourth edition, Boston: Houghton Mifflin (First published by Landreth in 1976).
Lange, O. (1938) *On the Economic Theory of Socialism*, Minneapolis, USA: The University of Minnesota Press.
Laski, H. J. (1938) *Parliamentary Government in England*, London: George Allen & Unwin Ltd.
Lavington, F. (1922) *The Trade Cycle: An Account of the Causes Producing Rhythmical Changes in the Activity of Business*, London: P. S. King.
Lavoie, D. (1985) *Rivalry and Central Planning: The Socialist Calculation Debate Reconsidered*, Cambridge: Cambridge University Press.（吉田靖彦訳『社会主義経済計算論争再考―対抗と集権的計画編成―』青山社 1999）。
Laybourn, K. (1988) *The Rise of Labour: The Britain Labour Party 1890-1979*, London: Edward Arnold.
Llewellyn Smith, H. (1887) *Economic Aspects of State Socialism*, Oxford: Blackwell.
Llewellyn Smith, H. (1910) "Economic Security and Unemployment Insurance", *The Economic Journal*, 20(80), 513-529.
Llewellyn Smith, H. (1928) *The Board of Trade*, London: G.P. Putnam's Sons Ltd.
Lowe, R. (1982) "The Ministry of Labour, 1916-19: a Still, Small Voice?", 108-134, in Burk (ed.) (1982).
Lowe, R. (1986) *Adjusting to Democracy: The Role of the Ministry of Labour in British Politics 1916-1939*, Oxford: Clarendon Press.
Lowe, R. (1990) "The Second World War, Consensus, and the Foundation of the Welfare State", *Twentieth Century British History*, 1(2), 152-182.
MacDougall, G. D. A. (1951) "The Prime Minister's Statistical Section", 58-68, in Chester (ed.) (1951).
MacKenzie, N. (ed.) (1978a) *The Letters of Sidney and Beatrice Webb*, Volume 2: Partnership 1892-1912, Cambridge: Cambridge University Press.
MacKenzie, N. (ed.) (1978b) *The Letters of Sidney and Beatrice Webb*, Volume 3: Pilgrimage 1912-1947, Cambridge: Cambridge University Press.
MacKenzie, N. and J. (eds.) (1983/1986) *The Diary of Beatrice Webb*, volume 2 1892-1905, *All the Good Things of Life*, paperback, London: Virago Press.
MacKenzie, N. and J. (eds.) (1984) *The Diary of Beatrice Webb*, volume 3 1905-1924, *The Power to Alter Things*, Cambridge; USA: The Belknap Press of Harvard University Press.
MacKenzie, N. and J. (eds.) (1985) *The Diary of Beatrice Webb*, volume 4 1924-1943, *The Wheel of Life*, Cambridge; USA: The Belknap Press of Harvard University Press.
Macmillan, H. *et al.* (1927) *Industry and the State: A Conservative View*, London: Macmillan.
Macmillan, H. *et al.* (1935) *The Next Five Years: An Essay in Political Agreement*, London: Macmillan.
Macmillan, H. (1938) *The Middle Way: A Study of the Problem of Economic and Social Progress in a Free and Democratic Society*, London: Macmillan.
Maloney, J. (1985) *Marshall, Orthodoxy and the Professionalisation of Economics*, Cambridge: Cambridge University Press.
Marcuzzo, M. C. (2004) "From Market 'Imperfections' to Market 'Failures': Some Cambridge Challenges to *Laissez-Faire*", Annals of the Society for the History of Economic Thought, No.45, June 2004, 1-10

Marcuzzo, M. C. *et al.* (eds.) (2005) "The Letters between John Hicks and Ursula Webb September - December, 1935", Working Paper, No. 207, University of Hyogo.

Marucuzzo, M. C. & A. Rosselli (eds.) (2005) *Economists in Cambridge: A Study through their Correspondence, 1907-1946*, London and New York: Routledge.

Marshall, A. (1885) *The Present Position of Economics: An Inaugural Lecture given in the Senate House at Cambridge, 24 February 1985*, London: Macmillan.

Marshall, A. (1885/1925) "The Present Position of Economics", in A. C. Pigou (ed.) *Memorials of Alfred Marshall*, London: Macmillan, 152-174.

Marshall, A. (1890/1920) *Principles of Economics*, eighth edition, London: Macmillan.

Marshall, T. H. (1950/1992) "Citizenship and Social Class", 1-51, in T. H. Marshall and T. Bottomore (1992) *Citizenship and Social Class*, London: Pluto Press.

Mayne, R. and J. Pinder (1990) *Federal Union: The Pioneers, A History of Federal Union*, London: Macmillan.

McBriar, A.M. (1987) *An Edwardian Mixed Doubles: The Bosanquets versus the Webbs, A Study in British Social Policy 1890-1929*, Oxford: Clarendon Press.

Meacham, S. (1987) *Toynbee Hall and Social Reform 1880-1914: the Search for Community*, New Haven and London: Yale University Press.

Medema, S. G. and W. J. Samuels (eds.) (2003) *The History of Economic Thought: A Reader*, London: Routledge.

Middleton, R. (1996) *Government versus the Market: the Growth of Public Sector, Economic Management and British Economic, c.1890-1979*, Cheltenham; UK: Edward Elgar.

Middleton, R. (1998) *Charlatans or Saviours? : Economists and the British Economy, from Marshall to Meade*, Cheltenham, UK: Edward Elgar.

Mishra, R. (1984) *The Welfare State in Crisis: Social Thought and Social Change*, New York: St. Martin's Press.

Moggridge, D. (1976/1980) *Keynes*, second edition, London: Macmillan. (塩野谷祐一訳『ケインズ』東洋経済新報社 1979)。

Moggridge, D. (1992) *Maynard Keynes: An Economist's Biography*, London: Routledge.

Myrdal, G. (1960) *Beyond the Welfare State: Economic Planning in the Welfare States and its International Implications*, London: Gerald Duckworth.

Obinger, H., S. Leifried & F. G. Castles. (eds.) (2005) *Federalism and the Welfare State: New World and European Experiences*, Cambridge: Cambridge University Press.

O'Brien, D. P. (1988) *Lionel Robbins*, London: Macmillan.

O'Donnell, R. (1992) "Unwritten Books and Papers of J. M. Keynes", *History of Political Economy*, 24(4), 767-817.

OEP (1953) *Oxford Economic Papers, Supplement*, Sir Hubert Henderson 1890-1952, Oxford: Clarendon Press.

The Parliamentary Debates (1892), Fourth Series, Volume 2, 55 Victoria, 4 March 1892- 25 March 1892, 1892. London: Reuter's Telegram Company Ltd.

Peden, G. C. (1988) *Keynes, the Treasury and British Economic Policy*, London: Macmillan Education. (西沢保訳『ケインズとイギリスの経済政策—政策形成に「ケインズ革命」はあったか？—』早稲田大学出版部 1996)。

Peden, G. C. (ed.) (2004) *Keynes and his Critics: Treasury Responses to the Keynesian Revolution 1925-1946*, Oxford: Oxford University Press.

Phelps Brown, E. H. (1959) *The Growth of British Industrial Relations: A Study from the Standpoint of 1906-14,* London: Macmillan & Co Ltd.

Phelps, E. S. (1968) "Money-Wage Dynamics and Labor-Market Equilibrium", *The Journal of Political Economy,* 76(4), Part 2: Issues in Monetary Research, 1967, July 1968, 678-711.

Phillips, A. W. (1958) "The Relation between Unemployment and the Rate of Change of Money Wage Rates in the United Kingdom, 1861-1957", *Economica,* new series, 25(100), November 1958, 283-299.

Phillips, G. & N. Whiteside (1985) *Casual Labour: The Unemployment Question in the Port Transport Industry 1880-1970,* Oxford: Claredon Press

Pierson, C. (1991) *Beyond the Welfare State?* , Oxford: Basil Blackwell. (田中・神谷訳『曲がり角にきた福祉国家』未来社 1996)。

Pigou, A. C. (1905) *Principles and Methods of Industrial Peace,* in D. Collard (ed.) (1999) *A. C. Pigou Collected Economic Writings,* Volume 1, London: Macmillan.

Pigou, A.C. (1907/1910) "Memorandum on Some Economic Aspect and Effects of Poor Law Relief", 981-1000, in *Appendix,* Volume 9, Minutes of Evidence, Royal Commission on the Poor Laws and Relief of Distress, Cd. 5068, London: His Majesty of Stationary Office and Wyman & Sons. Ltd.

Pigou, A. C. (1908) *Economic Science in relation to Practice,* London: Macmillan.

Pigou, A. C. (1912) *Wealth and Welfare,* D. Collard (ed.) *A. C. Pigou Collected Economic Writings,* Volume 2, London: Macmillan.

Pigou, A. C. (1913a) *Unemployment,* D. Collard (ed.) *A. C. Pigou Collected Economic Writings,* Volume 4, London: Macmillan.

Pigou, A. C. (1913b) "A Minimum Wage for Agriculture", 41-58, in *Essays in Applied Economics,* D. Collard (ed.) *A. C. Pigou Collected Economic Writings,* Volume 5, London: Macmillan.

Pigou, A. C. (1913c) "Employers and Economic Chivalry", 12-23, in *Essays in Applied Economics,* D. Collard (ed.) *A. C. Pigou Collected Economic Writings,* Volume 5, London: Macmillan.

Pigou, A. C. (1920/1932) *Economics of Welfare,* the fourth edition, D. Collard (ed.) *A. C. Pigou Collected Economic Writings,* Volume 3, London: Macmillan. (first published in 1920)

Pigou, A.C. (ed.) (1925) *Memorials of Alfred Marshall,* London: Macmillan.

Pigou, A. C. (1930) "Unemployment Policy", *The Times,* 6 June 1930.

Pigou, A. C. (1933) T*he Theory of Unemployment,* D. Collard (ed.) *A. C. Pigou Collected Economic Writings,* Volume 8, London: Macmillan.

Pigou, A. C. (1954) "*Power and Influence* by Lord Beveridge", *Economica,* new series, 21(81), February 1954, 73-76.

Pinder, J. (ed.) (1998) *Altiero Spinelli and the British Federalists: Writings by Beveridge, Robbins and Spinelli 1937-1943,* London: Federal Trust.

Polanyi, K. (1944/1957) *The Great Transformation,* Beacon Paperback Edition, Boston: Beacon Press (First published by New York: Rinehart & Company, Inc., in 1944). (吉沢ほか訳『大転換—市場社会の形成と崩壊—』東洋経済新報社 1975)。

Ritschel, D. (1995) "The Making of Consensus: The Nuffield College Conferences during the Second World War", *Twentieth Century British History,* 6(3), 267-301.

Robbins, L. (1927a) "Mr. Hawtrey on the Scope of Economics", *Economica*, 7(20), June 1927, 172-178.

Robbins, L. (1927b) "The Optimum Theory of Population", in T. E. Gregory and H. Dalton (eds.) *London Essays in Economics in Honour of Edwin Cannan*, London: George Routledge & Sons, Ltd, 101-134.

Robbins, L. (1930/1997) "The Present Position of Economic Science", 49-58, in Howson, S. (ed.) *Economic Science and Political Economy Selected Articles*, New York: New York University Press (First published in *Economica*, vol.10, March 1930).

Robbins, L. (1932) *An Essay on the Nature and Significance of Economic Science*, London: Macmillan.

Robbins, L. (1934) *The Great Depression*, London: Macmillan.

Robbins, L. (1935) *An Essay on the Nature and Significance of Economic Science*, second edition, London: Macmillan. (中山伊知郎監修・辻六兵衛訳『経済学の本質と意義』東洋経済新報社 1957)。

Robbins, L. (1937) *Economic Planning and International Order*, London: Macmillan.

Robbins, L. (1938) "Interpersonal Comparisons of Utility: A Comment", *The Economic Journal*, 48(192), December 1938, 635-641.

Robbins, L. (1939) *The Economic Causes of War*, London: Jonathan Cape.

Robbins, L. (1940) "Economic Factors and International Disunity", 23-47, in *World Order Papers*, London: The Royal Institute of International Affairs.

Robbins, L. (1941) *Economic Aspects of Federation*, Federal Tracts: No. 2, London: Macmillan.

Robbins, L. (1961) "Hayek on Liberty", *Economica*, new series, 28(109), 66-81.

Robbins, L. (1971) *Autobiography of an Economist*, London: Macmillan.

Robbins, L. (1981/1997) "Economics and Political Economy", 415-428, in Howson, S. (ed.) *Economic Science and Political Economy Selected Articles*, New York: New York University Press (First published in *The American Economic Review*, vol.71 Supplement, May 1981).

Robertson, D. H. (1923) "A Word for the Devil", *Economica*, 3(9), 203-208.

Robertson, D. H. (1931) "Review of Unemployment by W. H. Beveridge", *The Economic Journal*, 41(161), March 1931, 74-77.

Robinson, E. A. G. (1945) "Sir William Beveridge on Full Employment", *The Economic Journal*, 55(217), 70-76.

Robinson, E. A. G. (1987) "Henderson, Hubert Douglas," in Eatwell, J.,M. Milgate, and P. Newman (eds.) (1987) T*he New Palgrave A Dictionary of Economics*, Volume 2, London: Macmillan, 638-639.

Robinson, J. (1943) "Planning Full Employment 2: Alternative Solutions of a Dilemma, Is There a Middle Course?" *The Times*, 23 January 1943.

Roll, E. (1954) *A History of Economic Thought*, the third revised and enlarged edition, London: Faber.

Routh G. (1975/1989) *The Origin of Economic Ideas*, second edition, London: Macmillan.

Rowntree, B. S. and B. Lasker (1911) *Unemployment: A Social Study*, London: Macmillan.

Samuelson, P. A. (1948/1958/1985) *Economics*, first / fourth /eleventh edition, New York: McCraw-Hill.

Schumpeter, J. A. (1954/1994) *History of Economic Analysis*, with a new introduction by Mark Perlman, London: Routledge, 1994, (First published by Allen & Unwin Ltd., in 1954).

（東畑精一訳『経済分析の歴史』1‐7巻　岩波書店 1955-1962）。

Screpaniti, E. and S. Zamagni. (1993/1995) *An Outline of the History of Economic Thought*, paperback edition, Oxford: Clarendon Press.

Searle, G. R. (1992) *The Liberal Party: Triumph and Disintegration, 1886-1929*, London: Macmillan.

Sen, A. (1999) *Development as Freedom*, New York: Alfred A. Knopf.（石塚雅彦訳『自由と経済開発』日本経済新聞社、2000）。

Skidelsky, R. (1983/1992) *John Maynard Keynes, Hopes Betrayed 1883-1920*, paperback edition, London: Macmillan.（宮崎義一監訳・古屋隆訳『ジョン・メイナード・ケインズ裏切られた期待Ⅰ／Ⅱ』東洋経済新報社 1987／1992）。

Skidelsky, R. (1992/1994) *John Maynard Keynes, The Economist as Saviour 1920-1937*, paperpac edition, London: Macmillan (First published in 1992).

Skidelsky, R. (2000) *John Maynard Keynes: Fighting for Britain 1937-1946*, London: Macmillan.

Spicker, P.（2000）*The Welfare State:* A General Theory, London: Sage.（阿部・圷・金子訳『福祉国家の一般理論―福祉哲学論考―』勁草書房 2004）。

Stark, W. (1944) *The History of Economics in its Relation to Social Development*, London: Kegan Paul.

Stigler, G. J. (1965) *Essays in the History of Economics,* Chicago: University of Chicago Press.

Stocks, M. (1970) *My Commonplace Book,* London: Peter Davies.

Taylor, A. J. P. (1965/1976) *English History 1914-1945*, revised, London: Clarendon Press.（都築忠七訳『イギリス現代史』みすず書房 1968）。

Teiteblaum, M. S. and J. M. Winter (1985) *The Fear of Population Decline*, California: Academic Press.

Tribe, K. (2000) "Economic Societies in Great Britain and Ireland before 1902", *Keele Department of Economics Discussion Papers,* No. 2000/2, 1-24.

Thirlwall, A. P. (ed.) (1982) *Keynes as a Policy Adviser*: The Fifth Keynes Seminar held at the University of Kent at Canterbury 1980, London: Macmillan.

Thirlwall, A. P. (1987) *Nicholas Kaldor,* Brighton; UK: Wheatsheaf Book Ltd.

Titmuss, R. M. (1962) *Income Distribution and Social Change*, London: Allen & Unwin.

Tomlinson, J. (1987) *Employment Policy: The Crucial Years 1939-1955*, Oxford: Clarendon Press.

Toye, J. (2000) *Keynes on Population,* Oxford: Oxford University Press.

Toynbee, H. V. (1905) "The Problem of the Unemployed", *The Economic Review* (for the Oxford University Branch of the Christian Social Union), 15(3), London: Rivingtons, July 1905, 291-305.

Trombley, S. (1988) *The Right to Reproduce: A History of Coercive Sterilization*, London: Weidenfeld and Nicolson.（藤田真利子訳『優生思想の歴史―生殖への権利―』明石書店 2000）。

Webb, B. (1906) "Methods of Investigation", *Sociological Papers* (London: Sociological Society), 3, 345-351.

Webb, S. & B. (1897/1898) *Industrial Democracy*, second edition, London: Longmans, Green and Co (first published in 1897).

Wilensky, H. L. (1975) *The Welfare State and Equality: Structural and Ideological Roots of Public Expenditure*, Berkeley: University of California Press.

Williams, K. & J. (eds.) (1987) *A Beveridge Reader*, London: Allen & Unwin.
Wilson, H. (1966) *Beveridge Memorial Lecture*, London: Institute of the Statistician.
Winch, D. (1969) *Economics and Policy: A Historical Study*, London: Hodder and Stoughton.
Winch, D. (1990) "Economic Knowledge and Government in Britain: Some Historical and Comparative reflections", in Furner & Supple (eds.) (1990), 40-70.
Wiseman, J. (1985) "Lionel Robbins, the Austrian School, and the LSE Tradition", in W. J. Samuels (ed.) *Research in the History of Economic Thought and Methodology*, volume 3, London: JAI Press Inc, 147-159.
Wood, B. (1984) *E.F. Schumacher: His Life and Thought*, New York: Harper & Row, Publishers (First published in England under the title *Alias Papa: A life of Fritz Schumacher*). (酒井懋訳『わが父シューマッハ』御茶ノ水書房 1989）。
Yellow Book (1928) *Britain's Industrial Future*, being the Report of the Liberal Industrial Inquiry, London: Ernest Benn Ltd.

〈6〉邦語文献

赤木誠（2005）「両大戦間期イギリスにおける家族手当構想の展開―調査・運動・制度設計―」『社会経済史学』、71(4)、2005 年 11 月、91-110。

秋富創（2006）「現代イギリス関税政策の形成と発展」、廣田功編『現代ヨーロッパの社会経済政策―その形成と展開―』日本経済評論社、9-35 所収。

足立正樹編（1990）『(増補) 福祉国家の歴史と展望』法律文化社。

足立正樹（1990）「福祉国家体制の動揺」、足立編（1995）、74-100 所収。

雨宮昭彦（2005）『競争秩序のポリティクス―ドイツ経済政策思想の源流―』東京大学出版会。

安保則夫（1982）「イギリス新自由主義と社会改革―世紀転換期の社会改革論争にみる「自由主義の変容」の意味―」『経済学論究』（関西学院大学）、36(3)、85-117。

池尾愛子（2006）『日本の経済学― 20 世紀における国際化の歴史―』名古屋大学出版会。

伊東光晴（2006）『現代に生きるケインズ―モラル・サイエンスとしての経済理論―』岩波新書。

井上琢智（1987）『ジェヴォンズの思想と経済学―科学者から経済学者へ―』日本評論社。

猪木武徳（1987）『経済思想』岩波書店。

上宮正一郎（2001）「ジェヴォンズと経済学の制度化」『神戸大學經濟學研究報』、48、25-67。

江頭進（1999）『F.A. ハイエクの研究』日本経済評論社。

江里口拓（1996）「ウェッブにおける労働組合運動論と社会改革構想」『経済学史学会年報』34、1996 年 11 月、65-76。

江里口拓（1997）「ウェッブのナショナル・ミニマム論の形成過程―歴史的背景にてらして―」『愛知県立大学文学部論集』46、1-25。

江里口拓（2003）「ウェッブにおける社会進化と社会改良」、岡本ほか編『社会経済思想の進化とコミュニティ』ミネルヴァ書房、32-55 所収。

江里口拓（2005）「ウェッブ夫妻における福祉政策と地方行政」『環境としての地域―コミュニティ再生への視点―』晃洋書房、27-48 所収。

江里口拓（2006）「ウェッブ夫妻における「進歩」の構想」小峯編（2006）、79-106 所収。

大沢真理（1986）『イギリス社会政策史―救貧法と福祉国家―』東京大学出版会。

大沢真理（1999）「社会保障政策―ジェンダー分析の試み―」、毛利健三編『現代イギリス社会政策史 1945-1990』ミネルヴァ書房、89-153 所収。
大前朔郎（1983）『社会保障とナショナルミニマム（増補版）』ミネルヴァ書房（初版 1975 年）。
小笠原欣幸（1987）『ハロルド・ラスキ―政治に挑んだ政治学者―』勁草書房。
岡田与好（1987）『経済的自由主義―資本主義と自由―』東京大学出版会。
岡本東洋光（2003）「J. ラウントリーの社会改良思想―英国リベラリズムの一様相―」岡本ほか編『社会経済思想の進化とコミュニティ』ミネルヴァ書房、84-109 所収。
岡本東洋光（2004）「ジョーセフ・ラウントリーのガーデン・ビレッジ構想」『経済学史学会・年報』第 46 号、2004 年 12 月、31-47。
岡本義行（1978）「ヒューム、ケインズ、ハロッド―経済学者による帰納法の正当性をめぐって―」、『社会労働研究』（法政大学）、25(1)、1978 年 9 月、95-110。
樫原朗（1973）『イギリス社会保障の史的研究 (1) ―救貧法の成立から国民保険の実施まで―』法律文化社。
金子光一（1997）『ビアトリス・ウェッブの福祉思想』ドメス出版。
神武庸四郎（1991）『経済思想とナショナリズム―歴史的概観―』青木書店。
カント（2006）『永遠平和のために／啓蒙とは何か』中村元訳、光文社古典新訳文庫（原典、1795）。
玄田有史・近藤絢子（2006）「構造的失業とは何か」、伊丹ほか編『リーディングス日本の企業システム第 II 期第 5 巻　企業と環境』有斐閣、16-37。
小林清一（1999）『アメリカ福祉国家体制の形成』ミネルヴァ書房。
小林大造（1990）「福祉国家のゆくえ」、足立編（1995）、173-204 所収。
小峯敦（1999a）「政策におけるケインズ革命―失業対策から管理経済へ―」西沢保・服部正治・栗田啓子編『経済政策思想史』有斐閣所収。
小峯敦（1999b）「ヘンダーソンの経済思想―ケインズからの離反―」Niigata Sangyo University Discussion Paper Series, No. 28, 1999 年 9 月。
小峯敦（2001）「青年時代のベヴァリッジ―社会事業家からジャーナリストへ―」『メディアと経済思想史』Vol.2, 2001 年 1 月。
小峯敦（2002/2003a）「ベヴァリッジにおける経済参謀―経済助言官から包括的設計家へ―（改訂版）」Niigata Sangyo University Discussion Paper Series, No. 26, revised, 2003 年 5 月。
小峯敦（2003b）「1940 年代ヘンダーソンの自由主義―ケインズ・ベヴァリッジとの対照―」Niigata Sangyo University Discussion Paper Series, No. 28, 2003 年 7 月。
小峯敦（2003c）「初期ベヴァリッジの経済思想―独自の失業分析と先行者・同時代人との関係―」『新潟産業大学経済学部紀要』、第 26 号、2003.10。
小峯敦（2004a）「書評：スキデルスキーのケインズ」『経済学史学会年報』第 45 号、91-94。
小峯敦（2004b）「ベヴァリッジ・ケインズ・年金問題」『環』別冊『年金は必要か否か』（藤原書店）、2004 年 12 月、152-160。
小峯敦（2005）「戦間期日本の経済参謀：経済学者の役割」『経済学論集』（龍谷大学経済学部）、45 巻 2 号、2005 年 10 月、109-123。
小峯敦編（2006）『福祉国家の経済思想―自由と統制の統合―』ナカニシヤ出版。
小山路男（1978）『西洋社会事業史論』光生館。
齋藤隆子（2001）「ハロッドの「経験の原理」と帰納法―ケインズの帰納法と比較して―」

『経済学史学会年報』第 39 号、2001 年 5 月、128-145。
佐々木憲介（2001）『経済学方法論の形成―理論と現実との相剋 1776-1875 ―』北海道大学図書刊行会。
笹嶋義弘（2005）「ベヴァリッジの連邦構想―連邦主義の転換と完全雇用に注目して―」、1-23、mimeo。
塩川伸明（1999）『現存した社会主義―リヴァイアサンの素顔―』勁草書房。
塩野谷祐一（2002）『経済と倫理―福祉国家の哲学―』東京大学出版会。
塩野谷祐一・鈴村興太郎・後藤玲子編（2004）『福祉の公共哲学』東京大学出版会。
篠崎敏雄（1994）「ハロッドのケインズとの出合いおよびケンブリッジ滞在について―新資料による研究―」、『岡山商大論叢』、30(1)、1994 年 4 月、1-18。
地主重美（1995）「ウィリアム・ベヴァリッジ―失業論と社会保障論のフロンティア―」、社会保障研究所編『社会保障の新潮流』有斐閣、27-49 所収。
清水幾太郎（1972/2000）『倫理学ノート』講談社学術文庫（初出岩波書店）。
下條美智彦（1995）『イギリスの行政』早稲田大学出版部。
神野直彦（2004）「社会保障制度改革と「三つの政府」体系」、林ほか編『グローバル化と福祉国家財政の再編』東京大学出版会、263-285 所収。
高島進（1998）『アーノルド・トインビー』大空社。
高見典和（2006）「初期ピグーの労使関係論―『産業平和の原理と方法』を中心として―」『経済学史研究』48(1)、2006 年 6 月、78-92。
只腰親和（2001）「オックスフォード大学における経済学の制度化―問題への導入―」『横浜市立大学紀要社会科学系列』、4、29-47。
田中秀夫・山脇直司編（2006）『共和主義の思想空間―シヴィック・ヒューマニズムの可能性―』名古屋大学出版会。
田中真晴（1986）「解説」、ハイエク『市場・知識・自由―自由主義の経済思想―』田中真晴・田中秀夫訳、ミネルヴァ書房、256-290 所収。
田中真晴編（1997）『自由主義経済思想の比較研究』名古屋大学出版会。
中矢俊博（1997）『ケンブリッジ経済学研究―マルサス・ケインズ・スラッファ―』同文館。
中山伊知郎・南亮進（1959）『適度人口』勁草書房。
名古忠行（2004）『ウィリアム・モリス』研究社。
名古忠行（2005）『ウェッブ夫妻の生涯と思想―イギリス社会民主主義の源流―』法律文化社。
鍋島直樹（2001）『ケインズとカレツキ―ポスト・ケインズ派経済学の源泉―』名古屋大学出版会。
西岡幹雄（1997）『マーシャル研究』晃洋書房。
西沢保（1999）「救貧法から福祉国家へ―イギリスの社会政策学派―」、西沢保・服部正治・栗田啓子編『経済政策思想史』有斐閣、149-166 所収。
根井雅弘（1989）『現代イギリス経済学の群像―正統から異端へ―』岩波書店。
橋本昭一（1989）「経済学トライポスの創設とマーシャル」『経済論集』（関西大学）、39(3)、463-486。
八田幸二（2001）「新自由主義の概念規定―イギリス新自由主義とケインズ―」進化経済学会・発表原稿（第 5 回福岡大会、2001.3.21）、mimeo。http://www.ip.kyusan-u.ac.jp/J/okamura.t/hatta.doc。
林博昭（2002）「ベヴァリッジ『ボランタリー・アクション』再考」『研究所年報』（明治学院大学・社会学部附属研究所）第 32 号、105-118。

参考文献　447

菱沼幹男（2004）「W. ベヴァリッジの社会哲学とトインビーホール—ソーシャルワークの観点から—」『人間関係学研究』（大妻女子大学人間関係学部紀要）、第 5 号、2004 年 3 月、149-157.

姫野順一（1999）「新自由主義とフェビアニズムの政治経済学—市民的社会改良 vs 国民的効率—」、服部正治・西沢保編著『イギリス 100 年の政治経済学—衰退への挑戦—』ミネルヴァ書房、52-73 所収.

姫野順一（2003）「社会進化論と新自由主義」、岡本ほか編『社会経済思想の進化とコミュニティ』ミネルヴァ書房 56-83 所収.

平井俊顕（2003）『ケインズの理論—複合的視座からの研究—』東京大学出版会.

藤井透（1988）「ベヴァリッジ『失業』の成立」『商学論集』（福島大学）、57(1)、1988 年 8 月、99-116.

藤井透（1990）「イギリス失業保険の原像—1909 年の商務省失業保険プランを中心に—」『大原社会問題研究所雑誌』、No.377、1990 年 4 月、20-32.

藤井透（1995）「コンベンショナル・ミニマム、モラル・ミニマム、ナショナル・ミニマム—『産業民主制論』の形成—」『佛教大学総合研究所紀要』第 2 号、78-106.

本郷亮（2006）「ピグーの『失業の理論』—20 年代不況の理論表現として—」『経済学史研究』48(1)、2006 年 6 月、63-77.

本郷亮・山崎聡（2006）「ピグーの福祉社会論：市民的能動性と優生思想」、小峯編（2006）、51-78 所収.

松浦高嶺・上野格（1992）『イギリス現代史』山川出版社.

松嶋敦茂（2005）『功利主義は生き残るか—経済倫理学の構築に向けて—』勁草書房.

松原洋子（1991）「展望：優生学史研究の動向（1）」『科学史研究』（日本科学史学会編集、岩波書店）、第 II 期、30 (180)、1991 冬、225-233.

丸尾直美（1984）『日本型福祉社会』日本放送出版協会.

馬渡尚憲（1990）『経済学のメソドロジー』日本評論社.

萬田悦生（1986）『近代イギリス政治思想研究—T. H. グリーンを中心にして—』慶應通信.

三上隆三（1986）『ケインズ経済学の原像』日本評論社.

水谷三公（1994）『ラスキとその仲間—「赤い三十年代」の知識人—』中央公論社.

南亮三郎（1960）『人口論史』勁草書房.

南亮三郎（1963）『人口思想史』千倉書房.

宮本太郎（1999）『福祉国家という戦略』法律文化社.

三和良一（2003）『戦間期日本の経済政策史的研究』東京大学出版会.

村田邦夫（1990）『イギリス病の政治学—19-20 世紀転換期のおける自由主義による危機対応過程—』晃洋書房.

毛利健三（1990）『イギリス福祉国家の研究—社会保障発達の諸画期—』東京大学出版会.

盛山和夫（2006）『リベラリズムとは何か—ロールズと正義の論理—』勁草書房.

安井琢磨編著（1980）『近代経済学と私—安井琢磨対談集—』木鐸社.

柳沢のどか・西沢保（2006）「福田徳三—ルーヨ・ブレンターノ書簡 1898-1931 年」『一橋大学社会科学古典資料センター Study Series』、No.56、2006.3.

矢野聡（1983）「イギリスにおける無拠出老齢年金思想の展開」、小山路男編著『福祉国家の生成と変容』光生館、191-218 所収.

山崎聡（2003）「ピグーの理想的功利主義の構造と厚生経済学」『経済学史学会年報』43 号、2003 年 6 月、38-51.

山田長夫（1950/1988）『ケインズ研究—歴史的接近—』有隣堂（「ケインズの人口論」『横

浜大学論叢』、2(1)、1950 年 3 月、初出)。
山田雄三 (1983)「社会保障の根底にある「社会」理念―福祉国家論再考のために―」社会保障研究所編『社会保障の基本問題』東京大学出版会、19-36。
山脇直司 (2004)「社会保障論の公共哲学的考察―その歴史的・現代的展望―」、塩野谷ほか編 (2004)『福祉の公共哲学』、1-16 所収。
湯浅典人 (1997)「ボランタリー・アクションが意味するもの」『文京女子大学紀要 (人間学部)』、1(1)、219-228。
吉崎祥司 (1998)『リベラリズム―＜個の自由＞の岐路―』青木書店。
米本昌平ほか (2000)『優生学と人間社会―生命科学の世紀はどこへ向かうのか―』講談社。
若松繁信 (1991)『イギリス自由主義史研究― T.H. グリーンと知識人政治の季節―』ミネルヴァ書房。
若森みどり (2001)「カール・ポランニー「二重運動」と自由―『大転換』最終章の歴史的位相―」『経済学史学会年報』第 39 号、2001 年 5 月、146-158。

人名索引

あ

アシュトン（T. S. Ashton, 1889-1968） 181

アシュリー（W. J. Ashley, 1860-1927） 26, 74, 158, 279

アスキス（H. H. Asquith, 1852-1928） 104, 209, 275, 276

アトリー（C. R. Atlee, 1883-1967） 291

アフタリオン（R. Aftalion, 1874-1956） 240

アリストテレス（Alistotle, BC384-BC322） 12, 415

アレン（Clifford Allen） 280

アンダーソン（Sir John Anderson, 1882-1958） 50, 321, 338, 339, 341

イーディ（Wilfrid Eady 1880-1962） 320, 353, 357

ヴィクセル（J. G. K. Wicksell, 1851-1926） 188, 241, 419

ウィルソン（Harold Wilson, 1916-1995） 337, 407

ウィルソン（Horace Wilson, 1882-1972） 305, 306, 316

ウェア（Fabian Ware, 1869-1949） 28

ウェッブ夫妻 4, 6, 15, 24, 32, 38, 60, 62, 63, 69, 78, 83, 84, 90, 96, 104, 109, 110, 111, 118, 166, 168, 170, 171, 185, 187, 193, 203, 226, 276, 277, 294, 314, 347, 395, 404

ウェッブ（Beatrice Webb, 1858-1943） 27, 31, 36, 37, 42, 43, 59, 62, 105, 161, 169, 175, 188, 189, 245, 253, 277, 297

ウェッブ（Sidney Webb, 1859-1947） 14, 27, 43, 62, 168, 174, 175, 188, 192, 197, 276, 277, 347, 395

ウットン（Barbara F. Wootton 1897-1988） 219, 319, 393

エッジワース（F. Y. Edgeworth, 1845-1926） 74, 101, 158, 256

オーバーストーン卿（Lord Overstone, 1796-1883） 140

オールデン（Percy Alden, 1865-1944） 60, 61, 91-93, 112

か

カー-サンダーズ（Carr-Saunders, 1886-1966） 181, 204

カットー卿（Lord Catto, 1879-1959） 322

カーライル（T. Carlyle, 1795-1881） 142

カーリル（H.F. Carlill） 319

カルドア（Nicholas Kaldor 1908-1986） 178, 251, 319, 323, 324, 331, 333, 348, 408, 411

カーン（Richard F. Kahn, 1905-1989） 161, 255, 271

カント（Immanuel Kant, 1724-1804）

383
カンピオン（Harry Campion） 336
キャナン（Edwin Cannan, 1861-1935）
　74, 158, 172, 176, 177, 183, 197, 203,
　279, 365
キャンベル-バナマン（H. Campbell-
　Bannerman, 1836-1908） 104, 276
ギルボー（C. W. Guillebaud, 1890-1971）
　74, 255
グリーン（Thomas Hill Green, 1836-1882）
　13, 57, 77, 83, 366, 373, 416, 421, 423
グリーンウッド（Arthur Greenwood, 1880
　-1954） 45, 339
クレイ（Henry Clay, 1883-1954） 180,
　181, 219, 226, 286, 335, 352, 365
グレゴリー（Theodore Gregory, 1890-1970）
　75, 181, 226
ケアード（Edward Caird, 1835-1908）
　58
ケアンクロス（Alec Cairncross, 1911-1998）
　335, 337
ケインズ（John Maynard Keynes, 1883
　-1946） 1, 2, 6-8, 10-14, 17, 21, 22, 33, 36, 38,
　43, 44, 46, 50-53, 74, 76, 111, 131, 141, 145, 154,
　157, 161, 162, 165, 166, 169, 173, 174, 176-178,
　182, 187-189, 193, 195-207, 209-211, 215-224,
　226, 227, 229, 235, 237-242, 244-251, 253-266,
　268, 269, 271, 273-275, 277, 279, 281, 284-289,
　294, 298, 303-310, 314-322, 324-329, 331-333,
　335-338, 341, 342, 344, 345, 348-352, 354, 355,
　357-368, 370-375, 377, 380, 381, 383, 385, 391,
　392, 393, 401, 405, 407-411, 413, 414, 417, 419,
　421-423
ケインズ（John Neville Keynes, 1852-1949）
　168, 192

コール（G. D. H. Cole, 1889-1959）
　219, 286, 400
ゴールトン（Francis Galton, 1822-1911）
　203, 205, 208, 213
コント（Auguste Comte, 1798-1857）
　58, 63, 75, 179

さ
サイモン（E. D. Simon, 1879-1960）
　279, 284, 291
サミュエルソン（Paul Samuelson, 1915-）
　3, 201
ジェヴォンズ（William Stanley Jevons,
　1835-1882） 56, 70-76, 78, 82, 85, 96,
　120, 132-134, 165, 166, 168, 189-193, 195,
　225, 407, 411
シーニア（N. W. Senior, 1790-1864） 190
ジュークス（John Jewkes, 1902-1988）
　336, 343, 344
シューマッハ（Ernst F. Schumacher,
　1911-1977） 319, 323-324, 333, 348,
　411
シュンペーター（Joseph A. Schumpeter,
　1883-1950） 10, 201
ジョウェット（Benjamin Jowett, 1817-1893）
　57
ジョージ（Henry George, 1839-1897）
　78
ジョセフ（Peggy Joseph） 337
ジョーンズ（Tom Jones, 1870-1955）
　280
スタンプ（Lord Stamp, 1880-1941）
　173, 174, 219, 226, 267, 280, 286,
　334-336, 348, 351, 352, 408, 409, 417
ストーン（Richard Stone, 1913-1991）

人名索引 451

337, 354, 417
ストックス（Mary Stocks, 1891-1975）
　180
スペンサー（Herbert Spencer, 1820-1903）
　58, 59
スマート（H. Russel Smart）　62
スミス（Adam Smith, 1723-1790）　73,
　75, 132, 345, 377, 411, 416, 418
ソルター（Sir Arthur Salter, 1881-1975）
　219, 280, 305, 335, 409, 414, 417

た
ダービン（E. F. M. Durbin, 1906-1948）
　337, 345
ダイシー（A. V. Dicey, 1835-1922）
　23, 96
チェスター（Norman Chester, 1907-1986）
　335, 337, 338, 393
チェンバレン（Austen Chamberlain, 1863
　-1937）　37
チェンバレン（Joseph Chamberlain, 1836
　-1914）　60, 61, 70-72, 74, 91, 125,
チェンバレン（Neville Chamberlain, 1869
　-1940）305, 336
チャーチル（Winston Churchill, 1874-1965）
　32, 33, 39, 45, 47, 50, 61, 63, 104, 265, 267, 268,
　270, 272, 280, 296, 309, 321, 336, 338, 344, 353,
　395, 410
チルバー（Sally Chilver）　337
ティトマス（Richard Titmuss, 1907-1973）
　204, 419, 420
ティンバーゲン（J. Tinbergen, 1903-
　1994）　261, 262, 264
デニソン（Stanley Dennison, 1912-1992）
　337

デベナム（Piers Debenham, 1904-1964）
　336
トインビー（Arnold Toynbee, 1852-1883）
　57, 74, 96
ドッブ（Maurice H. Dobb, 1900-1976）
　181
トーニー（Richard Henry Tawney, 1880
　-1962）　23, 51, 58, 74, 85, 175, 226,
　235
ドールトン（Hugh Dalton, 1887-1962）
　45, 172-174, 177, 179, 201, 202, 322, 347
トレヴェリアン（G. M. Trevelyan, 1876-
　1962）　375, 417

な
ニコルソン（J. S. Nicholson, 1850-1927）
　158

は
ハイエク（Friedrich A. von Hayek, 1899
　-1992）　12, 42, 138, 170, 178, 182,
　183, 186, 187, 219, 245, 253, 332, 366,
　367, 372, 374, 375, 379, 385, 390-392,
　410
パーシヴァル（John Percival, 1834-1918）
　57
ハチソン（T. W. Hutchison, 1912-）　71,
　178, 186
ハックスレー（Thomas H. Huxley, 1825-
　1895）　32, 58, 59, 86, 166-168, 185
パッケナム（Frank Packenham 1905-
　2001）　319, 320
バーネット（Samuel A. Barnett, 1844-
　1913）　23-25, 27, 28, 57, 58, 60, 85,
　90, 395

ハミルトン卿（Lord George Hamilton, 1845-1927）　104
ハルトン（Edward G. Hulton, 1906-1988）319
バルフォア（Gerald Balfour, 1853-1945）103
バローネ（Enrico Barone, 1859-1924）139
ハロッド（Henry Roy Forbes Harrod, 1900-1978）　17, 181, 202, 253-258, 260-272, 293, 305, 307, 390, 408-410, 417
ピアソン（Karl Pearson, 1857-1936）205-207
ピグー（Arthur Cecil Pigou, 1877-1959）1, 10, 16, 53, 74, 75, 81, 114, 132, 133, 138, 140, 142, 145-162, 173, 174, 177, 183, 185, 192, 198, 203, 205, 218, 235, 239, 240, 249, 250, 253, 254, 256-260, 271, 279, 299, 307, 325, 347, 387, 390, 406, 408, 410, 414, 418, 419
ヒックス（John Richard Hicks, 1904-1989）　178, 179, 220, 237, 238, 251, 253, 408
ヒューインズ（W. A. S. Hewins, 1865-1931）　74
ヒューム（David Hume, 1711-1776）185, 254, 263, 377, 416
ファウラー（Ronald Fowler）　337
フィリップス（Hubert Phillips）　180, 181
フィッシャー（Warren Fisher, 1879-1948）　296
フォックスウェル（H. S. Foxwell, 1846-1936）　73-75, 81, 133, 134, 140, 172, 411
ブース（Charles Booth, 1840-1916）40, 58, 59, 62-65, 67, 70, 77, 87, 90, 395
ブース（William Booth, 1829-1912）　60, 395
福田徳三（1874-1930）　218
ブレンターノ（Lujo Brentano, 1844-1931）197, 206, 218
ベヴァリッジ（William Henry Beveridge, 1879-1963）　1-14, 16, 17, 21-70, 72-77, 79, 81-126, 128-134, 136-147, 150, 152, 154-162, 165-189, 191, 193-204, 206-231, 233-242, 244-247, 249-261, 263-266, 268-286, 288, 290-300, 303-311, 313-336, 338-354, 358-364, 366-368, 371, 372, 374, 375, 377, 381, 383-385, 387-389, 391-423
ベヴィン（Ernest Bevin, 1881-1951）44, 220, 339
ペティ（William Petty, 1623-1687）333
ヘミング（Francis Hemming, 1893-1964）336
ベンサム（Jeremy Bentham, 1748-1832）13, 23, 56, 64-68, 70, 72, 73, 76, 82, 263, 310, 367, 377, 411, 416
ヘンダーソン（Hubert Douglas Henderson, 1890-1952）　11, 13, 17, 74, 181, 250, 270, 280, 281, 284, 291, 305, 307, 335, 336, 338, 341, 350-357, 359-373, 409, 411, 417
ホグベン（Lancelot Hogben, 1895-1975）179, 181
ホートレー（Ralph G. Hawtrey, 1879-1971）　11, 22, 35, 74, 81, 136, 140,

183, 189, 225, 240, 241, 251, 357, 411, 417, 419
ボナ - ロー（A. Bonar Law, 1858−1923） 209
ポパー（Karl Popper, 1902−1994） 183, 186
ホプキンス（Sir Richard Hopkins, 1880−1955） 289, 309, 315, 316, 321, 327, 337, 357, 362, 402
ホブソン（John A. Hobson, 1858−1940） 5, 13, 60, 62, 73, 76, 81, 84, 85, 92, 96, 98, 99, 108, 112, 114, 120, 121, 132, 133, 140, 207, 208, 284, 286, 366, 373, 411
ホブハウス（Leonard T. Hobhouse, 1864−1929） 5, 13, 60, 62, 111, 373
ポランニー（K. Polanyi, 1886−1964） 115, 134-137, 143, 411, 418
ホールデン（Richard B. Haldane, 1856−1928） 36, 62, 275-279, 282, 346
ボールドウィン（Stanley Baldwin, 1867−1947） 232, 236, 283
ボーレイ（Arthur L. Bowley, 1869−1957） 64, 74, 79, 99, 180, 181, 201, 208, 312, 411

ま

マクドーガル（G. D. A. MacDougall） 267
マクドナルド（Ramsay MacDonald, 1866−1937） 34, 104, 276, 282, 286, 288, 290
マクミラン（Harold Macmillan, 1894−1986） 48, 265, 270, 284, 290
マクミラン（H. P. Macmillan, 1873−1952） 237, 287
マーシャル（Alfred Marshall, 1842−1924）

人名索引　453

56, 59, 61, 64, 70, 72, 74-76, 82, 90, 118, 133, 140, 147-150, 153, 158, 162, 165, 166, 172, 183, 188, 189, 191-193, 195, 205, 238, 253, 280, 298, 357, 407, 408, 411, 416
マーシャル（Thomas Humphrey Marshall, 1893−1981） 67, 176-177, 419, 420
マックグレガー（D. H. Macgregor, 1877−1953） 181, 256, 257
マリノフスキー（B. K. Malinowski, 1884−1942） 135, 174
マルクス（Karl Marx, 1818−1883） 42, 78, 188, 219, 294
マルサス（T. R. Malthus, 1766−1834） 168, 198, 200-202, 206, 207, 217
マンハイム（Karl Mannhiem, 1893−1947） 393
ミーゼス（Ludwig von Mises, 1881−1973） 137, 138, 178, 374
ミッチェル（W. C. Mitchell, 1874−1948） 240
ミード（James E. Meade, 1907−1995） 253-255, 271, 315, 317, 322, 337, 343-345, 348, 352, 354, 359, 360, 375, 409, 414, 417
ミュルダール（Gunnar Myrdal, 1898−1987） 197, 222
ミル（John Stuart Mill, 1806−1873） 13, 51, 70, 74, 75, 124, 132, 140, 168, 170, 179, 190, 263, 389, 411, 416
ムーア（G. E. Moore, 1873−1958） 147, 263
メア（Jessy Mair, 1876−1959） 27, 42, 43, 45, 169, 175, 333

メア（Elspeth Mair） 319
メアンズ（Andrew Meaens） 59
メイナード（H. R. Maynard, 1873-?） 85
メーン（H. J. S. Maine, 1822-1888） 234
モリス（W. Morris, 1834-1896） 142
モンド（Sir Alfred Mond, 1868-1930） 290

ら
ライト（Harold Wright, 1883-1934） 198
ラヴィントン（Fredrick Lavington, 1881-1927） 74, 181
ラウェリン-スミス（Hubert Llewellyn Smith, 1864-1945） 27, 40, 56, 61, 74, 77-81, 240, 279, 417
ラウントリー（Benjamin Seebohm Rowntree, 1871-1954） 22, 58, 59, 63-65, 67, 90, 279, 280, 312, 375, 393, 395
ラスキ（Harold Laski, 1893-1950） 43, 173-175, 177, 194, 219, 289, 334, 341, 345-347
ラスキン（J. Ruskin, 1819-1900） 142
ラスボーン（Eleanor Rathbone, 1872-1946） 210, 220
ランゲ（O. Lange, 1904-1965） 115, 137, 138, 143, 376, 411, 418, 419
リカード（David Ricardo, 1772-1823） 39, 75, 78, 188
リース-ロス（F. W. Leith-Ross, 1887-1968） 341
リンデマン（チャーウェル卿）（F. A. Lindemann (Lord Cherwell), 1886-1957） 254, 261, 267, 268, 272, 322, 344
レイトン（W. T. Layton, 1884-1966） 181, 207, 219, 280, 284, 286, 305-307, 335, 409, 417
ロイド-ジョージ（David Lloyd George, 1863-1945） 61, 63, 277, 280, 284, 290, 351, 395
ロバーツ（Roberts） 37
ロバートソン（Dennis H. Robertson, 1890-1963） 74, 81, 140, 180-182, 189, 202, 207, 219, 239, 240, 249, 250, 279, 335, 337, 351, 357, 419
ロビンズ（Lionel Robbins, 1898-1984） 1, 10, 11, 17, 22, 42, 43, 53, 165, 166, 173-175, 177-179, 181, 183-188, 190, 193-195, 202, 203, 219, 235, 237-239, 251, 253, 254, 256, 262, 264, 265, 272, 292, 316, 319, 337, 338, 341, 344, 347, 365, 367, 374-381, 384-387, 389-392, 408, 409, 410, 417
ロビンソン（Austin Robinson, 1897-1993） 181, 255, 336
ロビンソン（Joan Robinson, 1903-1983） 253, 255, 319, 331, 348
ロールズ（John Rawls, 1921-2002） 12
ロング（Walter Long, 1857-1924） 91, 97

わ
ワトキンソン（G. L. Watkinson, 1896-1974） 320, 321
ワーズワース（William Wordsworth, 1770-1850） 28, 51, 58

事項索引

あ

ILO　383
悪しき社会　399
悪しき流れ　159, 162
安　全　80, 379, 381, 382, 387-390, 392, 394, 397, 399, 406, 413, 414
『一般理論』　4, 43, 158, 161, 166, 178, 187, 188, 193, 220, 224, 226, 244-247, 249, 261, 264, 271, 304, 305, 314, 318, 319, 325-327, 331, 364, 365
イギリス科学推進協会　52, 187
イギリス経験主義　185, 390
産児制限　141, 197, 200, 202, 207, 210
一般的供給過剰　120, 133
移民　102, 126, 128, 140, 141, 207, 208, 240, 377, 383
陰鬱な科学　74
イングランド銀行　322, 335
インダストリ　416
院内救済　86
インフレ　8, 219, 221, 224, 228, 231, 240, 246, 307, 316, 328, 368
ウィーン学団　186, 409
英国学士院　46, 253, 308, 310
LSE　1, 6, 11, 17, 21, 22, 38-44, 52, 55, 62, 64, 75, 77, 99, 135, 146, 165-182, 186, 187, 192-195, 204, 208, 210, 211, 237, 238, 245, 250, 254, 256, 260, 276, 290, 296, 297, 319, 335, 345-347, 374, 375, 381, 387, 392, 393, 395, 404, 405, 408, 410, 419, 420
王立経済学会　1, 39, 46, 52, 114, 180, 182, 192, 304, 307, 310, 404
王立統計学会　2, 46
大蔵省　35-38, 41, 277, 282, 285, 288, 305, 309, 310, 316-318, 320, 337-339, 341, 351-353, 359, 361, 410, 417
　――見解　232, 241, 251
オーストリア学派　138, 178, 183-185, 188, 385
オタワ会議　236
オックスフォード大学　1, 21-23, 43, 44, 52, 57, 77, 116, 181, 253-256, 261, 266, 271, 290, 319, 351

か

カーネギー国際平和基金　38
解雇税　316
科学的貧困調査　58, 59, 62, 67
学術支援評議会　375, 387
学術自由委員会　374
過少雇用　63, 248
過少消費説　120, 140, 366
家族支援協会　210
家族手当　17, 180, 196, 197, 202, 209, 210-214, 219, 220-223, 235, 251, 307, 342, 404
価値判断　191, 195, 262, 346, 385
『関税』　41, 55, 236-238, 256, 385

関税改革運動　61, 74, 236
完全雇用政策　8, 222, 323, 328, 332
官庁エコノミスト　10
官吏　32, 58, 62, 351, 417, 418
管理　12, 14, 36, 66, 95, 138, 221, 234, 277, 295, 307, 324, 337, 344, 349, 364, 367, 370, 372, 417, 421
官僚的経済知　417
企業　416
技巧　190, 262, 264, 272
希少性定義　385, 410
傷ついた鷹　145, 146, 162
擬制商品　135
寄贈計画　232
貴族院　22, 47, 51, 52, 321, 405
帰納法　86, 250, 254, 263-266, 272, 407, 409, 411
基本的必需品　311, 353, 396, 397
求職の誠実性テスト　232
救世軍　60, 85, 88, 395
救貧法　6, 27, 58, 59, 63, 66-69, 73, 86-88, 91, 93-95, 106, 118, 125, 126, 128, 132, 135, 136, 139, 148-150, 222, 233, 234, 236, 312, 404
────委員会　3, 32, 33, 104, 114, 145, 148, 150, 152, 160
競争心　415
協同　412, 416, 423
虚栄心　415
拠出原則　106, 231, 233, 251, 312, 317, 318, 394, 402
均衡財政　232, 293, 327, 359-362
近代学科　266
金本位制　136, 235, 241, 271, 285, 287, 294, 337, 358, 361, 377, 385

金融的国家主義　377
金利生活者　220
近隣窮乏化政策　380, 385
苦汗労働　15, 29
クラウディングアウト　360
繰り延べ払い　219, 307
軍需省　36, 52, 55, 169, 279, 417
計画経済　284, 292, 377, 391, 400, 405
経済概観委員会　289
経済学教師協会　180, 408
経済学者委員会　278, 279, 286, 289, 335, 338, 342
経済学の大学教師協会　182
経済騎士道　76, 158, 162, 416
経済参謀　17, 170, 268, 270, 272-275, 278-288, 290-293, 295-300, 306, 308, 334, 335, 338, 340-346, 348, 349, 388, 405, 408-410, 414, 418, 421
経済史　10, 74, 81, 171, 172, 180, 182, 224-230, 250, 251, 299, 304, 404, 407
経済諮問会議　273, 283, 286, 289-291, 334-336, 351, 365, 408, 410
経済情報委員会　286, 289, 335, 336
経済政策思想史　10
経済的効率性　111, 295, 420
計量経済学　262, 264
ケインズ主義　12, 391
ゲティスの斧　358
ケンブリッジ学派　142, 178, 192, 240, 357
厳密さ　190, 408
交易条件　201, 218
公共行政官　169
公共事業　3, 36, 39, 58, 89, 93, 109, 125, 131, 132, 143, 151, 156, 161, 217, 239,

事項索引　457

241, 242, 245, 269, 326, 356, 358, 361, 380, 412, 413
公正　37, 99, 154, 364, 415, 422
——賃金　15, 153
厚生　65, 71, 140, 156, 158, 159, 162, 202, 207, 235, 285, 387
——経済学　149, 151, 152, 161, 173, 185
構造的失業　4, 327, 345, 356, 364, 407
公的扶助　222, 312, 313, 331, 363, 364, 400, 413
功利主義　66, 71, 72, 166, 263-265, 390, 416
コーポラティズム　8, 12
叫喚追跡　382
国際的自由主義　379, 389, 392
国際連盟　181, 261, 280, 379, 381, 382, 417
国民効率運動　15, 69
国民最低限保障　14-16, 48, 60, 62, 63, 84, 90, 99-101, 103, 105, 110-113, 137, 140, 142, 143, 146-153, 155, 158-162, 244, 299, 307, 311-315, 331, 332, 348, 363, 400, 401, 404, 406, 410, 413, 422, 423
国民保険法　34, 77, 116, 231, 394, 411, 414
五大悪　311
国家開発大臣　328
国家計画　318, 340, 376, 377, 380, 388
国家社会主義　78, 308, 405
国家主権　378-380, 383, 384, 389
国家投資局　326
古典派の第二公準　248
雇用不適格者　67, 83, 84, 87-90, 94, 95, 101, 108, 111, 112, 119, 125, 128, 139, 140, 155, 157, 208, 404

さ
再建省　277-279

最高位の企業家　369, 370, 411
財政正統説　360, 361, 371
最大多数の最大幸福　65, 190
最低限生活水準　312
最低賃金法　105, 111, 147, 153, 239, 244, 259
再分配　5, 14, 15, 37, 80, 138, 148, 151-153, 158, 161, 185, 217, 246, 315, 330-331, 364, 400, 411, 420
裁量　14, 15, 68, 71, 72, 131, 143, 232, 233, 317, 365, 368-373, 380, 391, 411, 413
産業変動　119, 120, 124, 125, 132, 140, 181, 227, 250, 251, 412
酒類免許法　30, 363
産業移動　127
産業革命　57, 96, 415
産業社会　8, 167, 170, 208
産業テスト　69, 106
産業平和　147, 160
暫定的功利主義　390
CEIS　336
CSO　336
GDP　8, 325
自己調整的市場　135, 136
市場社会主義　419
慈善　23, 24, 26, 28, 58, 60, 62, 67, 84-86, 88, 92, 95, 97, 100, 102, 112
慈善組織協会 COS　57, 91, 118
自然の斉一性　186, 262-264
失業保険委員会　244
失業保険法定委員会　41, 47, 55, 211, 290, 293, 320, 339, 340, 345, 404, 409
失業労働者法　60, 80, 88, 91, 93, 96, 97, 125, 126, 131, 147

自動的テスト　68, 69
資本課税　315
市民（行政）研究委員会　283
市民権　8, 43, 63, 176, 208, 314, 349, 404, 405, 419
市民社会　54, 381, 382, 399, 401, 406, 413, 414, 421-423
市民相談事業所　396
市民的共和主義　7
社会科学方法論　253, 254
社会サービス国家　395, 401
社会主義経済計算論争　137-139, 143
社会政策　2, 5, 8, 11, 60, 104, 176, 311, 319, 371, 412, 419, 420, 422
社会生物学　171, 174, 179, 181, 193, 195, 212, 408
社会的仮病　243
社会的正義　49
社会的有機体　59
社会保障　2, 3, 6-11, 14, 15, 30, 47, 49, 57, 61, 211, 216, 221-223, 229, 232, 236, 244, 269, 273, 303, 309-311, 313, 316-318, 323, 327, 329-333, 340, 341, 344, 348, 349, 353, 358, 363, 366, 370-372, 377, 387, 388, 390, 392, 393, 399-401, 405, 410, 413, 414, 421-423
集産主義　6, 12, 24, 67, 169, 294, 397, 404, 406
自由社会　11, 46, 55, 101, 208, 222, 253, 303, 304, 318, 322, 324, 329-332, 342, 344, 349, 350, 364, 367, 368, 370, 389, 396, 401, 405, 413
自由主義　5-8, 12-14, 17, 29, 30, 46, 57, 59-63, 74, 77, 84, 114, 135, 136, 143, 276, 279, 294, 295, 314, 318, 350, 351, 357, 359, 362, 363, 365-367, 372-377, 379-381, 388-392, 399, 406, 410, 411, 413, 418, 423
　――者　5, 7, 46, 61, 254, 350, 359, 381
重商主義　377
自由党　14, 28-30, 46, 47, 52, 55, 60, 61, 85, 91, 104, 114, 254, 267, 269, 270, 276, 280, 283, 290, 348, 351, 363, 381
　――夏期学校　39, 41, 211, 284
自由党（主義）の改革　30, 57
自由貿易　135, 169, 224, 236, 237, 361, 362, 367, 390, 417
自由放任主義　5, 13, 72, 73, 78, 92, 109, 175, 219, 292, 294, 347, 366-372, 399
首相統計部　265, 267, 272, 408, 417
主席経済助言官　77, 283, 289, 291
消極的自由　13
奢侈　415, 417
乗数　245, 246, 249, 251, 331, 359
商務省　27, 32, 35-38, 52, 55, 62, 77-81, 87, 104, 105, 114, 173, 231, 279, 280, 283, 285, 299, 319, 320, 321, 404, 417
職業紹介所　30, 32-35, 37, 52, 55, 60, 62, 69, 77, 79, 80, 84, 92, 93, 95-105, 107-114, 116, 117, 125-134, 138, 139, 143, 156, 158, 160, 161, 225, 231, 298, 299, 327, 328, 340, 412, 414, 418, 419
食糧省　36, 37, 43, 52, 55
庶民院　45, 46, 52, 55, 61, 276, 321, 381, 405
資力調査　69, 312, 313, 353, 361, 363, 364, 420
進化論　59, 203
新（社会的）自由主義　13, 14, 30, 57, 59, 60, 62, 63, 276, 279, 318, 366, 373, 389, 392, 406, 410, 411, 413, 418, 423

事項索引　459

人民予算　34
信用の梗塞　241
スタンプ調査　267, 334, 336, 348, 351, 352, 408
スピーナムランド制　68, 135
生活基準　76, 118, 153, 155, 356, 357, 369
生活賃金　103, 109-111, 129, 130, 141-143, 153, 154
政治経済学　265, 386, 387
生存権　90, 94, 111, 135, 136, 152, 155, 159, 312, 313
生存賃金　60, 62, 269
政府機能に関する委員会　62, 277, 341, 345
精密さ　190, 194, 408
世界統治機構　379
石炭産業に関する王立委員会　39, 64
精算所　97-99, 102, 133
積極的自由　13
設計主義　365-367, 372, 375, 376, 392, 416
セツルメント　23, 57, 58, 61, 77, 395
1941年予算　219, 316
先験的な本質主義　185
全国社会サービス協議会　396
戦後雇用に関する運営委員会　357
戦争目的　44, 305, 306, 308, 309, 338
選別主義　69, 214, 222, 363, 420
総合人文科学　72, 262
相互扶助　367, 394, 397
疎外　250, 294, 299, 395, 416

た
第一次世界大戦　21, 36, 44, 198, 209, 278, 279, 288, 325, 364, 368
大学教育公開講座　181

大規模単一市場　136
退職年金法　33, 37, 38
大陸封鎖　305, 306
卓越主義　13
卓越性の欲求　76
脱商品化　8
タトーマン　138
タフヴェール判決　60, 91, 96, 147
脱臨時雇用化　113, 127-129, 141
断種法　197, 203, 222
治安判事　68
チェンバレン回状　70, 125
地方自治体法　236
地方自治庁長　70
中央経済情報サービス　336
中央統計局　336
長期正常状態　419
賃金政策　239, 244, 245, 259, 271
帝国主義　30, 61, 70, 275, 276
定住法　132, 133, 137
ディリシズム　12
適正　202, 234, 415
トインビー・レコード　26
トインビーホール　6, 23-25, 27, 28, 31, 49, 52, 57, 58, 77, 85, 96, 107, 204, 292, 395
統一世界トラスト　49
同感　139, 253, 306, 308, 324, 331, 416
洞察力　9, 10, 331, 410
投資の社会化　10, 324, 326, 331, 344, 413, 419, 421
統治　335, 379, 380, 389, 415-417, 421
道徳の軽視　67
特別部　267-269, 272
トライポス　192, 408

な

内閣経済部　267, 273, 315, 334, 336, 338, 341, 348, 349, 354, 391, 393, 408, 417
ナイト叙勲　37
二重予算　255, 326, 362, 413
日用品　356
ニューディール　12, 257, 290
能動的市民　7, 16

は

博愛　13, 23, 24, 58, 86, 192, 367, 394, 395
パノプティコン　66
バルフォア委員会　235
BBC　40, 48, 55, 212, 213, 242
　――ラジオ　41, 52, 290
被救恤貧民　86, 87, 95, 150
非自発的失業　5, 90, 151, 188, 245, 247, 248, 250, 251, 327
貧困線　59, 63, 88, 363
貧民監督官　68
貧民の汚名　68, 104, 149, 222, 234, 312
フィリップス曲線　5
フェビアン協会　30, 59, 60, 78, 80, 276, 318
不確実性　80, 134, 234, 262, 264
複眼的思考　224, 252
福祉国家の合意　11, 14, 177, 349, 358, 410, 423
福祉社会　9, 16, 17, 349, 393, 398, 402, 403, 420, 421, 422
部分均衡論　75
普遍主義　12, 214, 222, 420
プラネスバーグ委員会　232, 233
フランクフルト社会研究所　42
古強者　44, 305, 410
ベヴァリッジ曲線　4, 5, 327, 407
ベヴァリッジ体制　8, 363
ベヴァリッジ報告　1, 5, 6, 17, 45, 46, 50, 51, 55, 64, 69, 101, 175, 186, 212, 213, 220, 234, 268-270, 303, 304, 310, 311, 313-319, 323, 327, 329, 330, 332, 335, 340, 341, 344, 346, 348, 352-354, 367, 387, 393, 394, 400, 402, 410, 412
ベリオール・カレッジ　23
包括的医療サービス　311, 342
法の支配　382, 384, 390
ボーア戦争　29, 61
施し　35, 81, 86, 88, 104, 126, 128, 135, 232, 233, 312, 391, 420
本質的自由　367

ま

摩擦的失業　3, 122, 141, 143, 154, 245, 249, 251, 271, 327, 364, 365, 407
マッケンナ関税　236
マルサスの悪魔　199, 210, 217, 219, 220
ミード報告　354
未消費余剰　241
民主主義　8, 9, 15, 59, 96, 175, 291, 292, 294, 295, 322, 340-342, 397, 405, 419, 421
無契約給付　232, 233
綿業統制委員会　351, 365
モーニング・ポスト　28, 29
モデル化　10

や

友愛　416
友愛組合　118, 317, 339, 394, 395, 397, 402
有機的複合体　264

事項索引　461

有効需要　10, 73, 109, 139, 141, 154, 217, 219, 220-223, 225, 242, 248, 250, 251, 325, 326, 331, 362, 364, 380, 400, 405, 413, 414, 419, 421
UCL　133, 171
優生学　17, 179, 196, 197, 202-205, 207-209, 212-218, 221-223
U－V分析　4, 407
ユニバーシティ・カレッジ　23, 43, 52, 55, 70, 95
良き社会　12, 142, 399, 401-403, 409, 414, 419, 420-422
良き流れ　158, 159, 162
呼び売り　127

ら

利己心　416
離職者手当　232
リスク　80, 81, 129, 231, 234, 354, 356, 360, 369, 394
流動性選好　246, 251, 325, 331
理論化　10
臨時雇用　3, 26, 35, 63, 87, 90, 94, 95, 100, 103, 108-113, 119, 124, 127-130, 139-141, 199, 237, 338, 404
隣保館　21, 23, 28, 52, 84, 395, 404
レインボーサークル　13, 59, 61, 276
歴史学派　74, 75, 192
劣等処遇の原則　68, 118, 125, 128, 149
連帯　14, 401, 416
連邦主義　17, 44, 46, 48, 55, 238, 374-376, 379, 381, 383-390, 392, 402, 405, 410, 414
連邦同盟　48-50, 305, 375, 381
連邦論集　375, 381

労役場テスト　69
労働組合　29, 60, 69, 79, 86, 87, 89, 91, 92, 96, 106, 107, 110, 118, 121, 129-131, 147, 151, 240, 243, 259, 286, 287, 297, 328, 394
労働権　152
労働市場の組織化　97, 105, 108, 127, 128, 130, 132, 137, 138, 241, 242
労働植民地　58, 60, 68, 85, 87, 88, 95, 140
労働生産性　102, 103, 238, 419
労働争議法　60, 91, 147, 235
労働党　14, 28, 29, 34, 43, 44, 60, 61, 104, 173, 219, 231, 232, 276, 277, 280, 283, 284, 286, 290, 298, 307, 319, 322, 342, 347, 351, 361, 365, 381, 394, 407
労働の予備　62, 100, 102, 112, 119, 121-123, 125, 128, 129, 132, 142, 218, 227, 251, 412, 414
労働補償法　60, 91, 147, 339
老齢年金　29, 64, 70, 72, 75, 315
──法　30, 63, 104, 108
ローズ法　394
ロックフェラー財団本体　39
ロビンズセミナー　178, 179
ロマン主義　28, 58, 142, 416
ロンドン港湾ストライキ　60, 147
ロンドン市長公邸　25, 60, 68, 85, 95, 125, 140
ロンドン失業基金　25, 97, 98
ロンドン大学法　276
ロンドン大空襲　297
ロンドン中央失業者組織　32
論理実証主義　186, 409

●著者紹介

小峯　敦（こみね　あつし）
　1965年　生まれ
　1994年　一橋大学大学院経済学研究科・博士後期課程単位取得退学
　　　　　（理論経済学および統計学　専攻）
現　在　龍谷大学経済学部・教授
主要業績　小峯敦編『福祉国家の経済思想―自由と統制の統合』（ナカニシヤ出版、2006）
　　　　　小峯敦編『経済思想のなかの貧困・福祉―近現代の日英における「経世済民」論―』（ミネルヴァ書房、2011）。
　　　　　"Beveridge on a Welfare Society: an Integration of his Trilogy", in Roger E. Backhouse and Tamotsu Nishizawa (eds.) *No Wealth but Life: Welfare Economics and the Welfare State in Britain, 1880-1945*, Cambridge: Cambridge University Press, 298-316, April 2010.

ベヴァリッジの経済思想

2007年2月20日　初版第1刷発行
2008年5月10日　初版第2刷発行
2013年2月28日　初版第3刷発行

著　者　小峯　敦
発行者　齊藤万壽子
〒606-8224　京都市左京区北白川京大農学部前
発行所　株式会社　昭和堂
　　　　振替口座　01060-5-9347
　　　　TEL (075) 706-8818 / FAX (075) 706-8878

© 小峯 敦，2007　　　　印刷　亜細亜印刷

ISBN 978-4-8122-0714-7
＊落丁本・乱丁本はお取替え致します。
Printed in Japan

本書のコピー、スキャン、デジタル化等の無断複製は著作権法上での例外を除き禁じられています。本書を代行業者等の第三者に依頼してスキャンやデジタル化することは、たとえ個人や家庭内での利用でも著作権法違反です。

山田鋭夫・宇仁宏幸・鍋島直樹編
現代資本主義への新視角
——多様性と構造変化の分析

A5判・352頁
定価3780円

フィリップ・パティフリエ著
海老塚明・須田文明監訳
コンヴァンシオン理論の射程
——政治経済学の復権

A5判・440頁
定価3570円

御崎加代子著
フランス経済学史
——ケネーからワルラスへ

A5判・184頁
定価2940円

米田昇平著
欲求と秩序
——18世紀フランス経済学の展開

A5判・468頁
定価5565円

中村健吾著
欧州統合と近代国家の変容
——EUの多次元的ネットワーク・ガバナンス

A5判・432頁
定価3570円

永井義男雄・柳田芳伸・中澤信彦編
マルサス理論の歴史的形成

A5判・328頁
定価3150円

（定価には消費税5%が含まれています）

昭和堂